DEUTSCHES
INSTITUT FÜR
STADT
BAU
KUNST

Referierende und Diskutierende:

Dirk Baackmann Abteilungsleiter, stellvertretender Leiter Stadtplanungsamt Düsseldorf **Dr. Jörg Biesler** WDR **Ulrich Brinkmann** Redakteur Bauwelt **Thomas Dienberg** Bürgermeister und Beigeordneter für Stadtentwicklung und Bau Leipzig **Prof. Dr. Jörn Düwel** Geschichte und Theorie der Architektur, HafenCity Universität **Prof. Dr. Georg Ebbing** Hochschule RheinMain **Barbara Ettinger-Brinckmann** Dipl.-Ing. Architektin BDA DWB VFA (E.h.) **Tanja Flemmig** Leiterin Stadtplanungsamt Regensburg **Theresa Gnoyke** Stadtplanungsamt Leipzig **Prof. Gesche Grabenhorst** Architektin **Hermann Graser** Bamberger Natursteinwerk Hermann Graser GmbH **Prof. Lydia Haack** Architektin und Stadtplanerin, Präsidentin Bayerische Architektenkammer **Joanna Hagen** Bausenatorin Lübeck **Prof. Dr. Helmut Holzapfel** Zentrum für Mobilitätskultur **Christoph Ingenhoven** Architekt, ingenhoven architects **Dr. Matthias Lerm** Leiter Stadtplanungsamt Magdeburg **Hilmar von Lojewski** Beigeordneter Deutscher Städtetag **Frithjof Look** Stadtbaurat, Dezernat Planen, Bauen und Umwelt Göttingen **Prof. Christoph Mäckler** Architekt und Stadtplaner, Direktor Deutsches Institut für Stadtbaukunst **Julius Mihm** Baudezernent Stadt Schwäbisch-Gmünd **Reiner Nagel** Vorstandsvorsitzender Bundesstiftung Baukultur **Jürgen Odszuck** Bürgermeister, Dezernent für Stadtentwicklung und Bauen Stadt Heidelberg **Prof. Dr. Dr. Martina Oldengott** Vorsitzende DASL NRW, Projektleiterin der IGA Metropole Ruhr 2027 **Konrad Rothfuchs** Geschäftsleitung ARGUS Stadt und Verkehr Hamburg **Bernd Rubelt** Beigeordneter Stadtentwicklung, Bauen, Wirtschaft und Umwelt Potsdam **Boris Schade-Bünsow** Chefredakteur Bauwelt **Sebastian Schlecht** Leitung Grüne Städte und Regionen Baukultur NRW **Andrea Schwarz** Bürgermeisterin, Dezernat Planen, Bauen, Liegenschaften Ludwigsburg **Prof. Dr. Wolfgang Sonne** Geschichte und Theorie der Architektur TU Dortmund, Stellvertretender Direktor Deutsches Institut für Stadtbaukunst **Gero Suhner** ISW München **Stefan Szuggat** Beigeordneter für Umwelt, Planen und Wohnen Dortmund **Ernst Uhing** Präsident Architektenkammer Nordrhein-Westfalen **Daniel F. Ulrich** Planungs- und Baureferent Nürnberg **Thomas Vielhaber** Stadtbaurat Dezernat für Stadtentwicklung und Bauen Hannover **Prof. Jörn Walter** Oberbaudirektor a.D. Hansestadt Hamburg **Thimo Weitemeier** Stadtbaurat Stadt Nordhorn, Amt für Stadtentwicklung, Bau und Umwelt **Prof. Dr. Barbara Welzel** Kunstgeschichte TU Dortmund **Tim von Winning** Bürgermeister Stadt Ulm, Leiter Fachbereich Stadtentwicklung, Bau und Umwelt **Prof. Sophie Wolfrum** Stadtplanerin, Städtebau und Regionalplanung TU München **Dr. Brigitta Ziegenbein** Leiterin Stadtplanungsamt Leipzig **Cornelia Zuschke** Beigeordnete für Planen, Bauen, Mobilität und Grundstückswesen Düsseldorf, Vorsitzende des Planungs- und Verkehrsausschusses des DST

KONFERENZ ZUR SCHÖNHEIT UND
LEBENSFÄHIGKEIT DER STADT

BAND 13

DIE STADT STRASSE

DEUTSCHES INSTITUT
FÜR STADTBAUKUNST

CHRISTOPH MÄCKLER /
WOLFGANG SONNE (HG.)

Inhalt

Vorwort
»Die Stadtstraße«

Wer Straße hört, denkt an Verkehr. Das ist nicht falsch, aber auch nicht ganz richtig. Denn die Stadtstraße dient zwar dem Verkehr, aber nicht nur dem Autoverkehr. Sie wird auch von Fußgängerinnen und Fußgängern, von Radfahrerinnen und Radfahrern, der Straßenbahn und anderen Verkehrsmitteln genutzt. Zum anderen bildet der Verkehr in der Stadtstraße nur eine Funktion neben vielen anderen: dem Einkaufen, dem Flanieren, dem Festefeiern, der Demonstration, dem Zusammentreffen und vielem mehr. Und auch mit der Vielfältigkeit der Verkehrsarten und Funktionen ist es noch nicht getan: Eine Stadtstraße bildet einen durch Häuser eingefassten Raum, der durch seine spezifische Form, Größe, Proportion, Materialität und Gestalt eine eigene Charakteristik und Atmosphäre aufweist. Die Begriffe Gasse, Straße, Allee, Boulevard weisen auf die unterschiedlichen Größen und Charakteristika der Stadtstraße hin.

Sich allein mit den Aspekten der Mobilität im Zeitalter der Nachhaltigkeit zu befassen, reicht also nicht aus. Wer richtige Stadtstraßen errichten oder funktionalistische Verkehrs-Trassen der 1960er Jahre in Stadtstraßen umbauen will, der muss sich auch mit der baulichen Anlage der Straßen beschäftigen. Die Fassaden der Häuser, die die Straßenwände bilden, sind dabei mindestens ebenso wichtig wie der Belag der Straße. Der Straßenquerschnitt spielt eine ebenso wichtige Rolle wie die Ausstattung des Straßenraums.

Die Stadtstraße bildet das Rückgrat des öffentlichen Raums. Sie erschließt die Häuser der Stadt und ist gleichzeitig ihr »sozialer Raum«. Plätze sind selten, Straßen sind überall. Die Gestalt der Straßenräume bestimmt das Gesicht und die Atmosphäre einer Stadt. Stadtstraßen sind die Lebensorte des Alltags und die Bühnen großer gesellschaftlicher, politischer und kultureller Ereignisse. Stadtstraßen sind damit eine zentrale Aufgabe der Stadtbaukunst.

Deshalb ist es das Anliegen der *Konferenz zur Schönheit und Lebensfähigkeit der Stadt*, die verkehrstechnischen und funktionalen Anforderungen an eine Stadtstraße mit ihren städtebaulichen, architektonischen, gesellschaftlichen und ökologischen Notwendigkeiten zusammenzubringen. Dabei stellen sich folgende zentrale Fragen:

- Was muss alles auf einer Straße geschehen können, damit sie eine Stadtstraße ist?
- Welche Verkehrsarten muss eine normale Stadtstraße im Zeitalter der intendierten Verkehrswende aufnehmen können?
- Welche Straßenbreiten und Straßenquerschnitte haben sich in unterschiedlichen Verkehrssituationen und Funktionen städtebaulich bewährt?
- Welchen Gestaltungsanspruch müssen die Fassaden der Häuser haben, um einen schönen Straßenraum zu bilden?
- Wie können die Anforderungen der Klimaanpassung bei Stadtstraßen wirkungsvoll berücksichtigt werden?
- Wie kann der private Hausbauer mit seiner Verantwortung für die Gestalt seiner Straßenfassade im öffentlichen Raum in die Pflicht genommen werden?
- Welche Disziplinen müssen neben dem Verkehrsingenieurwesen bei der Anlage von Stadtstraßen mitwirken?
- Wie müssen Straßenräume gestaltet sein, um von der Öffentlichkeit als einladend empfunden zu werden – und nicht als Angsträume?

Die 13. *Konferenz zur Schönheit und Lebensfähigkeit der Stadt* fand am 20. und 21. Juni 2023 wieder in der Rheinterrasse in Düsseldorf statt. Das Rückgrat bildeten die Beiträge der zahlreich vertretenen Städte. Ergänzt wurden diese durch fachliche Impulse von Wissenschaftlerinnen und Wissenschaftlern vielfältiger Disziplinen. Wie immer stand der interdisziplinäre und angeregte Diskurs im Zentrum. Aus aktuellem Anlass entstand auf diese Weise auch die an die Bundesregierung adressierte Resolution »**Für lebenswerte Stadtstraßen. Düsseldorfer Forderung zur Novellierung des Straßenverkehrsrechts**«, der sich spontan neben den Teilnehmerinnen und Teilnehmern der Konferenz zahlreiche wichtige Verbände und Institutionen als Unterzeichner anschlossen.

Christoph Mäckler und Wolfgang Sonne
2023

Resolution der Düsseldorfer Konferenz 2023

»Düsseldorfer Forderung
zur Novellierung
des Straßenverkehrsrechts«

Herrn Bundesminister Dr. Volker Wissing
Bundesministerium für Digitales und Verkehr

Frau Bundesministerin Klara Geywitz
Bundesministerium für Wohnen, Stadtentwicklung und Bauwesen

Herrn Vorsitzenden des Verkehrsausschusses im Deutschen Bundestag
Udo Schiefner

Frau Vorsitzende des Ausschusses für Wohnen, Stadtentwicklung, Bauwesen und Kommunen
Sandra Weeser

Düsseldorf, 21.06.2023

Für lebenswerte Stadtstraßen
Düsseldorfer Forderung zur Novellierung des Straßenverkehrsrechts

Die StVO bildet den relevanten, beschränkenden rechtlichen Rahmen, der die Gestaltung unserer Stadtstraßen durch Regelungen zu Geschwindigkeiten, Organisation des Parkens oder auch die unterschiedlichen Nutzungen des Straßenraums aus überwiegend verkehrlicher Sicht maßgeblich bestimmt. Alle diese Punkte sind in hohem Maße gestaltrelevant.

Im Zuge der anstehenden Novellierung von StVG und StVO fordert die **Konferenz zur Schönheit und Lebensfähigkeit der Stadt No.13 »Die Stadtstraße«** eine größtmögliche Freiheit für die Kommunen, Geschwindigkeiten aufgrund der lokalen Rahmenbedingungen auch als Grundlage für Infrastrukturausbau festsetzen zu können. Nur dadurch können die Konflikte unter den verschiedenen Verkehrsteilnehmenden minimiert, Sicherheit und Gesundheit erhöht und die Qualität der Stadtstraßen als Lebensraum für die Stadtgesellschaft gewährleistet werden. Die gewonnenen Spielräume werden dringend benötigt für die erforderliche Anpassung unserer Straßenräume an die Anforderungen von Verkehrswende und Klimawandel.

Geschwindigkeiten sind dabei ein erster wichtiger Schritt. Um dem Weg zu folgen, den andere europäische Länder schon erfolgreich gegangen sind, müssen darüber hinaus Themen wie Regelungen zu Parken oder zur Bußgeldhöhe zwingend überarbeitet werden.

Jetzt ist die Zeit für eine Neudefinition.

Deutsches Institut für Stadtbaukunst

Bundesstiftung Baukultur

Mitglieder des Bau- und Verkehrsausschusses des Deutschen Städtetages

Architektenkammer Nordrhein-Westfalen

Baukultur NRW

TeilnehmerInnen der *Konferenz zur Schönheit und Lebensfähigkeit der Stadt No.13 »Die Stadtstraße«,* Düsseldorf 20./21.06.2023

Bund Deutscher Architektinnen und Architekten BDA

BDA Nordrhein-Westfalen

Bundesvereinigung der Straßenbau- und Verkehrsingenieure e.V. BSVI

Verband Deutscher Architekten- und Ingenieurvereine e.V. DAI

Deutsche Akademie für Städtebau und Landesplanung e.V. DASL, Landesgruppe Nordrhein-Westfalen

FÖRDERGESELLSCHAFT DEUTSCHES INSTITUT FÜR STADTBAUKUNST E.V.
AN-INSTITUT DER TU DORTMUND
POSTANSCHRIFT: D – 60596 FRANKFURT AM MAIN | SCHAUMAINKAI 101
D – 44135 DORTMUND | C/O BAUKUNSTARCHIV NRW, OSTWALL 7
INFO@STADTBAUKUNST.DE | WWW.STADTBAUKUNST.DE

Tag 1

Eröffnung
Christoph Mäckler

Meine sehr verehrten Kolleginnen und Kollegen, Wolfgang Sonne und ich begrüßen Sie sehr herzlich zur 13. Düsseldorfer Konferenz – dieses Jahr mit dem Titel »Die Stadtstraße«. Es hat sich in unserem Programm etwas verändert: Franz-Josef Höing ist leider seit letzter Woche krank. Aber ich freue mich, dass ich kurzfristig Sophie Wolfrum für einen der Vorträge gewinnen konnte. Vielen Dank dafür!

Dieses Jahr sind 16 Städte hier vor Ort, die aus ihrer Planungspraxis berichten. Ich möchte Ihnen allen an dieser Stelle sehr herzlich danken, dass sie gekommen sind. Ich danke vor allem Hilmar von Lojewski, als Beigeordneten des Deutschen Städtetages und Cornelia Zuschke als Vorsitzende des Bau- und Verkehrsausschusses im Deutschen Städtetag.

Es ist viel passiert im letzten Jahr. Unsere Mitgliederzahl ist auf 150 gestiegen und es sind Persönlichkeiten wie Elisabeth Merk, Stadtbaurätin in München, Christine Lemaitre, Vorstand des DGNB in Stuttgart und Franz-Josef Höing, Oberbaudirektor der Stadt Hamburg, unserem wissenschaftlichen Beirat beigetreten. Wir empfinden das als eine große Bestätigung unserer Arbeit und danken auch hierfür sehr herzlich.

Das Institut hat das **Handbuch der Stadtbaukunst**, eine Dokumentation von »Stadträumen«, »Hofräumen«, »Platzräumen« und »Straßenräumen« veröffentlicht. Die erste Auflage mit Beispielen aus über 70 Städten, die im Juli 2022 mit 1000 Exemplaren im JOVIS Verlag erschienen ist, wurde in nicht einmal einem Jahr über 700 Mal verkauft. Der Verlag plant für September eine Studienausgabe für Studierende als Paperback.

Ebenfalls für Studierende haben wir gemeinsam mit »**Wettbewerbe aktuell**« den diesjährigen Förderpreis des Instituts ausgelobt. Wir hatten dieses Jahr 70 Einsendungen. Man sieht also, dass die beteiligten Lehrstühle, die aus dem ganzen Bundesgebiet kommen, sehr am Förderpreis des Instituts interessiert sind. Studierende der Lehrstühle von Uwe Schröder an der RWTH Aachen, Jan Kleihues an der FH Potsdam, Stephen Bates an der TU München, Alexander Schwarz an der Uni Stuttgart und Dietrich Fink an der TU München haben dieses Jahr Preise erhalten. Das Ganze wurde unterstützt von der DASL. Im Preisgericht waren unter anderem Elisabeth Merk und Andreas Hild aus München.

Die Diskussionen auf den Konferenzen der vergangenen 13 Jahre wurden vorwiegend mit und von Planern wie beispielsweise **Jörn Walter** oder **Peter Zlonicky** geführt. Nur manchmal waren auch Architekten wie beispielsweise **Rob Krier, Arno Lederer** oder **Christoph Sattler** an den Diskussionen beteiligt. In diesem Jahr aber sind über 40 Architekten anwesend. Das ist etwas Besonderes. Ich möchte an dieser Stelle einige Kollegen, die unter uns sind, sehr herzlich begrüßen: **Thomas Albrecht, Ludger Brands, Alexander Khorrami, Johannes Kister, Helmut Riemann** und **Klaus Schäfer.**

Warum betone ich das? Unser Berufsstand wurde in der Folge der 1968er Jahre in der Ausbildung in Architekten und Planer getrennt. Das war und ist ein folgenschwerer Fehler, unter dem unser Berufsstand bis heute leidet. Städtebau bewegt ein zutiefst soziales Anliegen unserer demokratischen Gesellschaft, das in architektonischen Räumen, in den Stadträumen, Hofräumen, Platzräumen und Straßenräumen unserer Städte stattfindet. Über architektonische Räume lernt man im Studium der Architektur, nicht aber in einem der Planung. Warum dann, so müssen wir uns fragen, bilden wir beispielsweise an der TU Dortmund, 2023 wohlgemerkt, noch immer junge Leute in einer Planungsfakultät ohne Architektur, nicht einmal mit dem Fach Gebäudelehre aus? Wie sollen diese jungen Leute in einem Stadtplanungsamt an einem Wohnquartier arbeiten, ohne zu wissen, wie ein Wohnhaus funktioniert. Auf der anderen Seite schaut man sich die wilden Architekturskulpturen einiger unserer Architekturkollegen an, so fehlt deren Studium offenbar die soziale Komponente und das Wissen um Verantwortlichkeit von Architektur im städtischen Raum. Beide Ausbildungen sind in dieser Form für sich genommen also fragwürdig.

Die Konferenz versucht daher seit 13 Jahren Planer und Architekten ins Gespräch zu bringen. Gesprächsbereitschaft ist die grundlegende Voraussetzung für gegenseitiges Verständnis und gemeinsames Agieren. Dass der Bund Deutscher Architektinnen und Architekten BDA, dem ich in Frankfurt mindestens acht Jahre vorstand, mit seinem Eliteanspruch eine Teilnahme an dieser Konferenz ablehnt und nicht einmal einen Vertreter sendet, lässt eine gewisse Offenheit vermissen. Dass diese Haltung nicht die ausschließliche Haltung der Architektenschaft darstellt, zeigt sich an der Anwesenheit unserer Kollegen heute hier im Raum.

Gesprächsbereitschaft lässt sich aber auch an unserem neuen Buch zum Eckgrundriss ablesen. 27 Architektinnen und Architekten haben über 40 neu gebaute Eckhäuser beziehungsweise Eckgrundrisse publiziert. Es ist die dritte Auflage. Die beiden ersten Auflagen sind vergriffen. Jetzt haben wir 40 neue Häuser, die in den letzten zehn Jahren entstanden sind, aufgenommen.

Wir konnten Maximilian Meisse dafür gewinnen, 15 Fotografien von Stadtstraßen hier auf der Konferenz im gelben Salon auszustellen. Herzlichen Dank für die wunderbaren Bilder.

Zum Abschluss einen Dank an unsere Sponsoren. Die beiden Unternehmen **Deppe Backstein-Keramik** aus Uelsen und die **Bamberger Natursteinwerke** bringen zu jeder Konferenz die schön gearbeiteten Häuschen aus Ziegelstein und Naturstein mit. Wenn man sich bewusst macht, welch massiven CO_2-Abdruck Aluminium gegenüber Naturstein oder Ziegelstein hat, dann wird deutlich, dass wir seit 13 Jahren mit unseren Sponsoren auf dem richtigen Pfad sind. An dieser Stelle wollen wir Ihnen sehr herzlich danken und dazu bitte ich auch um einen Applaus. Ohne diese Unterstützung wäre diese Konferenz nicht möglich. Ich freue mich auf spannende Vorträge und Diskussionen. Vielen Dank!

Kramgasse, Bern
Foto aus der Ausstellung von Maximilian Meisse

Grußwort
Hilmar von Lojewski

Reflektionsversuche zum Beginn

Lieber Christoph Mäckler, lieber Wolfgang Sonne,
liebe Kolleginnen und Kollegen,
liebe Freundinnen und Freunde der Stadtstraße,
die Sie sich hier zusammengefunden haben,

gerne überbringe ich den Dank des Deutschen
Städtetages an Dich und Sie, lieber Christoph,
lieber Professor Sonne, alle Mitglieder Ihres Teams
des Instituts für Stadtbaukunst und alle Mitwir-
kenden, zum 13. Mal in Person der Präsidenten
oder des Präsidenten des Deutschen Städtetages
die Schirmherrschaft für die Konferenz wahrnehmen zu dürfen. Und ergänzen darf ich auch aus der
persönlich-fachlichen Sicht: 13 Mal wichtige städtebauliche Themen für zwei Tage in den Mittelpunkt
zu rücken, die Themen herauszulösen aus der steten Wiederholung des »Alles schon Gesehenen, alles
schon Erörterten« und durch die besondere Zusam-
mensetzung der Podien und der Teilnehmenden in
diesem schönen Oval an diesem schönen Ort, das
ist eine Leistung, die wir gerne würdigen wollen.

Denn wann sind die Themen der vergangenen
ein Dutzend Konferenzen schon einmal so interdisziplinär diskutiert worden? Wann hat eine fraglos auch nicht unumstrittene Konferenz sich derge-
stalt geöffnet, dass sie ein Forum des dialektischen
Städtebaus, ein Forum für Thesen, Antithesen und
Synthesen wird? Wann wird dank dieses Rahmens
so produktiv gestritten? Und wer schwingt sich auf,
solcherart Konferenz so sauber zu dokumentieren
und zum Nachlesen und Nachdenken aufzuberei-
ten? Auch und insbesondere dafür ein Dank des

[1]

Deutschen Städtetages an das Deutsche Institut für
Stadtbaukunst und alle seine Protagonistinnen und
Protagonisten. Nun aber zu unserem Thema und die
Sichtweisen darauf: Die Stadtstraße! Der eingangs
gezeigte Schutzmann [1] versinnbildlicht vielleicht
auch eine zentrale Sichtweise auf die Stadtstraße,
mit der wir uns zwei Tage auseinandersetzen können: Sie ist ein in höchstem Maße regulierter und in
der Regel – Ausnahmen bestätigen diese Regel leider
allzu häufig, zumindest aus Sicht der schwächsten
Verkehrsteilnehmenden, den Fußgängerinnen und
Fußgängern – auch überwachter Raum.

Hier geht also nichts regelfrei, angefangen beim Straßengesetz und der ihm beigeordneten Straßenverkehrsordnung, über die wir gerade auf Bundesebene trefflich streiten. Gegenstand des Streits ist die Frage, wie weit die Städte die Nutzung und Geschwindigkeiten auf ihren Stadtstraßen mitbestimmen dürfen, wie viel bürokratischer Begründungsaufwand vonnöten ist, um Fahrgeschwindigkeiten zum Schutz von Leib, Leben, Wohn- und Aufenthaltsqualitäten für alle Menschen im öffentlichen Raum reduzieren zu dürfen und ob die »Vision Zero«, also das Ziel, keine Verkehrstoten im öffentlichen Straßenraum mehr hinnehmen zu wollen, Eingang in die bundesgesetzliche Regulatorik findet. Um es vorwegzunehmen – wir haben diesen Streit bis auf Weiteres nicht gewinnen können.

Aber zurück zu den Akteuren und Sichtweisen auf die Straße – drei der wichtigsten will ich kurz erwähnen. Zum einen eine in diesem Kreis wahrscheinlich recht unbekannte Institution, die Forschungsgesellschaft Straßen- und Verkehrswesen (FGSV), die eine fraglos zentrale und auch determinierende Sicht auf die Straße hat. Sie forscht, schafft und publiziert Technische Regelwerke, Wissensdokumente, Leistungskataloge, Empfehlungen, Schriftreihen, Fachveröffentlichungen und auch Tagungsdokumentationen und von all diesen Publikationen reichlich: Allein im Jahr 2022 über 50 Stück – da kommen wir auch mit den rührigsten Städtebauinstituten nicht hinterher. Und sie definiert damit ganz erheblich Entwurf, konstruktive Qualität,

Ausbaustandards und damit natürlich auch die Anmutung der Stadtstraße und die Möglichkeiten zu Transformationen von Straßenräumen.

Die FGSV sagt uns das mittels Empfehlungen und Richtlinien und sie rekurriert dabei auch auf die zweiten Akteure, die Baunormenden, den DIN e.V. und den VDI. Auf Anhieb konnte ich für das heutige Grußwort 57 DIN-Normen und 58 DIN EN-Normen zum Straßenwesen finden. Diese werden selbstredend eingehalten und zwar von der wichtigen dritten Gruppe, den Straßenmacherinnen und -machern. Die finden sich in der Bundesvereinigung der Straßenbau- und Verkehrsingenieure (BSVI) mit allen 17.000 Mitgliedern. Wir können froh sein, wenn wir diesen zehn Prozent Städtebauerinnen und Städtebauer, Grünexpertinnen und -experten an die Seite stellen können, um neben den konstruktiven und regelkonformen Qualitäten auch die entwerferischen, gestalterischen und grünen Qualitäten für die Stadtstraße an die Hand zu geben.

Aber damit täte ich der Straßenbau- und Verkehrsingenieurinnen und -ingenieuren womöglich Unrecht, wenn ich annähme, dass Qualität nur über den Durchlauferhitzer Städtebau, Grünplanung und Gestaltung erzielbar ist. Wohl treffen wir noch Schleppkurvenfetischisten in Straßenbauämtern an, aber auch diese Disziplin hat einiges dafür getan, die Ergebnisse ihres Tuns zu reflektieren und neuen gesellschaftlichen, gestalterischen, Umwelt- und Klimaschutzerfordernissen anzupassen. Reiner Nagel begleitet mit der Bundesstiftung Baukultur dankenswerterweise immer wieder den Deutschen Ingenieurpreis Straße und Verkehr. Das darf als Garant dafür gewertet werden, dass auch andere als die eben genannten konstruktiven Qualitätskriterien Eingang in die Bewertungen durch die Jury finden.

Soweit die Stadtstraße aus Sicht dreier maßgeblicher Institutionen, die sich mit ihren Standards, ihren Normen und ihrem Bauen befassen. Nun zur Straße aus Sicht der Entwerfenden. Es lohnt, sich immer wieder bewusst zu machen, dass der städtebauliche Entwurf für Straßen, Kreuzungen, Kreisverkehre etc. das eine ist. Das andere aber ist die Ausführungsplanung. Legen wir städtebaulichen Entwurf und Ausführungsplanung nebeneinander, verstehen wir vielleicht ein wenig besser die immer wieder einsetzende Sprachlosigkeit oder auch die nicht selten stattfindenden Konflikte zwischen Gestaltenden und Ausführenden im Straßen(um)bau. Hier für Sprach- und Kommunikationsfähigkeit und – fraglos und bisweilen leider auch – Kompromissfähigkeit zu sorgen ist eine Frage der Ausbildung, der Fortbildung, der Organisation, der Aufgabenzuordnung und der Federführung in den technischen und Planungsverwaltungen unserer Städte und den beauftragten Büros.

Nicht zuletzt spielen dabei auch Führung und Zusammenarbeit eine zentrale Rolle sowie die Fähigkeit, das eigene Tun zu reflektieren, zu korrigieren und gerade bei den erheblichen Investitionen in den Straßen- und Tiefbau unserer Städte auch der Reversibilität und Anpassungsfähigkeit unserer Aus- und Umbauprojekte zu ermöglichen. Das heißt, Straßen(um)bau immer auch mit Szenarien zum Weiter- und Umbauen zu verbinden, immer auch unterschiedliche Gestaltungsoptionen offen zu halten und nicht den Status Quo des (Um)Baus als Schlusspunkt des eigenen Entwerfens und Bauens zu betrachten.

Das führt die administrativ geübten Betrachter technischer Verwaltungen und bisweilen auch die Mitarbeitenden in den Verwaltungen selber zu der Erkenntnis: Gestaltung und Transformation von Straße sind, vielleicht ähnlich dem Quartier, ein iterativer und interdisziplinärer Prozess, in dem gestalterisches Wollen, verkehrliches Müssen, gesellschaftliches »Sowohl-als-auch« und politisches Können übereinander gebracht werden müssen. Die Straße – noch eine eierlegende Wollmilchsau im Zoo der stadtentwicklungspolitischen Besonderheiten.

Neben allen planerischen, technischen, verkehrlichen, regulativen, politischen und (immer noch eher die Regel!) Autofahrer-Obliegenheiten gibt es aber das, was uns Tagungsteilnehmerinnen und -nehmer persönlich wahrscheinlich am meisten umtreibt: Die Stadtstraße aus Sicht der Erinnernden, Romantisierenden, Projizierenden, Nachdenkenden, Beobachtenden, Reflektierenden, Gestaltenden, Transformierenden. Da erzählen Bilder und Fotos wahrscheinlich die besten Geschichten:

- die Hauptverkehrsstraße in Plauen in den 1930er Jahren [2],
- die Dorfstraße in San Gimignano, Toskana, so ganz ohne Autos (aber die Autos gibt es dann doch auf der Rückseite, da, wo das Wohnen billiger ist, die Anlieferung erfolgt und die günstige Trattoria ihren Freisitz hat) [3],
- die melancholische Kleinstadtstraße in Sachsen-Anhalt [4],
- die sanierte Kleinstadtstraße als Treiber auch für die bauliche Sanierung des anliegenden Gebäudebestands [5],
- die Stadtstraße in ihrer kleinstädtischen Multifunktionalität mit Platzraum, Bushaltestelle, Spielstraße, Marktplatz [6],
- die noch unsanierte Großstadtstraße mit der Dominanz des Autos auf und neben ihr und der offenkundigen Marginalisierung aller anderen Nutzungen mit Ausnahme der Tram [7],
- die sanierte Stadtstraße für Alle mit Fußgängern, Radfahrern, Öffis, Autos und relevantem Stadtgrün [8],
- die monofunktionale Magistrale, die Quartiere zerreißt, das Wohnen quält und ausschließlich ein Transitraum sein will und von der wir nur loskommen, wenn wir uns zu einer Umverteilung der Fahrspuren zugunsten von Fuß- und Radverkehr, Öffis, Versickerungsflächen und Grün durchringen [9],
- die Metropolenstraße, bei der wir zwischen Faszination und Transformationserfordernis oszillieren [10] und schließlich
- die Stadtautobahn, die allenfalls Verschnittflächen für Resturbanität belässt, die sich Gesellschaft über Jahrzehnte so sehnlich gewünscht hat und die wir nun kaum wieder loswerden.[11]

Die Stadtstraße ist also vielgestaltig und schier endlos in den Anforderungen, die sich auf sie richten. Sie ist bei Weitem mehr als ihre Definition, nämlich »(besonders) in Städten [und] Ortschaften gewöhnlich aus Fahrbahn und zwei Gehsteigen bestehender befestigter Verkehrsweg für Fahrzeuge und (besonders in Städten, Ortschaften) Fußgänger.« Sie ist so vielgestaltig, wie die Lösungen für ihre Transformation auch sind. Diese aber müssen ein Mantra beherzigen: **Die Stadtstraße war, ist und bleibt Straße von, mit, für Menschen!**

Der Deutsche Städtetag wünscht zwei gute Tage zu diesem Thema!

[2]

[3]

[4]

[8]

[5]

[9]

[6]

[10]

[7]

[11]

Grußwort
Ernst Uhing

Sehr geehrter Professor Mäckler,
sehr geehrter Professor Sonne,
liebe Kolleginnen und Kollegen,
meine sehr geehrten Damen und Herren!

Ob Sie mit dem Auto, dem Fahrrad oder dem ÖPNV zu dieser Konferenz angereist sind: Das Thema »Stadtstraße« haben Sie alle hier in der Landeshauptstadt Düsseldorf unmittelbar und eindrücklich vor Augen.

Ich freue mich, als Präsident der Architektenkammer Nordrhein-Westfalen, die ja ihren Sitz hier im Medienhafen Düsseldorf hat, erneut ein Grußwort an Sie richten zu dürfen zur *Konferenz zur Schönheit und Lebensfähigkeit der Stadt*. Die Konferenz findet bereits zum 13. Mal statt und hat nicht nur eine lange Tradition, sondern sich in unserer Branche auch eine große Reputation erarbeitet. Es ist immer wieder beeindruckend, lieber Christoph Mäckler, lieber Wolfgang Sonne, wie es Ihnen gelingt, so viel Fachverstand und städtebauliches Erfahrungswissen hier in Düsseldorf zu versammeln. Herzliche Gratulation dazu!

Liebe Kolleginnen und Kollegen,
das Thema »Die Stadtstraße« steht im Mittelpunkt dieser Konferenz; mithin die Frage, wie verkehrstechnische und funktionale Anforderungen an eine städtische Straße mit architektonischen und städtebaulichen Notwendigkeiten zusammengebracht werden kann. Eine Frage, die durch ein sich änderndes Mobilitätsverhalten der Stadtbewohnerinnen und -bewohner und vor dem Hintergrund neuer ökologischer Anforderungen hoch aktuell und für uns alle sehr fordernd ist.

Die *Konferenz zur Schönheit und Lebensfähigkeit der Stadt* hat sich in den letzten Jahren immer wieder mit dem weltweiten Trend zur Urbanisierung befasst. Wir erleben in Deutschland aber – aus unterschiedlichen Gründen – wieder in Teilen der Gesellschaft eine Stadtflucht. Sei es aus finanziellen Gründen oder dem Wunsch geschuldet, in den eigenen vier Wänden leben zu wollen; sei es für die Altersvorsorge oder einfach, weil der Drang nach Grünraum und Natur immer größer wird, dieser Trend betrifft nicht nur junge Familien. Auch jüngere kinderlose Menschen zieht es hinaus aus der Stadt in die umliegenden Speckgürtel oder auch ganz aufs Land, wie aktuelle Untersuchungen und Analysen des Bundesinstitutes für Bevölkerungsforschung (BiB) aus dem Jahr 2022 belegen.

Warum verweise ich auf diese Studie? Ich glaube, dass wir unsere Städte attraktiv halten und gezielt weiterentwickeln müssen, damit sie dauerhaft stabil bleiben. Wir müssen qualitativ hochwertige Freiräume erzeugen, wir müssen das Grün in den Städten stärken und mehr öffentliche Räume als Orte der Begegnung definieren, die für alle Gesellschaftsgruppen interessant sind. Orte der Begegnung, das sind Plätze, Freiräume, naturnahe Erholungsräume, aber auch Straßen. Straßen können in unserer heutigen Zeit nicht mehr weiterhin nur als funktionale Verkehrs-Trassen nach dem Leitbild der 1970er Jahre dienen.

Denn gerade in Zeiten großer Hitzebelastungen im Zuge des voranschreitenden Klimawandels (wie wir sie in diesen Tagen wieder erlebt haben) erhöht der motorisierte Verkehr mit seinen Schadstoff- und Lärmbelastungen in solchen Straßen die gesundheitlichen Risiken für die Stadtbewohnerinnen und -bewohner. Straßen müssen insofern weitaus mehr als die Aufnahme des Verkehrs leisten. Straßen können den Verkehr auch lenken und leiten. Und sie müssen künftig multimodal gedacht werden. Denn allzu lange wurde übersehen, dass es auch Radfahrer und Fußgänger, heute auch Scooterfahrer und Transportfahrzeuge aller Art gibt, die auf unseren Straßen unterwegs sind. Was wir brauchen, ist eine echte Mobilitätswende!

Liebe Kolleginnen und Kollegen,
die notwendige Mobilitätswende ist einer von drei wichtigen Ansatzpunkten, mit denen wir unsere Städte weiterentwickeln können. Die anderen beiden Ansatzpunkte sind nach unserer Überzeugung: eine maßvolle Nachverdichtung und die urbane Freiraumentwicklung. Da die drei Dimensionen zusammengehören, sprechen wir hier von dem Prinzip der »dreifachen Innenentwicklung«. Sie bildet die Schnittstelle zwischen Städtebau, Freiraumplanung und Mobilitätswende einerseits und Klimaschutz und Klimaanpassung andererseits.

In den Städten müssen nach Überzeugung der Architektenkammer Nordrhein-Westfalen dringend neue Angebote für eine nachhaltige Verkehrswende geschaffen werden, auch um die Flächeninanspruchnahme des Verkehrssektors gemäß dem Prinzip des schonenden und am Gemeinwohl orientierten Umgangs mit Grund und Boden zu reduzieren.

Die Architektenkammer NRW geht davon aus, dass der Klimawandel und der Umgang mit Klimafolgeerscheinungen das zentrale Betätigungsfeld unseres Berufsstandes in den nächsten Jahrzehnten sein werden. Der Beitrag unserer Kammermitglieder zum nachhaltigen Bauen und zum Erreichen der Klimaziele ist erheblich. Die deutsche Architektenschaft sehe ich dabei gut aufgestellt. Mit generalistischer Perspektive und spezialisierter Expertise kann es uns gelingen, die Ziele des Klimaschutzes und der Klimafolgenanpassung in nachhaltige und gute Strukturen zu übersetzen. Im Hochbau ebenso wie in der Stadtplanung.

Letztlich führt eine intensive Auseinandersetzung mit dem Thema Nachhaltigkeit immer auch zu Fragen der Bauqualität und der Baukultur. Eine zukunftssichere Stadtentwicklung kann nur stattfinden, wenn baukulturelle Anforderungen verstärkt in den Vordergrund gerückt werden – weil nur dauerhaft funktionale und von den Menschen akzeptierte Bauwerke auch dauerhaft genutzt werden. Ob bei Quartiersentwicklungen oder beim einzelnen Objekt; ob im Neubau oder bei Sanierungsmaßnahmen: Baukultur schafft Werte. Und Stadtentwicklung ist immer auch Wirtschaftsentwicklung.

Meine sehr verehrten Damen und Herren,
liebe Kolleginnen und Kollegen,
die »Stadtstraße« ist nicht allein Verbindungsweg und ein verbindendes Element zwischen Bauwerken und anderen städtebaulichen Elementen. Die

»Stadtstraße« ist auch ein Lebensraum und – in der Regel – ein öffentlicher Bereich, der Menschen zusammenführt, Interaktion ermöglicht und eine Stadt lebendig macht. Solche Räume zu gestalten, ist eine wichtige Aufgabe, mit der sich alle planenden Fachrichtungen unseres Berufsstandes befassen.

Welche Funktionen und Qualitäten muss eine Stadtstraße erfüllen, um über den Autoverkehr hinaus den verschiedenen Bedürfnissen unserer heutigen Zeit und des Alltags der Stadtbewohnerinnen und Stadtbewohner gerecht zu werden? Eine spannende Frage, zu der wir heute und morgen sicherlich viele Antworten und Anregungen bekommen werden.

Mein herzlicher Dank gilt an dieser Stelle den beiden Machern dieses Kongresses, Prof. Christoph Mäckler und Prof. Wolfgang Sonne sowie ihrem Team beim Deutschen Institut für Stadtbaukunst. Die Architektenkammer Nordrhein-Westfalen ist immer wieder gerne Partner *Konferenz zur Schönheit und Lebensfähigkeit der Stadt*!

Ich wünsche der 13. Ausgabe der Konferenz vielfältige und anregende Impulse für eine lebendige Diskussion. Genießen Sie das einzigartige Konferenzformat an diesem besonderen Ort!

Vielen Dank für Ihre Aufmerksamkeit!

Vortrag
Christoph Mäckler

[1] Frankfurter Allgemeine Zeitung Artikel »Auf Irrwegen«

[2] Die Straße wird von den Häusern getrennt

Unsere Straßen [1] haben es geschafft unter dem Titel »Auf Irrwegen« auf das Titelblatt der *Frankfurter Allgemeinen Zeitung* zu kommen. Nach den Vorgaben der BSVI (Bundesvereinigung der Straßenbau- und Verkehrsingenieure) markieren wir die Straße mit weißen Streifen und degradieren sie damit zur technischen Verkehrs-Trasse. Wir sprechen nicht vom »Straßenraum«, sondern nur vom Verkehrsweg »Straße«. Deshalb scheint es auch nicht absonderlich zu sein, sie von ihren Häusern zu trennen.[2] Diese Trennung aber zerstört die sozialen Funktionen des Stadtkörpers und sie zerstört den Stadtkörper selbst und nimmt ihm damit den öffentlichen Raum als Ort des gesellschaftlichen Zusammenlebens. Dort, wo der Straßenraum noch vorhanden ist, weil er nach städtebaulichen-, nicht nach planerischen Kriterien entworfen wurde, trennen wir diesen Raum oft im Nachhinein mit einer Absperrung, damit der Fußgänger den Verkehrsfluss nicht stören kann.[3]

[3] Die Trennung einer Stadtstraße

Straßen- und Platzräume statt »Wohnumfeld«
Es gibt aber auch funktionierende Beispiele von Straßenräumen, wie die Roedernallee in Berlin.[4] Es sind Straßenräume, die durch Baumdächer charakterisiert sind, wie wir sie in den Städten des Mittelmeerraumes finden.

[4] Das Baumdach der Roedernallee, Berlin

[5] Der wohnliche Charakter der Rue de Furstemberg, Paris

[6] Trinkhalle im Straßenraum Oranienstraße, Berlin

[7] Fußgängerzone Obernstraße, Bremen um 22:00 Uhr

Sie kühlen diese an heißen Sommertagen. Es sind oft große Straßenräume, an denen die Architektur nur noch eine sekundäre Rolle spielt. In kleinen Straßenräumen dagegen ist die Architektur der Straßenfassaden bestimmend. Ihr wohnlicher Charakter bietet dem Bewohner ein Zuhause, wie diese Gasse zeigt.[5] Im Straßenraum sollte es zur Belebung auch kleine Häuser zum Verkauf geben.[6] Diese »Wasserhäuschen« können für eine städtebauliche Differenzierung -, vor allem aber auch für eine funktionale Mischung sorgen. Es gibt aber auch noch immer Straßen wie die Obernstraße in Bremen [7], denen die Funktionsmischung planerisch entzogen wurde. Das Foto ist abends um zehn Uhr entstanden und zeigt einen monofunktionalen, leblosen Straßenraum, der mit der Planung einer Fußgängerzone entstanden ist.

Das ist das Bild der europäischen Stadt, in der es klar gefasste Straßenräume, eine dichte Bebauung und eine funktionale Mischung gibt, weil das Innere der Blöcke bebaut ist.[8] Es ist eine Stadt, in der es soziale Vielfalt – und durch die Unterschiedlichkeit städtischer Haustypen auch vielfältig schöne Straßenräume gibt.

[8] Die Höfe der europäischen Stadt

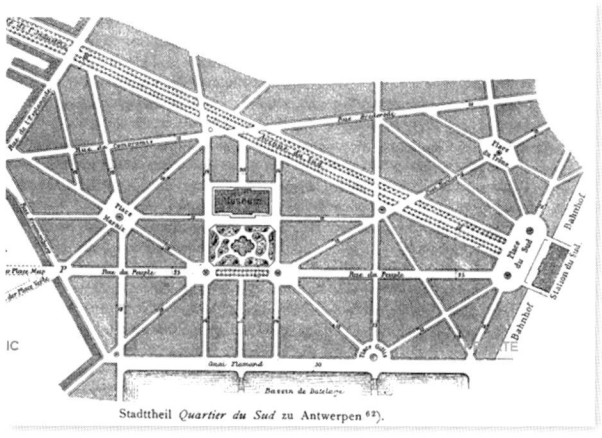

[9] Josef Stübben, *Der Städtebau, The City Quarter*

Die Zeichnung *The City Quarter* von Josef Stübben im nächsten Bild [9] dokumentiert noch zu Beginn des 20. Jahrhunderts sehr deutlich, wie solche Quartiere entstanden sind. Die Zeichnung ist nur zweidimensional und doch zeigt sie die Abfolge klar definierter Räume städtischer Straßen und Plätze eines neuen Quartiers. Das Besondere dieser Zeichnung ist, dass es die Entwurfszeichnung öffentlich städtischer Räume ist, die wir vor uns sehen! Entworfen sind nicht die Baufelder, die von Restflächen, dem öffentlichen »Wohnumfeld« erschlossen werden, entworfen ist das »Wohnumfeld« selbst, die Straßen und Plätze, der öffentliche Raum der Stadt.

Haustypen der Stadt
und ihre unterschiedlichen Funktionen

Um diese Straßenräume, Gassen, Boulevards und Plätze eines Quartiers bauen zu können, braucht es unterschiedliche Haustypen, mit denen diese öffentlichen Räume der Stadt eingefasst werden können. Mit diesen Haustypen beschäftigt sich das Institut seit geraumer Zeit. Eines dieser Haustypen ist das Flügelhaus, das mit seinen Anbauten im Blockinnenbereich kürzere Straßenfassaden und geringere Erschließungsflächen ermöglichte, weil man in die Tiefe des Grundstückes hineinbaute, statt das Haus parallel zur Straße zu stellen. Vor allem aber entwickelt das Flügelhaus individuelle Hofräume an jedem Haus, mit denen Wohn- und Arbeitsfunktionen aufgenommen werden können. Es gibt diverse Flügelhäuser. Wir reden immer nur von Läden im Erdgeschoss, wenn wir von funktionaler Mischung sprechen. Das ist völlig absurd. Es geht nicht nur um Läden! Wir brauchen Haustypen, wie das **Gewerbehaus**, in denen gearbeitet wird. Diese Haustypen charakterisieren die europäische Stadt. Sie sehen, anders als heutige Bauten nicht einfach rechteckig aus, sondern sie haben Flügel und bilden damit Höfe. Hier arbeiten Klavierstimmer, Modemacher, Start-ups und viele weitere Gewerbebetriebe [10] mitten in der Stadt, mitten in Kreuzberg. Natürlich gibt es das auch in anderen Städten, so zum Beispiel in Köln in der Südstadt.[11] Das sind die Bereiche, in denen städtisches Leben beginnt, weil hier Menschen arbeiten.

Es gibt auch den Haustypus des **Eckhauses**. Er schließt den Straßenraum an der Ecke ab. Es ist ein besonderer Typ, der sich auf verschiedene Himmelsrichtungen ausrichtet. Er hat einen besonderen Stellenwert im Mietwohnungsbau, wie man auch an seiner wesentlich höheren Miete sehen kann. Über den Eckgrundriss habe ich heute schon gesprochen. Wir arbeiten im Institut jetzt an dem

[10] Gewerbehaus Oranienstraße Berlin

[11] Kurfürstenstraße und Südstadt, Köln

[12] DIS-Publikationen: Haustypen der Stadt
JOVIS Verlag, 2023

In Planung,
JOVIS Verlag

In Planung,
JOVIS Verlag

Flügelhaus und ich hoffe, dass wir die Publikation zur nächsten Konferenz vorlegen können.[12] Darauf soll dann das **Gewerbehaus** folgen.

Hof- und Gartenräume statt »Wohnumfeld«

Die europäische Stadt [13] baut seit Jahrhunderten auf einem Blocksystem auf, das den städtischen Raum in öffentliche Straßen und private Mietshäuser mit Hof- und Gartenräumen aufteilt. Diese Hofräume schaffen Nischen, in denen soziales Leben stattfindet. Es sind Höfe, die den Krieg überlebt haben und in denen auch heute Kinder spielen. Die Höfe werden auch heute von den Familien angenommen und geradezu adaptiert.[14]

Gibt es eigentlich irgendein städtisches Element wie den Typus des Flügelhauses mit seinem Hof, der für unsere Zeit angemessener ist? Wir leben in einer Zeit, in der beide Elternteile arbeiten und keine Muße haben, auf öffentlichen Spielplätzen zu sitzen. Warum also wehren wir uns gegen den Hof als Element der europäischen Stadt? Warum bauen wir nicht zeitgemäße Höfe, Gartenhöfe, die den Bewohnern eines Mietshauses eine eigene Freifläche bieten?

Man sollte sich einmal darüber klar werden, dass wir beim Einfamilienhaus oder beim Reihenhaus selbstverständlich private Freiflächen haben, eingefriedet und nicht für die Öffentlichkeit bestimmt. Nicht aber im Mietwohnungsbau.

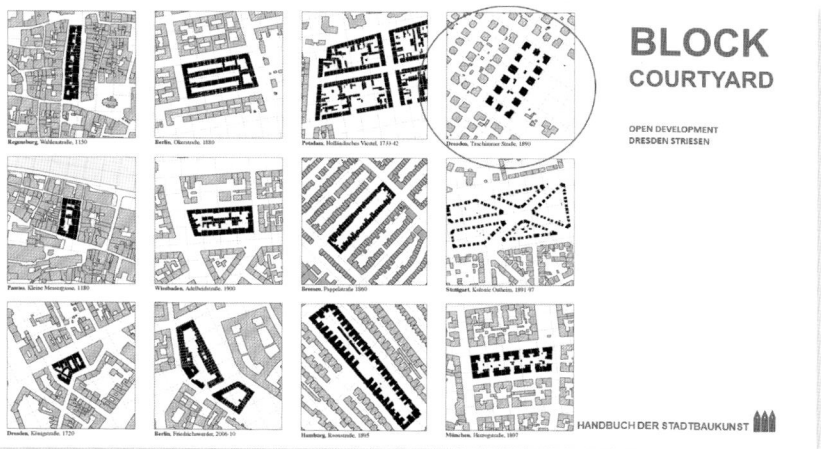

[13] Blockstrukturen der europäischen Stadt,
     Handbuch der Stadtbaukunst

[14] Der Hofraum als Kinderspielplatz

Stattdessen bieten unsere heutigen Planungen das sogenannte Wohnumfeld. Ein wunderbares Wort: Wohnumfeld! In den Renderings sieht man spielende Kinder mit Luftballons und ihre Mütter in städtebaulich undefinierten Räumen, nicht privat, nicht öffentlich, ohne ein *Hinten und Vorne*, genau wie diese Häuser [15], die deshalb auch keine Straßenfassaden mehr kennen, mit denen sie einen städtischen Straßenraum bilden könnten und prinzipiell rechteckig und rundherum gleich gestaltet sind.

Die Auflösung des Blockes

Wo kommen eigentlich diese gesichtslosen und von der Straße getrennten Häuser her? Auf dieser Abbildung von Ernst May [16] aus der Zeitschrift *Das neue Frankfurt* sehen sie links die Blockstruktur mit

[15] Planungen ohne öffentlichen Straßenraum

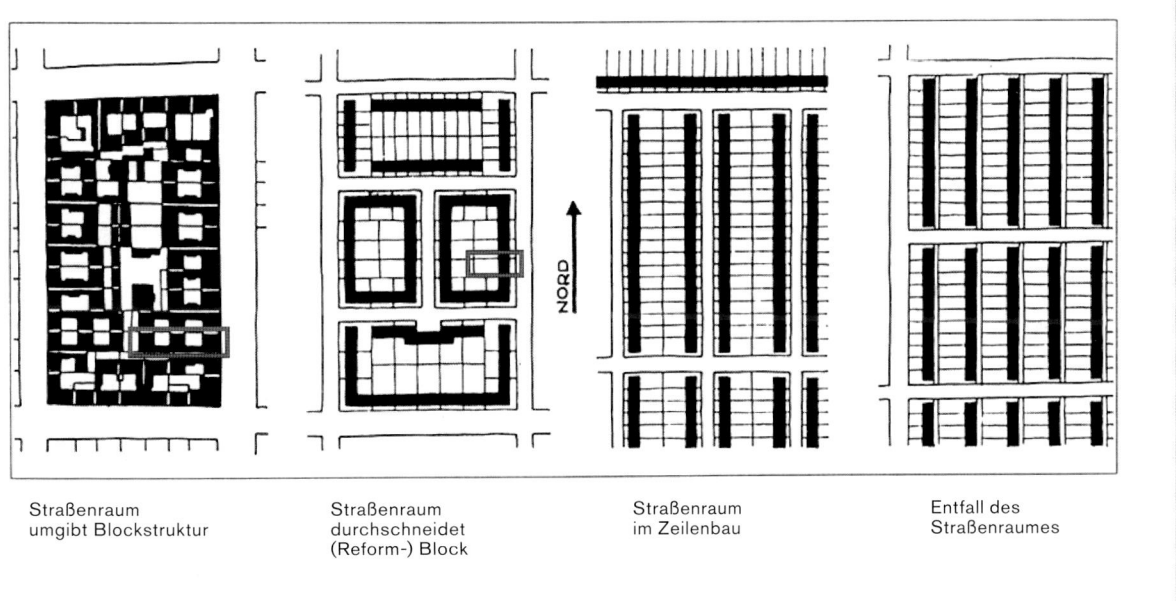

Straßenraum umgibt Blockstruktur

Straßenraum durchschneidet (Reform-) Block

Straßenraum im Zeilenbau

Entfall des Straßenraumes

[16] Skizze von Ernst May aus der Zeitschrift *Das neue Frankfurt*

Hofräumen und in der zweiten Skizze den Reformblock mit dem gemeinsamen Hof. Dann gibt es die Zeilen, die die Straßen noch einfassen und damit immer noch Straßenräume bilden. Während dann in der vierten Skizze die Zeilenbauten nur noch durch einen Gehweg erschlossen werden und der Pkw-Verkehr quer zur Bebauung läuft. Das sieht dann in der Siedlung Westhausen in Frankfurt am Main so aus.[17] In den 1950er Jahren wird der Typus des Zeilenbaus mit den immer gleich aussehenden Häusern übernommen.[18] Die Straße wird nicht mehr als Raum gefasst, sondern die Zeilen stehen quer und fensterlos zur Erschließungsstraße.

Die nächste Entwicklung findet sich in der Nordweststadt [19] in Frankfurt oder im Hansaviertel in Berlin.

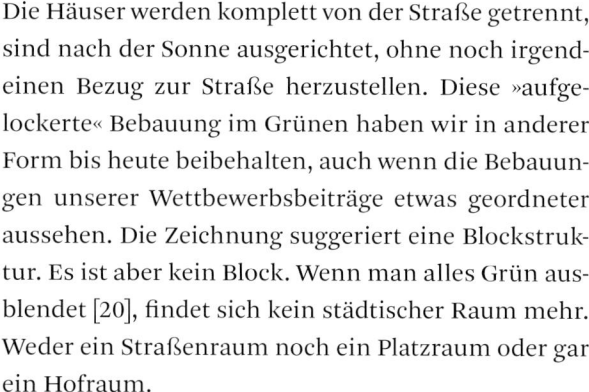

[17] Neubausiedlung 1920er Jahre ohne Straßenraum,
Westhausen, Frankfurt

[18] Neubausiedlung 1950er Jahre ohne Straßenraum

Die Häuser werden komplett von der Straße getrennt, sind nach der Sonne ausgerichtet, ohne noch irgendeinen Bezug zur Straße herzustellen. Diese »aufgelockerte« Bebauung im Grünen haben wir in anderer Form bis heute beibehalten, auch wenn die Bebauungen unserer Wettbewerbsbeiträge etwas geordneter aussehen. Die Zeichnung suggeriert eine Blockstruktur. Es ist aber kein Block. Wenn man alles Grün ausblendet [20], findet sich kein städtischer Raum mehr. Weder ein Straßenraum noch ein Platzraum oder gar ein Hofraum.

Es gibt damit auch kein *Vorne* und kein *Hinten*. Anders ist das, wenn wir uns dieses kleine Plätzchen anschauen.[21] Es ist baumbestanden und umringt von drei- bis viergeschossigen Häusern. Es sind alles Flügelhäuser, an einer ganz normalen Straße. Jeder von uns würde dort gerne wohnen. Es ist ein Ort, den wir sofort annehmen, weil der öffentliche Raum mit seinen unterschiedlichen Straßenfassaden, von denen er eingefasst ist, eine gewisse Geborgenheit und Vielfalt erkennen lässt. Diese Vielfalt entspricht der Kleinteiligkeit der Parzellen, die mit den Straßenfassaden der Häuser zum Ausdruck kommt.

Haustypen der Stadt und ihre unterschiedlichen Straßenfassaden

Wir aber brauchen keine Parzellen, um den Stadtraum zu beleben. Wir brauchen das Wissen um die Straßenfassade. Häuser, die wie in diesem Beispiel [22] im geförderten Wohnungsbau entstehen, sind typisiert. Alle Raumgrößen, alle Wohnungen, die sich um ein Treppenhaus gruppieren, sind in ihrer Größe festgelegt, was dazu führt, dass die drei Straßenfassaden dieses Haustyps gleich aussehen. Das muss aber nicht so sein. Wie in diesem Bild zu sehen, finden wir in vergangenen Jahrhunderten auch typisierte Häuser.[23] Diese aber haben jeweils unterschiedliche Straßenfassaden. Es gab einen Investor und ein Grundstück. Es sind sechs Eingänge. Es ist ein Haustyp, der hier gebaut wurde. Die Häuser haben zwar alle den gleichen Grundriss, sie haben aber auch sechs unterschiedliche Straßenfassaden. Man sieht, wie die Straßenfassade an der Ecke des Hauses abbricht und nach hinten eine einfache Putzfassade ausbildet.

Bei uns sieht es heute so aus [24]: Es sind drei Häuser. Wieder gibt es einen Investor und wieder ein Grundstück. Es gibt zu den drei Eingängen aber nur eine einzige Fassade. Schauen wir mal hierher [25]:

[19] Neubausiedlung 1960er Jahre ohne Straßenraum, Nordweststadt, Frankfurt

[20] Neubausiedlung 2000er Jahre ohne Straßenraum, vgl. Josef Stübben [9]

Es gab einen Investor und ein großes Grundstück. Es sind fünf Eingänge und es gibt zu den fünf Eingängen fünf Fassaden. Das heißt, wir brauchen eigentlich für jedes Treppenhaus eine Fassade, um

Lebendigkeit in das Straßenbild zu bekommen. Bitte abstrahieren sie das Beispiel und versuchen sie es in unsere Zeit zu übersetzen. Es wiederholt sich. Es gab einen Investor, ein Grundstück, vier Eingänge,

[21] Rue Henry Monnier, Paris

[22] Straßenfassade

[23] Straßenfassade

[24] Straßenfassade

[25] Fünf typisierte Häuser
mit individuellen Straßenfassaden

[26] Vier typisierte Häuser
mit individuellen Straßenfassaden

[27] Gespiegelte Haustypen
mit unterschiedlichen Geschosshöhen

[28] Gereihte Haustypen
mit gleichen Geschosshöhen

aber eben auch vier unterschiedliche Straßenfassaden, obwohl es ein Haustyp ist.[26] Aber Sie sehen, obwohl es wie im geförderten Wohnungsbau immer der gleiche Haustyp mit den gleichen Grundrissen ist, kann der Bewohner eine persönliche Beziehung zu seinem Gebäude haben. Hier sehen Sie ein weiteres Beispiel, was ganz spannend ist. Auch hier gibt es einen Investor. Es gibt zwei Haustypen und jeweils zwei Spiegelungen von Haustypen. Was noch interessant ist: Das Haus steht auf der grünen Wiese. Schauen Sie sich einmal an, wie großstädtisch diese Häuser sind. Die sind nicht klein und weggeduckt. Das sind richtige städtische Haustypen. Und schauen Sie, wie die Fassaden in den Höhen verspringen.[27] Jedes Haus hat seine eigenen Geschosshöhen, oder die Höhen im Sockelgeschoss oder im Erdgeschoss sind unterschiedlich und sofort verspringen die Fenster und wir sehen einzelne Hauseinheiten. Im Neubau [28] gibt es nur eine Geschosshöhe und damit keine Aufteilung der Fassade in Einzelhäuser.

Die Spiegelung, wie sie in den vier alten Häusern zu sehen war, gibt es auch bei Ernst May.[29] Bei

[29] Gespiegelte Haustypen bei
Ernst May, Römerstadt Siedlung

den Siedlungshäusern der Römerstadt spiegelt er
den Haustyp und schafft damit eine Fassade, die
sich jeweils zwischen den Rohren der Dachentwäs-
serung entwickelt. Wie wir sehen konnten, bildet
die Straßenfassade des Hauses den öffentlichen
Straßenraum. Sic ist damit neben der Nutzungsmischung und der Dichte der Stadt eines der wichtigsten Elemente im Städtebau, um das wir uns wieder kümmern müssen.

Städtebau wurde immer schon sehr genau beschrieben. Man kann in alten Handbüchern nachlesen,
wie die Stadt gebaut wird. Das sind einfache Anwei-
sungen. Im *Handbuch der Stadtbaukunst* des Institutes, das im Juli letzten Jahres erschienen ist, finden
sie jede Menge unterschiedliche Straßentypen von
Ernst May bis ins 16. Jahrhundert hinein. Sie finden
verschiedene Raumsequenzen in der Höhe und in
den Proportionen genauestens aufgezeichnet: Große Straßen, kleine Straßen, Gassen, Boulevards,
Alleen und Arkaden, die gleichzeitig verschiedene
Räumlichkeiten in der Stadt darstellen.

Vielen Dank!

Vortrag
Sophie Wolfrum

Die Straße als Architektur

Das Plädoyer für einen *architectonic turn* in der Urbanistik ist eine Aufforderung, Stadt architektonisch aufzufassen. Urbanistik wird dann dezidiert als ein Gebiet der Architektur behandelt. Architektur ist die Kunst, Räume zu artikulieren. Architektur gestaltet komplexe räumliche Situationen. Das gilt auch für den Maßstab der Stadt. In dem Sinne wird die Straße als ein Element der Architektur urbaner Räume betrachtet. Das monofunktionale System der Stadtplanung in der Moderne hat die Straßen der Stadt ausschließlich auf ihre Verkehrsfunktion reduziert. Es geht also um die Frage, wie diese Einschränkung mit spezifisch architektonischen Mitteln zu überwinden wäre.

Die Straße architektonisch zu betrachten und zu entwerfen, ist nichts Neues, sondern eine lange im Städtebau geübte und reflektierte Praxis. In München sind es nicht nur die prächtigen Achsen der Residenzstadt wie die Ludwigstraße, die die Stadt prägen, sondern noch viel mehr die ganz leicht gebogenen Straßenzüge der Bürgerstadt, die auf den Entwürfen von Theodor Fischer basieren und mit dem *Staffelbauplan* von 1904 bis in die Gegenwart hinein den Charakter der Stadt ausmachen. In einem seiner wenigen Texte hat Fischer dies aus der Raumwirkung während der Bewegung begründet. Jeder Schritt in eine Richtung verändert den Raumeindruck und eröffnet neue Blicke, eine filmisch szenografische Inszenierung des städtischen Raums. Mit ähnlichen Argumenten diskutierte in dieser Zeit auch Cornelius Gurlitt den räumlichen Charakter »gerader oder gebogener Straßen«, geprägt von den städtebaulichen Überlegungen Camillo Sittes.

Bewegung hat immer eine Rolle als ein besonderer Modus der urbanen Erfahrung gespielt, wenn auch eher in der theoretischen Reflexion oder in einer widerständigen Praxis als in der praktischen Stadtplanung der Moderne, welche die Straßen zu bloßen Mobilitätsmaschinen degradiert hat. Denken wir an Michel de Certeau, der sagte: »Der Akt des Gehens ist für das urbane System das, was die Äußerung (der Sprechakt) für die Sprache oder für formulierte Aussagen ist.«. Oder denken wir an die Praxis der Situationisten und deren Konzept der *Psychogeographie*, an die *Promenadologie* von Lucius Burckhardt oder an Julio Cortázar und Carol Dunlop, die eine Autobahn von Paris nach Marseille zum Raum einer langsamen Reise machten.

An diese Theorie und Praxis lässt sich anschließen, wenn heute im Zuge der Verkehrswende die funktionale Zurichtung der Straßen für einzelne Verkehrstypen ein Ende finden könnte und Straßenräume als städtische Räume wieder architektonisch betrachtet werden. Dafür greife ich hier skizzenhaft auf einige wenige Argumentationen unseres Buches *Die Stadt als Architektur* zurück.

Szenischer Raum

Die urbanistische Literatur ist voll von Analogien und Anlehnungen zu Theater, Bühne, Aufführungen, Auftritten und Betrachtungen, zum Sehen und Gesehen werden, zu Akteurinnen und Zuschauern in den Räumen der Stadt. Die Stadt bildet mit der Architektur ihrer öffentlichen Räume die Bühne, auf der immerzu etwas vorgeführt wird, auf die man schaut und zugleich selbst gesehen wird. Sie ist Schauplatz sowohl für theatralische Aufführungen der Macht

[1] Sao Paulo, Avenida Paulista

[2] Sao Paulo, Mendes da Rocha

und das große Zeremoniell als auch für den kleinen Auftritt, die Inszenierung alltäglicher Geschehnisse, an denen Akteure und Zuschauerinnen beteiligt sind. Und nicht zuletzt sind es die Straßen der Stadt, jene des Alltags der Nachbarschaft wie auch die Prachtstraßen, die dieses dichte Gewebe beiläufiger Situationen möglich machen. Gerade das Beiläufige macht diese urbane Qualität aus. Man muss nicht unbedingt am Abend das Theater besuchen. Die Bühne und das Geschehen liegen vor der Tür.

Performative Kraft
Architektur hat genuin einen performativen Charakter. Sie entfaltet ihre spezifische Wirklichkeit erst im Gebrauch. Der Begriff des Performativen betont Ereignis, Prozess, Projekt, Geschehen. Zum einen wird etwas im Vollzug bewirkt, wobei den Eigenheiten des körperlichen und räumlichen Vollzugs besondere Bedeutung zukommt. Zum anderen findet dies in einer Öffentlichkeit statt, welche die Bedingung dafür ist, »dass sie von anderen wahrgenommen und verstanden werden«, so der Philosoph Jörg Volbers. Die räumlichen Situationen der Architektur erleben wir im Gebrauch wie im Vollzug und in urbanen Situationen ist Öffentlichkeit sowieso als ein konstituierendes Merkmal von Stadt wirksam. Kein Raum der Stadt ist öffentlicher als der Straßenraum.

Die entscheidende Charakteristik des Performativen ist nach Erika Fischer-Lichte seine transformative Kraft. Architektonische Situationen können, ausgehend von ihrer architektonischen Substanz, eine transformative Kraft ausüben. Auf der einen Seite verändert sich Architektur in ihrem Charakter abhängig von ihrem Gebrauch, von Bedingungen der Wahrnehmung und von individueller Disposition. Neue gesellschaftliche Gebräuche, ein neuer sozialer Umgang in der städtischen Gesellschaft können Ausdruck, Bedeutung, sogar Benennung eines Raums der Stadt völlig verändern. Schon die kleinen Interventionen der Schanigärten, die in der Zeit der Pandemie Einzug in die Straßen gehalten haben, verändern deren Charakter. Und solche Veränderungen teilen sich mit.

»The world is changed – as if by magic.«

Architektonisches Repertoire
Körper und Raum: Die wechselseitig bedingende Wirkung von Baumassen und Räumen ist ein grundlegendes architektonisches Mittel. Raum ist in seiner Gestalt erkennbar, wenn er von körperhaften Elementen gefasst oder geformt wird, die Figur von Baumassen wiederum wird durch ihre Abhebung vom Umraum identifizierbar. Körperhafte Massen bieten unserem eigenen Körper Widerstand, die Leere dazwischen lässt uns Spielraum für Bewegung und Sicht.

Innen und Außen: Auch das Mittel der Abschirmung beruht auf einer komplementären Wechselwirkung.

[3] Mexico City

[4] Mexico City

Sie regelt das für die Architektur konstitutive Verhältnis von Innen und Außen, indem sie zwischen beiden trennt und zugleich verbindet. Stadträume wie Plätze und Straßen können als die öffentlichen Innenräume der Stadt oder aber als Außenräume wahrgenommen werden. Ihre Zugänglichkeit als Innenräume erfordert die Überwindung der Trennung durch Öffnungen zwischen Innen und Außen. Die Schicht zwischen diesen beiden Sphären kann schon wieder raumhaltig werden, sie ist nicht nur ein Informationsscreen. In dieser Raumschicht wechselnder Zugehörigkeit liegt ein besonderes Potenzial für die Stadt. Die Arkaden in Bologna, der Eingangsbereich eines Wohnhauses, Durchgänge, Einschnitte – unzählige Elemente können den Straßen-Raum beleben.

Grenzen und Schwellen: Es ist die Schwelle, durch die die Grenze nicht nur überwunden, sondern bereichert wird. Mit der Doppeldeutigkeit der Schwelle wird die Grenze architektonisch zu einem Raum ausgebildet, der zwei Sphären zugleich angehört. Die Tür des Hauses bildet die Schwelle zur Stadt. Noch sind wir im Haus, aber auch schon draußen. Die öffentliche Straße ist auch »meine Straße«, in der ich zu Hause bin, aber mich doch auf die Öffentlichkeit der Stadt einlasse. Über Schwellen werden der Austritt und der Zugang verzögert, kontrolliert, ritualisiert. Sie werden als Situation erlebbar. Die Kommunikation zwischen Innen und Außen wird gestaltet, das Verlassen eines begrenzten Raums gedehnt, in Etappen zerlegt,

oder der Eintritt wird mit Erwartung aufgeladen. Der Übertritt zwischen zwei Stadträumen wird bemerkbar. An Schwellen kann das Vorstellungsbild von der Stadt verankert werden. Schwellenräume sind sowohl Räume der Zäsur als auch Verbindungsräume und Räume der Kommunikation. Sie sind die entscheidenden Elemente einer porösen Stadt.

[5] Bologna

[6] München

Vortrag
Ulrich Brinkmann

VORSICHT AUF DEM WENDEHAMMER!
Die Straße als Element des Städtebaus
Deutsch-deutsche Stadtplanung
in Ansichtskarten II

»Und die Landstraßen. Viele noch nicht mal geteert. Kleine alte Landstraßen mit vielen Kurven. Straßen, die leer in der Sonne liegen. Lang. Bis vielleicht wieder einmal ein Auto vorbeikommt. Vorher noch ein Pferdewagen, ein Ochsenkarren voll Heu und ein Traktor mit Langholzanhänger. Und einmal ein alter Mann mit einem Bündel. Sieht aus wie von weither. Und dazwischen die Straße jedesmal wieder leer. Ein langer Tag. Nach Heu riecht es, ein Bussard ruft und auf allen Wiesen der Sommer. Die Wiesen und das Licht von ungefähr 1956 oder 1958. Und da muß es gewesen sein, daß wir alle in Autos einstiegen und zu fahren anfingen. Das ganze Land. Die Straßen fingen zu fahren an. Die Zeit auch. Die Zeit selbst fing zu fahren an. Immer schneller die Zeit. Und seither fahren wir und hören nicht auf zu fahren. Und um uns herum ist die Welt eine Welt für Autos.«

Peter Kurzeck, Vorabend

Eine Straßenbahn steht an der Haltestelle in Straßenmitte, eine Traube von Fahrgästen drängt sich auf dem schmalen Bahnsteig, rechts und links dehnen sich je zwei zum Zeitpunkt dieser Aufnahmen noch leere Fahrspuren für den Fahrverkehr, ganz außen Gehsteige. Die Gebäude zu beiden Seiten, so unterschiedlich sie jeweils auch wirken, sind neu erstanden oder zumindest in neuen Formen wiederaufgebaut worden. Ganz hinten erhebt sich jeweils eine große Kirche, welche den weiten Straßenraum

prägt. Ansichtskarten sind diese Motive, und zwar aus den frühen 1960er Jahren, und in ihren beiden Städten heute längst nicht mehr erhältlich. Es sind zwei strukturell ziemlich ähnliche Stadträume, die hier ins Bild gesetzt worden sind, einer im Westen, einer im Nordosten Deutschlands: die Kampstraße in Dortmund und die Lange Straße in Rostock. Die beiden in Ost-West-Richtung verlaufenden Straßenzüge – in Dortmund Teil eines nach dem Krieg in die Altstadt gelegten Achsenkreuzes, in Rostock im rechten Winkel nach Süden umgebogen – seien als zwei Beispiele für den am Autoverkehr ausgerichteten Neuaufbau deutscher Stadtzentren in den 1950er Jahren herausgegriffen aus einer größeren Recherche, die, im März 2023 im Berliner Verlag DOM publishers unter dem Titel »Vorsicht auf dem Wendehammer!« erschienen, untersucht, wie sich diese neuen Straßenräume und Infrastrukturanlagen – Kreisverkehre und Ausfallstraßen, Fußgängerbrücken und B-Ebenen, Straßentunnel und Hochstraßen – im Medium der Ansichtspostkarte inszeniert fanden. Ein Bildfundus, der bislang für die Stadtgeschichtsschreibung weitgehend unberücksichtigt, jedenfalls noch nicht systematisch dafür erschlossen worden ist.

Kampstraße und Langestraße eignen sich insofern für einen kurzen Beitrag zum Thema dieser Tagung, als beide ein Maß an Ähnlichkeiten aufweisen, das die in Bundesrepublik und DDR gleichzeitig wirkenden Leitbilder der Stadtplanung zeigt, aber auch Unterschiede deutlich machen, die die jeweils anderen Bedingungen des Aufbaus anklingen lassen. Die unterschiedliche Wirkung, die beide Straßen bei allen Ähnlichkeiten entfalten, verdankt sich vor allem der

[1] Dortmund, Kampstraße

[2] Rostock, Lange Straße

jeweiligen architektonischen Konzeption. Dass in beiden Städten Ansichtskarten von den neuen Straßenräumen aufgelegt worden sind, zeigt, dass das jeweilige Entwicklungsmodell wohl in beiden Fällen als repräsentativ für seine Zeit begriffen wurde.

Weder Pragmatismus noch Ideologie sollten allein über die Zukunft dieser Räume entscheiden. Die beiden genannten Beispiele (und etliche andere) besitzen als mehr oder weniger großräumliche Umsetzung der Stadtidee der Nachkriegszeit sowohl einen historischen Zeugniswert als auch eine gern übersehene oder verdrängte gestalterische und mithin kulturelle Dimension, die zumindest im Blick zu behalten ist, wenn Maßnahmen zu ihrer Anpassung an neue Bedürfnisse diskutiert werden. Die Straßen der 1950er und 1960er Jahre sind in vielen Fällen nicht bloß reine Funktionselemente zur Bewältigung eines seinerzeit rapide wachsenden Verkehrs – den Schutzumschlag von Sigfried Giedions 1941 in den USA erschienenem Buch *Space, time and architecture*, in dem der Autor die Architektur und Stadtplanung der Moderne historisch herleitet als Ergebnis einer Entwicklung der menschlichen Wahrnehmungsweise, ziert nicht von ungefähr die Überblendung des Randalls Island Highway mit der Gartenachse von Versailles. Kurz sei aus der deutschen Ausgabe dieses Standardwerks zitiert, nur um deutlich zu machen, dass sich die Stadt- und

Verkehrsplaner der 1950er Jahre bei aller Rigorosität des Vorgehens durchaus stadtgeschichtlich abgesichert zu handeln wähnten: »Haussmanns endlose Straßenzüge gehörten nicht nur in ihren architektonischen Eigenschaften, sondern auch ihrer eigensten Konzeption nach zu der künstlerischen Vision, die der Renaissance entsprang: der Perspektive. Heute müssen wir die Stadt unter einem neuen Aspekt betrachten, der ursprünglich durch das Überhandnehmen des Autos diktiert wurde, der auf technischen Erwägungen beruhte und nun zur künstlerischen Vision unserer Zeit führte – Raum-Zeit... Das Raum-Zeit-Gefühl unseres Zeitalters kann selten so stark erfahren werden, wie am Steuerrad, wenn man hügelauf-hügelab, durch Unterführungen, über Rampen oder über riesige Brücken dahin rollt.«

Wie vielfältig der Themenkomplex, der sich um die »Erfahrung Straße« gruppiert, die Gesellschaft kulturell durchdrungen hat, zeigt sich aber auch außerhalb stadtplanerischer Fachzirkel. Man blicke nur auf Songtitel und LP-Covers der letzten 70 Jahre, auf die Ästhetik der Werbung oder auf das Angebot von Spielzeuggeschäften, vor deren Regalen die Kinder schon früh mit der Typenvielfalt der Automobilhersteller und deren gestalterischen Besonderheiten in Kontakt kamen.

[3] Dortmund, Kleppingstraße [4] Rostock, Ernst-Thälmann-Platz

Wie in den Fußgängerzonen dürfte die Entwicklung auch bei der Straßeninfrastruktur der Nachkriegsmoderne zu einer größeren Mischung führen, also zu einem stärkeren Neben- und Miteinander verschiedener Geschwindigkeiten und Verkehrsträger, was im günstigsten Fall auch zu einer größeren Rücksichtnahme führen könnte, wie sie in anderen Ländern Europas schon gelebt wird im Straßenverkehr. »...Ach ja, Kinder: Vorsicht auf dem Wendehammer!« – der Ruf, der uns Heranwachsenden vor vierzig Jahren aus dem Mund der Mutter meines Spielkameraden nachhallte, wenn wir uns daran machten, der Sicherheit des Bungalows und seines umgebenden Gartens den Rücken zu kehren, wäre dann endgültig keine ernst zu nehmende Warnung mehr, sondern bloß ein Satz von schräger Komik. Was es braucht, ist die Bereitschaft, nicht alles Leben einer einzigen Funktion unterzuordnen, sondern mehr Mischung zu wagen: Sollte irgendwann eine Radspur auf der Berliner Stadtautobahn existieren, ist die Entwicklung gelungen, ließe sich prognostizieren. Augenmaß sei dabei angemahnt – nicht jede Sackgasse endet zwangsläufig mit einem Wendehammer.

Welche Ikonografie diese neue Organisation der Mobilität mit sich bringt, wird sich zeigen. Ein Rückblick auf die Postkarten der autogerechten Stadt der 1950er und 1960er Jahre ist zumindest eine Ermunterung, anstehende Veränderungen nicht nur technologisch, sondern auch kulturell wahrzunehmen und mit einer demgemäßen Gestaltung und Wahrnehmung zu begleiten – die heutigen sozialen Medien zeigen, dass Bilder noch immer ein probates Mittel sind, um ins Gespräch zu kommen.

Erfahrungen aus der Bau- und Planungspraxis 1

Impuls 1
Konrad Rothfuchs, Hamburg

Nur mit »guten Geschichten« wird die Verkehrswende gelingen

Die Anforderungen an eine Stadtstraße nehmen kontinuierlich zu. Zusätzliche Verkehrsräume für Verkehrsträger des Umweltverbandes oder ökologische Anforderungen zum sinnvollen Umgang mit dem Niederschlagswasser stellen Anforderungen an Funktion und Fläche des Raumes, die bei gleichbleibender Raumverfügbarkeit ein neues Aushandeln notwendig machen. Daneben wird zunehmend deutlich, dass der Straßenraum auch wieder mehr dem Aufenthalt dienen muss, was zwingend weitere Raumanforderungen erforderlich macht. Dieser Prozess wirft neue Fragen auf und hat zu berücksichtigen, dass viele Aspekte nur sehr eingeschränkt verhandelbar sind. Eine Schwammstadt kann nur mit einem entsprechenden Flächenbedarf organisiert werden. Zufriedenstellende Angebote für den Radverkehr können in vielen Fällen nur mit zusätzlichem Platzangebot geschaffen werden. Gleichzeitig kann durch die Aufgabe von Flächeninanspruchnahmen Platz gewonnen werden. Das bedeutet aber, dass Gewohnheiten, Selbstverständlichkeiten und Abhängigkeiten infrage gestellt werden müssen. Zurzeit wird ein Großteil der Straßenflächen von Kraftfahrzeugen in Anspruch genommen. Neben den Fahrbahnflächen für eine sichere und komfortable Fortbewegung ist der ruhende Verkehr eine zweite bedeutende Flächeninanspruchnahme durch den Kraftfahrzeug-Verkehr, die eine Flächenverfügbarkeit einschränkt. Zusätzlich werden von den Menschen Möglichkeitsräume für gemeinschaftliche Aufenthaltsflächen vehement eingefordert, was mit weiteren Platzbedarfen verbunden ist. Deshalb wird es in Zukunft wichtiger, den Blick erneut auf den Prozess und mögliche wirklich tragfähige Argumentationsketten zu richten. Nur so kann eine ausreichende Akzeptanz im öffentlichen Bewusstsein geschaffen werden, die auch für einzelne Interessengruppen unpopuläre Abgabediskussion erläutert und allen verdeutlicht, dass eine räumliche Umverteilung eine Berechtigung hat.

Eine Erkenntnis aus der Neurowissenschaft lautet, dass Veränderungen für jeden Einzelnen eine Herausforderung darstellen und deshalb drei Aspekte eine besondere Aufmerksamkeit bedürfen:
1. Dafür argumentieren, nicht dagegen.
2. Neue Gruppen formen,
   nicht die alten Gruppen festigen.
3. Neue Geschichten erzählen, nicht zu kurz und
   oberflächlich argumentieren.

Die Erfahrungen der letzten Jahre haben gezeigt, dass der dritte Punkt »neue Geschichten« ein bedeutender Schlüssel zum Gelingen der großen Herausforderungen darstellt. Mit drei Beispielen werden Argumentationsstrategien beispielhaft beschrieben, die sich für eine Öffnung der Diskussionen als sehr hilfreich erwiesen haben.

Beispiel 1: An der Alster, eine Hauptverkehrsstraße mitten durch das Wohnzimmer Hamburgs

Der Straßenzug An der Alster in Hamburg verläuft östlich der Außenalster zwischen dem freizeitgeprägten Alsterufer und der herrschaftlichen Randbebauung. Das wasserseitige Ufer kann in einigen Bereichen den heutigen Nutzungsanforderungen nicht mehr gerecht werden, sodass eine

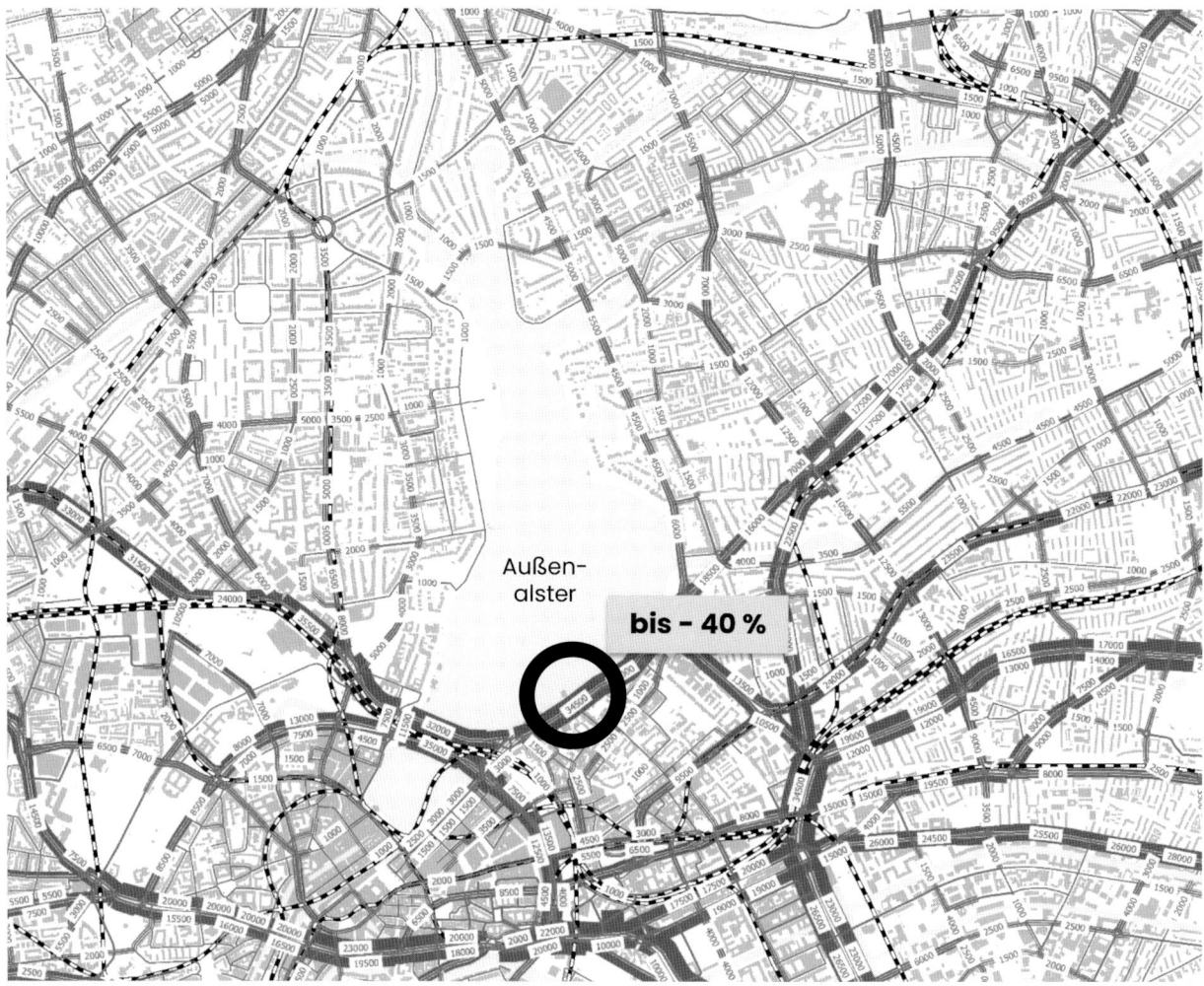

[1]   Verkehrsabnahme bei einer Herausnahme aller Kraftfahrzeug-Fahrten, die kürzer als zehn Kilometer sind

Neuverteilung der Flächen diskutiert werden muss. Über 10.000 Radfahrende pro Tag und ein sehr hohes Aufkommen von Zufußgehenden müssen sich auf den knappen Flächen arrangieren. Der parallel verlaufende Straßenzug ist mit etwa 65.000 Kraftfahrzeugen pro Tag hoch belastet und hätte rechnerisch bei einer Reduzierung der Fahrstreifen, was das einzige Flächenpotenzial darstellt, eine im umliegenden Straßennetz nicht abwickelbare Verlagerung von Verkehren zur Folge.

Um trotzdem eine Flächenumverteilung diskutieren zu können, wurden in einem ersten Schritt im Verkehrsmodell alle Kraftfahrzeug-Fahrten auf dem Straßenzug mit einer Länge unter zehn Kilometern ermittelt. Die Berechnungen ergaben, dass 40 Prozent der Fahrten, was etwa 24.000 Kraftfahrzeug-Fahrten pro Tag entspricht, eine Länge von unter zehn Kilometern haben. Das nicht alle Fahrten auf das Fahrrad verlagert werden können, ist selbstverständlich, aber dass hier ein Verlagerungspotenzial vorliegt, wird jeder Betrachterin und jedem Betrachter klar.[1]

In einem zweiten Schritt wurden der zurzeit realisierte Veloroutenausbau und der Neubau einer

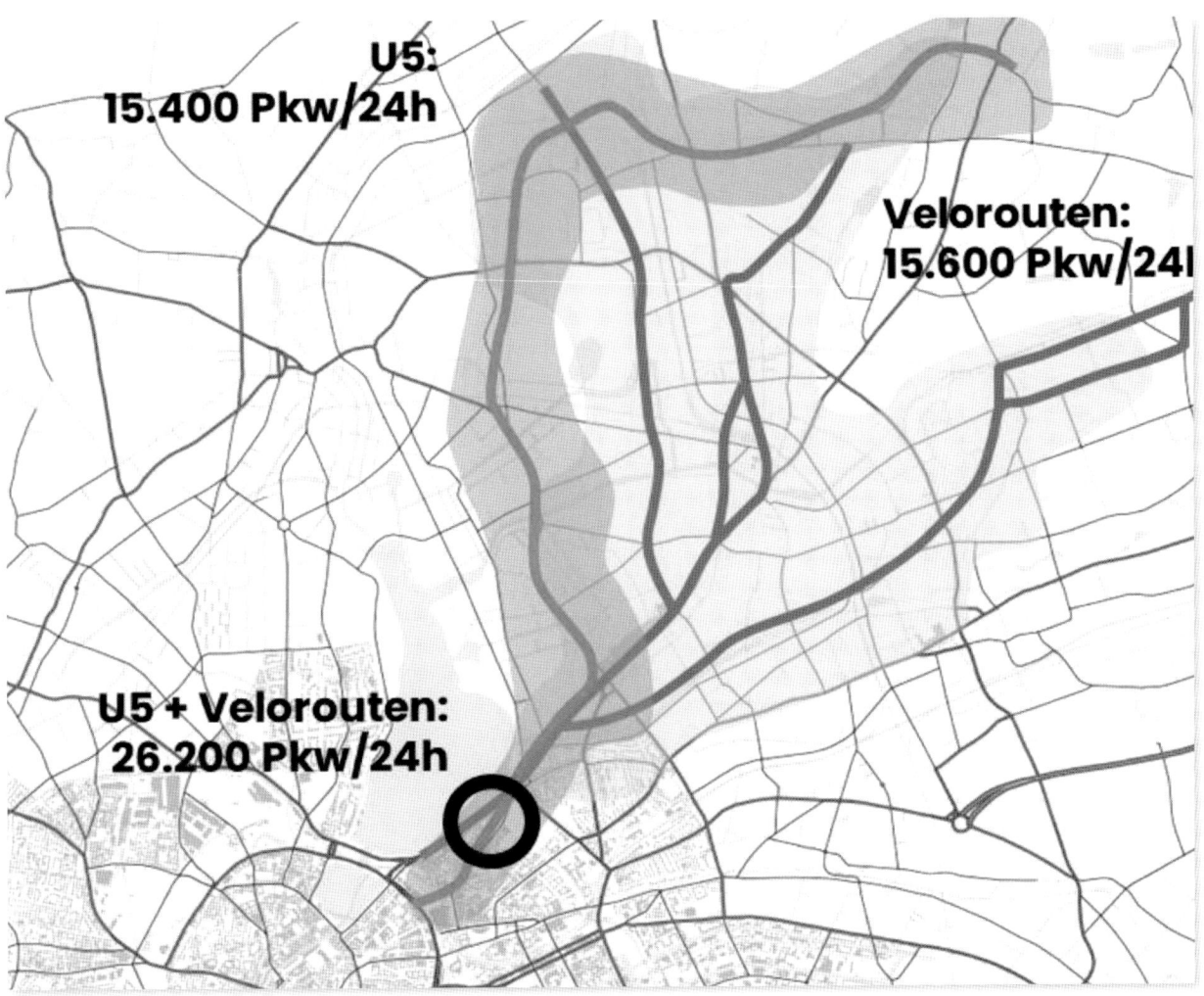

[2] Pkw-Fahrten, die im Einzugsbereich der neuen U-Bahn und der neuen Veloroute beginnen oder enden

U-Bahnlinie mit direktem Einfluss auf die Verbindungsfunktion des Straßenzuges analysiert. Dabei konnten alle Kraftfahrzeug-Fahrten, die in den Wirkungsbereichen dieser beiden Maßnahmen beginnen oder enden, erfasst werden. Das so ermittelte Fahrtenaufkommen beläuft sich auf etwa 26.000 Kraftfahrzeug-Fahrten pro Tag.[2]

Diese beiden schlichten Betrachtungen haben dazu geführt, dass eine grundsätzliche Bereitschaft in der öffentlichen und der politischen Diskussion entstand, hier über eine Fahrstreifenreduzierung nachzudenken. Im kommenden Jahr werden die

Bezirksparlamente und im darauffolgenden Jahr die Bürgerschaft in Hamburg gewählt, sodass eine ernsthafte Realisierung erst nach diesen politisch sensiblen Zeiten denkbar wird. Aber dann hat Hamburg eine Chance, sein Wohnzimmer wieder mehr für den Menschen zu gestalten.

Beispiel 2: Das Kontorhausviertel in Hamburg, ein zugeparktes UNESCO-Weltkulturerbe

Das Kontorhausviertel in der Hamburger Innenstadt ist mit dem Chilehaus ein beeindruckendes Ensemble aus Backstein aus den Zwanzigerjahren des letzten Jahrhunderts. Im Jahr 2015 wurde das

[3] Lageplan des Gewinnerentwurfs des Wettbewerbs Aufwertung des Burchardplatzes und des Kontorhausviertels

Quartier zusammen mit der Speicherstadt zum UNESCO-Weltkulturerbe ernannt. Der öffentliche Raum war in dem damaligen Fortschrittsgedanken sehr dem Auto zugewandt, sodass der zentral gelegene Burchardplatz schon damals als Parkplatz mit Tankstelle konzipiert wurde, um so die Fortschrittlichkeit der damaligen Planung zu unterstreichen.

Die Dominanz des Autos in den Straßenräumen und auf der Platzfläche ist bis heute geblieben. Um dem Quartier jedoch neue Entwicklungschancen zu ermöglichen, wurde im Jahr 2021 ein freiraumplanerisches Wettbewerbsverfahren ausgelobt. Im Vorfeld war zu klären, wie im Verfahren mit dem ruhenden Verkehr umgegangen werden kann. Hierzu hat ARGUS Stadt und Verkehr eine umfangreiche Parkraumerhebung durchgeführt, die es

ermöglichte, die Nutzenden und ihr jeweiliges Parkverhalten abzuleiten. Mithilfe dieser Datengrundlage wurde vereinbart, dass für Anwohner*innen, Kund*innen und Besucher*innen weiterhin Parkstände im öffentlichen Raum im Quartier angeboten werden sollen. Alle anderen Gruppen von Nutzer*innen sollten in die umliegenden Parkhäuser verlagert werden. Nur die Beschäftigten wurden in dem Konzept weitestgehend auf andere Verkehrsträger verlagert. Mithilfe dieser Einigung konnten von den heute 565 Parkständen 310 Parkstände für den Wettbewerb zur Disposition gestellt werden. Der Siegerentwurf von WES LandschaftsArchitektur hat die Chance konsequent genutzt und den Buchardplatz und Teile der Straßenräume vom ruhenden Verkehr befreit.[3/4] Das Projekt wird von WES LandschaftsArchitektur und ARGUS

[4] Visualisierung des Gewinnerentwurfs des Wettbewerbs Aufwertung des Burchardplatzes und des Kontorhausviertels

Stadt und Verkehr weiterbearbeitet und befindet sich heute in der Ausführungsplanung. Die Diskussionen zeigen, dass das große Potenzial des Quartiers von allen erkannt wurde und die Veränderungen in einem breiten Konsens mitgetragen werden.

Beispiel 3: Das Osterkirchenviertel, ein quirliges Stadtquartier, das mehr Platz für das öffentliche Leben benötigt

Das Osterkirchenviertel in Hamburg Altona ist ein altes Arbeiterviertel hinter dem Altonaer Bahnhof. Mit seiner quirligen, durchmischten Struktur, geprägt durch Wohnen, Arbeiten und eine lebendige Gastronomieszene ist es eines der Viertel, das zum einen über erhebliche Entwicklungspotenziale verfügt, aber gleichzeitig schon heute an seine Grenze der Belastbarkeit, besonders im öffentlichen Raum

stößt. Der Druck durch parkende Fahrzeuge, Gewerbe, Einzelhandel und Gastronomie ist enorm und wird durch sehr eingeschränkte Raumverhältnisse weiter erhöht. Um Lösungsmöglichkeiten ausloten zu können, wurde im Jahr 2020 ein Verkehrsversuch gestartet, der von einem interdisziplinären Team vorbereitet und begleitet wurde. Eine Evaluation der Maßnahme wurde von der TU Hamburg-Harburg übernommen.

Besondere Herausforderung aus Sicht des Verkehrs war die Organisation eines autoarmen Quartiers, in dem das Parken im öffentlichen Straßenraum nicht mehr möglich ist und nur noch Fahrzeuge, die über einen privaten Stellplatz im Quartier verfügen, eine Zufahrtsberechtigung erhalten sollten.[5] Neben einigen Bedenken aus dem Einzelhandel war

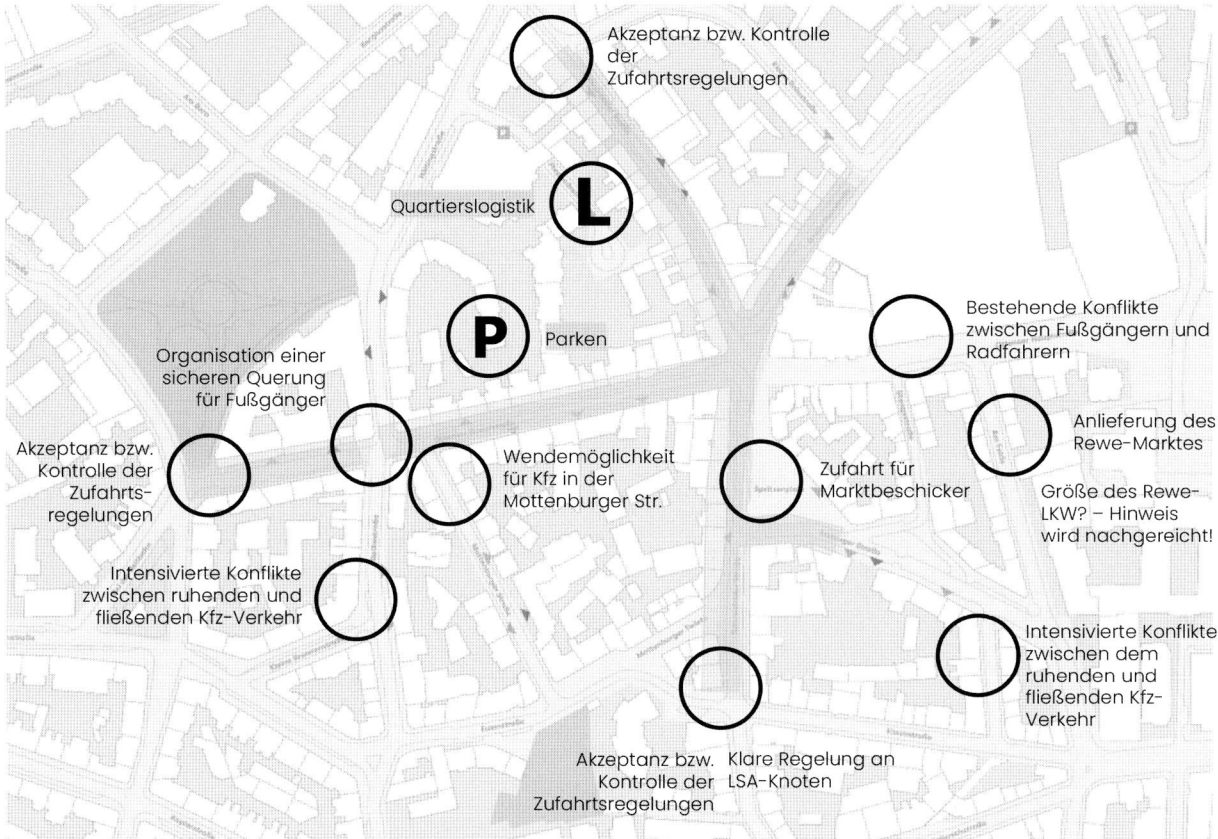

[5] Ottensen macht Platz, die verkehrlichen Herausforderungen

die Zufahrtsbeschilderung eine besondere Herausforderung. Erst die achte Beschilderungsvariante wurde von der Verkehrsdirektion als tragfähig eingeschätzt.[6] Der Verkehrsversuch wurde im September 2019 eingerichtet und ermöglichte es, den Mehrwert über mehrere Monate erlebbar zu machen.

Wenige Wochen vor Ende des Verkehrsversuchs wurde das Projekt frühzeitig vom Verwaltungsgericht gestoppt. Die damals geltende StVO ließ einen Verkehrsversuch nur zu, wenn vorher eine Gefahrensituation beobachtet werden konnte, was nicht der Fall war. Dies ist in der heute gültigen StVO so nicht mehr vorgegeben, sodass nach heutiger Rechtslage der frühere Abbruch nicht mehr zum Tragen käme. Die Evaluation ergab, dass 83 Prozent der Befragten,

also der überwiegende Teil der Bevölkerung, die neue Situation befürworteten. Dieser große Zuspruch hat ermöglicht, dass heute Planungen für das Quartier diskutiert werden, in denen bis zu 330 Parkstände im öffentlichen Raum aufgegeben werden können, um eine neue Aufenthaltsqualität zu ermöglichen und weitere Handlungsoptionen für das Quartier zu eröffnen.

Fazit
Wir müssen noch mehr lernen, interdisziplinär und gewissenhaft tragfähige Argumente herauszuschälen und diese in stabile Narrative einbetten. Nur so werden wir unsere Stadträume so umbauen können, dass sie für die Menschen da sein können.

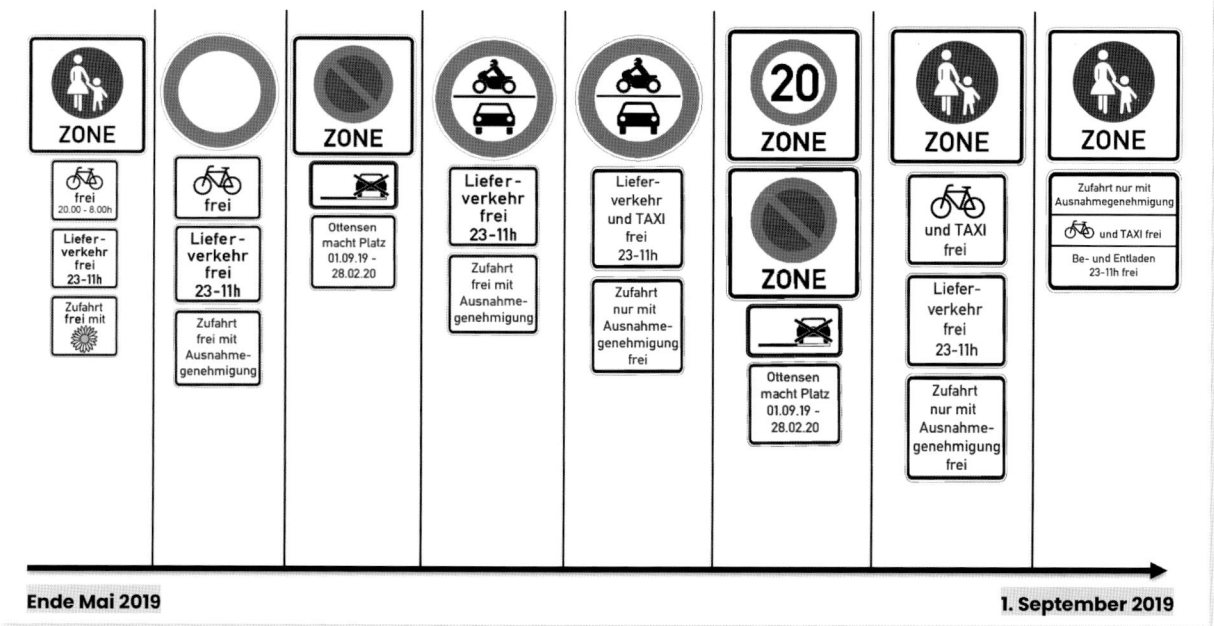

[6]   Ottensen macht Platz, die Beschilderungsversuche

Impuls 2
Dirk Baackmann, Düsseldorf

Gefragt nach der liebsten Straße oder nach einem besonderen Ort möchte ich Ihnen heute nicht einen singulären Ort, sondern die Bedeutung besonderer Verkehrsräume in Düsseldorf als Impuls für die Gestaltungsaufgabe der Stadtstraße in meinem Beitrag näherbringen. Ich beginne mit dem Bild vom Rhein, der sicher nicht der typische Straßenraum im Sinne einer Gestaltungsaufgabe ist.[1] Er ist aber für die Bürgerinnen und Bürger, die Besucherinnen und Besucher der Stadt der Ort, der im positivsten Sinne prägend ist: Als Zielort, als Verkehrsraum längs des Rheins, weil sich hier die Stadt öffnet und Bilder hinterlässt, die Charakter haben.

[1]   Rhein als Bundeswasserstraße

Auch Fußgängerbereiche wie die Rheinpromenade oder Veranstaltungsbereiche für die Rheinkirmes oder das Japanfest – viele positive und lebendige Bilder sind mit der Kulisse dieser Wasserstraße verknüpft. Der Rhein ist dabei für Fußgänger, Radfahrer, den ÖPNV und den Individualverkehr auch neben seinem natürlichen Wirkraum als Landschaftselement immer ein Punkt, an dem sich diese Verkehre konzentrieren, um die beiden Stadtseiten links und rechts des Rheins über Brückenlösungen zu verbinden.[2]

Diese Brücken sind Zeugnisse ihrer Zeit und begründen die Düsseldorfer Brückenfamilie. Es sind Straßenbauwerke, die ein eigenes Bild hinterlassen und auch jeweils einen besonderen Blick auf Düsseldorf, zum Beispiel beim Ankommen am Oberkasseler Ufer und am Medienhafen oder auch den Blick auf die besonderen, oft aus der Kulisse herausstechenden Architekturen erst ermöglichen. Ich sehe es als Aufgabe der Stadtplanung an, aus

diesem Schauspiel des Flusses in der Stadt einige positive Elemente für die Aufgabe der Stadtstraße allgemein zu übertragen: So wie der Fluss in seiner Selbstverständlichkeit nicht nur Verkehrsader für die Schiffart oder Aufgabe der Überwindung einer Barriere ist, so sollte auch die Stadtstraße mehrere Dinge in sich vereinen.

Im Einzelnen sehe ich hier für die städtischen Verkehrsräume die Zielsetzung, dass diese einfach und robust sein müssen. Sie sollten multifunktional sein und gerade als Stadtstraße nicht alleine dem Verkehrsbedürfnis dienen.

Zudem möchte ich als dritten Punkt benennen – und hier greife ich auf die letzte Veranstaltung dieser Reihe zurück: Die Straßen der Zukunft sind mehr denn je klimarelevant. Sie brauchen mehr Raum für das Thema Wasser und Begrünung sowie einen geringeren Versiegelungsgrad.

[2] Düsseltreffpunkte – 2. Preisträger Blaugrüner Ring

Dies führt im städtischen Verkehrsnetz aktuell zu der Abwägung, ob nicht auch größere vorhandene Verkehrsbeziehungen anders gelöst und zugunsten von begrünten Klimaräumen zurückgebaut werden können. Die Bilder zum Projekt der Landesregierung und der NRW.Bank zeigen, dass anstelle der Haroldstraße hier eine Grünachse im Sinne der Erweiterung des Bürgerparks eine klimarelevante Schneise in die Innenstadt bilden wird, die dann eine deutliche Priorität für Fußgänger, Radfahrer und ÖPNV aufweisen wird.[3]

Auch im Detail sind Straßen dabei immer durch Ihren Unterbau und die mitzuführenden Medien gekennzeichnet, die das Funktionieren der Stadt prägen. Zukunftsprojekte bauen dabei im Straßenraum neben einer ausreichenden Erdüberdeckung auch auf entsprechende Wasserspeicher im Sinne der Schwammstadt und sorgen so für das Überleben der oberirdischen Vegetation.

Im besten Sinne bietet dabei auch das Bild der Königsallee, welches als Beispiel einer gelungenen innerstädtischen Straße in einem Beitrag aus Düsseldorf nicht fehlen darf, das historische Beispiel für eine gute und robuste Stadtstraße.[4] Dieser Raum überzeugt nicht alleine durch seine Zentralität und seinen Geschäftsbesatz. Er überzeugt in seiner Multifunktionalität, die den verschiedenen Verkehrsarten Raum gibt und dabei gerade in der Verknüpfung mit dem Thema Wasser und Baumallee ein einzigartiges prägendes Bild für die Stadt darstellt. Die räumliche Ausprägung mit der Länge von 900 Metern und der Breite von 90 Metern ist in der Höhe fast mehr durch die Alleebäume geprägt als durch die abwechslungsreiche Randbebauung des Straßenraums.

Multifunktionalität erfordert dabei neben der Unterbringung verschiedenster Verkehrsaufgaben auch das Thema der Aufenthaltsmöglichkeiten. Mit und ohne Konsummöglichkeiten wird hier das

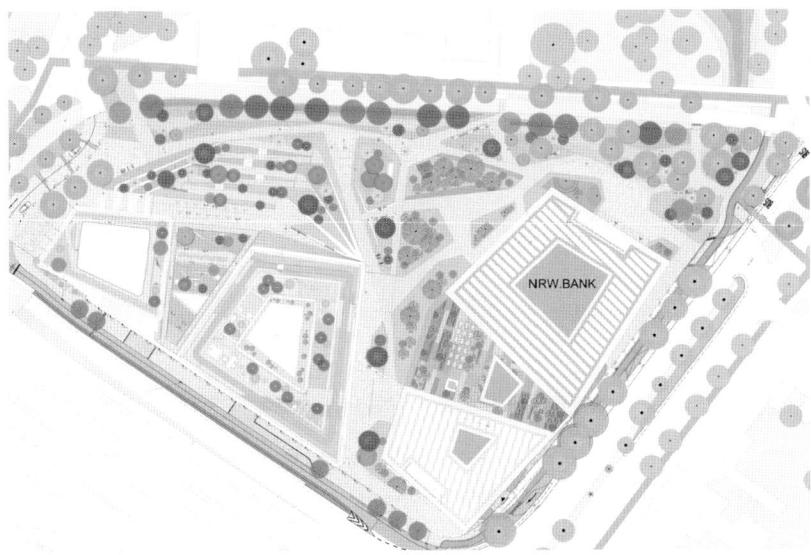

[3] Wettbewerb Haroldstraße

[4] Königsallee

[5] Kö 106

Flanieren und Einkaufen auch stadtbildprägend im positiven Sinne. Der Erfolg ist dabei wiederum mit einer Gesellschaft einhergehend, die diese Wertschätzung für einen solch wichtigen Stadtraum auch mit persönlichem Engagement und öffentlicher Diskussion in die Zukunft tragen möchte. Zuletzt sind hierzu unter Beteiligung der Anrainer und unterschiedlichster Akteure Leitlinien entwickelt worden, die aufzeigen, mit welchen Grundsätzen dieses Bild in die Zukunft getragen werden soll.

Weitere Informationen unter: https://www.duesseldorf.de/ stadtplanungsamt/projektuebersicht/qualitaetssichernde-verfahren/ dialogverfahren-zukunft-der-koe).

[6] Umgestaltung Schadowstraße

In der Achse der Königsallee zeigen auch höhere Gebäudeentwicklungen, dass sie den Bezug auf den Grünraum der Königsallee über einen baumbestandenen Sockel und hinaufwachsende Fassadenbegrünung für die Zukunft aufgreifen möchten.[5]

Der Umbau der Schadowstraße zu einem Fußgängerbereich mit integrierter Hauptfahrradachse soll nun als drittes Beispiel die Prinzipien der Robustheit, der Multifunktionalität und der Klimarelevanz neuerer Stadtstraßen aufzeigen.[6] Die Schadowstraße ist eine der Hauptgeschäftsstraßen Düsseldorfs, die in ihrer Spitzenstunde eine Frequenz von rund 20.000 Besucherinnen und Besuchern aufweist. Mit dem Neubau der Wehrhahnlinie als U-Bahnrelation konnte die »Hinterlassenschaft« des Straßenraums neu ausgebildet werden. Der Planungsprozess der Neugestaltung beginnt mit seinen Ideen weit im Vorfeld, kann aber, wie so oft in vergleichbaren Baumaßnahmen, erst mit Abschluss der Hochbaumaßnahmen sinnvoll als Oberflächengestaltung umgesetzt werden. Dies bedingt eine »Lücke« zwischen Planung und Umsetzung von etwa zehn Jahren, in

der auch Zwischenzustände zur Aufwertung ausprobiert und verkehrliche Notwendigkeiten hinterfragt werden konnten. Die am Anfang geführte Diskussion zur Verteilung des Verkehrs wurde zwischen den Ansätzen von *Shared Space* und einer reinen Fußgängerzone schließlich mit der Lösungsidee einer Fußgängerzone mit integriertem Radweg gesellschaftlich und politisch beendet.[7/8]

Die Robustheitsanforderungen ergaben sich hier aus der Frequenz der Hauptverkehre und auch der Hauptnutzung sowie der notwendigen Rettungstrassen. Neben den in Ergänzung zum Bestand neu gepflanzten Bäumen wurden Wasserspiele hinzugefügt, die den sommerlichen Hitzeinseln durch Kühlungseffekte entgegenwirken sollen. Bunte Sitzmöbel werden als Rastplatz im Einkaufsgetümmel gut angenommen.[9]

Der Fahrradverkehr, der auch der Erreichbarkeit der Innenstadt in der Ost-Westrelation dient, wird in den Stoßzeiten, die gerade nicht Geschäftszeiten sein müssen, gut abgewickelt und sorgt auch

[7] Schadowstraße vor Umgestaltung, Februar 2015

[8] Schadowstraße nach Umgestaltung, Oktober 2021

für Frequenz und soziale Sicherheit in den abendlichen Stunden.

Im Ergebnis zeigt die Umgestaltung der Schadowstraße aber auch, dass sich solche Neuverteilungen von Verkehrsbildern wie das Mischen einer Fußgängerzone mit einem Radweg erst einüben müssen. Insbesondere von den stärkeren Verkehrsteilnehmern, in diesem Fall seitens der Radfahrer gegenüber den Fußgängern oder auch den an dem Wasserplatz spielenden Kindern sind Rücksicht und erhöhte Aufmerksamkeit sowie Einschätzungsfähigkeiten in erhöhtem Maße erforderlich. Robustheit bedeutet bei diesem Konzept aber auch, dass eine Flexibilität in der Weiterentwicklung der Gestaltung sowie in der Zuweisung der Nutzungsoptionen möglich sein muss. Insofern ende ich mit diesem letzten Beispiel und wünsche uns, dass wir als Gestalter unserer Lebensräume in den Städten im Austausch mit den Anforderungen und vor allem Nutzerinnen und Nutzern offen bleiben und gute neue Lösungen finden werden.

[9] Schadowsessel

Impuls 3
Jürgen Odszuck, Heidelberg

[1] Straßenumbau 1960er Jahre

[2] Nördliche Straßenseite mit Hochparterre

Ich habe mich über das Thema »Die Stadtstraße« außerordentlich gefreut, weil wir alle natürlich furchtbar gerne öffentliche Räume gestalten. Aber die Stadtstraße ist so die heimliche Königsdisziplin, weil sie immer im Windschatten der anderen Projekte segelt. Da stehen Parks und ähnliche Bauaufgaben, die wir im öffentlichen Raum verwirklichen dürfen, eher im Vordergrund. Die Stadtstraße ist, wie bereits von anderen erwähnt, dagegen eher funktionaler Raum oder vielleicht auch technischer Raum, also ein manchmal auch rechtlich extrem komplexes Gebilde. Da tut man sich manchmal ein bisschen schwer und dann kommt da irgendwie ein schwarzes Band in die Mitte und rechts und links ein Bäumchen hin. Es kann aber auch anders gehen. Wir haben in Heidelberg auch eine ganze Reihe von Projekten, mit denen wir uns beschäftigen, damit wir es nicht genauso machen wie in der Vergangenheit. Ich will gerne mit Ihnen einen durchaus auch selbstkritischen Blick auf das werfen, was wir tun. Ich habe ein kleines Übersichtsbild über die Stadtstraßen mitgebracht, an denen wir im Moment tätig sind.

Beginnen möchte ich mit der Bergheimer Straße. Sie liegt sehr zentral in der Stadt und es ist die Straße, die ich Ihnen letztes Jahr zum Thema »Die

Grüne Stadt« auch schon mitgebracht habe. Allerdings damals als Negativbeispiel, weil sie ein unglaublich breiter Straßenraum ist und eine wichtige Achse von Bergheim und den östlichen Stadtteilen in die zentralste Innenstadt. Sie führt bis zum Bismarckplatz, unserem Herzstück der Stadt, der ein eher trauriges Dasein führt. Im Gegensatz zum letzten Jahr haben wir inzwischen an ein paar Ideen gearbeitet. Sie sehen, dass die Straße einen großen Umbau erfahren hat. Auf der linken Seite sehen Sie die Stadtstraße ungefähr in den 1950er Jahren, also so, wie sie nach dem Zweiten Weltkrieg aussah. Die südliche Straßenseite ist mit einer breiten, grünen Vorzone versehen und dort ist im ebenerdigen Erdgeschoss überwiegend Wohnen angesiedelt.[1]

Auf dem rechten Bild sehen sie den Straßenumbau der 1960er Jahre.[2] Da hat sich der Verkehr die Grünzone einverleibt. Die Straßenbahn fährt immer noch genau da, wo sie war. Aber vorher fuhr der motorisierte Individualverkehr praktisch nur auf der nördlichen Seite und auf der südlichen Seite war nur die Straßenbahn in Seitenlage. Jetzt gibt es zwei Fahrspuren links und zwei Fahrspuren rechts. Zusätzlich gibt es das Parken und ein bisschen Rest bleibt dann noch für den Menschen. Auf dem rechten Bild

[3] Die grünste Ecke der Bergheimer Straße

sehen Sie, dass es auf der nördlichen Straßenseite Hochparterre gab. Auch das generiert aber eigentlich keine bevorzugte Lage, auch wenn die Distanz des Wohnens im Erdgeschoss zur Straße dadurch hergestellt wurde, dass das Hochparterre etwas höher gelegt ist und der Einblick ins Gebäude reduziert ist. Auf der Abbildung 3 sieht man die grünste Ecke in der ganzen Bergheimer Straße.[3] Der Straßenraum ist extrem breit und gerade in der jetzigen Jahreszeit ist klar, dass es ein sehr unangenehmer Ort ist. Es ist aber ein Ort, der natürlich nur ein wenig Fantasie braucht, um ihn etwas zu verbessern. In der Zwischenzeit haben wir drei grundsätzlich verschiedene Varianten als positive Bilder erarbeitet und quälen damit jetzt unseren Gemeinderat. Man sieht, was man alles machen könnte.[4]

Der Verkehr hat die Bedeutung an dieser Stelle eigentlich nicht und braucht auch nicht diesen Platz. Jetzt geht es darum, die Straße wirklich so umzubauen, wie es die heutige Zeit fordert. Es ist natürlich die Mobilitätswende, die schon mehrfach angesprochen wurde und auch die Klimaanpassung, die uns neuerdings über alle Maße beschäftigt. Es gibt also drei Varianten. Einmal haben wir

gesagt: Warum machen wir diese grüne Vorzone, die es gab, nicht künftig auf die Nordseite auch, denn da haben wir immer noch das Wohnen? Die Wohnungen, die im Erdgeschoss auf der südlichen Straßenseite lagen, sind inzwischen längst zu Geschäften umgebaut worden, weil kein Mensch ebenerdig an der Straße leben will. Insofern haben wir da inzwischen eine tolle Geschäftsstraße. Deswegen wäre die Idee, den Häusern ganz links eine schöne Vorzone zu geben, damit sich die Geschäfte heraus entwickeln können. Auf der Nordseite gäbe es dann Wohnen mit einem großen Vorgarten.

Die zweite Variante zeigt die klassische Idee: eine große Allee. Diese Symmetrie, die eigentlich auch jeder kennt, trifft die vorhandenen Gegebenheiten. Mit einer geraden Baumreihe flankiert man jeweils das grüne Gleis der Straßenbahn. So hätte man doch diese Straße, die aus dem ausgehenden 19. Jahrhundert kommt, auch wieder adäquat und ikonografisch richtig thematisiert. Allerdings bin ich der Meinung, dass die Straße keine symmetrische Straße ist, weil sie sehr unterschiedliche Nutzungen hat. Die Diskussion wird zeigen, was wir hier machen.

[4]   Studie und Visualisierung von Karoline Becker

In der dritten Variante haben wir es einmal umgedreht. Da haben wir eben keine grüne Zone gebaut, sondern stellen für das Wohnen nur eine Baumreihe zur Verfügung. Das reicht für die Hochparterrewohnungen vielleicht auch aus. Wir legen den ganzen Autoverkehr auf die Seite nördlich des Rasengleises, daneben noch eine Baumreihe und einen breiten Boulevard. Dort hat der Verkehr dann nichts mehr verloren. Da sollen sich dann wirklich die Geschäfte rausentwickeln können. Je weiter wir in die Innenstadt kommen, desto mehr gibt es da heute schon gutes Leben, das den Raum wirklich brauchen könnte.

Die drei handgezeichneten Perspektiven in Gegenüberstellung mit den heutigen Ist-Situationen lassen unschwer erkennen, dass da eine Menge Potential für neue Geschichten in der Straße steckt.

Eine zweite kleine Straße, die ich Ihnen zeigen will, ist die Bahnhofstraße. Diese liegt zwei Parallelstraßen weiter südlich und ist eine Straße, die zwei unterschiedliche Seiten hat. Die südliche Seite stammt aus der Gründerzeit und ist auch mit Geschäften versehen. An der nördlichen Seite sieht man moderne Architektur. Dort gab es vorher eine Bahnbrache. Bei der Umsetzung des Bebauungsplanes war natürlich auch ein Straßenentwurf zu machen. Mit Blick auf das Luftbild ist unschwer zu erraten, dass man dem Auto damals viel Platz gegeben hat.[5]

Man konnte sowohl in der Mitte als auch links und rechts parken. Es ist eine wirklich sehr verkehrsgünstig gestaltete Straße, fast ein Parkplatz. Auf der Nordseite sieht man sogar, dass nicht einmal ein Gehweg da ist, sondern dass die Autos das bisschen, was an Gehweg da war, in Beschlag genommen haben.

[5] Luftbild Bahnhofstraße

Die Straße ist gewissermaßen in eine Ost- und eine Westhälfte gegliedert. Im Westen stehen auf der Südseite ein paar Bäume, die wir erhalten konnten. Auf der linken Seite wurden einige neue Bäume gepflanzt.

Aber das Wesentliche ist eigentlich die Mitte.[6] Natürlich haben wir hier weiterhin Fahrbahnen. Wir haben einen verkehrsberuhigten Geschäftsbereich, also Zone 20. Wir haben in der Mitte dann diese Pflasterfläche angelegt. Eine leichte Schwelle, die eigentlich dazu führt, dass man sich gegenseitig nicht mehr überholen kann oder auch will. Der einzige Grund, warum die Schwelle doch befahrbar ist, liegt darin, dass wir bei der Straße auf Ladezonen verzichtet haben. So benötigen wir dafür nicht die Flächen, die für die Fußgänger und die Geschäfte reserviert sind. Das führt dazu, dass man dann über diese Pflasterstreifen fahren kann, wenn kurz mal ein Auto hält. Da sind wir auch schon bei den Grenzen dessen, was uns diese Richtlinien geben: Nein, wir machen keine Ladezone und sagen, dass das Auto auf der Straße entladen soll. Wenn da mal einer eine halbe Stunde steht, dann geht das auch irgendwie.

Und dieses »Sich-Miteinander-Arrangieren« funktioniert in der Bahnhofstraße tatsächlich ziemlich gut. Mit Blick von der westlichen in die östliche Hälfte sieht man, dass da dann die Baumreihe in die Mitte wechselt. In der Mitte teilt sich die Fahrbahn schlicht und ergreifend. Aber auch dadurch – vorhin hat Frau Prof. Wolfrum Theodor Fischer zitiert – wird so eine Länge der Achse heruntergebrochen, sodass eine gewisse Maßstäblichkeit entsteht. Im Schnitt sieht man links und rechts vier Meter für die Menschen. Der Rest bleibt sozusagen für das, was die Stadt noch als Funktionalität braucht.

Wir haben noch eine andere wunderschöne Straße, die sogar eine große historische Bedeutung hat, nämlich die Römerstraße. Das ist tatsächlich auch die alte Römerstraße, die nach Heidelberg hineinführte. Damals gab es Heidelberg noch nicht. Aber sie ist eine Straße, die dementsprechend über eine sehr, sehr lange Strecke einfach geradeaus geht. Von den alten römischen Zeiten sieht man natürlich nichts mehr. Selbst der Zeitung ist schon aufgefallen, dass dies eine eher schneisenartige Straße

[6] Bahnhofstraße Neuordnung

[7] Der Andere Park

ist. Wenn ich mit meinen Kindern nach Heidelberg fahre, kommen wir über die Römerstraße und dann sage ich immer: »Wir sind im Landeanflug! Sie können sich jetzt wieder anschnallen.« Es kommt einem wirklich so vor, als wäre man auf einer Landepiste. Da war natürlich Handlung geboten im Zuge der Konversionsflächenentwicklung. Links und rechts waren Kasernen, sodass wir im Zuge eines Wettbewerbsverfahrens gesagt haben: »Diese Straße muss schlichtweg aufgebrochen und ein grüner Straßenraum werden wie einst zuvor.« Links und rechts gab es schon Bäume, aber dieser Raum in der Mitte, der wird unglaublich heiß. Der heizt sich derartig unangenehm auf, dass wir gesagt haben: »Hier muss ein anderes Konzept her.« Den Wettbewerb gewonnen hat das Architekturbüro Studio Vulkan, das den Wettbewerbsbeitrag übrigens gemeinsam mit einem Verkehrsingenieur geliefert hat. Diese Zusammenarbeit ist uns äußerst willkommen. Das Wettbewerbsergebnis »Der andere Park« liegt beidseitig dieser Straße. Man sieht, »Der Andere Park« muss über diese Straße verbunden bleiben.[7]

Wir sind gerade mit dem Institut für Stadtbaukunst dabei, neue Ideen zu entwickeln, wie man Straßen, die man in dem Maße vielleicht gar nicht mehr braucht, auch umgestalten kann. Ein Beispiel hierfür ist die Emil-Maier-Straße. Diese Straße hat künftig keine Erschließungsfunktionen mehr und im Zuge des Neubaus unseres Betriebshofgeländes werden wir dann einen Park daraus zu machen.

Vielleicht kann man als Resümee, wenn wir uns den Langen Anger anschauen, sagen: Da hatten wir einen kompletten Straßenneubau in der Bahnstadt mit den Themen Regenwassernutzung, -management und auch Zuführung zum Grundwasserspeicher, Aufenthaltsqualität und Stadtklima. Die große Herausforderung war, das alles zusammenzubringen. Die Straße ist übrigens vor 18 Jahren geplant worden und vor ungefähr 12 Jahren fertiggestellt worden. Da merken Sie, dass die Klimaanpassung kein neues Thema ist. Damit möchte ich schließen. Ich glaube, wir Städtebauer haben das schon lange begriffen und haben da schon einige Ideen entwickelt.

Erfahrungen aus der Bau- und Planungspraxis 2

Impuls 1
Jörn Düwel

DAS AUTO IN DER STADT

Im 19. Jahrhundert:

Nach der Eisenbahn erobert das Auto die Stadt

Wie kein anderes Verkehrsmittel zuvor revolutionierte die Eisenbahn die Wahrnehmung von Raum und Zeit. Wenn etwas Stadtmauern überflüssig machte, war es der Siegeszug der Eisenbahn im 19. Jahrhundert. Die Nähe zum Fluss oder zum Meer war nicht länger allein ausschlaggebend über den wirtschaftlichen Erfolg, sondern der Anschluss an das Eisenbahnnetz trat hinzu. 1835 war in Deutschland die erste Eisenbahnstrecke mit einer Länge von sechs Kilometern eröffnet worden, nur 15 Jahre später umfasste das Streckennetz 5.700 Kilometer. Unter enormen Anstrengungen ging der Ausbau in ganz Europa voran. 1880 reichte das Streckennetz bis zum Ural und nach Skandinavien. Bis 1910 entstanden solche Netze auch in Argentinien, China, Indien und Japan.

Die Ankunft der Eisenbahn veränderte die Städte grundlegend. Überall waren leidenschaftliche Debatten um das Verhältnis von Einzelinteressen und Allgemeinwohl, um Streckenführung und die Lage sowie Gestaltung der Bahnhöfe geführt worden. In jeder Stadt schossen die Preise für Bauland in der Nähe der Bahnhöfe in die Höhe und gingen mit einem ungeahnten Urbanisierungsschub einher. Die Folgen waren durchaus ambivalent: Am Stadtrand errichtete Bahnhöfe fanden sich innerhalb weniger Jahrzehnte rasanten Stadtwachstums vielfach inmitten der Innenstadt wieder. Eisenbahnen führten in den entstehenden Großstädten nicht nur zum Wohlstand, sondern auch zu Verdrängung und Neuansiedlung, zu Schmutz und sozialen Randlagen.

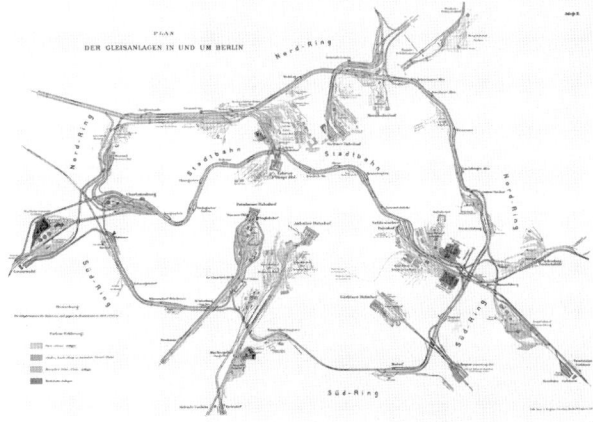

[1] Berlin: 1838 wurde der Eisenbahnbetrieb aufgenommen, seinerzeit lag der Potsdamer Bahnhof am südwestlichen Rand der Stadt. In den folgenden sechs Jahrzehnten kamen weitere Eisenbahnlinien und Bahnhöfe hinzu, während die Stadt erheblich erweitert wurde, sodass sich die Kopfbahnhöfe unversehens in zentraler Innenstadt befanden.

Bahnhöfe – Räume der Zirkulation großer Massen von Menschen und Waren – waren oftmals Dreh- und Angelpunkte der Stadtentwicklung und weithin sichtbare Endpunkte von Straßen und Plätzen.[1]

Wer am Ausgang des 19. Jahrhunderts mit der Eisenbahn in einer Großstadt ankam, fand sich wenige Augenblicke später dennoch in einer seit Jahrhunderten kaum veränderten Gegenwart wieder. Auch Großstädte waren noch immer vom Fußgänger geprägt, obwohl die ersten Straßenbahnen bereits elektrisch unterwegs waren. Doch durften für die Mehrheit der Stadtbewohner die Wege zwischen Wohn- und Arbeitsstätte nicht zu weit auseinander liegen. Massentransportmittel, die auch für untere Einkommensschichten zur täglichen Benutzung erschwinglich waren, entstanden erst am Beginn des 20. Jahrhunderts und bedingten abermals eine

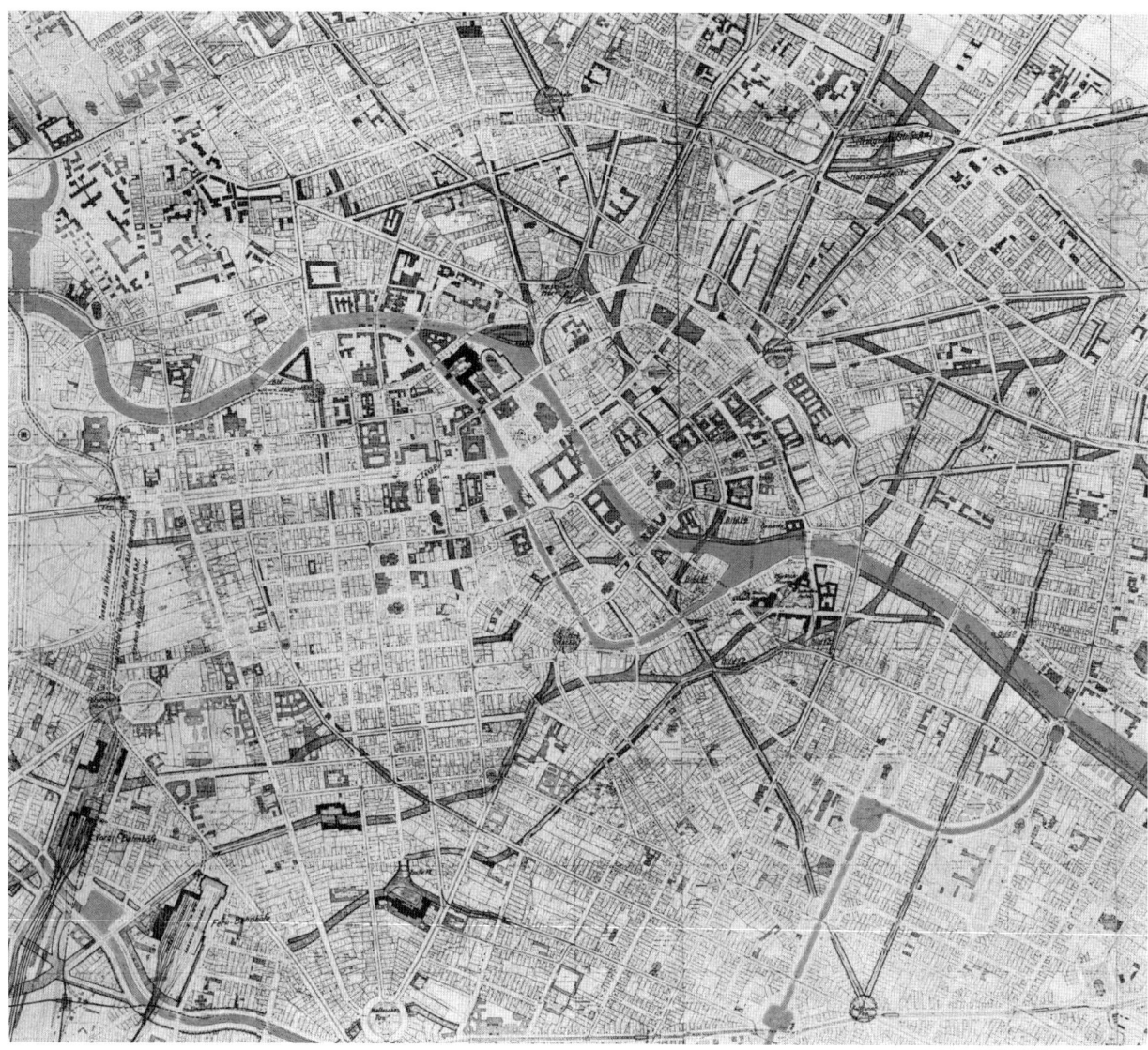

[2]   Berlin: Im Wettbewerb Groß-Berlin gewann Hermann Jansen 1910 einen ersten Preis. Auf dem Weg zur »Weltstadt« schienen
      dem Architekten Straßendurchbrüche unerlässlich, schließlich ging er von einer anhaltenden Bevölkerungszunahme aus. Im Jahr 2000
      erwartete er zehn Millionen Einwohner. Jansen strebte große Verkehrsstraßen an, die von außen Wohnviertel umschließen, die innen Ruhe
      und Abgeschlossenheit bieten »und zwar je mehr wir in sie eindringen, um so reichlicher, wenn in diesen Wohnvierteln die Straße um so
      schmaler werden können, je weiter sie sich von den großen Verkehrsadern entfernen.«

neuartige und radikale Veränderung der Städte. Untergrundbahnen und S-Bahnen waren gewissermaßen an die städtischen Verhältnisse angepasste Eisenbahnen, die erst den Massenwohnungsbau auch jenseits der alten Stadtgrenzen möglich machten. Etwa zur gleichen Zeit, als sich diese städtische Infrastruktur durchsetzte, kamen die ersten Automobile in die Stadt. Um die Jahrhundertwende war

es für viele Menschen noch eine Sensation, einen Kraftwagen zu erblicken. Doch schon 1907 ging die Zahl der Pferdedroschken zugunsten motorisierter Taxis zurück, und nur sieben Jahre später hatten sie bereits gleichgezogen. Dennoch gehörten Automobile vor dem Ersten Weltkrieg noch nicht zum Alltagsleben, vielmehr waren sie Statussymbole einer vergnügungssüchtigen großstädtischen Oberschicht.[1]

Obwohl das Auto zu Beginn des 20. Jahrhunderts noch nicht einmal auf den Straßen der Großstädte eine nennenswerte Rolle spielte, beflügelte es die Phantasie der Städtebauer. 1909 war im Wettbewerb Groß-Berlin der Beitrag von Hermann Jansen (1869–1945) mit einem von zwei ersten Preisen ausgezeichnet worden. Das Preisgericht würdigte das vorgeschlagene Verkehrsnetz mit Radialstraßen als kreuzungsfreie Hauptverkehrswege, die bereits auf das Auto zugeschnitten waren. Die Dimensionierung der Verkehrsstraßen unterstrich Jansen mit den Worten, so könne sich das Automobil besser »austoben«.[2]

Vom Eisenbahnbau und -betrieb kam der Bauingenieur Otto Blum (1876–1944). Er konstatierte 1911, »die übliche Auffassung des Großstadtproblems geht von den Schäden der zu dichten Belegung der Wohnungen aus und fordert zur Erzielung einer frohen, glücklichen, gesunden, zufriedenen, lebenskräftigen Großstadtbevölkerung ihre Ausbreitung auf eine wesentlich größere Fläche mit gesunden, nicht eng belegten Wohnungen«.[2] Bei der Erörterung, wie das zu erreichen sei, würden die Bodenpolitik, die Freiflächen, die Baupolizei und die Bebauungspläne herangezogen, »vom Verkehr wird aber nur auf die Wichtigkeit der Staatsschnellbahnen hingewiesen, allenfalls noch auf den Personen-Fernverkehr.« Darin zeige sich, kritisierte er, einerseits eine Unterschätzung der Wichtigkeit des Verkehrs und andererseits auch eine Verkennung seiner Schwierigkeiten und »seines eigentlichen inneren Wesens, ebenso wie des volkswirtschaftlichen Charakters der Weltstadt.« Der Verkehrsplaner Blum gehörte zu den ersten Fachleuten, die das Narrativ »Weltstadt« programmatisch verwendeten. Der Superlativ Weltstadt bündelte Wünsche und Träume für eine verheißungsvolle Zukunft. Weltstadt verlangte die Befreiung von Altstadt. Weltstadt nahm Maß an New York und London, den damals tonangebenden, anerkannten Weltstädten. Zur Weltstadt gehöre, beschwor Blum seine Leser, ein völlig neuartiger Verkehr. Es

komme vor allem darauf an, der Bevölkerung eine »Daseinsmöglichkeit« für die Zukunft zu schaffen. Sie sei nur mit einer »Durchbrechung« bestehender »Schranken« und einer radikalen Neuordnung zu gewährleisten. So könne, schwärmte er, »ein Gesamtmonumentalwerk geschaffen werden, das in keiner Stadt der Welt seinesgleichen finden wird.«[3] Erst das Durchbrechen bestehender Schranken lasse »wahre Weltstadtschönheit!« entstehen. Der Verkehrsplaner sah die unbedingte Notwendigkeit, die »großen Brennpunkte des Verkehrs einheitlich (zu) erfassen und einheitlich (zu) beherrschen«, um zur »großen Weltstadtschöpfung« zu gelangen.[4] Bauingenieure neigen weniger zu pathetischen Erläuterungen, Blum hingegen bemühte sogar religiöse Metaphern bis hin zur Apotheose:

»Man muss nur groß genug denken können im Monumentalen und kühl genug im Verkehrstechnischen und Wirtschaftlichen. Und Achtung muss man entgegenbringen dem Verkehr und seiner grundlegenden Bedeutung, besonders dem Güterverkehr, der all das Weltstadtleben spendet. Und man muss im richtigen Maßstab denken können, in dem einzigen möglichen Maßstab: Sechs Millionen Menschen und drei Jahrzehnte.«[5][3]

Um 1910 meldeten sich zahlreiche Experten zu Wort, die dringend eine Neuordnung der Städte in Anbetracht des »kommenden Verkehrs« anmahnten. Zu ihnen gehörte auch Hans Schmidkunz, der die Notwendigkeit sah, »zu einer vollkommeneren, und zwar differenzierteren Ausbildung des Verkehrsnetzes« zu gelangen.[6] Den Gefahren auf der Oberfläche der großstädtischen Straßen und Plätze könne nur begegnet werden, wenn »einmal radikaler vorgegangen« werde als durch bloße »Ablenkung des Verkehrs«. Der Autor hatte erstmals in der Ausgabe vom 2. November 1901 der Zeitschrift *Die Gegenwart* eine »Dreischichtung des großstädtischen Verkehrs« vorgeschlagen. Nun, ein Jahrzehnt später, meinte er, werde auch die Höherlegung des Fußgängerverkehrs nicht mehr als lächerliche Utopie abgetan.

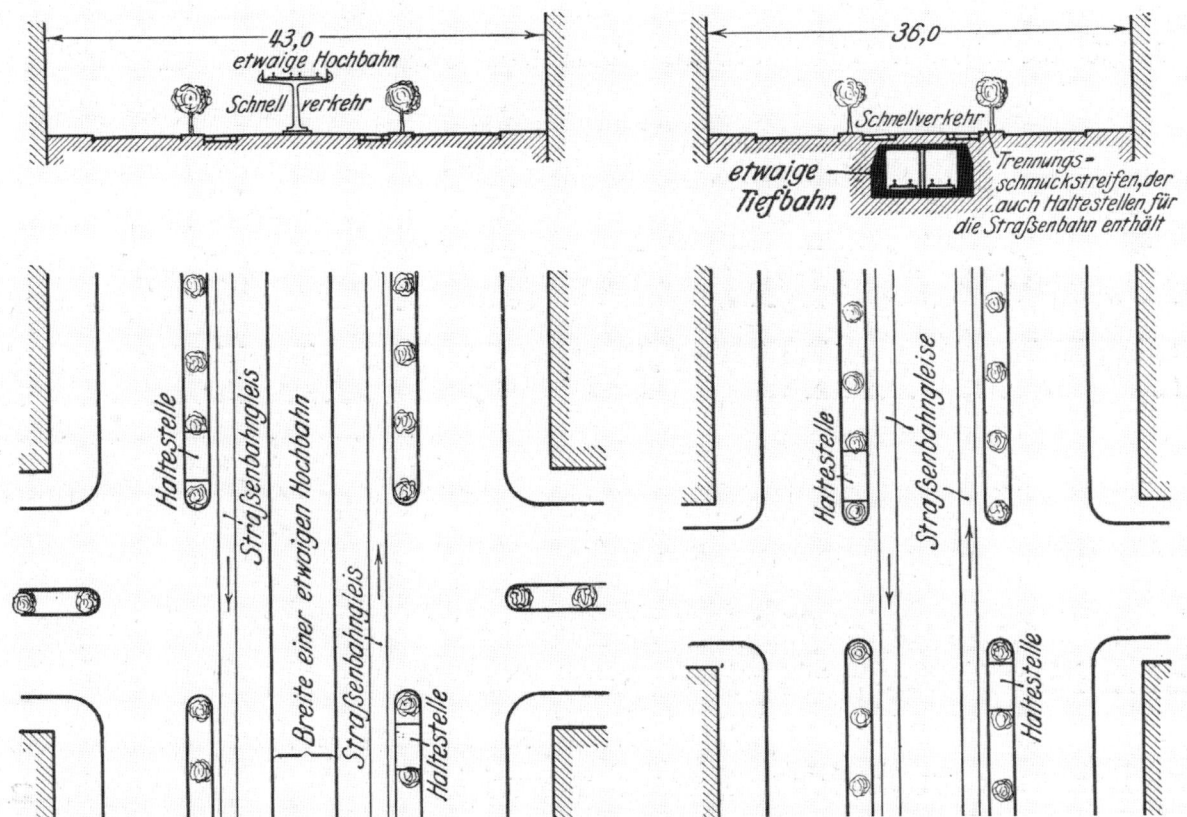

[3] Berlin: Im Wettbewerb Groß-Berlin wurde der Entwurf von Havestadt&Contag, Otto Blum und Bruno Schmitz mit dem 4. Preis ausgezeichnet. Die Verfasser schlugen in Erwartung eines »Weltstadtverkehrs« zweigeschossige Straßen vor, entworfen wurden sowohl aufgeständerte Verkehrswege wie Unterpflasterwege. Die Querschnitte großer Verkehrsstraßen sollten zwischen 36 und 43 Meter liegen.

Im Berliner *Lokal-Anzeiger* erschien am 11. April 1911 der Aufsatz »Das Recht des Fußgängers und die Straße der Zukunft« von Constantin von Zedlitz. Hier wurde verlangt, »im Interesse des Wagenverkehrs nicht minder als in dem des Fußgängers«, dass »beide Faktoren künftig verschiedene Stockwerke angewiesen erhalten.« Dieser »für die modernen Bedürfnisse« bezeichnete Ansatz stehe, so der Autor 1911, »ganz im Einklang mit der natürlichen Entwicklung des Großstadtorganismus«.

Übersteige das Wachstum einer Großstadt »ein gewisses Maß«, sei der Augenblick gekommen, den »alten Kern« der Stadt grundlegend infrage zu stellen. Mit dieser These eröffnete Fritz Schumacher 1918 seine Abhandlung über *Das Entstehen einer*

Großstadt-Straße in Hamburg. Die erste Aufgabe, die der 1909 zum obersten Baubeamten der zweitgrößten Stadt Deutschlands berufene Schumacher dort zu bewältigen hatte, war die Ausführung des monumentalen Straßendurchbruchs für die Mönckebergstraße. Die Voraussetzung zur Errichtung dieser Hauptverkehrsstraße mit einem gewaltigen Maßstabsprung war der Abbruch eines beträchtlichen Teils der Altstadt. Schumacher war der Auffassung, wenn die Bedingungen, aus denen heraus die Stadt einst ihre Gestalt erhielt, so fremd und andersartig geworden seien, sei man »gezwungen, die Fessel, die das Alte zu bilden beginnt, gewaltsam zu sprengen.«[7] Es entspreche dem »nüchternen Zwang der Verkehrsrücksichten«, »große, befreiende Adern« zu schaffen, »die dem Gassengewirr, das den mittelalterlichen

Kern alter Kulturstätten auszumachen pflegt, einen klaren, einfachen Abfluss (zu) geben.«

Cornelius Gurlitt,
Handbuch des Städtebaues, 1920

Der Architekt und Kunsthistoriker Cornelius Gurlitt veröffentlichte 1920 ein *Handbuch des Städtebaues*, in dem der Verkehr erstmals breiten Raum einnahm. Immerhin 250 von 500 Seiten widmete der Autor diesen Belangen und bestritt mit ihnen sogar die erste Hälfte des Buches. Der damals Siebzigjährige hatte die Arbeit am Manuskript bereits 1914 abgeschlossen, jedoch verhinderte der Erste Weltkrieg ein zügiges Erscheinen des Buches. Der Autor hob einleitend hervor, das Leben der Städte hänge von so vielen Umständen ab, »dass eine klare Voraussicht, wie es sich in dem neu zu planenden Viertel gestalten werde, nicht erreicht werden kann.« Damit positionierte er sich nicht nur gegen jüngste Bestrebungen nach idealen Stadtentwürfen, im Folgenden warb er auch für eine Achtung bestehender Stadtstrukturen: »Unsere Städte haben meist seit einem halben Jahrtausend alle ihre Bauten geändert, sie gehören anders gestalteten Reichen an wie zur Zeit ihrer Gründung und Entwicklung, die Bevölkerung hat zahllose, tiefgreifende Wechsel erfahren, Recht und Gewohnheiten haben sich geändert – nicht aber das Feststehende, der Stadtplan.« Die Feststellung war eine Kampfansage an Fritz Schumacher, Hermann Jansen und viele andere.

Kein anderer prominenter Autor – Gurlitt war Rektor der Technischen Hochschule Dresden und wurde 1920 Präsident des Bundes Deutscher Architekten – plädierte derart nachdrücklich für die Anerkennung des Überkommenen. »Ein verfehlter Plan«, mahnte er, »zwingt Tausende für unabsehbare Zeiten in unerwünschte Lebensverhältnisse.« Städtebauern rief er zu, sie müssten »den Mut haben, sich der ›praktischen Leute‹ zu erwehren, die nach dem Augenblicksbedürfnis urteilen.« Freilich war Gurlitt kein romantisierender Bewahrer, sondern erkannte durchaus aktuelle Notwendigkeiten an. Entsprechend überrascht auch nicht die Reihenfolge der Forderungen, die er an den Städtebau als Aufgabe stellte: »Gesundes, preiswertes Wohnen, bequemer Verkehr und erfreulicher Anblick«. Verkehrsschwierigkeiten, meinte Gurlitt, entstünden dort, »wo der Bebauungsplan einen Fehler zeigt, indem er den Schwierigkeiten nicht seinerseits durch sachgemäße Anlagen vorbeugte.«[8] Die Aussage liest sich zunächst wie ein Schuldspruch an die mangelnde Voraussicht des Städtebauers, doch hob er ihn sogleich auf: »Die Verkehrsschwierigkeiten haben ihren Grund in der übermäßigen Inanspruchnahme der ausgebauten Straße.« Mit anderen Worten: Der Autor war nicht der Auffassung, Verkehr könne in beliebiger Intensität beliebig breite Trassen fordern.

»Fußverkehr«

Gurlitts Handbuch illustrieren Zeichnungen. Dazu gehören unterschiedliche Straßenformen. Er unterschied zwischen Verkehrs-, Wohn-, Pracht- und Laststraßen. Gurlitt bemerkte, bestehende Verkehrsordnungen befestigten die Sitte, rechts zu gehen, zu fahren und auszuweichen, dagegen links zu überholen. Die Sitte soll daher stammen, dass der Mann das Schwert an der Linken trug und die durch dieses für den Nebenangehenden sich ergebende Störungen vermeiden wollte. Daher, so Gurlitt, gehe auch die Frau rechts vom Manne, dessen Linke am Schwertgriff liege. Nach Gurlitt sei es auch noch 1920 üblich gewesen, dass nach beiden Seiten auf dem rechten Fußweg gegangen wurde. Bei rechtsseitigem Verkehr ging der Mann an jener Seite der Frau, an der der Straßenverkehr sich abspielte, also gegen den Fahrdamm zu, als die mehr gefährdete Seite.[4]

Ferner machte er darauf aufmerksam, die Wiener Polizeidirektion habe in der 1912 erlassenen Fahr- und Gehordnung bestimmt, dass links zu fahren sei, die Fußgänger auf den Gehwegen links in der Gehrichtung sich zu bewegen und links auch auszuweichen hätten.

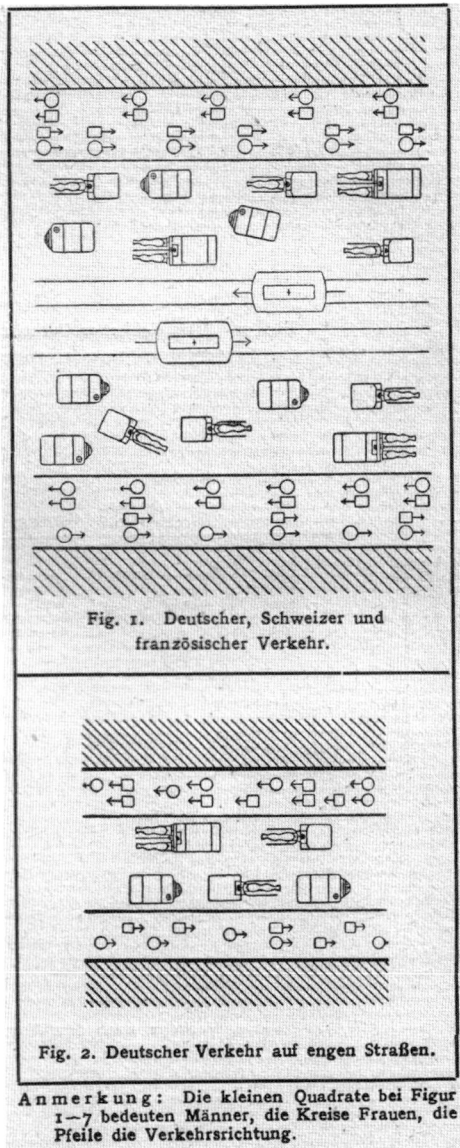

Fig. 1. Deutscher, Schweizer und französischer Verkehr.

Fig. 2. Deutscher Verkehr auf engen Straßen.

Anmerkung: Die kleinen Quadrate bei Figur 1–7 bedeuten Männer, die Kreise Frauen, die Pfeile die Verkehrsrichtung.

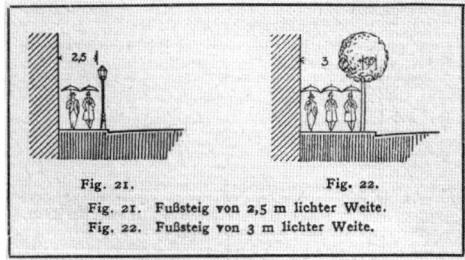

Fig. 21.   Fig. 22.
Fig. 21. Fußsteig von 2,5 m lichter Weite.
Fig. 22. Fußsteig von 3 m lichter Weite.

[4]   Cornelius Gurlitt veröffentlicht 1920 das *Handbuch des Städtebaues*. Verkehr nimmt den Großteil der Veröffentlichung ein, der Fußverkehr stand am Anfang der Ausführungen.

Die durchaus unterschiedlichen Verkehrsweisen in den Bewegungsrichtungen in verschiedenen Ländern Europas bildeten den Auftakt in Gurlitts *Handbuch des Städtebaues*.

Heutige Leser mögen amüsiert sein, doch waren auch Fußverkehre zu Beginn des vergangenen Jahrhunderts durch polizeiliche Ordnungen geregelt. So war in zahlreichen Städten auf Brücken das Links- oder Rechtsgehen vorgeschrieben. Darüber hinaus verbot die Berliner Ordnung das Antreten oder Marschieren geschlossener Gruppen sowie das Stehen auf den Fahrbahnen und sogar »das Gehen für solche, deren Kleidung andere beschmutzt.«[9] Als Gemeinsamkeit der zahlreichen lokalen Verkehrsordnungen notierte er, »das Andrängen zu öffentlichen Musikaufführungen, Aufzügen, das Begleiten Verhafteter, überhaupt die Ansammlung von Menschenmengen (sei) als verkehrsstörend verboten.« Die Verkehrsordnungen seien auf dem Grundsatz aufgebaut, dass der Bürgersteig für den Gehenden da sei, nicht für den Stillstehenden, das Hauptgewicht läge darauf, »dass jeder bequem von einer Straße zur anderen gelangen kann.« Jenseits dieser nun kurios anmutenden Regelungen verblüfft Gurlitts Handbuch im Aufbau, denn am Anfang des umfangreichen Kapitels »Der Verkehr« steht der Abschnitt zum »Fußverkehr«. Ihm folgen »Fahrverkehr«, »Straßenbahnen«, »Automobilstraßen«, »Reiter und Radfahrer«, »Eisenbahnen« und »Stadtbahnen«.

Widmeten sich Zeitungen, Zeitschriften und Fachtagungen auch vorrangig den Herausforderungen des Verkehrs der Kraftwagen, legte Gurlitt zunächst größtes Gewicht auf den Fußgänger als entscheidenden Akteur und Benutzer der Stadt. So betonte er, »die Führer von Wagen, besonders von Kraftwagen, befinden sich häufig in dem irrigen Glauben, dass sie ein größeres Recht auf die Fahrbahn als die einfachen Fußgänger hätten, und dass nicht sie, sondern die Fußgänger auszuweichen hätten.«[10] Tatsächlich hatte der Autor seinerzeit noch auf eine Entscheidung des Deutschen Reichsgerichts von 1912 verweisen können. Sie führte aus, dass nicht der Fußgänger allein zum Ausweichen verpflichtet sei; vielmehr dürfe der die Straße querende Fußgänger von einem nicht an Schienen gebundenen Fahrzeug erwarten, es werde ihm nötigenfalls ausweichen.

Trotz Verweisens auf höchstrichterliche Entscheidungen konnte Gurlitt die Augen vor dem ständig anschwellenden Verkehr nicht verschließen. Angesichts der großen Zahl von Schwierigkeiten, die sich aus der Verbindung von Fuß- und Fahrzeugverkehr in den Straßen ergaben, lag auch für ihn die Frage nahe, ob man »die beiden Verkehrsarten nicht völlig voneinander trennen, also besondere Fahr- und Gehstraßen anlegen könne.«[11] Diese Überlegung rechtfertigte er mit dem Hinweis, gesonderte »Gehgassen« seien nicht eben selten: »In alten Städten finden sich Gassen genug, in die Wagen nicht eindringen können. (...) Im Orient, in den Basaren der Handelsstädte liegen die Verhältnisse noch heute ebenso.« Namentlich verwies er auf Entwürfe von Leonardo da Vinci, der bereits am Ausgang des 15. Jahrhunderts eine Trennung der Verkehrsarten angestrebt habe. Demnach sei ein oberes Straßennetz für die Vornehmen, ein unteres – als Teil eines Unterpflastertunnels – für den Lastenverkehr vorgesehen gewesen.[5]

Freimütig räumte Gurlitt ein, weit schwieriger als im Fußverkehr gestalten sich die Verhältnisse im Fahrverkehr. Bestehe das vorrangige Ziel auch darin, den Verkehr zu ermöglichen, kämen auf den Städtebauer dennoch nicht nur Straßendurchbrüche, -begradigungen und -erweiterungen zu. Vielmehr müsse der Verkehr nach Möglichkeit in der bestehenden Stadt zum Tragen kommen. Vor diesem Hintergrund warb er auch dafür, im Stadtgrundriss keine Ecken zu schleifen, um den Verkehr zu beschleunigen; es gelte, um Ecken langsamer zu fahren. Grundsätzlich plädierte er für schmalere Straßen, wohl wissend, welchen Vorwurf er zu

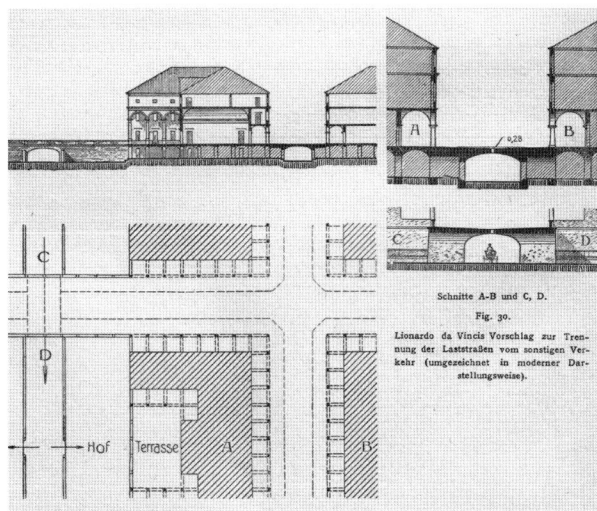

[5] Cornelius Gurlitt verweist in seinem 1920 erschienenen *Handbuch des Städtebaues* auf Überlegungen von Leonardo da Vinci, der bereits im 15. Jahrhundert eine Trennung der Verkehrsarten vorgeschlagen habe. Die Idee der Anlage von Unterpflasterstraßen machte sich der Autor in einer Umzeichnung zu eigen.

erwarten habe: »Wobei man sich nicht zu scheuen hat, von den Verkehrseiferern für einen Kleinstädter oder Rückständigen erklärt zu werden.«[12]

In schmaleren Straßen sah er den Vorteil, »dass sie nie einen größeren Verkehr aufzunehmen haben.« Gemeint waren Straßen mit einem Querschnitt von nicht mehr als zwei Ladebreiten, ohne Fahrbahn und Fußsteig voneinander zu trennen, indes zum »breiten Stein«, also zur Anlage einer Plattenbahn in der Mitte der Straße, wie im Mittelalter üblich, zurückzukehren. Im »breiten Stein« erkannte er die bevorzugte Bahn für den Fußgänger. Der Autor war sich bewusst, mit derartigen Vorschlägen der Beschleunigung des Verkehrs entgegenzustehen und pries das Zurückbleiben hinter den technischen Möglichkeiten sogar als Vorzug für Wohnstraßen: »Der Städtebauer wird gut tun, diesen Übelstand gegen den andern, nämlich die unnötig breite Straße, unvoreingenommen abzuwägen und sich klar zu machen, inwieweit das Warten ertragen werden muss.«

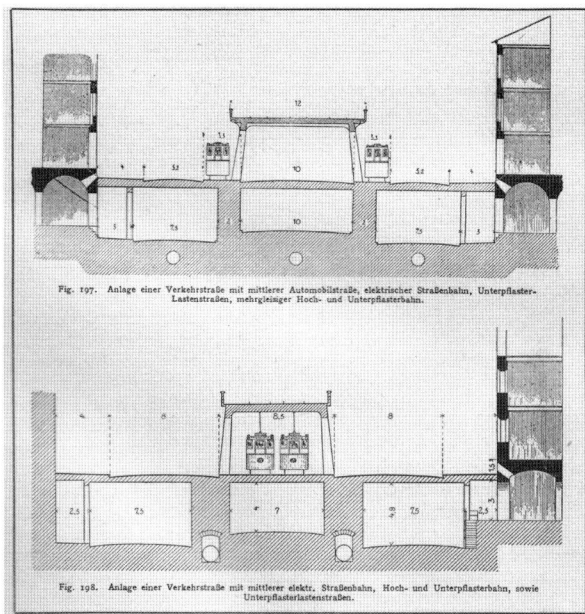

Fig. 197. Anlage einer Verkehrsstraße mit mittlerer Automobilstraße, elektrischer Straßenbahn, Unterpflaster-Lastenstraßen, mehrgleisiger Hoch- und Unterpflasterbahn.

Fig. 198. Anlage einer Verkehrsstraße mit mittlerer elektr. Straßenbahn, Hoch- und Unterpflasterbahn, sowie Unterpflasterlastenstraßen.

[6]   Cornelius Gurlitt mahnte im 1920 veröffentlichten *Handbuch des Städtebaues* nicht nur den bewahrenden Umgang mit dem überkommenen Stadtgrundriss an, sondern unterbreitete auch Vorschläge für Hauptverkehrsstraßen in Großstädten.
In Anlehnung an ältere Überlegungen zur Trennung verschiedener Verkehrsarten sah er die Möglichkeit, große Teile des Fahrzeugverkehrs auf Unterpflasterstraßen zu verlegen, so dass der oberirdische Straßenraum für Straßenbahnen, Anwohner und Fußgänger genutzt werden konnte. Schienengebundenen Schnellverkehr verlagerte er auf Viadukte.

Eine andere Gelegenheit, »unnötig breite Straßen« zu vermeiden, sah der Autor im einseitigen Einfahren in enge Straßen. Einwände, vorgebracht insbesondere von Ladenbesitzern, die Einbußen durch Erschweren des Vorfahren von Kunden beklagen, waren ihm durchaus vertraut.

Gurlitts Augenmerk lag nicht im vorbehaltlosen Bewahren des Gegebenen, vielmehr plädierte er grundsätzlich für »das Sparen am Verkehrsland«. Dazu zählten auch hygienische Gründe: »Denn welcher Art auch die Straßendecke sei, sie erzeugt Staub, hilft zum mindesten nicht die Luft zu verbessern.«[13] Der Hygiene an die Seite stellte er zudem ästhetische und sogar ethische Belange. Üppige Verkehrsbauwerke, so der Autor des Handbuchs des Städtebaues, seien für das Auge unerfreulich und stünden »im Widerspruch mit dem Zwecke unserer Mutter Erde, Nährwerte zu erzeugen.« Solche erstaunlichen Bemerkungen, die im Zeichen des Klimawandels eine nicht minder aktuelle Brisanz haben, zeugen von einem Wissenschaftler und Praktiker mit Weitblick. Stockender Verkehr, empfahl Gurlitt 1920 lapidar, sei hinzunehmen: »Das Warten ist geradezu ein Zeichen großstädtischen Verkehrs, freilich kein angenehmes.«[6]

»Automobilstraßen«

Das Kapitel »Automobilstraßen« wird mit der Feststellung eingeleitet, das Automobil »wirkt belästigend und gefährlich auf Fahrdämmen und Fußgängerkreuzungen durch die größere Geschwindigkeit des Verkehrs.«[14] Dessen ungeachtet hob Gurlitt den »wesentlichsten Vorzug« des Autos hervor, »die Schnelligkeit der Fortbewegung«, die man ihm deshalb nicht versagen könne. So müsse es das Bestreben des Städtebauers sein, »wenigstens dort, wo das rasche Fahren nicht verboten werden kann, dem Automobilverkehr eigene Wege zu schaffen.« Es stehe die Frage an, meinte der Autor, »ob in bestehenden Straßen besondere Fahrbahnen für die Automobile zweckmäßig angelegt werden können, so dass sie mit den Fußwegen, Radfahrwegen, Reitwegen und Fahrbahnen sowie Straßenbahnlinien parallel verlaufen.« Unter Automobilstraßen verstand Gurlitt Verkehrswege ausschließlich für Kraftfahrzeuge, die er aus Veröffentlichungen über Planungen amerikanischer Großstädte kannte. In Abwandlung des Vorbilds aus Amerika sah er für deren Anlage hierzulande erforderliche Besonderheiten. So seien Automobilstraßen »etwa um zwei bis drei Meter tiefer zu legen, damit eine Staubbelästigung gemildert und der Überführung der kreuzenden Straßen durch Brücken nicht zu große Schwierigkeiten entstehen.« Solche Straßen seien »vom sonstigen Verkehr, namentlich auch vom Nachbarverkehr der Fußgänger, spielender Kinder ganz abzutrennen.« Gurlitt schlug vor, Automobilstraßen auf der Rückseite von Häusern hinter Gärten anzulegen. Von einer derartigen Hierarchisierung des Verkehrs versprach sich der

Städtebauer im Gegenzug auf gemeinsam zu benutzenden städtischen Straßen »die Ruhe des Verkehrs nicht störendes Fahren« auferlegen zu können. Ohne Umschweife verneinte der Autor die Möglichkeit, innerhalb der Städte »schnelles Fahren« zu gestatten, schließlich eignen sich Straßen mit vielen Kreuzungen dazu überhaupt nicht.

Deutschland, führende Nation im modernen Städtebau

Obwohl der Autor Automobilstraßen zunächst nur in Amerikas Großstädten verwirklicht sah, hielt er den deutschen Städtebau dennoch für den höchstentwickelten.[15] Diese These leitete er aus der Erkenntnis ab, der moderne Städtebau in Deutschland folge nicht einer starren Systematik, sondern »einer Reihe von Anforderungen spezieller Art, vor allem die des gesunden, preiswerten und angenehmen Wohnens.« Stolz wies Gurlitt darauf hin, dass der deutsche Städtebau, »seit er begann, theoretisch sich mit den Grundzügen der Planbildung zu beschäftigen, alsbald die Systemlosigkeit zum System erhoben« habe.[16] Gemeint war damit, er habe den Grundsatz aufgestellt, »dass die Straße im Plan nach denselben Grundsätzen entstehen müsse, wie sie in der Natur draußen entsteht, nämlich als eine dem Gelände angemessen ausgelegte Verbindung zwischen zwei für den Verkehr wichtigen Punkten; oder als Aufteilung des Geländes durch stille Wohnstraßen, die des Durchgangsverkehres tunlichst entbehren.«[17] Nicht wenige von Gurlitts Kollegen werden ihm nachdrücklich widersprochen haben, galt Systemlosigkeit doch im ersten Drittel des vergangenen Jahrhunderts als eine Hauptursache für das beklagte »Chaos« und die »Zerrissenheit« der Stadt. Händeringend hatte zeitgleich mit Gurlitt der in Hamburg tätige Schumacher den vermeintlich gewachsenen Stadtgrundriss als »verkrüppeltes, geflicktes, tausendfach verwundetes Gebilde« charakterisiert.[18] Hielt er am überkommenen Grundriss der Stadt als einem geradezu überzeitlich gültigen Wert fest, erkannte er räumliche Veränderungen im Zuge der Entmischung von städtischen Funktionen als Zeitgeist durchaus an. So beschrieb Gurlitt als Merkmal der fortschreitenden Großstadt die Trennung von Geschäfts- und Wohnviertel: »Die Planung von größeren Stadtgebieten muss dieser Gestaltung des Lebens entsprechen, Zentralisation des Geschäftslebens und Dezentralisation des Wohnens müssen daher Hand in Hand gehen.« In der Anlage von »Villenkolonien, Gartenstädten und Arbeitervierteln« sah er Beweise »für das starke Bedürfnis, die Wohnung von dem Stadtverkehr loszulösen.« Unumkehrbar schien ihm die »Aushöhlung der Stadtmitte«, die »Citybildung«.[19]

Die »Aushöhlung der Stadtmitte« als Folge der »Citybildung«

Statistiker beschrieben die »Citybildung«, die um die Jahrhundertwende einsetzte, als »Aushöhlung der Stadtmitte«.[20] Unter City war der zunehmend vom Geschäftsleben beherrschte Stadtkern verstanden worden. Als Stadtkern erschien zumeist der einst durch die mittelalterliche Befestigung umschlossene Teil. Die Verlagerungen und Konzentrationen einzelner städtischer Funktionen hatten ihren Anfang im Aufheben der Stadtmauern. Der Prozess der Veränderungen vollzog sich zunächst langsam, doch schon zwischen 1880 und 1905 – noch vor dem Beginn umfangreicher Stadtsanierungen – war beispielsweise die Zahl der Einwohner im Stadtkern von Hamburg von 170.900 auf 128.400 gesunken. Erst verwahrloste, dann leergezogene und schließlich abgebrochene Wohngebäude wurden mit Bürobauten oder Kaufhäusern, vielfach nach Zusammenlegung mehrerer Grundstücke, bebaut. Die neue Bebauung erforderte höhere Geschosse und breitere Achsen. Cornelius Gurlitt konstatierte 1920 im Handbuch des Städtebaues, der Abbruch der alten Häuser sei »von der Mehrheit der Bürger als ›Fortschritt‹ lebhaft begrüßt« worden.[21]

Mit der Aushöhlung des Stadtkerns ging eine Vermehrung des Verkehrs einher. Nicht nur die Angestellten auf dem Weg zum Büro frequentierten auf bestimmte Tagesstunden die Straßen, sondern auch Besucher von Ämtern und Behörden. Wo viel verkauft wurde, mussten auch viele Waren transportiert werden. Es ergab sich ein starker Lastfuhrverkehr, Postverkehr und Paketverkehr.

Gurlitt machte neben der Citybildung auf einen weiteren Umstand aufmerksam, der soziale Verschiebungen zur Folge hatte und letztlich auch Verkehrsbelange berührte. So sah er in den Altstädten Viertel, »in die sich nicht nur sehr viele, sondern oft auch sehr wenig erfreuliche Einwohner ansiedeln.«[22] Vor allem in engen, dunklen Höfen hätten sich Gasthäuser »niederer Art« eingerichtet, und Prostitution suche hier ihre Zuflucht. In manchen Städten habe sich, so Gurlitts Beobachtung, dieses Übel derart ausgebreitet, »dass der ganze Kern als Wohnstätte für die bessere Bürgerschaft entwertet« sei. Es gebe, führte er fort, auch im Wohnen »Gesetze der Etikette«, die »besseren Stände« wollten nicht mehr in die Altstadt ziehen. ›Man wohnt nicht dort!‹ sei zu einem Grundsatz der Gesellschaft geworden, der sich schwer bekämpfen ließe. Infolgedessen seien Stadtviertel regelrecht »verkommen« und Stadtverwaltungen traten mit Vorschlägen nach Besserung der Verhältnisse auf den Plan: »Man verlangt meist durchgreifende Mittel: Abbruch des ganzen Stadtviertels.« Bemerkenswert ist Gurlitts Schlussfolgerung. Er schreibt, »der Mangel an Verkehr führt also hier auf dieselben Wege wie das Übermaß von Verkehr: die alte Stadt soll den veränderten Bedürfnissen weichen.«[23] Das Verschwinden der zumeist »malerischen Viertel«, setzte er hintan, werde zwar von manchem Kunstfreund bedauert, ansonsten aber weine »niemand dem Abbruch solcher Viertel eine Träne nach.«

Stadt, ein unerträglich gewordener Ort
Unmissverständlich machte Gurlitt auf die Konsequenzen der Anverwandlung der Altstadt an die geänderten Bedürfnisse aufmerksam: »Ohne Gewaltsamkeiten kann man sie nicht für den heutigen Verkehr einrichten. Man muss sich klar sein, dass

man sie in ihrem historischen Wesen zerstört, wenn man sie nicht rechtzeitig vom Verkehr entlastet.«[24] Mahnend wies der Autor auf amerikanische Beispiele hin, insbesondere die Bebauung mit Hochhäusern in Manhattan und den dadurch bedingten Verkehr. Zur Kenntnis brachte er auch jüngste Vorschläge für neue Verkehrsformen in New York, etwa eine Hochbahn über den Dächern der Stadt und mit Luftschiffen: »Zugestanden, dies sei richtig, so fragt sich doch, ob es wünschenswert sei, dass solche Anstrengungen gemacht werden, um – was? zu erreichen: Einen Ort, in dem Menschen nicht mehr leben können, einen Ort, der so viele Bequemlichkeiten besitzt, dass er ganz unerträglich geworden ist.«[25] New York lehre, meinte er, die Fülle der Fortschritte in technischer Beziehung habe unleidliche Zustände geschaffen: »Bei einseitiger Berücksichtigung der Technik sind in Bezug auf den Städtebau die schwersten Fehler gemacht worden.«[7]

Entscheidend ist der Hinweis, dass Gurlitt Herausforderungen der Gegenwart durchaus annahm und keineswegs einem vermeintlich schöneren Gestern nachtrauerte. Jedoch blieb er gegenüber der Euphorie des technisch Machbaren skeptisch. Für ihn bestand das Ziel einer weitblickenden Baupolitik in der Entlastung des Stadtkerns, in der Vergrößerung der City, in der Ablenkung des Durchgangsverkehrs, in der Befreiung von Anlagen, »die ebensogut an anderer Stelle sich befinden könnten«, in der »sorgfältigen Ausnutzung aller Mittel des Verkehrs, des Telefons, der Fahrgelegenheiten auf der Straße, in der Befreiung dieser von allem Verkehr, der lediglich die City kreuzt.«[26]

Ludwig Hilberseimer
»Die Zukunftsaufgabe besteht darin, gewissermaßen zwei Städte übereinander, unten die Geschäftsstadt mit ihrem Autoverkehr, darüber die Wohnstadt mit ihrem Fußgängerverkehr, zu schaffen.« (1926)[8/9] Der Architekt Ludwig Hilberseimer nahm eine Außenseiterrolle ein.

[7] Cornelius Gurlitt bildete 1920 in seinem *Handbuch des Städtebaues* eine Vision für New York ab, die 1911 erschienen war. Entnommen war sie einem Reiseführer für New York von Moses King, der mit der zukünftigen Projektion der Stadt den Einband gestaltet hatte. Die Darstellung war so populär geworden, dass sie auch als Postkarte verwendet wurde.

[8/9]   Ludwig Hilberseimer veröffentlichte 1926 die Schrift *Großstadtarchitektur*. Hier entfaltete er die These, Großstädte seien demnächst nur »lebensfähig«, wenn die Funktionen strikt voneinander getrennt werden. Deshalb schlug er eine vertikale Struktur vor, »gewissermaßen zwei Städte übereinander, unten die Geschäftsstadt mit ihrem Autoverkehr, darüber die Wohnstadt mit ihrem Fußgängerverkehr, unter der Erde der Fern- und Straßenbahnverkehr.« Diese Gedanken illustrierte Hilberseimer mit dem Schema einer Hochhausstadt, Nord-Südstraße (links) und Ost-Weststraße (rechts).

Nach einem sechssemestrigen Studium in Karlsruhe, unter anderem bei Reinhard Baumeister, verließ er die Hochschule 1910 25-jährig ohne Abschluss. Seit 1911 lebte er in Berlin. Als Mitglied im »Arbeitsrat für Kunst« und kurz darauf in der »Novembergruppe« kam er 1919 auch mit Gropius und Mies van der Rohe in Kontakt. Zwischen 1920 und 1925 betreute er als Redakteur der »Sozialistischen Monatshefte« das Ressort »Bildende Kunst«. Standen in der journalistischen Arbeit anfangs bildende Kunst und Kunsttheorie im Vordergrund, verdrängten nach 1923 Architektur und Städtebau die vormaligen Themen. 1928 schloss sich Hilberseimer der Architektenvereinigung »Der Ring« an, im darauffolgenden Jahr wurde er Lehrer am Bauhaus in Dessau. 1928 veröffentlichte er die Studie *Großstadtarchitektur*, die – anders als der Titel nahelegt – Belange der Stadtplanung untersuchte. Wenngleich Hilberseimer seinerzeit publizistisch in den beachteten Zeitschriften *Die Form*, *Zentralblatt der Bauverwaltung* und *Sozialistische Monatshefte* durchaus präsent war, beschränkte sich seine Tätigkeit auf literarische Arbeit, eine Praxis als Städtebauer hatte er nicht.

Nicht erst in der zweiten Hälfte der 1920er Jahre gehörte es gewissermaßen zum guten Ton, der Stadt der Gegenwart mit Ablehnung und Verachtung zu begegnen. Bereits während seines kurzen Studiums

begegnete Hilberseimer dieser Haltung, die ihn auch prägte. Die Schrift *Großstadtarchitektur* referierte die allseits erhobene Kritik als unumstößliche Tatsache. So schrieb er, das 19. Jahrhundert habe eine Entwicklung gebracht, die die Städte überraschte, und nur zu völlig unzureichenden Maßnahmen führten, die sie organisatorisch nicht beherrschten. Nirgendwo sei es im Zuge der Großstadtbildung gelungen, »Herrschaft über diese Kräfte zu gewinnen, sie zu organisieren, ihren vitalen Überschuss der Allgemeinheit, dem Volksganzen nutzbar zu machen.« Statt planvoll allen erdenklichen öffentlichen Bedürfnissen Rechnung zu tragen, habe man ohne Rücksichtnahme auf gemeinsame Interessen, ohne an die Zukunft zu denken, versucht, lediglich das Tagesbedürfnis zu befriedigen. Daher fehle, resümierte er, den Großstädten jede organisierende Gestaltung: »Ihr Hauptcharakteristikum ist daher ihre Desorganisation.« Jene Organisation, die Hilberseimer im Gemeinwesen Großstadt vermisste, bewunderte er im kapitalistischen Großunternehmen:

»Der organisatorische Geist, wie er etwa in der Betriebsführung großer Industrie- und Handelskonzerne zum Ausdruck kommt, wurde bei der Anlage und dem Ausbau der Großstädte völlig missachtet. Dort hat das Prinzip der Arbeitsteilung planvoll den gesamten Betrieb organisiert, hier geht alles bunt

durcheinander. Wohnviertel sind mit lärmenden und qualmenden Fabrikanlagen oder mit lebhaften Verkehr hervorrufenden kommerziellen Bauten durchsetzt. Die notwendige Raumnutzung der City wurde völlig unbedacht auch auf die Wohnviertel übertragen. Straßen wurden schematisch angelegt, ohne Rücksicht auf ihre besonderen Zwecke. Es wurde nicht erkannt, dass Straßen und Baublocks nicht einfach willkürlich über das Gelände ausgebreitet werden dürfen, sondern ganz bestimmte Bedürfnisse zu erfüllen haben.«

Hilberseimers Befund war deprimierend, er sah in Großstädten bereits allerorten »chaotische Zustände«, die sich, davon war er überzeugt, jedoch noch steigern, »wenn, wie das heute in allen Weltstädten der Fall ist, das Verkehrsproblem unlösbare Aufgaben stellt. Denn während das Wohnungsproblem immer ignoriert wurde, drängt das Verkehrsproblem unerbittlich zu Lösungen, von denen die Weiterexistenz der Großstädte abhängt.«[27]

Im Unterschied zu zahlreichen praktizierenden Städtebauern, die damals nach Reformen drängten und auch Vorschläge zum Beheben der Missstände vorlegten, wandte sich Hilberseimer dem Thema grundlegend analytisch zu. Für ihn waren Großstädte als »wirtschaftliche Typen« Schöpfungen der Neuzeit, eine »natürliche und wirtschaftliche Folge der Industrialisierung der Welt, in erster Linie eine Schöpfung des allmächtigen Großkapitals, als eine Ausprägung seiner Anonymität.« Zu den Eigenheiten von Großstädten gehöre, diagnostizierte er, ein »tausendfach verstärkter Lebensrhythmus«, der »in raschem Tempo das Lokalindividuelle« verdränge: »Die Großstädte gleichen sich in gewissen Zügen derartig, dass man von einer Internationalität ihres Gesichts reden kann.« Innerhalb weniger Jahrzehnte sei, behauptete der journalistisch tätige Architekt, ein völlig neuer Stadttypus entstanden, bei dem es sich keineswegs um eine »einfache Vergrößerung der historisch« überkommenen Stadt handele: »Im Gegensatz zu den sogenannten natürlichen

Stadtanlagen des Mittelalters beruht der Stadtplan der Großstadt auf dem so genannten künstlichen, geometrischen System, gegen das kein wesentlicher Einwand vorgebracht werden kann.«[28] Hilberseimer setzte sich in seiner Schrift mit Überlegungen zu Stadtmodellen auseinander, denen in der damaligen Debatte große Beachtung zuteilgeworden war. So hatte der Wettbewerbsbeitrag »Trabanten« von Ernst May mit Herbert Boehm zur Stadterweiterung von Breslau aufhorchen lassen. Entgegen allgemeiner Anerkennung urteilte Hilberseimer:

»Dem unermesslichen Vorteil, den eine Trabantenstadtanlage für das Wohnungswesen bietet, steht der Nachteil gegenüber, dass eine solche Anlage die Verkehrsverhältnisse nicht verbessert. Mit der Lösung des Wohnungsproblems ist nur eines der beiden wesentlichsten Großstadtprobleme gelöst. Das ebenso wichtige Verkehrsproblem wird durch das Trabantensystem nicht im geringsten verändert. In der Zentralstadt wird daher der Verkehr dieselben Unzulänglichkeiten herbeiführen oder bestehen lassen. Die horizontale Ausbreitung einer Großstadtanlage und ein Trabantenstadtsystem darf als die Hypertrophierung des horizontalen Städtebaues angesehen werden, wird nie die Möglichkeit bieten, den sich immer weiter steigernden Verkehr der City einwandfrei zu regeln. Immer wird von den Außenbezirken alles nach der City drängen, die, wenn eine Stadt einmal eine gewisse Größe erreicht hat, einfach nicht mehr die Möglichkeit bietet, den Verkehr aufzunehmen.«[29]

Aus der vorstehenden Analyse leitete Hilberseimer neue Möglichkeiten zur Lösung des Städtebauproblems in verkehrstechnischer Hinsicht ab. Für ihn stand außer Frage, im Gegensatz zu den horizontalen Stadtanlagen, die die Unmöglichkeit ihres Weiterbestehens als Großstadt mehr und mehr erwiesen hätten, müsse die Stadt der Zukunft eine vertikale sein. Statt eine weitere Ausbreitung in der Fläche zuzulassen, forderte er eine Konzentration. Diese Zusammenballung sollte mit einer strikten Trennung einzelner Funktionen der Stadt einhergehen:

»geschieden der Höhe nach, gewissermaßen zwei Städte übereinander, unten die Geschäftsstadt mit ihrem Autoverkehr, darüber die Wohnstadt mit ihrem Fußgängerverkehr, unter der Erde der Fern- und Stadtbahnverkehr, eine Zukunftsaufgabe, deren Lösung zu einer unerbittlichen Forderung wird.«[30]

Der Architekt war überzeugt, die Probleme der Großstadt mit einem komplett neuen Modell anstelle der überkommenen Stadt lösen zu können. Ersatz statt Reparatur! Diesen Imperativ machte er mit zwei Zeichnungen anschaulich: Die vertikale Stadt wurde im Ausschnitt mit einer Ost-West-Straße und einer Nord-Süd-Straße präsentiert. Ebenerdig findet ausschließlich Autoverkehr statt. Fußgänger werden über Rampen und Tunnelanlagen vom »fließenden« Verkehr ferngehalten und bewegen sich auf einer eigenen, hochgelegten Ebene, verbunden mit zahlreichen Stegen und Brücken. Schienengebundener Schnellverkehr der Großstadt findet unterirdisch statt. Die hier in einer Umzeichnung präsentierten Schaubilder zur vertikalen Stadt hatte der Architekt erstmals im Herbst 1924 als »Schema für eine Hochhausstadt« öffentlich gemacht. Inspiriert waren die Überlegungen nicht zuletzt durch die großzügige Sanierung und Umgestaltung von Paris unter George Eugene Haussmann. Schon 1923 hatte er in einem Aufsatz auf den Präfekten der französischen Hauptstadt als Vorbild mit dem Ziel »einer durchgreifenden Organisation des Stadtkerns, eine klare Übersicht, einen reibungslosen Verkehr zu ermöglichen«, aufmerksam gemacht.[31] Hilberseimer ging es in seinen stadtplanerischen Studien nicht um einen Vorschlag für eine bestimmte Stadt, sondern um ein gleichsam universales Modell.

Hans Ludwig Sierks, *Wirtschaftlicher Städtebau*, 1926 und *Grundriss der sicheren reichen ruhigen Stadt*, 1929

Hans Ludwig Sierks (1877–1945) veröffentlichte im Abstand von nur drei Jahren zwei Bücher, die sich hauptsächlich dem Fahrzeugverkehr großer Städte zuwenden. 1926 erschien *Wirtschaftlicher Städtebau*

und angewandte kommunale Verkehrswissenschaft, 1929 der *Grundriss der sicheren reichen ruhigen Stadt*. Ungewöhnlich war die Selbstbeschreibung des Autors, er stellte sich als Städtebau- und Verkehrsingenieur vor. Im Unterschied zur Mehrzahl publizierter Schriften zum Städtebau im ersten Drittel des vergangenen Jahrhunderts, überging Sierks ästhetische und gestalterische Belange, stattdessen konzentrierte er sich auf die »technische Konstruktion« des Grundrisses der Stadt. In seinem 1926 erschienenen Buch buchstabiert der Autor die städtebaulichen Anlagen des Straßenverkehrs aus. In einzelnen Kapiteln untersucht er Straßenlängen, Straßenprofile, Straßenlasten, Straßenkreuzungen, Straßensteigungen und Straßenführungen sowie Plätze und Anlagen. Sierks meinte erkannt zu haben, der Verkehr habe seine eigenen Gesetze. Sie seien von so ungeheurer, mittelbar wirtschaftlicher Bedeutung, dass man sich nicht »ungestraft seinen Forderungen« entziehen könne.[32] »Brennend« nannte er 1926 das Problem der Automobilstraßen, obwohl seinerzeit »noch immer Volkskreise« dem »vorzüglichen unabhängigen Verkehrsmittel wenig freundlich« gegenüberstanden. Vielleicht mag Sierks hier an Cornelius Gurlitt gedacht haben, der Automobile als eine vorübergehende Modeerscheinung beschrieben hatte, hingegen vertraute er den »verantwortlichen Stellen aller Behörden und aller politischen Parteien«, die »die Bedeutung des Automobils für unsere Volkswirtschaft« erkannten und »seine Vermehrung in jeder Weise fördern.«

Die »vornehmste Eigenschaft« des Automobils sei die Schnelligkeit, sie »in ungehemmter Weise zur Geltung zu bringen« nahm er als Aufgabe an. Anliegen des Buches *Wirtschaftlicher Städtebau* war es, die Voraussetzungen zur Entwicklung der höchsten Geschwindigkeiten des Automobils in der Stadt aufzuzeigen. »Diese Forderung bedeutet aber den Bau von besonderen Straßen für den Automobilverkehr«, und müsse, so der Autor, mit einem grundlegenden Umbau bestehender Städte einhergehen. Sierks konstatierte 1926 eine ausgeprägte »Krisis im Städtebau«.[33]

Die »Siedehitze aufgepeitschten Interesses an städtebaulichen Fragen« sei 1909 mit dem Wettbewerb Groß-Berlin erreicht gewesen, danach habe es keine Aufmerksamkeit mehr gegeben. Zwar kam Sierks nicht umhin, »tausendfach« neu aufgestellte Bebauungspläne zu bemerken, doch stammten sie in seinen Augen von »Anfängern« oder »Laien«. Die Polemik des Autors richtete sich nicht zuletzt gegen immer neue Schlagworte »zur Bemäntelung der Begriffslosigkeit« der tatsächlichen Probleme. Hingegen war Sierks überzeugt, für das beklagte Chaos im Städtebau die richtige Lösung parat zu haben. Freilich waren seine Vorschläge in der Öffentlichkeit kaum zur Kenntnis genommen worden. Die beiden in der zweiten Hälfte der 1920er Jahre erschienenen Bücher zum Straßenverkehr in Großstädten wurden seinerzeit nicht einmal in Fachzeitschriften besprochen. Wir gehen wohl nicht fehl, wenn wir diese und vergleichbare Schriften zuvorderst als Selbstvergewisserungen der jeweiligen Autoren interpretieren. Es dürfte ein Irrtum sein, anzunehmen, solche Bücher seien intensiv diskutiert oder gar als Blaupausen in der Praxis benutzt worden. Ebenso wie andere damals schreibende Protagonisten – etwa Martin Wagner, Cornelius Gurlitt oder Roman Heiligenthal – war Sierks überzeugt, die als Umbruch erlebte Gegenwart verlange grundlegend veränderte Städte. Obwohl Schnelllebigkeit als Wesenszug der eigenen Zeit erfahren wurde, reagierten Architekten und Städtebauer auf neue Forderungen paradoxerweise zumeist mit abschließenden Konzepten.

»Damit die Schreie von der Straße verstummen«, 1929

Aufhorchen ließ der Titel des zweiten, 1929 von Hans Ludwig Sierks vorgelegten Buches *Grundriss der sicheren reichen ruhigen Stadt*. Bereits mit dem ersten Wort der Einleitung – »Verkehrsnot« – ist auch das Grundthema der weiteren Veröffentlichung markiert. »Weil die Anlage unsere Städte eine willkürliche, sinnlose Häufung darstellt und allen Gesetzen einer organischen Entwicklung

spottet«, propagierte Sierks eine völlige Umgestaltung der Großstadt auf Grundlage verkehrstechnischer Erfordernisse: »Hauptsache ist, dass endlich etwas Durchgreifendes geschieht, damit die Schreie von der Straße verstummen.«[34] Zweifellos hat das Buch den Charakter einer Kampfschrift. So betonte Sierks auch, das Großstadtproblem sei auf das engste mit »Weltanschauungen« verbunden. Ohne den eigenen politischen Standpunkt explizit zu benennen, vertrat Sierks Positionen links von den Sozialdemokraten. Der Autor reklamierte für sich eine rein wissenschaftliche Perspektive. Damit wandte er sich gegen die »schädlichen einseitig-romantisch-sentimentalen Auffassungen des Städtebaus«.[10] Für Anregungen zum Buch bedankte er sich bei befreundeten Kollegen, unter anderem bei den ebenfalls »linken« Architekten Erich Gloeden und Martin Wagner, Berlins damaligen Stadtbaurat.

Sierks hatte nach einer Zimmermannslehre erst an der Bauschule in Holzminden und schließlich an der Technischen Hochschule in Stuttgart Architektur studiert. 1929 widmet er sein Buch der Stuttgarter Hochschule anlässlich ihres 100-jährigen Bestehens und vor allem seinem einstigen Städtebaulehrer Theodor Fischer. Nach dem Studium war er ab 1899 in verschiedenen Stadtverwaltungen tätig, bevor er 1912 Beamter der Stadterweiterungsabteilung in Dresden wurde. Am Ersten Weltkrieg hatte er als Soldat teilgenommen, danach war er Mitglied der Soldatenrates in Thorn und trat der Sozialdemokratischen Partei Deutschlands bei. Wegen seiner aktiven Rolle gegen die sächsische Landesregierung 1923 wurde er ein Jahr später in den Ruhestand versetzt. Fortan war er als Freiberufler tätig. 1930 verließ Sierks die SPD und wurde Mitglied der weiter linksstehenden Sozialistischen Arbeiterpartei Deutschlands. Im Nationalsozialismus wurde er für Planungsarbeiten im Generalgouvernement herangezogen.[35] Nach dem Attentat auf Hitler half er einem der beteiligten Verschwörer zur Flucht. Als die Gestapo den Gesuchten aufspürte,

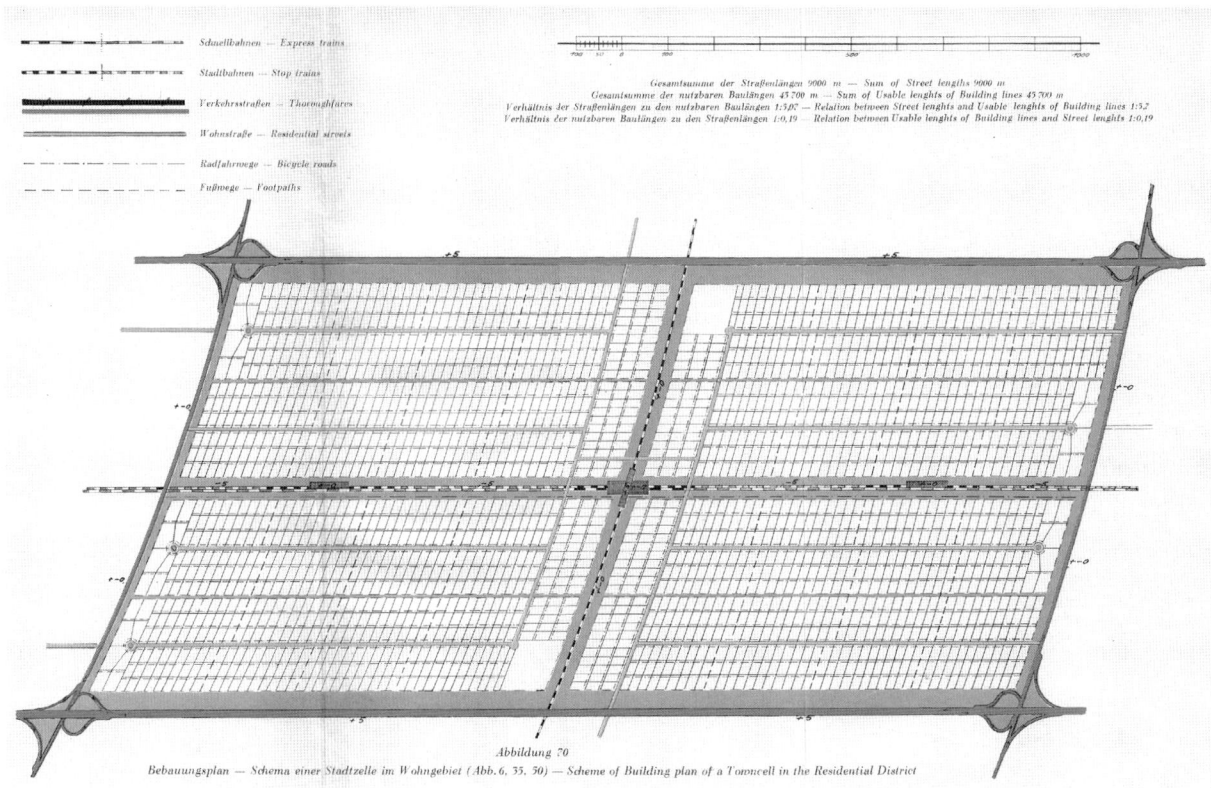

Schnellbahnen — Express trains
Stadtbahnen — Stop trains
Verkehrsstraßen — Thoroughfares
Wohnstraße — Residential streets
Radfahrwege — Bicycle roads
Fußwege — Footpaths

Gesamtsumme der Straßenlängen 9000 m — Sum of Street lengths 9000 m
Gesamtsumme der nutzbaren Baulängen 45 700 m — Sum of Usable lengths of Building lines 45 700 m
Verhältnis der Straßenlängen zu den nutzbaren Baulängen 1:5,07 — Relation between Street lengths and Usable lengths of Building lines 1:5,7
Verhältnis der nutzbaren Baulängen zu den Straßenlängen 1:0,19 — Relation between Usable lengths of Building lines and Street lengths 1:0,19

Abbildung 70
Bebauungsplan — Schema einer Stadtzelle im Wohngebiet (Abb. 6, 35, 50) — Scheme of Building plan of a Towncell in the Residential District

[10] Hans Ludwig Sierks veröffentlichte 1929 den *Grundriss der sicheren reichen ruhigen Stadt*. Das Buch schrieb er als Gegenentwurf zu den bestehenden Städten, denen »kein wissenschaftlicher Städtebau« zugrunde gelegen habe, vielmehr seien sie Ergebnis eines »geistlosen Städtebrauens«. Sierks entwarf 1929 ein Verkehrsschema für eine ideale Stadt unter der Maßgabe von »Verkehrssicherheit, Wirtschaftlichkeit und Lärmfreiheit«.

wurde auch Sierks verhaftet und vom Volksgerichtshof zum Tode verurteilt. Das Urteil wurde in der Nacht vom 22. auf den 23. April 1945 in Berlin vollstreckt.

Wider den »Verkehrsbankrott«

Die 1929 mit dem Titel *Grundriss der sicheren reichen ruhigen Stadt* erschienene Publikation war geprägt von Alarmismus; um einen »Verkehrsbankrott« abzuwenden, müsse nach »streng methodischem Vorgehen« »sofort und konsequent« gehandelt werden.[36] Sierks begründete seine Forderung mit »der Tatsache«, das ganze Volk sei nunmehr eine Gesamtheit von Verkehrsinteressenten« und damit läge »das große Problem der materiellen Wohlfahrt für alle nicht mehr in unabsehbarer Ferne«. Pathetisch beschwor er den ins Rollen gekommenen Stein, niemand werde ihn aufhalten können: »Die durch den Weltkrieg

ausgelöste Gärung der Geister« komme nicht zur Ruhe, »das Hohelied des ewigen Fortschritts (erhebe sich) über das brausende Getriebe der Menschheit.« Der Autor wähnte eine nie dagewesene Zäsur: »Der Übergang von der Vorgeschichte zur Geschichte der Menschheit ist im Anzug (...) Unsere Großstädte müssen von Grund aus umgestaltet werden.«[37]

Diesen Appell greift Sierks im Habitus eines Agitators am Ende des Buches noch einmal auf. Dabei stellt er sich hinter Henry Ford, den legendären Erfinder der Fließbandproduktion, der messianisch verkündet hatte, auf dem Weg des Fortschritts liegende Maßnahmen folgten bedingungslos Glück und Segen, aber alles, was ihm zuwiderlaufe, gerate in Not, werde überrannt, vernichtet oder beiseitegeschoben. Diesem linearen Verständnis nach Erreichen einer besseren Zukunft, der Gleichsetzung von »Fortschritt« und »Glück«, war auch Sierks verpflichtet. In plakativer Entgegensetzung von Licht und Dunkel, »Faulheit und Fäulnis« gegenüber den »unbegrenzten Möglichkeiten, die die Rationalisierung der Stadtkörper« biete, plädierte er leidenschaftlich, endlich »nach den Gesetzen der höchsten Vollkommenheit« zu handeln. Als nüchtern denkender Ingenieur antwortete er auf die Frage nach dem »Warum« mit Verweis auf das Reich des Übersinnlichen: »Weil wir eine Mission für die Menschheit zu erfüllen haben! Weil uns die Aufgabe gestellt worden ist, die soziale Frage und auf dem Weg dahin das Großstadtproblem zu lösen!«[38] Mit geradezu religiöser Verzückung pries Sierks die heilende Kraft der von ihm verfochtenen »Städtebauwissenschaft«, sie führe »aus der Lebensbedrohung und Kulturnot heraus in eine schönere und lichtere Umgebung«. Mit den Schlachtrufen »Ein Pereat dem Toten und Vergehenden und allen, die feindlich und nörgelig dem Werdenden gegenüberstehen!« und »Ein Vivat der Morgenröte der neuen Zeit« endet das Buch. Seinen *Grundriss* verfasste er in der Hoffnung, die Grundlage für eine Stadt zu zeichnen, »in der es kein Überfahrenwerden, keinen Verkehrslärm und keine sinnlose Geldvergeudung durch den Bau, die Unterhaltung und Erneuerung überflüssiger Straßenflächen, falsch angelegter öffentlicher Verkehrsanlagen, Baulandverschwendung« und dergleichen gebe. Sierks' Ziel war nichts Geringeres als eine ideale Stadtanlage, die sich nach seinem Dafürhalten von anderen Vorschlägen durch fest und klar umrissene Absichten unterscheide und vor allem »in leicht erreichbaren Grenzen« läge. Es handele sich um kein visionäres Bild, »sondern um eine wohldurchdachte sorgfältige Konstruktion.«[39] Deswegen nahm er für sich in Anspruch, »das Übel an der Wurzel zu packen und auszurotten.« Sierks war zuversichtlich, dass »gewaltsame Maßnahmen« schon bald »die kulturelle Reife der Allgemeinheit« verlangen würden. Erste Voraussetzung zur Umgestaltung sei der »feste Wille zu straffer Durchführung«, um »der Entwicklung wieder Herr zu werden«.[40]

Forderungen an eine Verkehrs- und Städtebauwissenschaft

Die Radikalität seiner Vorschläge verbarg der Autor nicht; es sei unmöglich, schrieb er, »unter Beibehaltung nennenswerter Bestandteile der heutigen Großstadtgrundrisse den Forderungen der Verkehrs- und Städtebauwissenschaft genügen zu können.«[41] Ja, meinte er, es sei »eine Kleinigkeit, selbst große wertvolle Objekte zu beseitigen, wenn die der Entwicklung oder den Wünschen der Verwaltung hindernd im Wege stehen.« Anzustreben seien »übersichtliche Verkehrsführungen und das scharfe Verbot von Straßenkreuzungen.« Selbstbewusst fügte Sierks hinzu, er glaube für die Güte seiner »theoretisch einwandfreien« Konstruktionsidee zur idealen Stadt den »generellen Beweis« erbracht zu haben. Vor diesem Hintergrund sind Ungeduld und Unverständnis, mit denen der Autor widersprechenden Haltungen begegnete, naheliegend. So verhöhnte er den Wunsch nach Bewahren von historisch Wertvollem als übertriebenes »Pietätsempfinden«; die Denkmalpflege verunglimpfte er kurzerhand als »Pietätshuberei«. Für das Alte zu schwärmen und für seine Erhaltung einzutreten bezeichnete er abwechselnd als »krank« und »Mode«:

> *Für einen Menschen der kraftvollen Gegenwart, voll sprühender Begierde nach dem, was die Zukunft ihm noch vorenthält, ist es unmöglich, sich in einer Atmosphäre wohlzufühlen, in der der Moder von Jahrhunderten schwelt. Seine verfeinerte Ethik fühlt sich beim Anblick alter Bauwerke beleidigt und abgestoßen; denn untrennbar von den steinernen Zeugen barbarischer Zeitepochen ist das Grauen, das in ihren Winkeln wohnt. Wie Töne in einer Grammophonplatte ist in ihrer Architektur die Klage der gemarterten menschlichen Kreatur erstarrt.*[42]

Diese Bemerkung unterstreicht, dass Sierks in der überkommenen Stadt nichts anderes als »ein zum Himmel schreiendes Symbol teuflischer Gemütsrohheit, Sklaverei und des finsteren Aberglaubens« sah. Deshalb forderte er deren restlose Beseitigung. Wenngleich der Autor einräumte, sich über ein altes schönes Bauwerk freuen zu können, sei er doch sofort für seine Beseitigung zu haben, »wenn es mir oder meinen Mitmenschen irgendwie im Wege steht; denn wir, die Lebenden haben recht, nicht die Toten bzw. das was sie geschaffen haben.« Apodiktisch setzt er hintan: »Wie lebendig auch das Einst in das Heute hinüberschwingen mag, so darf doch niemals zugegeben werden, dass Gewordenes das Werdende, die Vergangenheit die Gegenwart nachteilig fühlbar beeinflusst.«[43] Hier blitzt der weltanschauliche Fundamentalismus auf, den Sierks in der Einleitung seines Buches als grundlegend für alle Belange des Städtebaus eingeführt hatte, der unbedingte Glaube an vermeintlich Richtiges. Er meint, mit den Gesetzmäßigkeiten, die Karl Marx erkannte, habe auch für den Städtebau eine neue Ära begonnen:

> »Ein neues Gemeinschaftsbewusstsein ist in Bildung begriffen, und die schönste goldene Frucht dieses neuen Gemeinschaftsgefühls wird die zweckmäßige Umgestaltung der Städte als der äußeren Form der menschlichen Gemeinschaft sein.«[44]

Das Geschichtsverständnis des Verkehrsexperten war ein lineares Entwicklungsmodell. Er hing der Überzeugung an, »wir heutigen Menschen verstehen mehr und können mehr als unsere Väter und Großväter und unsere Nachfahren werden wieder uns überlegen sein; denn die Tatsache des Fortschrittes in der Welt ist unbestreitbar.«[45] Dieser Gedanke war dem Autor so wichtig, dass er ihn im Buch wie einen Signalsatz mehrfach einblendete: »Die Rückständigkeit, das Überholtwerden ist nun einmal das Los der Vorfahren und ihrer Werke.«

Mit dieser Auffassung stand Sierks nicht allein, vielmehr war sie beredter Ausdruck eines Zeitgeistes, der von der Wende zum 20. Jahrhundert bis in die 1970er Jahre hinein vorherrschte. Diesem Denken verhaftet hatte beispielsweise 1957 Bundespräsident Theodor Heuss, der selbst Monographien über Architekten schrieb, auftrumpfend bemerkt: »Eines dürfte gesichert sein, das Jammern nach der ›Tradition‹ bleibt echolos.« Apodiktisch hatte er anlässlich der internationalen Bauausstellung in Westberlin konstatiert, das alte Hansaviertel habe »schlechterdings keinen künstlerisch oder auch nur lokalhistorisch interessanten Baukörper« enthalten. Deshalb, so schlussfolgerte er, war nur an Zukunft zu denken – somit konnte die alte Stadt keine Fürsprache erwarten.

Das änderte sich zu Beginn der 1970er Jahre. Das »Jahr des Denkmalschutzes« war bereits 1970 vom Europarat für 1975 ausgerufen worden. Nicht von ungefähr hatte der Club of Rome 1972 auf die »Grenzen des Wachstums« hingewiesen und damit einen verantwortungsvolleren Umgang mit dem Planeten angemahnt. Zur Ressource, die Schonung verdiene, gehöre auch die Stadt. Zu erwähnen ist ferner die Ölkrise vom November 1973, die zu einer weitgehenden Verunsicherung beitrug. Für die Bundesrepublik hatte Walter Scheel, damals höchster Repräsentant Deutschlands, die Schirmherrschaft über das Europäische Denkmalschutzjahr übernommen. Hier stand das in ganz Europa stattfindende Themenjahr unter der Losung »Eine Zukunft für unsere Vergangenheit«. Im gleichnamigen Buch zur Ausstellung, die das Ereignis begleitete, konstatierte der Bundespräsident einleitend, in der Bundesrepublik sei nach 1945 mehr historische Bausubstanz zerstört worden, als während des Zweiten Weltkrieges. Deshalb stünden, fügte er warnend hinzu, unsere Städte und Dörfer in Gefahr, »gesichts- und geschichtslos zu werden, sie drohen unorganischer, häßlicher, unpersönlicher zu werden.«[46]

Was dem Verkehr im Wege steht: »Weg damit!«
Wir heutige Leser kommen nicht umhin, den Autor angesichts des diagnostizierten »Verkehrselends« frohlocken zu sehen. Schließlich meinte er, erst die »Verkehrsnot« veranlasse die Verwaltungen der Großstädte zur Umgestaltung, ohne sie würden sie in »Anarchie und Willkür« verharren. Mit anderen Worten, die Prognosen zum unaufhaltsamen Siegeszug des Kraftfahrzeugs waren für Sierks ein willkommener Hebel zum Herbeiführen einer von Grund auf neuen Stadt. Euphorisch

bemerkte Sierks, auf allen Gebieten des Wissens brodele der Fortschritt, »nichts ist unserer Zeit sakrosankt« – nur eines habe bislang »dem Ungestüm der Technik siegreich zu widerstehen« vermocht: »die Straße und die Straßensysteme, die Straße als Linie.«[47] Kopfschüttelnd fügte er hinzu, »an ihrem altersgrauen Gefüge ist der Hurrikan des Fortschrittes machtlos zerschellt.«

Sierks' Diktion und Argumentation sind weder einmalig noch originär, vielmehr sind sie ein Spiegel für ein weitverbreitetes Dafürhalten in der Profession – unabhängig vom jeweiligen weltanschaulichen Standpunkt. Hatte er festgehalten, »dass der gigantische Leib unserer großen Städte sehr krank« sei, widersprach ihm seinerzeit im Grunde niemand. Sierks hatte den Lassalleschen Imperativ, ›aussprechen was ist!‹ verinnerlicht. So schrieb er, die einzelnen Teile der Stadt seien gestört, »pathologisch; die teils entarteten, teils verkümmerten Einzelheiten beeinträchtigen, ja, gefährden vielfach die Erhaltung« der Stadt.

Was immer dem Verkehr hinderlich im Weg stehe, der Autor ruft: »Weg damit!« Sierks hoffte, sein Appell werde fortgetragen und als Triumph der Gegenwart über die Vergangenheit endlich sichtbar. Seitenlang reihte er Beispiele aneinander: Die Gedächtniskirche stört den Verkehr – »Weg damit!«, die Terrassen am Kurfürstendamm sind der Verkehrspolizei ein Dorn im Auge? – »Weg damit!«, ausgedehnte Baublöcke am Alexanderplatz sind ein Verkehrshemmnis? – »Weg damit!« Ähnlich einer finalen Erregungsspirale führt der Autor den Leser zur drohenden Apokalypse: Entweder, schreibt er, gelingt uns die Lösung des Großstadtproblems – »dann würde das eine Tat bedeuten, die sich den größten Kulturtaten aller Zeiten würdig anreiht« – oder wir scheitern an der Aufgabe, »dann wird der Fortbestand des Großstadtproblems zum Verfall der abendländischen Kultur führen.«[48] Den pathetischen Formulierungen ist ein quasireligiöser

Gehalt eigen, so war gedankenschwer auch von »Erlösung« die Rede.

Die Gestalt der idealen Stadt: »Das Ganze ein Ornament«

Jede ideale Stadtanlage müsse, hebt Sierks hervor, als Ganzes ein Ornament ergeben. Die symmetrische Anordnung sei wesentlich, damit die nach außen drängenden Zentrifugalkräfte einander aufheben. Damit entwarf er ein Gegenbild zu bestehenden Stadtanlagen, die durchweg asymmetrisch entstanden. Die Forderung nach Symmetrie begründete er mit der ersten Bedingung wissenschaftlichen Arbeitens, der Loslösung von dem Bestehenden und sonstigen Bindungen. Nach »logischer Betrachtungsweise« lasse sich die »natürliche Stadtform« im Grundriss generell durch zwei konzentrische Kreise oder Vielecke darstellen. Die Kreise bilden zugleich die klaren Trennungslinien zwischen der City, dem Wohngebiet und dem weiten Gebiet der Gebrauchs- und Nahrungsmittelerzeugung. Das Wesen der City bestehe darin, dass sie nicht nur geometrisch, sondern auch ideell den Sitz des Lebens in der Stadt darstelle. Selbstreferenziell heißt es sodann, ein Stadtorganismus äußere seine Gesundheit dann am besten, wenn das Wohngebiet möglichst ruhig, die City aber möglichst lebendig sei.

Zwei Jahre vor dem Erscheinen des *Grundrisses* von Sierks hatte in Hamburg eine Tagung der Freien Deutschen Akademie des Städtebaus in Hamburg zum Verkehr in der Großstadt stattgefunden. Unter lautem Beifall hatte dort John Harris, Präsident des Verkehrsausschusses von New York, mitgeteilt, wenn eine Straße nicht mehr ausreiche, so vervielfältige man ihren Verkehrsraum dadurch, dass man bis zu fünf Straßen etagenförmig übereinander baue. Sierks zählte 1927 an der Elbe zu den Zuhörern und quittierte den Vorschlag mit der Bemerkung, »in der Tat, eine verblüffend einfache Lösung!«[49] Trotz seiner Aufgeschlossenheit für solche Beispiele blieb Sierks Amerika gegenüber skeptisch.

Zum Überwinden von Raum und Zeit in einer »Riesenstadt« seien gleichwohl drei Verkehrsebenen erforderlich, meinte er, »eine unter Terrain für die Schnellbahn, einer Überterrain für die Motorfahrzeuge und eine im Terrain für alle übrigen Verkehrstypen.« Mit diesen drei Ebenen und etwas Organisationstalent komme man, hieß es, soweit es sich um erdgebundene Verkehrsmittel, Erscheinungen im Straßenverkehr und ähnlichem handele, »vollkommen und für alle Zeiten aus«. Salopp fügte er an, eine vierte, geschweige denn eine fünfte Ebene »brauchen wir keine«. In der Kategorie der in der terraingleichen Verkehrsebene verkehrenden Typen sei allerdings abermals eine Unterscheidung zu treffen: Fußgänger und Fahrradfahrer vertrügen sich sehr schlecht sowohl untereinander als auch mit den übrigen Vehikeln. Man müsse deshalb für die Fußgänger besondere Gehwege und für die Radfahrer besondere Radwege anlegen: »Das Fahrrad, das Verkehrsmittel des kleinen Mannes, hat längst eine solche wirtschaftliche Bedeutung erlangt, dass ihm gegenüber die allergrößte Fürsorge am Platze ist.«[50]

Manche Überlegungen zur Anlage großer Verkehrsstraßen in der Stadt klingen in unseren Ohren merkwürdig. Eine strikte räumliche Trennung von Fußgängern und Autos ist uns von Autobahnen her selbstverständlich, jedoch fremd bei dem Vorschlag von Sierks für innerstädtische Verkehrswege: »Zwischen dem Kraftwagen- und dem Fußgängerverkehr bestehen keine Beziehungen; folglich dürfen die großen Verkehrsstraßen auch keine Gehwege neben der Fahrbahn erhalten.« Der Autor hatte das Ziel, die neue Stadtanlage »absolut gefahrlos« zu gestalten. Deshalb lehnte er auch niveaugleiche Kreuzungen entschieden ab: »Früher oder später, in kürzeren oder längeren Zeiträumen fordert jede niveaugleiche Kreuzung ihre Menschenopfer. Die Natur lässt ihre Gesetze nicht verspotten.«[51] Die Notwendigkeit einer »Umwandlung unserer großen Städte« wurde vorrangig mit dem Ziel höchster Verkehrssicherheit als ethisch geboten begründet.

Sie sei »für jeden Kulturmenschen eine reine Gewissensfrage.«[52]

Eine Stadt der Zukunft: »schön, gesund und angenehm bewohnbar«

»Eine Stadt soll so gebaut sein«, hatte Aristoteles geschrieben, »dass die Menschen zugleich sicher und glücklich gemacht werden.« Sierks behagte an dieser Definition der Begriff des Glücklichmachens nicht. Mit ihm mögen, polemisierte er, „Politiker, Pfarrer, Sozialreformer und alle sonstigen Apostel operieren«[53], er indes, der Fachmann und Ingenieur, kümmere sich nicht um die relativen Begriffe des Glücklichmachens. Er habe »ganz einfach die verdammte Pflicht, die technische Umwelt der Menschheit immer mehr zu vervollkommen, einerlei, ob eine Anzahl von Menschen seine Arbeit für ein Glück oder ein Unglück halten.«

In Abwandlung zur Sentenz von Aristoteles fasste er seine städtebaulichen Grundsätze in der Formel zusammen: »Eine Stadt soll so angelegt werden, wie es die höchste Sicherheit und die geringste erzwungene menschliche Arbeitsleistung bedingt und so gebaut werden, dass sie unübertrefflich schön, gesund und angenehm bewohnbar ist.« Ergänzend hieß es, »das wirtschaftlich exakte Denken bedeutet im allgemeinen keinen Vorsprung mehr, sondern gehört zum geistigen Allgemeinplatz der zivilisierten Menschheit.« Ein von Sierks entworfener exemplarischer Bebauungsplan einer mustergültigen Stadt illustriert seine Gedanken. Gezeigt wird ein Ausschnitt einer Großstadt, das Schema einer Stadtzelle im Wohngebiet für etwa 12.000 Einwohner. Die Darstellung konzentriert sich auf die Verkehrswege. Verschiedene Farben markieren Fuß- und Radwege sowie Wohn- und Verkehrsstraßen. Vermerkt ist auch schienengebundener öffentlicher Nahverkehr. Die streng rektanguläre Anlage ist von autobahnähnlichen, kreuzungsfreien Schnellstraßen begrenzt. Zur Abschirmung des Verkehrslärms der großen Trassen sind Grünbänder parallel geführt, die schienengebundenen Verkehrsmittel werden in Grünzügen bewegt. Er selbst hob als hervorstechendes Merkmal der Stadtzellen ihre Verkehrsbeziehungen hervor: »Die Stadtzellen liegen im Verkehr, aber der Verkehr nicht in ihnen.«[54] Damit entsprach er einer weitverbreiteten Forderung, der klaren Trennung des Verkehrs von den Wohngebieten: »Auf der Membrane der Stadtzelle kann und mag der Verkehr branden so grandios, wie wir ihn heute noch nirgends kennen – in den Wohngebietszellen der Riesenstadt selbst ist die Sonntagsstille des Dorfes zu Hause.« Um die dörfliche Ruhe zu gewährleisten, waren Wohnstraßen konsequent als Sackgassen konzipiert, die jeden Durchgangsverkehr ausschließen. Sierks' Konzept relativ eigenständiger Verkehrsmaschen mit einer Binnendifferenzierung für unterschiedliche Stadtfunktionen wird in ähnlicher Form 1946 in Berlin vorgestellt. Der sogenannte Kollektivplan fußte nicht nur auf denselben formalen Prinzipien, deren Autoren nahmen für sich auch sozialistische Gedanken in Anspruch. Aus den Zerstörungen der Stadt hatte eine Gruppe von Architekten um Hans Scharoun, der von der sowjetischen Besatzungsmacht im Mai 1945 als Leiter der Abteilung Bau- und Wohnungswesen beim Magistrat eingesetzt wurde, die Hoffnung einer radikal neuen Stadt geschöpft. Die Gruppe entwarf eine städtebauliche Neuordnung jenseits überkommener Strukturen. Grundlegend sollte ein Rechtecksystem aus kreuzungsfreien Schnellstraßen sein, eine Bandstadt, erschlossen durch parallele Verkehrsstränge. Durch wirtschaftliches Zuordnen der Wohn- und Arbeitsflächen sollte eine »neue lebendige Ordnung« entstehen.[55] Für das Konzept einer Bandstadt hatte Sierks schon 1929 geworben, indem er eine Vielzahl identischer Stadtzellen maschenartig zur Großstadt vernetzte und damit eine geradezu beliebige Erweiterung möglich machte. Sierks pries seinen Vorschlag als »Höherführung der Menschheitskultur«.[56] Er war der Auffassung, durch exaktes Planen auf wissenschaftlicher Grundlage nur die »Intensität der zweckvollen Bewegung«,

nicht aber »das heutige sinnlose Hin und Her« zu ermöglichen. Verächtlich lehnte er ab, was Zeitgenossen den »Rhythmus des Verkehrs« genannt hatten, in seinen Augen war es »der künstlich aufgeblähte Verkehr in unseren Großstädten durch die wiedersinnige Art der Bewegungsführung«, der nichts mit der Höhe der Zivilisation zu tun habe.[57]

Cornelius Gurlitt, 1927: »gegen das Automobil etwas zu sagen, ist heutzutage gefährlich«

In Hamburg fanden 1927 zwei Tagungen der Freien Deutschen Akademie des Städtebaues statt, auf denen Fragen des Verkehrs in der Großstadt eine wichtige Rolle spielten. Die dort gehaltenen Vorträge waren noch im selben Jahr in einem Sonderheft der Zeitschrift *Stadtbaukunst alter und neuer Zeit* erschienen.[58] Zur Veröffentlichung *Grosshaus und Citybildung* steuerte Cornelius Gurlitt ein Vorwort bei. Unter Verweis auf einen Aufsatz von Frederic Delano, »einem Mann von Gewicht«, der im Januar 1926 im *American City Magazine* erschienen war, macht er auf den Umstand aufmerksam, dicht gedrängte Hochhäuser in einer City führten unweigerlich zu »gewaltigen Verkehrsschwierigkeiten«. Auch aus diesem Grund lehnte Gurlitt sie für Deutschland ab.

Die Begeisterung für Hochhäuser war Gurlitt ein Anlass darüber nachzudenken, ob »die Fortschritte der Technik« wirklich auch solche der Menschheit« seien, »ob diese nicht durch größere Nachteile aufgehoben werden«. Gurlitt beobachtete, viele Architekten glauben »zeitgemäß« schaffen zu müssen. Sie fühlen sich damit als »fortgeschritten«. Gurlitt widersprach dieser Herangehensweise nachdrücklich. Für ihn stand außerfrage: »Wer baut, soll überzeitgemäß schaffen, nämlich für ein tunlichst langes Bestehen des Werkes. Darin liegt ein Teil des transzendentalen Wesens der Architektur.« Gurlitt übertrug die bedenklichen Folgen, die der Bau von Hochhäusern nach sich zog, auf das Auto. Dabei war für ihn klar, »gegen das Automobil etwas zu sagen, ist heutzutage gefährlich: Leicht wird man für einen gänzlich überalterten Menschen erklärt.« Im Herbst 1927 meinte der Präsident der Freien Deutschen Akademie des Städtebaus,

> »es wäre ganz ersprießlich, wenn die Statistik die Zahlen der Kosten für neue Straßenanlagen aufweisen, die Ärzte uns über die durch den Lärm und die Lebensgefahren erschütterten Nerven der Großstädter, die Verkehrspolizei über die Zahl der Verwundeten und Getöteten, über die Kosten der baulichen Anlagen, durch die Gefahren beseitigt oder verringert werden sollen, Aufschluß geben wollte. Dazu Berichte über die volkswirtschaftlich mit einzurechnenden Kosten für unproduktive Leistungen, die für das Auto selbst aufzubringen sind: Betriebskosten, Schofföre, Reparaturen, Garagen. Somit würde man ein klares Bild des Wertes der technischen Erfindung erlangen.«

Was Gurlitt nicht ahnte, mitunter zählen keine ökonomischen Kosten. Einem gesellschaftlichen Verlangen kann kein Innehalten verordnet werden. Rationale Gründe verhallen dann ebenso wie Appelle an die Vernunft. Deshalb irrte Gurlitt in seiner Vorhersage, »die Begeisterung über das heute noch viel zu viel Straßenraum einnehmende Fahrgerät« werde mit der Zeit abflauen. Er glaubte, dann komme die Zeit, »das inzwischen altmodisch gewordene Instrument« wenigstens für die Straßen der Innenstädte verbieten zu können, »da es sehr teuer und in seiner ungehemmten Verwendung recht unpraktisch und dazu gefährlich ist.« Doch blauäugig war der 77-Jährige nicht, schließlich konstatierte er »alles, was die Überwindung des Raumes fordert, steht hoch im Ansehen: Das Flugzeug beginnt dem Auto in der Umstellung vieler schweren Wettbewerb zu machen.«

»Ohne vorgefasste Ansichten«
zu neuen Verkehrsstraßen

Auf der Hamburger Tagung der Freien Deutschen Akademie des Städtebaues referierte im Juli 1927 auch Gustav Leo (1868–1944) über Verkehrsfragen. Der 59-jährige Bauingenieur arbeitete in der Bauverwaltung Hamburgs, zuständig für Straßen-, Brücken- und Flussbau, wandte sich im Vortrag allerdings keinen lokalen Belangen zu. Vielmehr stellte er Überlegungen für eine »neue Groß- oder Weltstadt in jungfräulichem, freiem und ebenem Gebiet« vor. Ohne »vorgefasste Ansichten«, erklärte er, wolle er mit mathematischer Genauigkeit prüfen, wie eine solche City gebaut werden sollte: Soll sie in die Breite oder in die Höhe entwickelt, zentralisiert oder dezentralisiert werden? Für Leo ging es um die Frage, hatte Raymond Unwin (1863–1940) in seinem Kampf gegen eine Höherbebauung von London Recht oder sei Corbusiers Vorschlag, wie er ihn im Plan Voisin vorstellte, zuzustimmen? Zwar einte am Ende das gesellschaftliche Ziel Unwin und Corbusier, doch seien die Vorstellungen zum Erreichen denkbar entgegengesetzte. Die Gemeinsamkeit formulierte der Ältere, Unwin, der sich der Jüngere fraglos anschloss:

> »Bisher waren unsere modernen Städte zu sehr bloß Anhäufungen von Menschen; aber unsere Aufgabe muss es sein, diese Ansammlungen in bewußt organisierte Gemeinwesen zu verwandeln, die in ihren Städten neue Heime im wahren Sinne des Wortes finden, sich eines gehaltvolleren Lebens erfreuen, welches der innigere Verkehr mit sich bringt.«[59]

Die Zuversicht, sowohl notdürftig oder unzureichend Behauste als auch die übrigen Bewohner der Stadt in andere, bewusst organisierte Gemeinwesen zu überführen, hatte Unwin in *Grundlagen des Städtebaues. Eine Anleitung zum Entwerfen städtebaulicher Anlagen* formuliert. Das Buch war 1909 in London unter dem Titel *Town Planning in Practice* erschienen, bereits ein Jahr später lag es in deutscher Sprache vor. Hatte Unwin erwartet, in der Städtebaukunst werde wieder große Arbeit geleistet werden, »wenn ein bedeutendes gemeinschaftliches Leben vorhanden sein wird, welches nach Ausdruck ringt, und wenn wir die Technik unserer Kunst so zu beherrschen gelernt haben, dass eine Tradition gegründet worden ist, welche diesem Ausdruck die angemessene Gestalt zu geben fähig ist«[60], nahm Corbusier für sich in Anspruch, diese Hoffnung nunmehr einlösen zu können.

Gustav Leo hatte im Vortrag 1927 das Zustandekommen eines neuen, bewusst organisierten Gemeinwesens außen vor gelassen. Er untersuchte allein die Beziehungen zwischen technisch-wirtschaftlicher Bebauungshöhe und Verkehrsanlagen in einer fiktiv idealen Stadt mit einmal zwei und dann vier Millionen Einwohnern. Die neue Stadt legte er kreisförmig an, nach allen Seiten gleichmäßig ausstrahlend. Um den Forderungen des Verkehrs zu genügen – ohne Verbreiterung der Straßen über das Bedürfnis des Lichteinfalls hinaus – und damit auf ein Maß, das verkehrstechnisch nicht mehr zu bewältigen wäre, werde es nötig, so Leo, »die Verkehrsanlagen zu häufen«.[61] Der kommende Verkehr in einer Millionenmetropole sei nur zu bewältigen, meinte Hamburgs verantwortlicher Verkehrsplaner, wenn er sich auf fünf Stockwerke verteile: zwei Stockwerke für Untergrundbahnen, zwei Straßen übereinander, eine davon künstlich beleuchtet und darüber noch gehobene Fußsteige. Nur mit solch umfangreichen Verkehrsbauwerken ließe sich ein »fließender Verkehr« gewährleisten.[11]

Leo machte seine Berechnungen zum Verkehr mit einer stadträumlichen Perspektive anschaulich. Sie zeigt eine Vielzahl von Ebenen, jeweils strikt getrennt nach unterschiedlichen Verkehrsformen: Der motorisierte Verkehr kommt mit dem Fußgänger nicht in Berührung. Für den ruhenden Verkehr waren in den Innenhöfen zwei Stockwerke reserviert. Im Abwägen des finanziellen Aufwands für die erforderlichen Verkehrsbauwerke in den beiden grundsätzlich verschiedenen Stadtmodellen – vertikale (Corbusier) versus horizontale (Unwin) Stadt – läge der Vorteil, resümierte Leo, eindeutig bei der vergleichsweise flachen Stadt. Dabei sei, ergänzte er, noch nicht einmal berücksichtigt, »dass die Notwendigkeit der Abwicklung des Vertikalverkehrs in kurzer Füll- und Leerzeit der Geschäftshäuser bei der höheren Bebauung ein starkes Ansteigen der Anzahl der Fahrstühle und damit des Totraumes sowie die Größe des umbauten Raumes und der dafür aufzuwendenden Kosten bedingt.«[62] Gustav Leo und Hermann Jansen waren

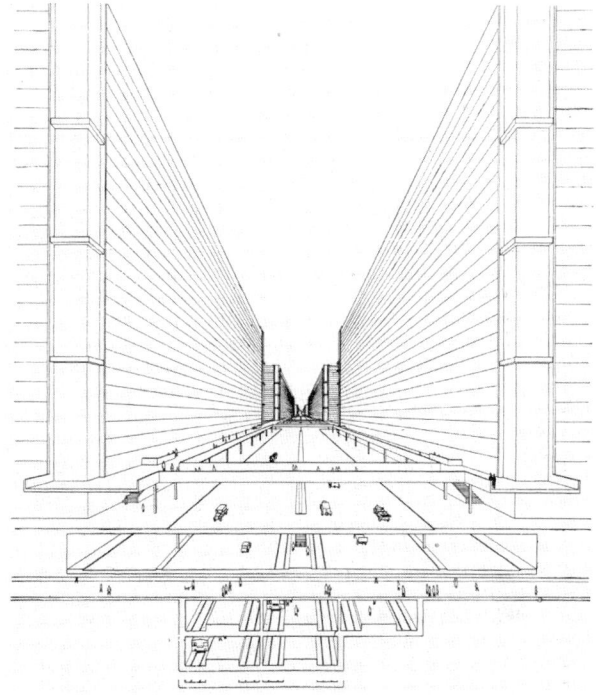

[11] Hamburg
Die Freie Deutsche Akademie für Städtebau veranstaltet 1927 die Tagung *Großhaus und Citybildung*. Der Hamburger Architekt Gustav Leo referiert modellhafte Überlegungen zum Verkehr in der Großstadt. Vorgeschlagen wird die Entzerrung unterschiedlicher Verkehrsarten in eigene Ebenen.

annähernd gleich alt und hatten sich beide um die Lösung anstehender Verkehrsfragen bemüht. Jansen wurde 1910 im Wettbewerb Groß-Berlin ein erster Preis zuerkannt, seither war er als Städtebauer ein vielgefragter Ratgeber und Gutachter. Zahlreiche Städte gaben bei ihm Bebauungspläne in Auftrag, so auch Erlangen, Fürth und Nürnberg. Für diese Städte entwarf er 1925 eine der ersten »Auto-Schnellstraßen«. Die *Deutsche Bauzeitung* würdigte Jansens Vorschläge als ebenso zukunftsweisend wie »abhold theoretischen Phrasentums«.[63] Auf das rasante Wirtschaftswachstum der benachbarten Städte reagierte der erfahrene Städtebauer mit einer »Verkehrsstraße größten Stiles«, die in hervorragendem Maße der Industrie und den neuen Wohngebieten diene. Vorgesehen war sie im Bett des einstigen Ludwig-Kanals, der nach Ausbau des Rhein-Donau-Kanals stilllag. Auf den Vorschlag kam man in den kommenden Jahrzehnten mehrfach zurück.

[12] Der Berliner Architekt Hermann Jansen entwarf 1925 im Rahmen der Bebauungspläne für Erlangen, Fürth und Nürnberg eine der ersten »Auto-Schnellstraßen«. Die neue »Verkehrsstraße größten Stiles« sollte den »umwälzenden Forderungen des modernen Verkehrs« entsprechen. Jansen plante die Schnellstraße im Bett des stillgelegten Ludwig-Kanals. Jahrzehnte später griff der Frankenschnellweg, die Stadtautobahn A73, auf Jansens Vorschlag zurück.

Eine Verkehrsstraße größten Stiles wurde dort jedoch erst 1972 für den Verkehr freigegeben. Die als Frankenschnellweg bezeichnete vierspurige Stadtautobahn A 73 folgt weitgehend Jansens Entwurf aus dem Jahre 1925.[12]

Radikale Forderungen:
Le Corbusier, Städtebau, 1929

Hans Hildebrand, der Le Corbusiers (1887–1965) Buch *Städtebau* aus dem Französischen übersetzte, stellte der deutschen Ausgabe 1928 ein Vorwort voran. Das Werk bezeichnete er überschwänglich als »glückverheißendes Zeichen«. Endlich leuchte »nach dem Zerfall der Architektur« im 19. Jahrhundert und »dem Verlust der Fähigkeit, Städte zu bauen«, wieder Hoffnung auf. Corbusiers Vorschlag für ein »von Grund auf neuartiges Gebilde« sei die Großstadt der Gegenwart und Zukunft, die neben allen weiteren Herausforderungen auch die Verkehrsprobleme löse. Den missionarischen Geist Corbusiers übernehmend,

war sich dessen Übersetzer sicher, der 41-Jährige habe »wahrhaft Wesentliches zu sagen«:

> »Seine großartigen Stadtbauentwürfe, vorgetragen mit aller logischen Klarheit und aller glänzenden Beredsamkeit des lateinischen Geistes, scheinen Utopien. Aber sie sind (...) die Wirklichkeiten von morgen, weil sie von einem Menschen herrühren, dem intuitive Einfühlung in den Geist der Zeit zur Unmöglichkeit macht, anders zu denken und anders zu gestalten als die Stunde verlangt.«

Wie von Hildebrandt prophezeit, waren Corbusiers Thesen zumindest in Architekturzeitschriften überwiegend mit Enthusiasmus übernommen worden. Die Redaktionen teilten die Auffassung, die Stadt von heute und erst recht die Stadt von morgen habe mit der Stadt von gestern kaum etwas gemein. Die einst gar nicht zu ahnenden Faktoren, die mehr und mehr bestimmend in den Bau der Städte eingriffen, würden sie völlig verändern: die Maschine, die Industrie, die Eisenbahn, das Auto und das Flugzeug.

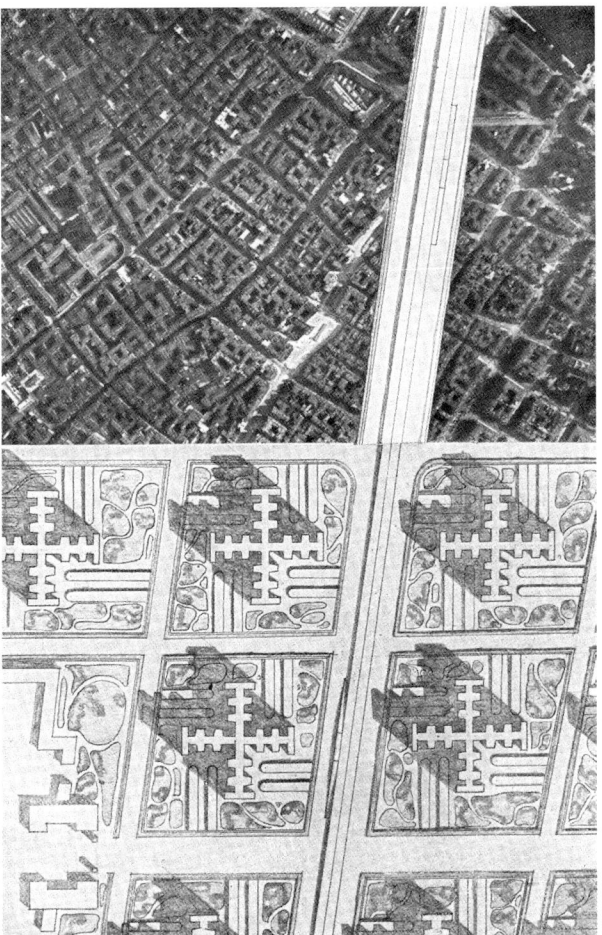

[13] Le Corbusier leitet sein 1929 auf deutsch erschienenes Buch *Städtebau* mit der Behauptung ein, »unsere ganze Gegenwartsepoche« sei »eine zunehmend geometrische.« Nach eigenem Bekunden suchte er deshalb »jenseits der zufälligen Tatsachen« nach »einer mathematischen Ordnung«, die ihn »zu einer mehr und mehr verallgemeinerten Haltung« führte: »Eine Stadt der Gegenwart – Die City, von der Autobahn, der großen Durchgangsstraße, gesehen (...) gebadet in Licht und Luft«. Für Corbusier entstand »Freiheit durch Ordnung«.

Bereits auf den ersten Seiten des 1925 geschriebenen Textes gab Corbusier unmissverständlich zu verstehen: »Eine ungeheure, blitzeschleudernde, brutale Entwicklung hat die Brücken zur Vergangenheit abgerissen.«[64][13]

Für Corbusiers Theorie eines radikal neuen Städtebaus war »Bewegung« ein zentraler Begriff: »Die Bewegung ist unser Gesetz: Niemals bleibt etwas stehen, denn was stehen bleibt, kommt zu Fall und verfault.« Der Architekt berief sich nicht zuletzt auf Imperative der Aufklärung, wenn er schreibt:

>*Nach anderthalb Jahrhunderten wunderbarer Vorbereitung hat die Vernunft den ihr gebührenden Platz erobert, bringt die Wissenschaft mit sich, und die Wissenschaft schleuderte uns mit Gewalt hinein in den Maschinismus. Alles ward auf den Kopf gestellt. Alles schien zusammenzustürzen. Nichts stürzte zusammen als eine alte Welt. Durch die Trümmer drängte eine neue Welt kühn empor. Die Vernunft, die endgültig Herrscherin geworden zu sein schien, hätte unsere Herzen den schwärzesten Pessimismus ausgeliefert, wenn nicht die gewalttätigen Kräfte des Lebens uns von neuem in ein neues Abenteuer zu treiben schienen. Vernunft und Leidenschaft einen sich zu einem Werke des Aufbaus.«*

Ohne Wenn und Aber verneinte Corbusier ein bewahrenswertes städtebauliches Erbe:

>*Unsere Welt ist, wie eine Schädelstätte, bedeckt mit dem Schutte toter Zeiten. Ein Versuch ist unsere Pflicht: den Rahmen unseres Lebens aufzubauen. Wegzuschaffen aus unseren Städten die Gebeine, die in ihnen faulen, und die Städte unserer Zeit aufzurichten.«*[65]

Paris: 1800 – 310 Kutschen; 1925 – 250.000 Autos

Nachdrücklich forderte der für seine provokanten Texte enthusiastisch gefeierte Architekt für die städtebaulichen Herausforderungen chirurgische Lösungen und wandte sich damit gegen sanftere Heilmethoden. Dabei erinnerte er an Georges-Eugène Haussmann, der als Präfekt nach 1853 Paris entscheidend verändert hatte: »Das gigantische Werk dieses Willensmenschen war eitel Chirurgie; ohne Erbarmen schnitt er in Paris herum«.[66] Leidenschaftlich warb Corbusier für eine Wiederholung solch entschlossenen Handelns: »Man kann enteignen, entschädigen, machen was man will? Ja, unter Haussmann und dem Kaiser. Ja, selbst unter der gegenwärtigen Demokratie.«

Corbusier nahm für sich in Anspruch, sich »heute der Vorbereitung einer besseren Zukunft« zu widmen«.[67] Die Aufgabe lehre die Geschichte. »Keine heutige Stadt besitzt ein Programm für die Verkehrsordnung.« Das Problem, behauptete er, sei völlig neu: »Vor 50 Jahren hatte man keine Ahnung davon.«

Die Folgen, die sich zwangsläufig aus ihm ergeben, stürmen auf uns ein«. Corbusier verwies auf weit zurückliegende städtebauliche Eingriffe in Paris, die seinerzeit Entsetzen ausgelöst hatten, doch längst als Großtaten gewürdigt werden, um damit die eigenen Vorschläge zu legitimieren. So schrieb er, weil Kardinal de Richelieu im frühen 17. Jahrhundert Paris eine gerade Straße von neun Meter Breite schenkte, die er mit seinem Namen taufte, wurde er des Größenwahns beschuldigt. Wiederholt wies er auch auf den als radikalen Städtebauer tätig gewordenen Präfekten Haussmann hin. Als der in der zweiten Hälfte des 19. Jahrhunderts den Boulevard Sébastopol durchbrach, sei er beschuldigt worden, »eine Wüste mitten im Herzen von Paris geschaffen und diese in zwei, nunmehr für alle Zeiten getrennte Städte getrennt zu haben.«[68] Berauscht von solchen »wahrhaft eindruckerzwingenden Unternehmungen«[69] resümierte der Autor, Paris habe im 18. Jahrhundert keine 600.000 Einwohner gehabt, dennoch sei im darauffolgenden Jahrhundert das Straßennetz verwirklicht worden, das nun die Stadt mit ihren vier Millionen Einwohnern trage: »Die einzigen großen Verkehrsadern der Autos wurden vorbereitet von den Königen der Kutsche!« Corbusier machte seine Leser staunen. In den Blütetagen von Ludwig XIV. im frühen 18. Jahrhundert habe es in Paris lediglich 310 Kutschen gegeben, 1925 seien in Paris 250.000 Autos mit »meist zehnfacher Geschwindigkeit« unterwegs. Vor diesem Hintergrund – »dem einzig dastehenden Beispiel von Weitblick und Energie und Bürgerstolz« – fragte er rhetorisch, wie solle »bei unseren Ängstlichkeiten und bei unserer Naivität ländlicher Städtebauer die Stadt in 100 Jahren leben, wenn ihr Anstieg sich im gleichen Tempo fortsetzt?« Ungeduldig hob der nicht

nur in Deutschland als großer Revolutionär verehrte Corbusier zum Schlussakkord an:

»Erscheint es nicht wie eine Entartung unseres Geistes, wenn wir den neuen Ansprüchen des Autos, des Flugzeugs und der Eisenbahn nichts zur Befriedigung bieten können als die prunkhafte, aber veraltete Erbschaft der vorangegangenen Jahrhunderte? (...) Allein wir haben nichts anderes, denn wir sind Ästheten und verliebt in die Schäferspiele ländlicher Gefilde. Wir vermeiden es, dem Ereignis ins Gesicht zu sehen, das näher und näher rückt. Keine Medizin (Voraussicht), keine Chirurgie (Entschlossenheit). Die Stadt verrennt sich in eine Sackgasse, weil man sich nur um ihr bisschen Aufputz kümmert, während ihre Lunge und ihr Herz todkrank sind.«[70]

Plan Voisin, 1925: Der Umbau von Paris
Corbusier beließ es nicht bei Überlegungen zum Verkehr, vielmehr stellte er ans Ende des Buches, gleichsam als Fanal, einen eigenen Entwurf zum radikalen Umbau von Paris. Öffentlich präsentiert hatte er ihn erstmals 1925 auf der *Internationalen Ausstellung für moderne dekorative und industrielle Kunst* in der französischen Hauptstadt. Im Bewusstsein, das Auto habe die jahrhundertealten Grundlagen des Städtebaus umgestürzt, hatte sich Corbusier an führende Autofabriken Frankreichs gewandt: »Das Automobil hat die Großstadt getötet. Das Automobil muss die Großstadt retten. Wollen Sie Paris einen Plan Peugeot, Citroen und Voisin von Paris schenken?«[14][71]

Die Unternehmen Peugeot und Citroen zeigten kein Interesse, Voisin – Hersteller von Luxuskarossen und Rennwagen – übernahm »ohne zu Zögern das Patronat für die Studien über das Pariser Zentrum und der Plan, der daraus erwuchs, heißt demnach der Plan Voisin«.[72] Corbusier überplante das Zentrum der Stadt auf 240 Hektar, mithin einer Fläche von fast 340 Fußballfeldern, zwischen Platz der Republik und Rue de Louvre sowie vom Ostbahnhof bis zur Rue de Rivoli. Das Gebiet wählte er, weil er

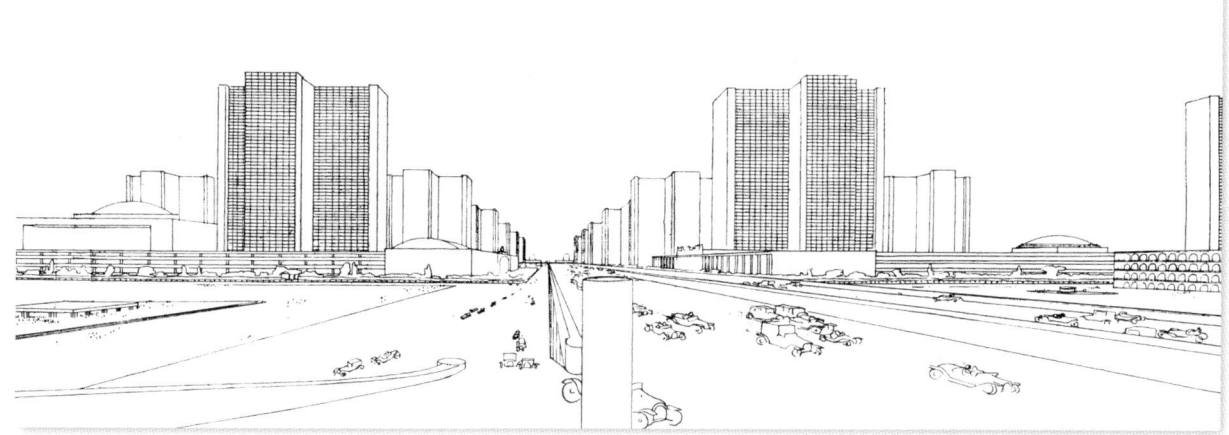

[14] Paris
Le Corbusier unterbreitet 1925 im Auftrag des Sportwagenherstellers Voisin den gleichnamigen Vorschlag zur radikalen Neuordnung der französischen Metropole. Das überkommene Straßennetz wird ebenso aufgehoben wie die bisherige Bebauung und ersetzt durch kreuzungsfreie Schnellstraßen.

hier die »verseuchtesten Viertel, die schmalsten Straßen«[73], also die größte Notwendigkeit zur Neugestaltung, verortete. Er schreibt, der Plan versuche »keinen ›Opportunismus‹, er versucht nicht hier und da einen Fingerbreit Terrain unter dem gewaltigen Druck der verstopften Verkehrsadern nachzugeben. Nein. Er öffnet an dem strategischen Punkt von Paris ein strahlendes Verkehrsnetz. Dort, wo heute die Straßen von sieben, neun oder elf Meter Breite sich alle 20, 30 oder 50 Meter schneiden, legt er ein Quadratsystem von Hauptadern mit 50, 80 und 120 Meter Breite an, die sich alle 360 oder 400 Meter schneiden.«[74]

»Von nun an tritt an die Stelle und an den Platz einer plattgewalzten Haufenstadt, die uns mit Entsetzen erfüllt, (...) eine Hochstadt (...) schimmernd in Klarheit und strahlend. Die bisher von dichtgedrängten Häusern zu 70 bis 80 Prozent der Oberfläche bebaute Boden ist nur noch zu fünf Prozent bebaut. Die übrigen 95 Prozent bleiben den Hauptadern, den Garagen und Parkplätzen vorbehalten«[75] Jeder der geplanten 18 Wolkenkratzer, 200 Meter hoch, sollte 20.000 bis 40.000 Angestellte fassen, insgesamt wären das 500.000 bis 700.000 Personen – »die Straßen und Autofernstraßen werden das Ihre tun, um dieser Masse die leichte Beweglichkeit zu sichern.«[76]

Das Vorbild: Martin Wagner in Amerika, 1929

»Es dürfte jedem Historiker einigermaßen schwerfallen, in der Wirtschaftsgeschichte eine größere Revolution zu entdecken als die, welche das Automobil in den letzten 20 Jahren in Amerika hervorgerufen hat«, bemerkte Martin Wagner 1929 nach einer mehrwöchigen Studienreise durch eine Reihe amerikanischer Großstädte.[77] Berlins legendärer Stadtbaurat war vom Verkehr auf den Straßen großer Städte Amerikas gleichermaßen fasziniert wie elektrisiert. Und er war sich sicher, es werde nicht lange dauern, bis eine ähnliche Fahrzeugdichte auch in Deutschland erreicht sei. Freilich fehlten nach seinem Dafürhalten in Deutschland die dafür ausgebauten Straßen. Wagner zitierte statistische Erhebungen aus Amerika, die beweisen sollten, dass das Auto Ende der 1920er Jahre nicht mehr das Verkehrsmittel des reichen Mannes, sondern auch des Angestellten und Arbeiters geworden sei. Erst dies legitimierte die Forderung nach einem radikalen Stadtumbau. Wagner beschrieb das Problem, »das uns das Automobil als individuelles Massenverkehrsmittel« zu lösen aufgabe, für die größten Städte als »allerdringendstes«.[78] Zweifel waren ihm fremd: »Gegen die Entwicklung des Automobils als Massenverkehrsmittel werden wir uns vergeblich auflehnen.« Schließlich läge die Loslösung von

101

räumlicher und zeitlicher Gebundenheit im Wesen des modernen Menschen. Wagner untermauerte seine Überzeugung mit der Zulassungsstatistik für Autos in New York. Kam 1910 ein Auto auf 265 Einwohner, waren es 1928 nur noch sechs und für 1935 wurden sogar nur 3,8 vorhergesagt. Diese Ankunft des Autos wähnte der Autor zeitversetzt auch für Deutschland, deshalb müsse der deutsche Städtebauer »mit Angst und Sorge erfüllt werden, wenn er diesen Siegeszug des Autos auch durch seine Städte ziehen sieht.« Denn auf ein derartiges Aufflammen des Verkehrs seien sie nicht eingerichtet. Vor diesem Hintergrund forderte der Stadtbaurat der größten Stadt Deutschlands, die hiesigen Großstädte »müssen umkonstruiert werden.« Wagner war 1924 mit der Freien Deutschen Akademie für Städtebau und zuletzt 1929 als Berliner Stadtbaurat zu Studienreisen in Amerika gewesen. Unter dem Eindruck der sechswöchigen Erkundungsfahrt durch New York, Boston, Buffalo, Cleveland, Detroit, Chicago, Los Angeles, San Francisco, Milwaukee, Washington, Philadelphia und Atlantic City verfasste er im August 1929 die genannte Studie. Für ihn stand außer Frage, angesichts »des Revolutionärs Auto« und dem dadurch bedingten schnellen Tempo großstädtischer Entwicklung bleibe keine Zeit, »wir werden uns an schnellere Einsicht und kürzere Entschlüsse gewöhnen müssen, an Entschlüsse, die heute noch kühn, morgen aber selbstverständlich erscheinen.«

Ermuntert und bestätigt sah sich Wagner durch Erläuterungen des amerikanischen Präsidenten Herbert Hoover, die er während seiner Reise notiert hatte. Hoover habe bekräftigt:

> *Die enormen Verluste an menschlichem Glück und an Kapital, die der Mangel einer den Bedingungen modernen Lebens angepaßten Stadtplanung herbeigeführt hat, brauchen nicht erst bewiesen werden. Das Fehlen von Freiflächen, Spielplätzen, Parkanlagen, die Verstopfung der Straßen, das Elend des Mietskasernenlebens und seine Rückwirkung auf jede neue Generation sind ein unsagbarer Angriff auf unser amerikanisches Leben. Unsere Städte liefern dem amerikanischen Leben und seinem nationalen Charakter nicht ihren schuldigen Beitrag. Die moralischen und sozialen Erfolge können nur durch eine neue Auffassung über Städtebau erreicht werden.«*

Diese Gedanken machte Wagner sich nachdrücklich zu eigen. Von Amerika lernen bedeute Fehler, die in Amerika gemacht wurden, nicht zu wiederholen. Wagner meinte »das Missverhältnis zwischen dem unaufhaltsamen Wachsen und Werden großer Städte und dem Schneckentempo, nach dem sich die städtebauliche Gesetzgebung und die Organisation der Städte« entwickele. In New York, hatte er beobachtet, komme man zu Fuß mitunter schneller voran als mit dem Taxi – so dicht sei der Verkehr! Verwundert war Wagner darob nicht, schließlich verfügte 1929 bereits jeder fünfte New Yorker über ein Auto. Genutzt werde es vor allem am Wochenende, »für das flache Land und zu den Sport- und Erholungsstätten«.Dort finde man die Autos dann auch in einer Masse, wandte er sich an deutsche Leser, »die fast wie eine Landplage anmutet, und die jedem Städtebauer die ernsthafteste Mahnung gibt, die Ausfallstraßen breiter und differenzierter anzulegen, die Niveaukreuzungen zu vermeiden, für Parkplätze größten Stils Sorge zu tragen und die Dauerwälder und Parkanlagen auf den Automobilverkehr einzurichten.«[15]

»Das Automobil tötet die Innenstadt«

Über die Folgen des Autobooms machte sich Wagner keine Illusionen. Ohne sentimentales Bedauern konstatierte er:»Das Automobil tötet die Innenstadt, aber es erschließt dem Großstädter das flache Land und dem Landbewohner die Großstadt.« Er prophezeite Ausflüge mit einem Radius von drei Stunden Fahrt, also von Berlin bis Dresden und Magdeburg – »für die Masse der amerikanischen Großstadtbevölkerung bereits selbstverständlich« – werden auch in Deutschland demnächst alltäglich sein. Deshalb sein Fazit: »Das Auto hat für die Stadtgrenzen einen neuen Maßstab geschaffen.« Wagner schildert, als offizieller Gast der Stadt New York sei seinem Wagen ein Motorrad der Polizei mit Sondersignal vorausgefahren, um ein zügiges Vorankommen zu ermöglichen. Kurios mutet die Schlussfolgerung an: Berlins Stadtbaurat forderte, deutsche Großstädte müssten demnächst höheren Beamten, die aus Zeitmangel kein anderes Verkehrsmittel als das Auto benutzen können, das Recht gewähren, alle Verkehrssignale überfahren zu dürfen. Penibel referierte Wagner die Kosten für die Verbreiterung der Straßen New Yorks. Er kam zu dem Schluss, trotz notorischer Überlastung sei es der Stadt nicht mehr möglich, »geheiligten Privatbesitz« für Straßenerweiterungen erwerben zu können, derart hoch wären die Bodenpreise. Deutschen Großstädten, schrieb er, müssten diese Verhältnisse eine Warnung sein: »Die amerikanischen Städte haben den Zeitraum für ihre Straßenverbreiterungen verpaßt.«[80]

Die mehrwöchige Reise durch amerikanische Großstädte hinterließ bei Wagner einen zwiespältigen Eindruck. Während er die Unbekümmertheit und entschlossene Tatkraft der Amerikaner mit den daraus entstandenen wirtschaftlichen Erfolgen durchaus bewunderte, haderte er mit dem dort fehlenden Gemeinwohl und allgemeiner Kulturlosigkeit. Es sei zwar, räumte er ein, »sehr wenig populär, die Kultur gegen den Kapitalismus auszuspielen und sich zu einem ärmeren Kulturland anstatt zu einem reicheren Zivilisationsland zu bekennen«, doch auf lange Sicht bestehe kein Zweifel, »auf welche Seite sich ein für die Zukunft verantwortlicher Städtebauer zu schlagen habe.«[81] So kam er nicht umhin, die Frage nach dem ökonomischen Sinn des Reichtums zu stellen: »Ist der individualistische Reichtum allein getauft und sind die Reichtümer der Gemeinschaft Heiden?« Nur mühsam die Antwort in eine Frage kleidend, schloss er hochfahrend, »Sind die deutschen Städte den amerikanischen im Reichtum der Gemeinschaft und des Gemeinwohles nicht um 50 Jahre voraus?« Wenngleich Wagner fundamentale Unterschiede zwischen Deutschland und Amerika geradezu verstörten, zollte er dem Mut der Amerikaner,

[15] Verkehrsbauwerke in den USA
Berlins Stadtbaurat, Martin Wagner, reiste 1929 zu einem mehrwöchigen Studienaufenthalt in den USA. Sein Interesse galt vor allem Verkehrsfragen. Noch im gleichen Jahr veröffentlichte er seine Reiseeindrücke, ergänzt um eigene Fotos von Verkehrsbauwerken. (Von oben nach unten: »Doppeldeckstraße« am Zentralbahnhof in New York, Straßenuntertunnelung für Autos in San Francisco, aufgeständerte Straße in New York, Baustelle zu einer niveaufreien Straßenkreuzung in Cleveland.)

»eine Verantwortung zu übernehmen, dem Willen zum Entschluss, dem von sportlichem Geist genährten Optimismus und dem Glauben auch an große Ziele und Werke« Respekt. An diesen Eigenschaften, hielt er bekümmert fest, mangele es deutschen Städten. Zu lernen sei von Amerika, appellierte Berlins Stadtbaurat, der »Tatwille einer neuen Auffassung über Städtebau«.

Rückblickend überrascht Wagners Wortwahl. »Tat« und »Wille« waren im Nationalsozialismus besonders häufig verwendete Begriffe. Sie traten an die Stelle von Vernunft und Intellekt, die wohl eher an das Individuum gebunden sind. Hingegen spielen Tat und Wille im kollektiven Handeln die entscheidende Rolle. Auf beinahe unheimliche Weise begegnet uns das gegeneinander Ausspielen von Gemeinschaft und dem Einzelnen auch bei Wagner. Unverhohlen denunzierte er individuelles Streben als nachrangig gegenüber dem Einsatz für Gemeinwohl. Geradezu niederträchtig war die polemische Frontstellung von christlich (»getauft«) und atheistisch (»Heiden«).

Berlin, 1929: Weltstadt, Weltstadtverkehr
Berlin, so Oberbürgermeister Gustav Böß (1873–1946) 1929,

> »braucht in der Innenstadt neue Ringstraßen und nach außen neue Ausfallstraßen. Der zunehmenden Motorisierung des Verkehrs muss durch besondere Autostraßen Rechnung getragen werden, wie es in anderen Weltstädten, zum Beispiel New York, London und Paris bereits geschehen ist. Berlin braucht nicht nur breite Straßen, sondern auch organisch gestaltete Plätze, durch die der Weltstadtverkehr schnell, sicher und bequem durchgeschleust werden kann.«

Die Wortmeldung des Oberbürgermeisters mag Notizen von Martin Wagner (1885–1957) gefolgt sein. Der leitete seit 1926 als Stadtbaurat Berlins Baubehörde und trat seither öffentlich selbstbewusst auf. Wenngleich Böß die zahlreichen Wortmeldungen seines obersten Baubeamten teilte, brachte er doch auch eigene Erfahrungen in Verkehrsbelangen

mit. Schließlich war der Jurist seit 1910 Vorsitzender der städtischen Verkehrsdeputation:

> »Je mehr der Verkehr gesteigert wird, desto stärker wird das Geschäftsleben befruchtet. [...] Man darf nicht vor einem Niederreißen und Zerstören zurückschrecken, mag auch das Bestehende gefühlsmäßig wertvoll sein.«

Im selben Jahr forderte Wagner, die großen Plätze zu Verkehrsknotenpunkten, zu sogenannten »Weltstadtplätzen« auszubauen. »Der Weltstadtplatz«, so Wagner, »ist eine fast dauernd gefüllte Verkehrsschleuse, der Knotenpunkt eines Adernetzes von Verkehrsstraßen erster Ordnung. Man kann nun sagen, dass die Durchschleusung des Verkehrs durch diesen Knotenpunkt das Erste und Wesentliche, und die formale Gestaltung, die Zweckform, von untergeordneter Bedeutung ist.« Aufmerksam hatte Wagner die neuen Produktionsweisen verfolgt, mit deren Hilfe amerikanische Unternehmen in den 1920er Jahren überaus erfolgreich waren. Fordismus und Taylorismus waren seinerzeit Schlagworte, verwendet als Synonyme für wirtschaftliche Prosperität. Zu diesen Erfolgen wollte Wagner aufschließen. Deshalb versuchte er sich schon wenige Monate nach Amtsübernahme von der Arbeitsweise der kommunalen Verwaltung zu befreien. Wagner strebte eine auf seine Person zugeschnittene Machtfülle an. In gewisser Weise wurde mit dem zehn Jahre später eingerichteten Amt »Generalbauinspektor« Wagners Erwartung erfüllt. Hitler hatte 1937 Albert Speer als Generalbauinspektor für die Reichshauptstadt eingesetzt und mit weitreichenden Vollmachten ausgestattet. Wagner war überzeugt, die Stadt müsse wie ein Privatunternehmen geführt werden. So ergab sich die bizarre Situation, dass ausgerechnet der oberste Baubeamte die überkommene Beamten-Verwaltung überwinden wollte, um mit neuen Rechten und Zuständigkeiten unabhängig agieren zu können. Allerdings hatte Wagner nicht nur das verwaltungsrechtliche Beharrungsvermögen unterschätzt, erschwerend kamen Rivalitäten zwischen Stadt, Land und Reich hinzu, sodass die meisten Bemühungen versandeten.

Wagner entwickelte ein neues Verständnis von Städtebau, angelehnt an Amortisationszyklen des Konsums, den »kurzlebigen« Städtebau. Seit 1927 veröffentlichte er Gedanken zur Abschreibung von Gebäuden. Die »Dauer« von Architektur hänge, so seine Überzeugung, mit der Amortisation von Kapital- und Kreditkosten innerhalb von 25 Jahren zusammen. Sie umfasst die Spanne einer Generation, das bedeutete für Wagner, jede Generation könne sich die nach ihren Erfordernissen benötigte Stadt neu bauen – ohne von Hypotheken vorangegangener Generationen belastet zu sein. Derart, schwärmte Berlins Stadtbaurat, sei »die Bahn für ständige Erneuerungen des Stadtkörpers freigemacht«, es werde der Städtebau die erforderliche Dynamik besitzen, die notwendig sei, damit »jede Generation« sich »ihren Stadtkörper« so gestalten kann, »wie sie ihn braucht«. Der beschleunigte Rhythmus des modernen Lebens, hob er hervor, erzwinge diese Veränderungen, »versteinerte Ewigkeitswerte können wir in unserem Zeitalter nicht mehr brauchen.«[82] Energisch wandte er sich gegen langfristiges Planen: »Weit wichtiger, als für das nächste Jahrhundert ideale Stadtpläne zu entwerfen und mit hysterischer Ängstlichkeit einem idealen Phantom nachzujagen, dessen Idealität doch nur von 12 Uhr bis Mittag reicht, scheint mir der dynamische Ausbau unseres städtebaulichen Systems«, denn man könne »Dutzende von Beispielen dafür anführen, dass der heutige Städtebau die ihm von der Vergangenheit angelegten Fesseln täglich sprenge.« Mit verbalem Furor erreichte Wagner hier die Spitze einer jahrelangen Selbsterregung. Aus seiner Sicht eine zwangsläufige Entwicklung, schließlich waren seine seit Jahren eindringlich vorgebrachten Forderungen weitgehend folgenlos verhallt. Während Cornelius Gurlitt – seit Gründung 1922 Präsident der Freien Deutschen Akademie für Städtebau – im Handbuch des Städtebaues und darüber hinaus für einen bedächtigen Umgang mit der überkommenen Stadt warb, warf Wagner sie achtlos beiseite. Möglicherweise kam hier auch ein Generationskonflikt

zum Tragen. Gurlitt, 1850 geboren, stand zu Beginn des Ersten Weltkriegs an der Schwelle zur Pensionierung, der 35 Jahre jüngere Martin Wagner mag den Krieg als eine Art Feuertaufe erfahren haben. Während Gurlitt den prägenden Erfahrungen seiner Sozialisierung verhaftet blieb, löste sich Wagner aus diesen Bindungen. Gurlitt »glaubte« an die Überzeitlichkeit der Stadt und begründete dies mit ihrem weitgehend stabilen Grundriss in der mehrhundertjährigen Geschichte. Die wirtschaftlichen, sozialen und politischen Eruptionen nach Ende des Krieges brachten bei Wagner die Idee einer »modernen Wesenheit« hervor, die nur durch den radikalen Bruch mit dem Vorangegangenen zur Geltung gebracht werden könne. Das »Wesen des modernen Menschen« verkörperte für ihn die Weltstadt, der Weltverkehr, der neue Mensch und die neue Gesellschaft.

Im Hochgefühl unmittelbar bevorstehender epochaler Veränderungen im Berliner Städtebau hatten Martin Wagner und Adolf Behne 1929 die Zeitschrift *Das neue Berlin* gegründet. Im ersten Heft meldete Wagner den Anspruch an, Berlin zur »Weltstadt« umzuformen. Selbstherrlich reklamierte er die führende Rolle in diesem Prozess für sich. Er war der Überzeugung, der Weltstadt Berlin fehle der Regisseur mit einem befehlenden, kommandierenden, dynastischen Willen. Verächtlich urteilte er – Mitglied der Sozialdemokratischen Partei Deutschlands – über die Weimarer Republik: »Heute wird die Weltstadt Berlin regiert nicht von einer Demokratie, sondern von einem ganzen System von Demokratien, dem die schlagkräftige und einheitliche Führung fehlt.«[16][83] Dem Fehler der schlagkräftigen und einheitlichen Führung lastete er die mangelnde Durchsetzung als »richtig« und »notwendig« beschriebener Projekte an. Dazu zählte er auch Straßendurchbrüche durch die Ministergärten, die im Rahmen einer Neuordnung des Berliner Verkehrs vorgesehen waren, um das jüngere, im Westen entstandene Stadtzentrum mit der alten Stadtmitte zu verbinden. Gegen den beabsichtigten Straßendurchbruch mit den dafür

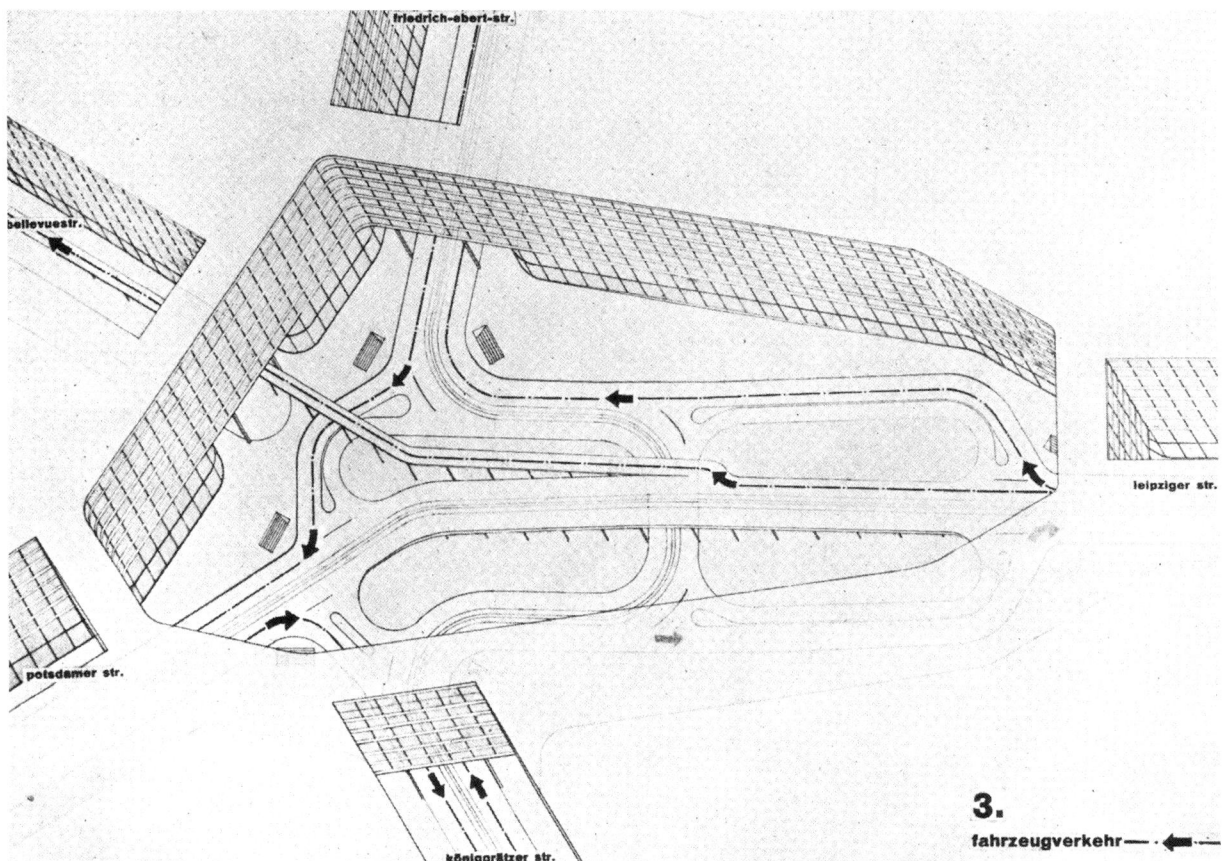

[16] Berlin – Entwurf von Marcel Breuer zur Neugestaltung des Potsdamer Platzes, 1929.
Die Zeitschrift *Das neue Berlin* wurde 1929 ein Forum für neue Verkehrslösungen. Marcel Breuer unterbreitete dort einen Vorschlag zur Neuordnung des Potsdamer Platzes in Berlin. »Das Dramatische einer Großstadt« erblickte er im Verkehr und forderte deshalb auch eine »Neugestaltung« der Plätze. »Wenn man schon so erfreulich radikal die vorhandenen Platzwände abreißt, um neue in einheitlichem Sinne aufzurichten«, sah der Architekt die Notwendigkeit, »vorausschauend (die) richtige Lage, Größe und Form« festzustellen: Für den verkehrsreichen Potsdamer Platz erkannte er eine niveaufreie Kreuzung als richtig, deren Straßen »kontinuierlich mindestens drei Wagenreihen in jeder Richtung transportieren, ohne jegliche Signale oder Verkehrsbeamte.« Für Fußgänger waren Unterführungen geplant.

notwendigen zahlreichen Abbrüchen historischer Bauten war in der Stadt Widerspruch laut geworden. Wagner trat den Bedenken in der von ihm mitgetragenen Zeitschrift vehement entgegen: »Die Furcht und die Ehrfurcht vor dem Alten macht uns schwach, lähmt und tötet.«

Er wünsche nicht, »dass aus Berlin eine Stadt wird, die wie Paris zwar viel Leben, aber das absterbende Leben eines Freilichtmuseums zeigt.« Nachdrücklich fügte Berlins Stadtbaurat mit der Autorität des Amtes hinzu: »Ein Volk, das nicht baut, lebt nicht, das stirbt.«[84]

Das Jahr 1929 kann als Jahr einer Verkehrswende angesehen werden, in dem dem Verkehr ungeahnter Raum zugestanden wurde. 1929 trat Berlins Stadtbaurat zum ersten Mal mit Plänen zur Neuordnung des Verkehrs an die Öffentlichkeit. Der überkommene Stadtgrundriss, die Straßen und Plätze mit ihren Bauten und ihrer Geschichte wurden nur noch als zu überwindendes Hindernis wahrgenommen. Der lokale innerstädtische Verkehr sollte vom Durchgangsverkehr getrennt werden – die wichtigste Voraussetzung für den Vorrang des Durchgangsverkehrs. Am Ende der Weimarer Republik war Berlin aber keineswegs eine »autogerechte« Stadt, wie uns ein gängiges

Narrativ mit Zeichnungen und einer einseitigen Bildauslese immer wieder weismacht. Im Jahr 1926 machte sich Kurt Tucholsky in der *Weltbühne* über diesen Mythos lustig: »Kommst du nach Berlin, so fragen dich viele Leute mit fast flehendem Gesichtsausdruck:

›Nicht wahr, der Berliner Verkehr ist doch kolossal?‹ Nun, ich habe gefunden, dass er an seinen Brennpunkten etwa dem Verkehr einer mittlern Pariser Straße abends um 6 Uhr entspricht – und das ist ein rechtes Mittelmaß, aber nicht mehr. Und gegenüber diesem kindlichen Getobe muss ich sagen, dass ich eine Geisteshaltung nicht begreife, der die Quantität eines Verkehrs imponiert.«[85]

1 Christoph Maria Merki, *Der holprige Siegeszug des Automobils 1895-1930. Zur Motorisierung des Straßenverkehrs*, Wien: Böhlau, 2002, S. 88.
2 Otto Blum, in: *Der Städtebau*, 1911
3 Ibid., S. 76.
4 Ibid., S. 77.
5 Ibid., S. 77.
6 Hans Schmidkunz, »Differenzierungen in Bau und Verkehr«, in: *Der Städtebau*, Heft 11 1911, S. 129.
7 Fritz Schumacher, *Das Entstehen einer Großstadt-Straße (Der Mönckebergstraßen-Durchbruch)*, Braunschweig, Hamburg: Georg Westermann, 1922, S. 3. Die Arbeit am Manuskript hatte Schumacher 1918 abgeschlossen.
8 Ibid., S.12.
9 Ibid., S. 15.
10 Ibid., S. 23.
11 Ibid., S. 25.
12 Ibid., S. 40.
13 Ibid., S. 47.
14 Ibid., S. 86.
15 Ibid., S. 143.
16 Ibid., S. 239.
17 Ibid.
18 Fritz Schumacher, *Wie das Kunstwerk Hamburg nach dem großen Brande entstand*, Berlin: Karl Curtius, 1920, S. 2.
19 Cornelius Gurlitt, *Handbuch des Städtebaues*, Berlin: Der Zirkel, 1920, S. 240.
20 Ibid., S. 240.
21 Ibid., S. 242.
22 Ibid., S. 245.
23 Ibid., S. 246.
24 Ibid., S. 276.
25 Ibid., S. 279.
26 Ibid., S. 284.
27 Ludwig Hilberseimer, »Großstadtbauten«, in: Merz 18/19, Jan.-April 1926, Hannover: Merz, S. 9.
28 Ibid., S. 10.
29 Ibid., S. 13.
30 Ibid.
31 Ludwig Hilberseimer, »Vom städtebaulichen Problem der Großstadt«, in: *Sozialistische Monatshefte*, Jg. 24 1923, S. 356.
32 Hans Ludwig Sierks, *Wirtschaftlicher Städtebau und angewandte kommunale Verkehrswissenschaft*, Dresden: Kaden & Comp., 1926, S. 269.
33 Ibid., S. 13.
34 Hans Ludwig Sierks, *Grundriss der sicheren reichen ruhigen Stadt*, Dresden: Kaden & Comp., 1929, S. 14.
35 Die biographischen Angaben folgen Vittorio Magnago Lampugnani, Katia Frey und Eliana Perotti (Hg.), *Anthologie zum Städtebau*, Bd. II.2, Berlin: Gebr. Mann, 2014, S. 1174.
36 Hans Ludwig Sierks, *Grundriss der sicheren reichen ruhigen Stadt*, Dresden: Kaden & Comp., 1929, S. 20.
37 Ibid., S. 164.
38 Ibid., S. 300.
39 Ibid., S. 21.
40 Ibid., S. 23.
41 Ibid., S. 24.
42 Ibid., S. 28.
43 Ibid., S. 29.
44 Ibid., S. 39.
45 Ibid., S. 31.

46 Walter Scheel, »Geleitwort«, in: Europäisches Denkmalschutzjahr 1975. Eine Zukunft für unsere Vergangenheit. Katalog zur Wanderausstellung 1975-76 im Auftrag des Deutschen Nationalkomitees für das Europäische Denkmalschutzjahr, München: Prestel, 1975, S. 3.
47 Hans Ludwig Sierks, *Grundriss der sicheren reichen ruhigen Stadt*, Dresden: Kaden & Comp., 1929, S. 41.
48 Ibid., S. 63.
49 Ibid., S. 107.
50 Ibid., S. 118.
51 Ibid., S. 123.
52 Ibid., S. 167.
53 Ibid., S. 211.
54 Ibid., S. 238.
55 Hans Scharoun, »Rede zur Eröffnung der Ausstellung ›Berlin plant‹« am 22. August 1946.
56 Hans Ludwig Sierks, *Grundriss der sicheren reichen ruhigen Stadt*, Dresden: Kaden & Comp., 1929, S. 212.
57 Ibid., S. 215.
58 Freie Deutsche Akademie des Städtebaues (Hg.), *Grosshaus und Citybildung. Städtebauliche Vorträge*. IV. Sonderheft der Stadtbaukunst alter und neuer Zeit, Berlin: Pontos, 1927.
59 Raymond Unwin, *Grundlagen des Städtebaues*, Berlin: Otto Baumgärtel, 1909 (19222), S. 7.
60 Ibid., S. 8
61 Gustav Leo, »Grosshaus und Citybildung«, in: Freie Deutsche Akademie des Städtebaues (Hg.), *Grosshaus und Citybildung. Städtebauliche Vorträge*. IV. Sonderheft der Stadtbaukunst alter und neuer Zeit, Berlin: Pontos, 1927, S. 14.
62 Ibid., S. 21.
63 Ernst Vetterlein, »Bebauungspläne von Hermann Jansen«, in: *Deutsche Bauzeitung*, Nr. 1/2 1926, S. 2.
64 Le Corbusier, *Städtebau*. Übersetzt und herausgegeben von Hans Hildebrand, Berlin: Deutsche Verlags-Anstalt, 1929, S. X.
65 Ibid., S. 205.
66 Ibid., S. 216.
67 Ibid., S. 218.
68 Ibid., S. 220.
69 Ibid., S. 222.
70 Ibid., S. 223.
71 Ibid., S. 233.
72 Ibid.
73 Ibid., S. 235.
74 Ibid.
75 Ibid., S. 236.
76 Ibid., S. 237.
77 Martin Wagner, *Städtebauliche Probleme in amerikanischen Städten und ihre Rückwirkung auf den deutschen Städtebau*, Berlin: Deutsche Bauzeitung, 1929, S. 10.
78 Ibid., S. 5.
79 Ibid., S. 10.
80 Ibid., S. 14.
81 Ibid., S. 76.
82 Martin Wagner, »Die städtebaulichen Probleme der Großstadt«, Vortrag in der Reihe »Berlin« vom 18. März 1929, S. 7, Typoskript, in: Landesarchiv Berlin.
83 Martin Wagner, »Das neue Berlin – die Weltstadt Berlin«, in: *Das neue Berlin*, Heft 1, Berlin: Verlag Deutsche Bauzeitung, 1929, S. 5.
84 Martin Wagner, »Verkehr und Tradition«, in: Das neue Berlin, Heft 7, Berlin: Verlag Deutsche Bauzeitung, 1929, S. 130.
85 Kurt Tucholsky, »Berliner Verkehr«, in: *Die Weltbühne*, Nr. 45 vom 9. November 1926, S. 739.

Impuls 2
Stefan Szuggat, Dortmund

Planungsprozesse im Stadtraum mit Verkehrsanlagen

Ich darf Ihnen heute am Beispiel einer Straßenplanung in Dresden, wo ich bis vor kurzem tätig war, prozesshaft aufschlüsseln, wie man versuchen kann, die Neubauten eines Straßenbahnkörpers in einen vorhandenen Stadtraum einzubringen.

Das Ziel der Stadt Dresden war und ist es, erhebliche Anteile des Nahverkehrs auf öffentliche Verkehrsmittel zu binden. Ein Teilprojekt von mehreren ist das Stadtbahnprojekt 1.2 Löbtau-Südvorstadt Nossener Brücke – Nürnberger Straße. Auf etwa 1,7 Kilometern soll eine neue Straßenbahnstrecke entstehen. Ziel ist, die stark nachgefragte Buslinie 61 mit etwa 35.000 Fahrgästen täglich zu entlasten und den ÖPNV schneller und leistungsfähiger machen. Die oberirdische Stadtbahnstrecke muss in eine Staatsstraße mit einer Verkehrsbelastung von 30.000 bis 45.000 Fahrzeugen pro Tag integriert werden.[1]

Der Ort Südvorstadt stellt sich als ein qualitätsvoller und beachtenswerter Stadtraum der späteren Stadterweiterung in Dresden dar. Das Schweizer Viertel wurde 1877 als Villenviertel für die Oberschicht gebaut. Gewerbliche Betriebe waren verboten. Zum Versorgungseinkauf wurde das Hauspersonal in die Innenstadt nördlich des damaligen Böhmischen Bahnhofes (heute Hauptbahnhof) geschickt. Es entstanden großbürgerliche Gebäude mit Elementen des Historismus und im neuen floralen und linear-geometrischen Jugendstil. Der Platz, der in der Mitte geschaffen wurde, ist damals als Schmuckplatz gebaut worden und steht heute als denkmalgeschützte Anlage unter Schutz.[2]

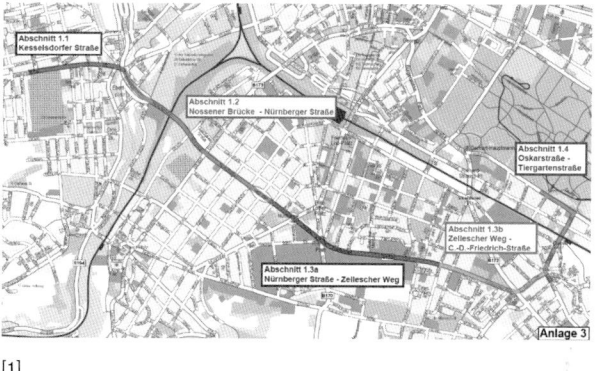

[1]

Zum Ende des Zweiten Weltkriegs wurden zahlreiche Gebäude zerstört und nachträglich abgetragen. Die Nachkriegsbebauung entlang der Nürnberger Straße, für Arbeiter des Wismut-Bergbaus, entstand 1953 über ein Sonderbauprogramm im Sinne der »Nationalen Tradition« und weist Anklänge an den Dresdner Neobarock und den Heimatschutzstil auf. Der Straßenraum ist bis heute unverändert geblieben. Er wirkt breit, aufgeräumt, ohne besonders gestaltete Vorzonen.[3]

Zu Planungsbeginn des Stadtbahnprojektes 1.2 standen verkehrliche Untersuchungen im Vordergrund, durchgeführt von EIBS (Entwurfs- und Ingenieurbüro Straßenwesen GmbH, Dresden). Es wurden Varianten für die Abwicklung der Verkehrsarten und die Aufteilung des Verkehrsraums diskutiert: Straßenbahn mit besonderem Bahnkörper in der Mitte, Straßenbahn im Mischverkehr als Pulkführer und Seitenstraßenbahnführungen in Doppellage nördlich oder südlich der Straße. Die verkehrstechnischen Bewertungskriterien wie eine leistungsfähige Straßenbahnverbindung, Schaffung von Verknüpfungshaltestellen zwischen Bus und Bahnen,

[2]

[3]

Barrierefreiheit und die Vermeidung von Gleisradien, um abgeminderte Geschwindigkeiten für die Straßenbahn zu reduzieren, bildeten das Entscheidungsgerüst in der Variantenprüfungsphase. Über einen Zwischenbeschluss des Stadtrates wurde eine Planungsgrundlage für die nächsten Schritte geschaffen. Verkehrlich setzte sich die Mittellage mit besonderem Bahnkörper durch.[4]

Der zweite Planungsschritt bestand darin, den besonderen Wert des Stadtraums zu würdigen, auf Grundlage der Grundsatzentscheidung die Typologie des Straßenraumes zu identifizieren und ein Muster in die Leistungsphase II der Verkehrsanlagenplanung einzubringen. Dazu wurde das Landschaftsarchitekturbüro Rehwaldt mit einer städtebaulich-räumlichen Begleitplanung beauftragt. Nach der Planung der verkehrlichen Aspekte sollte die grundsätzliche Lösung anhand von städtebaulichen Kriterien überprüft werden. Es schließt sich damit ein Prozess der Raumanalyse an, in dem es um die Fixierung der Raumtypologie, wie die Definition der Platzräume, die Systematik des Straßenbahnkörpers, der Bordanlagen, der benachbarten Seitenräume etc., geht. Leitfragen, die gestellt wurden, waren: Wo liegen welche Plätze? Was gibt es städtebaulich für ein Querungsbedürfnis? Sind es weite oder enge Räume? Wie sehen die Vorplätze vor den Gebäuden aus? Wie sind die Vorflächen oder Freiflächen vor den Häusern organisiert? Die Ergebnisse führten zu einer Priorisierung und Hierarchisierung von Entwurfselementen in der Verkehrsplanung und in der städtebaulichen Begleitplanung. Eins der wesentlichen Handlungsprinzipien bildet die Axialität des Straßenbahnkörpers entlang gradliniger Bordlagen. Wichtig war hier, eine sehr geordnete Fassung herzustellen und kein »Flatterbord«. Die Organisation der Haltestellen in diesem Raum ordnet sich dem axialen Prinzip unter.[5/6]

Thematisch wurde herausgearbeitet, wie die verschiedenen Knotenpunkte und mögliche Kreuzungspunkte zu fassen sind. Können die Querungen

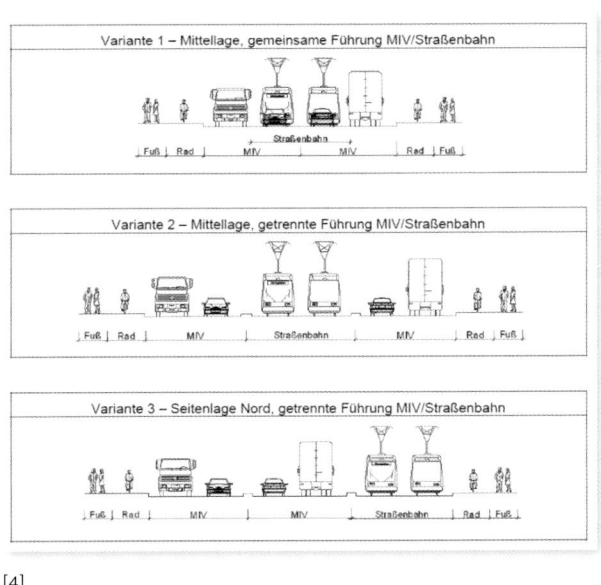

[4]

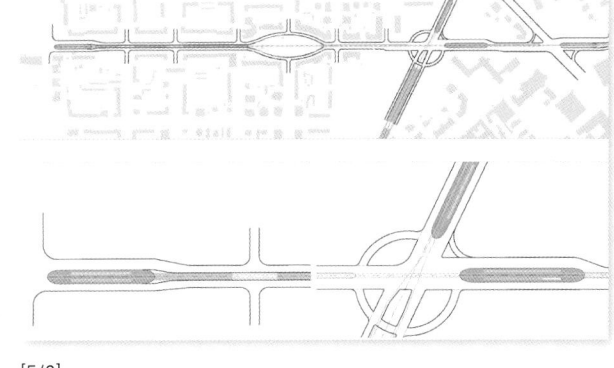

[5/6]

systematisch aufgebaut werden? Weitere Fragen bezüglich der Seitenräume waren: Welche Funktion übernehmen die Freiräume und wie sollen die Raumkanten später einmal ausgebildet werden? Es gibt auch Baulücken auf der Strecke und das Büro hat Vorschläge angeboten, wie die Baulücken und Seitenräume später ergänzt werden können. Es entstand ein Masterplan.[7]

Der dritte Prozessschritt betrifft die Absicherung des geplanten Raumbildes durch die Baumpflanzungen. Bäume als gliedernde Elemente im Straßenraum prägen den Stadtraum aufgrund ihres Volumenbildes maßgeblich. Während die Art der Anordnung schon früh geplant wird, findet die Bestimmung der Baumarten und Wuchshöhen je nach konkreten Standortbedingungen erst in der Leistungsphase III statt. Im Rahmen der städtebaulichen Begleitplanung – also noch in der Leistungsphase II – sollte das Gliederungsprinzip der Baumpflanzungen und die Artenauswahl einem Bewertungsraster unterzogen werden und so weit wie möglich festgelegt werden. Zunächst wurde die Gliederung des Raumes in vier verschiedenen Varianten diskutiert: Typ Promenade, Typ Promenade mit straßenbündigen

Radfahrstreifen, doppelte große Baumallee und doppelte Baumallee mit getrennten Radwegen. In diesem Schritt wurde die Lage der Radverkehrsanlagen aus dem Gesichtspunkt der räumlichen Wirkung der Baumallee erneut erörtert.

Anschließend folgte die Prüfung der Integrationsfähigkeit der Baumvolumina in den Straßenabschnitten. Wenn man von einer zweireihigen Baumallee ausgeht und großvolumige Baumbilder erzeugen will, dann begrenzen Fassadenabstände, Maststandorte, Oberleitungen, Traufkanten, Lichtraumprofile und Feuerwehraufstellflächen die Standortfindung. Zusätzlich ergeben sich immer unterschiedliche Flächenverfügbarkeiten an den Wuchsstandorten im Gehweg oder entlang des Bahnkörpers. Je nach Raumvolumen im Straßenraum stellt sich die Frage: Welche Baumarten kann man überhaupt für die verschiedenen Anordnungen nutzen? Funktioniert es nur vierreihig oder ergibt sich auch zweireihig ein geschlossenes Bild und mit welcher Baumart? Das ist überprüft worden. Die Kaiserlinde ist in dem geplanten Wuchszeitraum 15 Jahre alt und zehn Meter hoch, wird allerdings bis zu 35 Meter hoch und gilt als großvolumiger Baum.

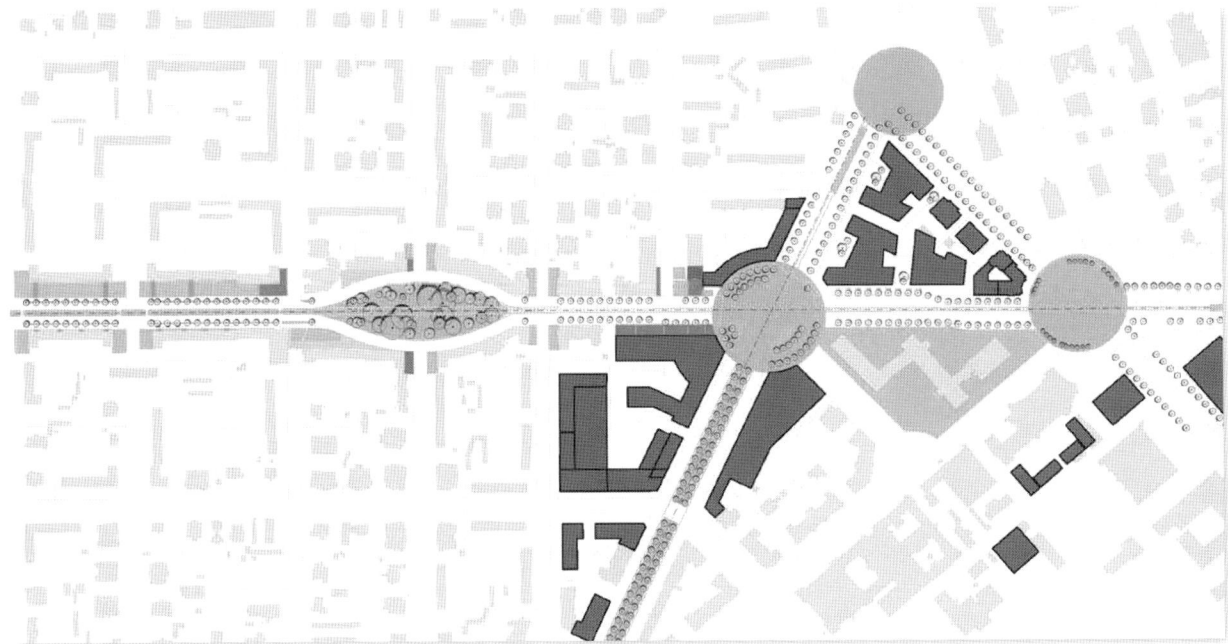

[7]

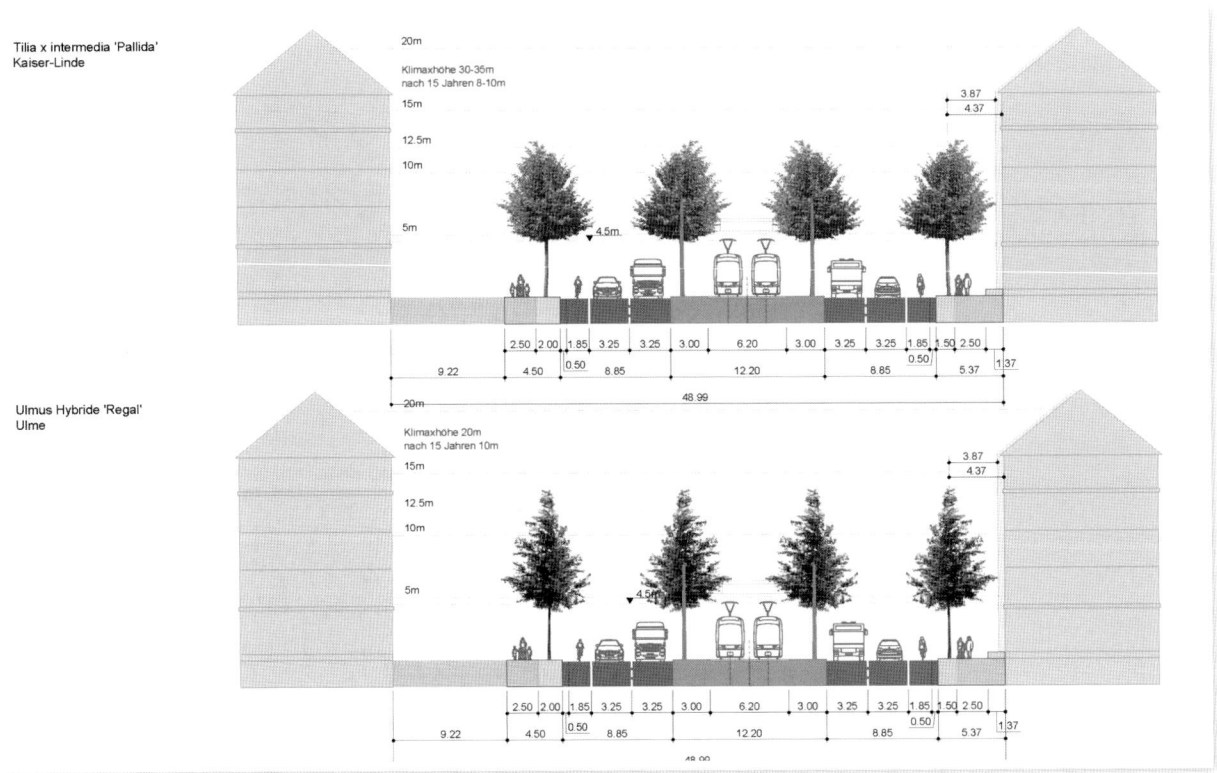

Tilia x intermedia 'Pallida'
Kaiser-Linde

Klimaxhöhe 30-35m
nach 15 Jahren 8-10m

Ulmus Hybride 'Regal'
Ulme

Klimaxhöhe 20m
nach 15 Jahren 10m

[8]

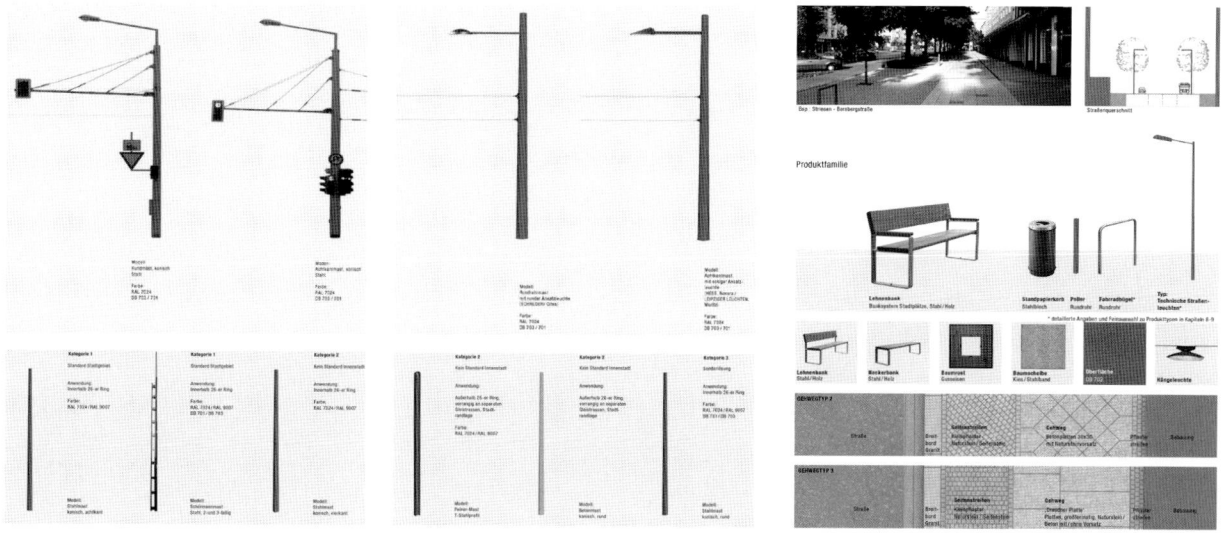

[9]

Die Ulme bleibt im Vergleich dazu kegelförmig und erreicht bis zu 25 Meter. Sie besitzt unterschiedliche Abwehrkräfte gegen Wasserarmut an Schattenstandorten oder gegen Käferbefall. Acht verschiedene Baumarten sind verglichen worden.[8]

Zusätzlich gehört das Thema der Ausstattung der Seitenräume dazu. Es spricht vieles dafür, sich frühzeitig damit auseinanderzusetzen. Zu klären ist die Möblierung, Art und Verbund des Pflasters, die Einbauten und die technische Ausstattung. Mit der technischen Ausstattung in den späteren Leistungsphasen wächst alles Mögliche mit. Stromkästen, Mastleuchten und Oberleitungen müssen integrativ gesetzt werden und Gehweggestaltungen mitgedacht werden. Es wurden Gehweggestaltungen entworfen, um die Gliedrigkeit des Straßenraums mit seiner sehr strengen Führung über die Gestaltung der Oberflächen auf den Gehwegen mit einem belebenden Bild zu ergänzen.[9]

Letzter Punkt, weil dieser nicht unbedingt im Aufgabenbereich der Tiefbauämter liegt, betrifft die Haltestellen. In diesem Fall handelt es sich um Seitenbahnsteige, die in der Trägerschaft des Verkehrsunternehmens liegen. Damit gelten auch die CI-Vorgaben des Verkehrsunternehmens. Wir haben gemeinsam mit dem Verkehrsunternehmen versucht, einen Haltestellentyp mit einer Möblierungsfamilie zu entwickeln. Gesamtziel ist eine Einheitlichkeit, die sich über die ganze Strecke abbildet.

Schlussendlich stellt sich die Frage, welche Disziplinen Verantwortung für die Vorplanung und für die Entwurfsplanung von Straßenbauvorhaben tragen sollten. Aus meiner Erfahrung sollte die Vorplanung von Verkehrsanlagen ergänzt werden um städtebauliche und landschaftsarchitektonische Begleitplanungen. Sehr hilfreich ist das Hinzuziehen von Büros für Stadtplanung, Architektur und Landschaftsarchitektur, die in der Realisierung von Verkehrsanlagen Erfahrungen mitbringen.

113

Impuls 3
Tim von Winning, Ulm

Zu Beginn eines Inputs über Stadtstraßen muss man sich die Frage stellen: Was ist überhaupt eine Stadtstraße, was sind die besonderen Eigenschaften, was macht sie aus? Ist eine Stadtstraße einfach eine Straße, die in der Stadt gelegen ist? Oder ist eine Stadtstraße, wie sie hier oft verstanden wird, eine städtische, urbane Straße? Das was in den Städten gebaute Umwelt ist, sind sehr unterschiedliche Gebilde, die kaum miteinander vergleichbar sind. Die Bandbreite reicht von einer sehr stark verkehrsdominierten Stadtstraße bis hin zu kleinen Wohnwegen oder einer Fußgängerzone, in der motorisierte Fahrzeuge eher untergeordnete Bedeutung haben. So haben wir insgesamt sehr unterschiedliche Anforderungen, die aber alle mit ähnlichen Herausforderungen zu tun haben. Allerdings muss man in unterschiedlicher Weise Kompromisse oder zumindest Abwägungen zwischen den verschiedenen Interessen finden und es wird naturgemäß zu sehr unterschiedlichen Antworten kommen.

Viele Eigenschaften, die wir mit einer Straße verbinden, sind uns über die letzten 50 bis 80 Jahre anerzogen worden. Herr Düwel hat es in seinem Vortrag ganz deutlich dargestellt: In unserer Wahrnehmung (und in unseren Diskussionen) haben Straßen ganz überwiegend mit Verkehr und mit Durchkommen zu tun und viel weniger mit Aufenthalt und Wohnumfeld. Und tatsächlich müssen wir uns heute mit ganz vielen Straßen auseinandersetzen, die eigentlich für einen anderen Zweck gebaut sind, als wir es uns für eine urbane Straße wünschen würden.

Es gibt einige Dinge, die sich in den letzten Jahrzehnten darüber hinaus nachteilig entwickelt haben. Das ist zum einem die immer größer werdende Anzahl an Fahrzeugen, verbunden mit dem nach wie vor zunehmenden Verkehr. Aber auch die Autos haben sich verändert. Sie sind sehr viel größer geworden. Und sie sind weniger bezugsfähig zu Ihrem Umfeld geworden. Design und Maßstäblichkeit passen immer weniger in ein städtisches Umfeld mit einer hohen Erfordernis an Interaktion. Eine weitere Wahrnehmung meinerseits ist es, dass die Bereitschaft, sich an irgendwelche Regeln zu halten, wenn sie dem eigenen Komfort Nachteile bringen, zurückgegangen ist. Wir sehen das an teils hemmungslosem Parkverhalten, aber beispielsweise auch an rücksichtslosem Elterntaxiverhalten vor Schulen und Kitas.[1] Rücksichtnahme und Einhalten von gemeinsamen Regeln sind aber zentrale Aspekte, wenn es um Dichte und Mischung innerhalb der Städte geht. Wir müssen daher durchaus an der Art und Weise arbeiten, wie wir Regeln und Übereinkünfte gemeinsam einzuhalten haben. Das hat sehr viel mit Bußgeldern zu tun und mit technischen Rahmenbedingungen. Ich glaube, dass die verträgliche Gestaltung und Nutzung unserer Straßen stark von Regelwerken abhängig sind, weil wir uns an ganz viele Dinge gewöhnt haben.

Wie wir eben schon einmal gehört haben, gibt es gerade ein kleines Fenster, in dem es gelingen kann, die verschiedenen Regelungen bzw. die zwei Wesentlichen, das Straßenverkehrsgesetz und die Straßenverkehrsordnung zu ändern. Ich darf die, die noch nicht der Städteinitiative »Lebenswerte Städte durch angemessene Geschwindigkeiten« beigetreten sind, herzlich zu einem Beitritt animieren! Aus meiner Sicht sind das Thema Parken und die Frage

[1] Regelverstoß   [2] Flyer Bürgerinitiative Ulm

der Geschwindigkeiten ganz wesentliche Aspekte, um innerhalb einer Stadt mit unterschiedlichen Verkehrsteilnehmerinnen und Verkehrsteilnehmern, die gemeinschaftliche Rücksichtnahme voranzubringen.

Und es gibt hier keinesfalls gesellschaftlichen Konsens, wenig andere Bereiche der Kommunalpolitik sind so ideologieverdächtig und umkämpft wie die Mobilität. In der Stadt Ulm haben wir beispielsweise eine Initiative »Pro Tempo 50« [2], die jedes Tempo-30-Schild vom Regierungspräsidium überprüfen lässt. Mit diesen Zielkonflikten müssen wir uns auseinandersetzen. Und Markierungen alleine, das haben wir heute schon oft genug diskutiert, sind eben nur ein notdürftiger Behelf gegen Rücksichtslosigkeit und sind nur bedingt geeignet, persönliches Fehlverhalten einzudämmen. Man kann eben bestimmte Dinge, insbesondere Aufenthaltsqualitäten nicht einfach markieren, im Gegenteil, intensiv markierte Flächen zementieren meist gerade die verkehrsfunktionale Ausrichtung. Nach meiner

Erfahrung liegt ein wichtiger Fokus der Straßenraumgestaltung auf Elementen, die unterschiedliche Verkehrsteilnehmende einordnen. Die Intensität von Abgrenzungen spielt eine große Rolle, wenn es darum geht, ein verträgliches Miteinander innerhalb der Stadt zu organisieren. Auf Bild 3 sind unterschiedliche Beispiele dargestellt, auf denen erkennbar ist, wie eine Rücknahme von trennenden Elementen ein Miteinander im öffentlichen Raum fördern kann.[3]

Auch wenn es eigentlich schon lange Thema ist, hat ein Aspekt in den letzten Jahren sehr deutlich an Relevanz zugenommen. Das ist das Thema der Klimawandelanpassung. Relevant sind hierbei insbesondere das zunehmende Aufheizen der Städte und der Umgang mit Starkregen. Das sind Themen, die in meiner Beschäftigung mit Stadtstraßen in der Vergangenheit noch nicht so einen großen Stellenwert eingenommen haben, wie sie es jetzt gerade haben und in den nächsten Jahren haben werden.

[3] Übergänge/Abgrenzungen

Sei es im Sinne von »Begrünung«, »Oberflächenhelligkeit« oder vor allem auch »Wassermanagement«.

Während es bei Neubauquartieren vergleichsweise einfacher ist, bestimmte Qualitäten zu realisieren, ist die Aufgabe beim Umbau des Bestandes unendlich viel größer. Und im Hinblick auf die schon gebaute Stadt ist das auch die viel relevantere Aufgabe der nächsten Jahre. Zu einem ganz erheblichen Anteil sind die Straßen der nächsten 20, 30, 40 Jahre schon gebaut. Ganz zentral ist hier immer wieder die Frage: Wie können wir die Dominanz des Autoverkehrs, der vieles andere in den Hintergrund drängt, in den Griff bekommen?

Ein Beispiel für eine solche Umgestaltung in Ulm ist hierfür die Neue Straße bzw. die neue Mitte. Die Neue Straße war ein Ergebnis des autogerechten Stadtumbaus. Eine leidenschaftliche neue Verkehrsinfrastruktur der 1950er Jahre, bei der es nun gelungen ist, sie zu einem neuen innerstädtischen

Ort umzubauen, der räumlich gefasst ist und eine neue Qualität bekommen hat. Ganz wichtig ist mir, dass das gelungen ist, ohne den Verkehr in einen Tunnel zu bringen oder irgendwie »außenrumzuführen«. Stattdessen wurde geprüft, wie man mit einer großen Menge von Fahrzeugen umgehen und sie trotzdem in eine einigermaßen »domestizierte« Form bringen kann. Die Neue Straße wird nach wie vor täglich von 17.000 Fahrzeugen durchfahren und gleichzeitig von vielen Menschen gequert. Das Bild 4 zeigt dabei eine Form von Querungshilfe, eine Mittelinsel bzw. einen Multifunktionsstreifen, den keiner so richtig zuordnen kann, der aber unglaublich hilft, die verschiedenen verkehrlichen Anforderungen rücksichtsvoll unter einen Hut zu bringen.[4]

Ein weiteres Beispiel ist die Karlstraße. Das ist die Ortsdurchfahrt einer Bundesstraße, die mitten durch die Stadt geht, wie man sie auch in vielen anderen Städten kennt. Die Straße ist fast ausschließlich dem durchfahrenden Autoverkehr zugeordnet,

[4] Neue Mitte Ulm

[5] Umgestaltung Karlstraße Ulm

[6]   Umgestaltung Bahnhofplatz Ulm

es gibt wenig Gehwegbreite, und oft stehen da zusätzlich noch Autos, weil die Anwohnerinnen und Anwohner ihre Autos irgendwo abstellen müssen. Die Idee war hier: Eine deutliche Verbreiterung der Seitenbereiche mit einer Baumpflanzung und einem Mittelstreifen, dem Multifunktionsstreifen, der aus meiner Sicht tatsächlich eine hohe Qualität und Vielfalt für die Straßenraumnutzung bietet. Es ist eine Straße, durch die nach wie vor 18.000 Fahrzeuge pro Tag fahren, die aber trotzdem nach dem Umbau sehr gut funktioniert. Die veränderten Rahmenbedingungen bieten ein ganz neues, verändertes Wohnumfeld, das zunehmend Investitionen in den Standort nach sich zieht.[5]

Ein weiteres Projekt, das uns die letzten sieben Jahre intensiv beschäftigt hat, ist die Umgestaltung unseres Bahnhofplatzes bzw. Bahnhofvorplatzes. Dieser war eigentlich eher eine Ansammlung nebeneinanderliegender, unterschiedlicher und eigenständiger Verkehrsinfrastrukturen ohne zusammenhängende Ordnung. Auch hier gab es eine intensive Diskussion über die Frage: »Wie viele Fahrspuren braucht es unter Beibehaltung der 18.000–20.000 passierenden Fahrzeuge?«. Es gibt auch keine Möglichkeit, die Fahrzeuge an anderen Stellen durchzubringen. Der Platz ist Teil des für die Erschließung der Innenstadt wichtigen Altstadtringes. Wir haben uns nach heftiger kommunalpolitischer Auseinandersetzung auf eine Reduzierung der Fahrspuren verständigt und als gestalterisches Ziel geeinigt, dass dieser Bahnhofplatz sozusagen einheitlich gekleidet wird bzw. eine einheitliche Form und Farbe bekommt, um ihn überhaupt als Platz erkennbar zu machen. Es sollte also nicht eine Straße neben einem Platz vorbeiführen, vielmehr sollte das Gefühl vermittelt

[7] Entwurf Umgestaltung Fußgängerzone Ulm, Club L 94/terra.nova

werden, dass der Verkehr mit entsprechendem Rücksichtsnahmeerfordernis über einen Platz fährt. Insbesondere das Queren sollte ein größeres Gewicht erhalten. Es sind immerhin 40.000 Menschen, die jeden Tag queren, also doppelt so viele wie Fahrzeuge, die in Längsrichtung durchfahren. Zusätzlich versuchen wir durch möglichst viele Bäume dem Klimawandel Rechnung zu tragen. Durch ein unterirdisches Bewässerungs- und Wasserspeicherungssystem werden auch Standortqualität und Verdunstungsmengen erhöht.[6].

Ich möchte noch kurz auf unsere Fußgängerzone eingehen. Die ist auch ein typisches Kind der 1970er/1980er Jahre. Wir haben sie aber unverändert immer noch und müssen uns jetzt überlegen, wie Nutzung und Gestalt einer so spezifischen Stadtstraße künftig aussehen kann. Ich glaube, es ist politisch undenkbar, dass man eine Fußgängerzone heute wieder »zurück« baut zu einer »gemischten Straße«. Trotzdem müssen wir uns mit diesem

Modell beschäftigen und wir haben den großen Nachteil, dass sie im Wesentlichen in der Wiederaufbaustadt liegt. Diese Wiederaufbaustadt kann eben keine prächtigen Gebäude aufweisen, sodass der Bodenbelag eine wichtige Funktion zur Qualitätssicherung übernehmen muss. Wir haben gerade einen Wettbewerb abgeschlossen, dessen Ergebnis wir jetzt in die Umsetzung geben werden. Der Siegerentwurf zeigt ein anderes Bild einer Fußgängerzone. Eine Mittelzone soll nachher eine Klimawandelzone sein und stellt einen sehr stark begrünten Ort dar. Der mündet unterirdisch in ein Wasserspeicherungs- und Rigolen-System. Dort können wir die Aufenthaltsqualität, insbesondere für die nicht konsumierenden Personen, deutlich erhöhen.[7]

Zum Schluss möchte ich noch kurz das große Projekt der nächsten acht Jahre erwähnen: Unsere Landesgartenschau 2030. Die wird sich auf dem Straßenzug der B10 abspielen, der eigentlich die alte Festungsanlage ist. Die Straße teilt die Stadt entsprechend einem »urban canyon« in verschiedene Teile, die nur an wenigen Stellen querbar sind und überwiegend Rückseiten von Stadtteilen produziert hat. Wir versuchen diese Straße, die ebenso viele Fahrzeuge befahren wie die Champs-Élysées in eine stadtverträgliche Form zu überführen und die angrenzenden Freibereiche als städtische Freiräume zu qualifizieren. Das große Vorbild ist dazu nicht ein gestalterisches Leitbild (das wäre sicherlich mehr als vermessen). Es geht vielmehr darum zu zeigen, dass auch eine Straße mit viel Verkehr eine städtisch-urbane Straße sein kann, wenn sie angemessen gestaltet ist und die umgebende Stadt bzw. die benachbarten Freiräume entsprechend auf die Straße reagieren.

Impuls 4
Thomas Vielhaber, Hannover

Das innere Bild der Landeshauptstadt Hannover wird vermutlich bei vielen Menschen noch immer durch die stadtplanerischen und verkehrsplanerischen Leitbilder der Nachkriegszeit geprägt sein. Hannovers Zentrum galt nach weitgehender Zerstörung und anschließendem Neuaufbau durch Stadtbaurat Rudolf Hillebrecht im Stile einer zweiten Moderne jahrelang als Paradestadt einer autogerechten und funktionsgetrennten Stadt. Die Idee der damaligen Planer war es, das zu erwartende Verkehrsaufkommen nach amerikanischem Vorbild vorausschauend zu bewältigen.

»Das Wunder von Hannover« titelte der *Spiegel*, und viele Menschen besuchten die wieder auferstehende Stadt mit ihren Funktionstrennungen, neuen Verkehrsschneisen (Cityring, Tangenten usw.) und einer grünen Stadtlandschaft bis hinein ins Zentrum. Nebeneffekte waren dabei aber auch zerschnittene Stadträume und weitere Zerstörungen sowie der Abriss von historischer Bausubstanz. Es entstanden hochqualitative Architekturbeispiele der 1950er und 1960er Jahre für Wohnen, Verwaltung und Hochschule. Die boomenden 1970er Jahre brachten eine sich immer stärker verdichtende Stadt und damit zunehmend problematisch wirkende Bereiche mit sich: Hochstraßen, Hochhäuser, Unterführungen veränderten den menschlichen Maßstab nachhaltig und führten zunehmend zu Kritik und Irritationen. Durch den U-Bahnbau ab Ende der 1970er Jahre setzte aber auch ein erster Schritt hin zu einer fußgängerfreundlichen Stadt ein: das Zentrum um den Kröpcke wurde autofrei, Fußgängerzonen entstanden. Aber auch der Verkehr nahm – bis heute – immer mehr zu. Seit der Weltausstellung *EXPO2000* arbeitet die Stadtverwaltung intensiv an einer menschenmaßstäblicheren Innenstadt. Initialzündung in der Innenstadt war die Modernisierung des Hauptbahnhofs und seines Ernst-August-Platzes: Aus einer Verkehrsfläche wurde wieder ein Stadtplatz als attraktive Visitenkarte der Stadt. Verkehre wurden reduziert und Flächen zugunsten der Fußgänger umverteilt. Weitere Projekte zogen sich durch die Innenstadt Richtung Süden: Der Rückbau des betonstrotzenden Kröpckehochhauses, die Schließung eines großen Loches mitten am zentralen Kröpcke, die Erneuerung der Bahnhofstraße und des Platzes der Weltausstellung brachten neue Flanierqualitäten in die City.

Mit dem Rückbau einer Hochstraße am Aegidientorplatz, neuen Grünflächen, Baumalleen, mehr Raum für Radfahrer und Fußgänger fanden auch schon erste Änderungen am Cityring und seinen überdimensionierten Verkehrsflächen statt. Ein kooperativer Workshop zum Opernplatz brachte neue gartenkulturelle Aufwertungen mitten ins Zentrum. Überall gingen bereits deutliche Reduzierungen von Parkplätzen und Fahrspuren einher.

Im Innenstadtdialogprozess *HannoverCity2020+* (Stadtbaurat Uwe Bodemann) wurden auf Basis eines breiten fachlichen und öffentlichen Diskurses Interventionsorte definiert, die in den letzten Jahren qualitativ hochwertig, meist über Wettbewerbsverfahren, umgestaltet wurden: die Altstadtkante am Hohen Ufer, der Rathausvorplatz Trammplatz, die Goseriede, der Marstallplatz, der Köbelinger Markt. Dabei ging es gleichermaßen um eine Qualifizierung von öffentlichen Räumen in Verbindung mit zum Teil deutlichen neuen baulichen Akzenten.

[1]

[2]

Viele Leerstellen (als Folge der Kriegszerstörungen) verschwanden wie zum Beispiel am Marstall oder wurden neu formuliert (Beispiel Klagesmarkt mit neuer Wohnbebauung nach Abriss eines Bunkers).

Der aktuelle Innenstadtdialog (Stadtbaurat Thomas Vielhaber) greift diese Ansätze auf und entwickelt sie nun noch deutlich weiter. Die städtebaulichen Besonderheiten Hannovers sollen zukünftig stärker zur Geltung gebracht werden: die mittelalterliche Altstadt, die klassizistische Ernst-August-Stadt, die Grün- und Parklandschaften und der Cityring der Moderne. Bislang wurden diese Bereiche leider viel zu sehr durch eine übermächtige Verkehrsinfrastruktur dominiert und nivelliert.

Zukünftig sollen Straßen, Gassen und Plätze der Altstadt noch deutlicher in Raumwirkung, Ausstattungen und Materialität unterscheidbar werden von den geradlinigen Achsen und Geometrieplätzen des

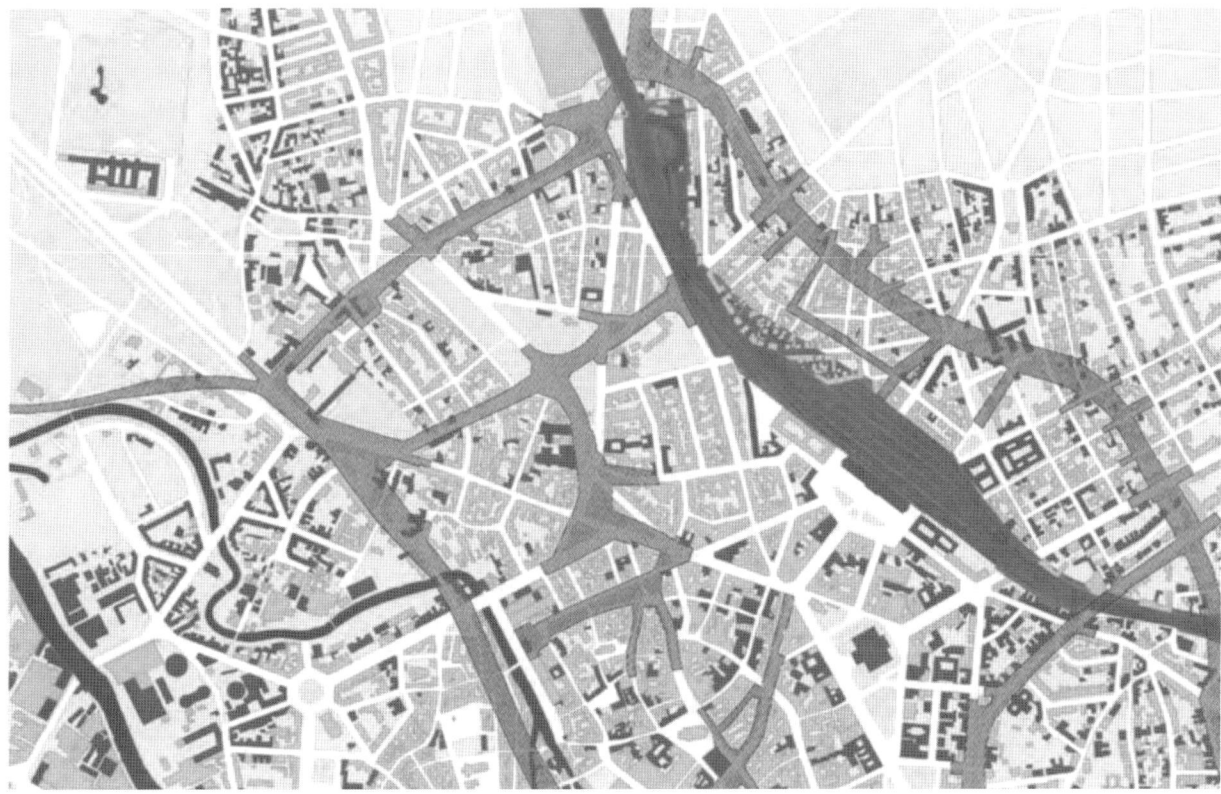

[3]

klassizistischen Hofbaumeisters Laves. Die Erweiterung von Parkanlagen wird derzeit geprüft durch einen möglichen (Teil-) Rückbau von Verkehrsinfrastruktur (Beispiel Culemannstraße). Die Stadt soll – nicht zuletzt aus stadtklimatischen Gründen – grüner, blauer, schattiger werden. Anhand von Pilotprojekten sollen Schwammstadt-Prinzipien Einzug halten auch in hochurbane Straßenzüge, die neben ihrem stadthistorischen Anspruch auch noch kulturelle Highlights setzen werden. Insgesamt geht auch in Hannover der Trend hin zu multifunktionalen und multicodierten Räumen anstelle von Mono- und reiner Verkehrsfunktion.

Im aktuellen Innenstadtdialog (2021ff) und im zentral gelegenen »Zwischenraum Kaufhof« in einem ehemaligen Kaufhausgebäude (2023f) diskutieren Stadtgesellschaft, Politik, Verwaltung, Fachleute und Hochschulen die Zukunft der Stadt. Ergebnis ist ein interdisziplinäres, integriertes Innenstadtkonzept, das die Vielfalt der Ziele definiert. Es enthält klare Visionen für eine autoarme, klimagerechte Stadt, eine kulturell aktive und profilierte Stadt, eine gerechte und soziale Stadt und so weiter.

Aktuell wird ein neues Verkehrskonzept für die Innenstadt abgestimmt, das im Herbst 2023 in die politische und damit öffentliche Diskussion gehen wird: Es geht um nicht weniger als eine kraftvolle Neuordnung der Innenstadtverkehre hin zu mehr Qualitäten für Fußgänger und Radfahrer, dabei bei bester Erreichbarkeit mit ÖPNV und auch IV. Es geht im politischen Kern um die autofreie Innenstadt! Dies stellt das bisherige Bild von Hannover als autogerechter Stadt auf den Kopf!

Anhand von gut verständlichen Visualisierungen unserer Vorentwürfe in Vorher-Nachher-Darstellungen

[4]

[5]

versuchen wir, Interesse und eine möglichst breite Akzeptanz für diese Ziele zu schaffen und dabei die Vielschichtigkeit der Themen abzubilden.

Am Beispiel der Prinzenstraße kann man die Überlagerung von stadtgestalterischen Zielen, grünblauem Wassermanagement und kulturellen Interventionen (Klangkörper-Installation) verdeutlichen. Hier soll anstelle eines heute öden Straßenraums ein baumgesäumter, gut ausgestatteter Stadtraum mit einer besonderen Kunstinstallation entstehen, der vor allem Fußgängern und Radfahrern zum Flanieren und Bewegen frei steht. Durch neue Bäume, Fassadengrün und unterirdische, teils smart gesteuerte Regenwassersammelsysteme wird der Raum auch ökologisch eine ganz neue Funktion übernehmen. Für das anliegende Schauspielhaus dient der Stadtraum zukünftig noch häufiger als Fest- und Kulturraum, der räumlich und technisch bestmöglich ausgestattet werden soll.

Über eine Vielzahl von Beteiligungsformaten bringen wir das Thema in die Öffentlichkeit: Vorträge, Führungen, Umfragen, Interviews, Experimentierräume mit temporären Installationen sollen den Mehrwert der Veränderungen illustrieren. Alle sollen sich ein Bild machen können und überzeugt werden. Wir brauchen also weiter Mut, Ausdauer, Überzeugungswille im politischen Prozess und nicht zuletzt auch die Bereitstellung finanzieller und personeller Ressourcen. Wir versuchen, möglichst geeignete Förderprogramme in Anspruch zu nehmen und verantwortungsvoll zu planen. Wir hoffen dabei auf flexiblere Förderrichtlinien für den öffentlichen Raum, die weniger standardisiert sind. Insgesamt könnten mehr Entscheidungskompetenzen bei den Kommunen liegen. Hier sollte der Gesetzgeber flexiblere Grundlagen schaffen. Auch die StVO sollte mehr Spielräume gerade für die so wichtigen Verkehrsversuche und Experimentierräume bieten, um bürger- und dialogfreundlicher zu werden.

Unser Ziel ist es, in wenigen Jahren das innere Bild der hannoverschen City positiv zu verändern hin zu einer maßstäblichen, schönen, grünen, erlebnisreichen Stadt. Dann wird bei immer mehr Menschen das Bewusstsein für Hannover als lebenswerte, menschenmaßstäbliche und schöne Stadt wachsen.

»Mitte neu denken – Das Innenstadtkonzept 2035«:
https://www.hannover.de/Service/Presse-Medien/
Landeshauptstadt-Hannover/Meldungsarchiv-f%C3%BCr-das
Jahr-2022/Eine-Br%C3%BCcke-in-die-Zukunft-
Innenstadtkonzept-liegt-vor

Podiumsdiskussion
»Die Stadtstraße – von der Erschließung zur Gestaltung von Raum«

Reiner Nagel – Moderation

Lydia Haack
Christoph Ingenhoven
Hilmar von Lojewski
Boris Schade-Bünsow
Jörn Walter

Boris Schade-Bünsow, Hilmar von Lojewski, Lydia Haack, Christoph Ingenhoven, Jörn Walter, Reiner Nagel

Nagel Herzlich willkommen zur abschließenden Diskussion »Die Stadtstraße – von der Erschließung zur Gestaltung von Raum«. Es ist ja heute schon einiges durcheinandergegangen. Die vorhin als Beispiel genannte Pariser Champs-Élysées ist natürlich keine Stadtstraße. Es geht hier um innerörtliche Straßen, die von Bebauungen begleitet werden, Erschließungsfunktionen haben und von Fußgängern, Radfahrern, Autos und öffentlichem Nahverkehr vielschichtig genutzt werden. Wir haben schon über Hamburg gesprochen. Der Hamburger Oberbaudirektor Fritz Schumacher hat vor 100 Jahren gesagt:

Städtebau ist Art und Maß der Nutzung und deren Erschließung – also geht es bei der Stadtstraße um Aufenthalts- und Erschließungsfunktion.

Jörn Walter, du hast ja in beiden Welten dieses Erschließungsthemas und auch des Städtebaus in Hamburg gearbeitet. Ich glaube, als du in Hamburg als Oberbaudirektor anfingst, wurden Stadtentwicklung und Verkehr gerade fusioniert und dann sind sie nach zehn Jahren doch wieder auseinandergegangen. Hat sich da in den letzten Jahren etwas zum Positiven verändert, was die Zusammenarbeit der Disziplinen betrifft oder eher nicht?

Walter Hier so, dort so. Es ist nicht überall gleich in den Städten. Und ich kann nur die These allgemein unterschreiben: Die Verkehrsplanung gehört in die Stadtplanung hinein! Das ist nur in wenigen Städten so der Fall. In Hamburg hat die Integration im Jahr 2001 zu einer spürbaren Verbesserung auf der Arbeitsebene geführt, die sich nach der erneuten Trennung im Jahr 2011 Schritt für Schritt wieder aufgelöst hat.

Boris Schade-Bünsow, Hilmar von Lojewski, Lydia Haack, Christoph Ingenhoven, Jörn Walter

Da spielt in den großen Städten das politische Spiel bei jeder Senatsbildung zwischen den Koalitionsparteien eine Rolle. Aber es ist klar: Immer dann, wenn die Verkehrsplanung isoliert ist, ist das latent ein Problem. Und ganz ehrlich gesagt sind Leute wie Herr Holzapfel und Herr Rothfuchs die Ausnahme in der Profession der Verkehrsplaner und Bauingenieure. Da müssen wir uns ja auch nichts vormachen. Da gibt es wenige. Das ist nicht das Bild des klassischen Verkehrsplaners und Bauingenieurs, mit dem wir hier heute konfrontiert sind. Die haben anderes im Kopf und haben auch andere Ziele.

Ich glaube allerdings, dass die Gesellschaft in dieser Frage im Moment im Wandel ist. Da tut sich schon einiges in den Diskussionen. Andererseits aber ist das für unsere Generation im Moment eine Chance, wie ich sie jedenfalls in meinem ganzen Berufsleben in den letzten 40 Jahren so nicht erlebt habe. Es gibt vor dem Hintergrund Klimawandel, Mobilitätswende, CO_2 usw. schon eine gewisse Bereitschaft zur Veränderung. Es wächst eine gewisse Einsicht in der Bevölkerung, dass es so nicht weiter geht und wir etwas tun müssen. Es gibt eine größere Bereitschaft, über die Verteilung des Verkehrsraumes zu reden. Es gibt eine größere Bereitschaft, über die Begrünung der Städte zu reden. Das hat sich geändert und das müssen wir nutzen!

Nagel Das machen wir auch beim Thema der Baukultur, das nicht nur ein gesellschaftliches Anliegen ist, sondern auch standortpolitisch wirkt. Bleiben wir mal in Düsseldorf, der Stadt dieser Tagung. Ich bin gerade noch mal am KÖ-Bogen vorbei geradelt. Steht gut da, alles grün und am Fuß des grünen Hanges ist jetzt eine Sondernutzungszone für die Gastronomie geöffnet worden. Aber als der sogenannte Tausendfüßler da weggenommen worden ist, der als Kind der autogerechten Stadt schon wieder Symbolcharakter hatte, ist hier kein neues Stadtstraßenkonzept entstanden. Stattdessen gibt es nun einen fließenden öffentlichen Raum, in den die Solitäre Dreischeibenhaus, Schauspielhaus, KÖ-Bogen II oder auch KÖ-Bogen I integriert wurden. Wie siehst du das, Christoph Ingenhoven? Können Solitäre in Stadtstraßen integriert werden oder braucht es eher auch beides: Fließende Räume und Stadtstraßen? Was ist das Zukunftsmodell?

Ingenhoven Darauf gibt es nicht die eine Antwort. An der Stelle hätte man es sicher völlig falsch gemacht, wenn man Blöcke gebaut und Stadtstraßen im klassischen Sinne entwickelt hätte. Das ist vergleichbar mit dem Beispiel, das wir eben gesehen haben. Solche Räume lassen sich nicht ohne weiteres in irgendeine historische Situation zurückführen. Der Zustand muss überwunden werden und beim Überwinden sollte fast jedes Mittel recht sein. An dieser spezifischen Stelle ist es so, dass es mit der Schadowstraße einen klar definierten und artikulierten Straßenraum gibt. Und es gibt Solitäre, die miteinander in eine sinnvolle Beziehung gebracht werden mussten. Wir haben uns herausgenommen, das in der jetzigen Form zu machen. Ich nenne das »Flexible Response«, dabei ist das Wichtige die Überwindung. Ich bin schon optimistisch, was das anbelangt. Ich glaube, dass man bereit und in der Lage ist, all diese zur Überwindung erforderlichen Maßnahmen zu ergreifen. Diese wurden alle bereits erwähnt, ich will das nicht wiederholen. Das Wichtigste ist für mich, dass wir das, was wir als schlecht erkannt haben, nicht im großen Stile weiterbetreiben oder gar reproduzieren. Das findet aber immer noch statt. Wenn man Deutschland mit einer Sonde überfliegen würde, die immer piepst, wenn das passiert, was wir alle nicht wollen, dann würde sie heftig piepsen.

Vermeiden ist eine Qualität, die man dem grünen Bauen zumisst – das sollte auch oberste Tugend in der Verkehrsplanung sein. Zuerst einmal vermeiden und an gewissen Stellen gar nicht weitermachen. Wir werden die Verkehre, die wir meinen zu brauchen, nie bewältigen. Wir müssen einen Rahmen definieren und klarstellen: Mehr nicht. Darin muss sich der Verkehr wiederfinden. Ich warne auch davor, immer neue Feindbilder zu artikulieren. Eben war beispielsweise von Konflikten mit Fahrradfahrern die Rede.

Ich glaube, wir befinden uns in einer Experimentalphase und ich würde sehr darauf achten, dass wir nicht glauben, heute endgültige Lösungen für alle Probleme parat zu haben. Es ist gut, eine Fläche wie die gerade besprochene zu nehmen und mit einfachen, reversiblen Mitteln, mit Farbe und Pinsel, zu versuchen, eine zeitgemäße, praktikable Ordnung zu entwerfen und diese dann auszuprobieren und weiterzuentwickeln.

Wir werden ohnehin in den kommenden Jahren in einer konjunkturellen Situation sein, in der wir uns sehr viel weniger leisten können, als wir geglaubt haben. Das Thema *Avoiding* heißt ja auch an der Stelle nicht den nächsten Fehler zu bauen, sondern zu versuchen mit der Situation umzugehen, im Bestand etwas auszuprobieren, zu experimentieren. Darauf aufbauend kann man Schritt für Schritt eine Lösung umsetzen, die finanziell vernünftig und verkehrlich gut ist.

In den vergangenen 40, 50 Jahren sind so viele Säue durchs Dorf getrieben worden. Und das ist alles von intelligenten Menschen politisch entschieden worden. Das, was beispielsweise im Bereich des KÖ-Bogens in Düsseldorf war, ist alles auf demokratischem Wege beschlossen worden. Ich glaube, wir müssen uns davor hüten, zu glauben, wir wären schlauer als vorangegangene Generationen. Auch wir müssen uns ausprobieren, wie diese zuvor.

Nagel Die Realität sieht dann ein bisschen so aus wie eine Mischung aus Politik und Regelwerk. Ich bin auch gar nicht sicher, ob sich heute wirklich alle einig sind, dass wir das Richtige wollen. Ich weite mal den Blick. Lydia Haack, die Bayerische Architektenkammer hat ja in Bayern am Landesentwicklungsprogramm mitgewirkt. Die Absicht der bayerischen Staatsregierung bestand darin, dass man an Autobahnkreuzen systematisch siedeln kann. Das bedeutet, dass man dort Gewerbegebiete neuen Typs entwickelt und dass der Anbindungszwang aufgehoben wird. Man braucht nicht mehr eine Stadtstraße und eine Ortslage, die man erschließen kann, sondern man kann auch da, wo Durchgangsverkehr vorhanden ist, direkt erschließen und besiedeln. In gewisser Weise kontraproduktiv zum § 35 BauGB, der ja ausschlaggebend für unser immer noch vergleichsweise geordnetes Siedlungsbild in Deutschland ist. Wie sieht das Lydia Haack? Ist der Widerstand der Kammer gegen diese Entwicklung erfolgreich?

Haack Generell muss ich erst einmal sagen, dass ich die Grundstimmung, dass wir was verändern müssen, teile, weil die Probleme so groß sind. Das Landesentwicklungsprogramm, auf das du ansprichst, ist ja eigentlich nichts anderes als eine Verteilung von Flächen und Nutzungen. Flächenversiegelung ist eins der Probleme, mit denen wir konfrontiert werden. Ich glaube, das Schwierige an der Situation ist, dass wir einerseits die Möglichkeit bekommen müssen, kurzfristig Dinge umzusetzen, die uns helfen. Also das sind die Schauprojekte, die dann zeigen: Wir schaffen das. Andererseits ist das auch eine Falle, in die man tappen kann, weil wir ja langfristig nicht nur in der einzelnen Straße planen, sondern uns die ganze Bühne von Stadt, Land und der Landesentwicklung insgesamt anschauen müssen. Natürlich ist es sinnvoll, an den Orten zu planen und zu bauen wo die Infrastruktur schon da ist. Viel wichtiger aber wäre die Planung zum Verkehr, der jetzt in diesen Straßenräumen vorherrscht.

Egal welche Beispiele wir heute gesehen haben, bei jedem kann man sich streiten, welcher der richtige Weg ist – alle haben das gezeigt.

Ich muss da jetzt noch einen Schwenk machen, denn ich glaube, die Zeit, in der wir uns auseinanderdividieren lassen, ist vorbei. Es geht nicht mehr darum, was der Stadtplaner jetzt macht oder ob der Verkehrsplaner ein »Feind« der Baukultur ist. Ich glaube, wir müssen zeigen, dass wir fachlich vernetzt miteinander arbeiten und planen können. Die Vielzahl der Lösungen werden wir sowieso nur finden, wenn wir miteinander arbeiten. Genau das ist das Spannende an dem Thema *Straße*, denn da liegt alles drin: Die Infrastruktur, die Freiräume sowie die Vermittlung zwischen Wohnraum im Gebäude und außen. Das hat ja auch etwas mit dem Druck auf die Städte zu tun. Wenn ich weniger Wohnraum bzw. mehr Dichte im Gebäude habe, dann muss ich im Außenraum etwas anderes bieten. Das ist ein sehr spannendes Thema, aber wir müssen es eben auch auf dieser komplexen Ebene sehen. Wir müssen über Strukturen reden, die sich ändern müssen, damit wir an der richtigen Stelle auch das Richtige tun. Da gibt es eine Vielzahl von unterschiedlichen Möglichkeiten, die natürlich immer ortsgebunden zu planen sind. Es ist eben individuell. Das ist für Politik ganz schwierig zu verstehen, dass es eine intensive fachliche Planung braucht sowie einen Diskurs und Vorlauf. Die Politik will aber schnelle Ergebnisse erzielen. Das ist das Spannungsfeld, in dem wir uns gerade befinden.

Nagel Hilmar von Lojewski, ich bin ja auch Gast im Ausschuss des Deutschen Städtetages. Da ist eigentlich nicht sehr häufig von der Gestaltungskonsequenz technischer Rahmenbedingungen und Regelwerke die Rede. Es geht schon um Produktionsbedingungen der Stadtentwicklung, aber nicht so sehr bei der Verkehrsplanung. Wenn die EAE, seit 2006 durch die Richtlinie für die Anlage von Stadtstraßen (RASt) ersetzt, dann Thema ist,

Boris Schade-Bünsow, Hilmar von Lojewski, Lydia Haack

dann wird nicht so sehr im Kontext des Städtebaus diskutiert. Es geht vielmehr um Flächenaufteilungssysteme. Man könnte doch aber Raum und Straße zusammendenken. Wäre das nicht ein tolles Thema für den Deutschen Städtetag?

von Lojewski Da sind wir mittendrin. Natürlich wird auch über technische Themen geredet. Wir hatten bei der letzten Sitzung des Bau- und Verkehrsausschusses des Deutschen Städtetages tatsächlich auch einen Tag lang den Verkehr als Thema. Wir haben von einem der Mitglieder bei der heute Mittag gezeigten FGSV, der Forschungsgesellschaft für Straßen- und Verkehrswesen, einen sehr intensiven Vortrag bekommen, wie flexibel die Kollegen und Kolleginnen inzwischen geworden sind. Es gibt eine neue Handreichung, die auch *E* sagt. Das heißt tatsächlich *Experiment*, *Energie* oder

Erproben. Es ist durchaus eindrucksvoll, dass die ganzen Richtlinien, die wir in unserem Raumplanungsstudium mal inkorporiert haben, heute alle zur Empfehlung mutiert sind. Das öffnet genau den Raum, den wir vorhin andiskutiert haben, gemeinsam zu Lösungen zu kommen. Wir begreifen uns als die großen Integrierer. Das sind wir natürlich auch, weil wir das alleine gar nicht können.

Noch eine triviale Antwort: Ich habe mir im Studium mal im Straßen- und Tiefbau etwas dazu verdient und seitdem weiß ich, wie aufwendig das ist, Eckhart. Es gibt leider keine kostengünstigen Lösungen. Klar gibt es immer noch Fragen bezüglich des Aufbaus und des Unterbaus der Straßen. Ich habe da noch keine billigen und schnellen Lösungen gefunden. Leider auch trivial: Da ist der Farbeimer der richtige Weg, um kostengünstig

Christoph Ingenhoven, Jörn Walter

auszuprobieren. Gerne möchte ich noch eine Lanze für die Verkehrsplaner und -planerinnen brechen. Die größte Fachkommission im Deutschen Städtetag ist die Verkehrsplanung. Das sind mehr als im Bau- und Verkehrsausschuss selbst. Das sind über 60 Kolleginnen und Kollegen aus Deutschland, Österreich, der Schweiz, Luxemburg und den Niederlanden. Die sind quasi eine Akademie im Städtetag. Dort finde ich nur mit Lupe Kolleginnen und Kollegen, die noch *hardcore* technische Planung machen. Die sind alle im partizipativen Bereich unterwegs. Die sind alle inzwischen politisiert. Die können sogar schon politische Papiere schreiben. Die wissen alle um die Relevanz ihrer Investition, weil sie nun einmal dauerhafter angelegt sind. Deshalb sind wir gut beraten – da bin ich bei Herrn Ingenhoven – nicht unbedingt jetzt eine endgültige Lösung zu bieten. Endgültige Lösungen kosten eben pro Quadratmeter

viel Geld. Stattdessen sollten wir tatsächlich etwas ausprobieren und Innovationen generieren, die wiederum in das Regelwerk rückwirken.

Hören Sie sich mal an, was der Präsident des Deutschen Städtetages zur Mobilität in der Stadt sagt. Das ist der CDU-Oberbürgermeister von Münster, Markus Lewe, den ich heute Mittag mit dem Grußwort vertreten durfte. Das, was er sagt, ist vor drei bis fünf Jahren noch pure grüne Verkehrspolitik gewesen – Neuaufteilung der Verkehrsräume, Reduzierung des innerstädtischen Autoverkehrs, stadtverträgliche Geschwindigkeiten. Heute und im Falle unseres Präsidenten schon seit vielen Jahren, sagt es auch der CDU-Bürgermeister. Schauen Sie sich an, was wir zur Verkehrs- und Mobilitätswende in der Stadt an Beschlüssen herbeigeführt haben. Das sind Allparteienbeschlüsse.

135

Boris Schade-Bünsow, Hilmar von Lojewski, Lydia Haack, Christoph Ingenhoven, Jörn Walter

Da kann man in jeder Stadt sagen: Da hat doch der Städtetag schon einmal beschlossen in einem Allparteienbeschluss. Vielleicht müssen wir darüber gar nicht mehr diskutieren, sondern es »einfach« – und wir wissen alle miteinander, dass es alles andere als einfach ist – machen.

Nagel Also verändert sich etwas. Der Transformationsprozess läuft. Ich wusste nicht, dass die Regelwerke RASt usw. nur Empfehlungen sind, die im Zweifel nicht beachtet werden müssen. Auch hier braucht es also Vorbilder und gute Beispiele. Die Bauwelt wird wahrscheinlich nicht viel über die Stadtstraße berichten. Aber vielleicht tut es die StadtBauwelt im Zusammenhang mit Verkehrsentwicklungen. Sie ist international unterwegs. Boris Schade-Bünsow, kann man sich vielleicht hier vor dem inneren Auge ein, zwei hervorragende Projekte vorstellen, wo Stadtstraßen international gut umgebaut wurden?

Schade-Bünsow Das kann man. Ich habe zwei Projekte im Blick. Aber als ich mich mit dieser Konferenz beschäftigt habe und das Papier von Wolfgang Sonne und Christoph Mäckler gelesen habe, habe ich mich gefragt: Was ist so eine Stadtstraße eigentlich? Ich hatte etwas vor Augen, und dann habe ich anhand der Beispiele bemerkt, dass ich mir den Maßstab anders vorstellte. Für mich ist eine Stadtstraße eine Innerortsstraße, die Quartiere oder Siedlungen an Außerortsstraßen oder größere Magistralen anbindet, aber in Wirklichkeit keinen Durchgangsverkehr hat. Es ist kein Boulevard, es ist keine Einfallstraße, keine Ausfallstraße und es ist erst recht keine Autobahn, die zufällig durch die Stadt führt.

Als ich dann die Fotos von Herrn Meisse gesehen habe, war ich ganz beruhigt und habe gedacht: Okay, das Problem müssten wir eigentlich lösen können. Die Beispiele, die wir gesehen haben, selbst wenn wir die lösen, sind doch privilegierte Räume. Dort leben Menschen aus der Mitte der Gesellschaft. Man kann dort den öffentlichen Raum ohne kommerzielle Nutzung eigentlich kaum genießen. Man muss irgendetwas kaufen, in ein Café gehen oder Ähnliches. Was wäre, wenn es gelänge, die Orte, die Fotograf Meisse zeigt, so zu gestalten, dass sie Orte einer potenziellen Begegnung ohne Kommerzialisierung wären, die informelle Begegnungen der Menschen, die dort wohnen, erlauben? Dann ist viel gewonnen. Die Gestaltung des Stadtraumes ist dort nicht besonders aufwändig. Dort fahren keine Straßenbahnen oder U-Bahnen. Das hatte ich mir ein bisschen erhofft von dieser Konferenz: Die handwerkliche Lösung für den ganz kleinen Maßstab.

Aber du, Reiner, hast nach zwei internationalen Beispielen gefragt und die sind leider auch in diesem großen Maßstab. Wir haben vor knapp zwei Jahren eine *StadtBauwelt* zur Straße gemacht, zwei Beispiele daraus möchte ich hier nicht nur wegen der Beispiele, sondern wegen der Macher einmal zeigen: Zum einen die Market Street in San Francisco. Die ist ungefähr acht Kilometer lang. In San Francisco fährt keiner gerne Fahrrad. Wir haben die Bilder der Straßen von San Francisco vor Augen. Ein Raster auf einer Stadt, die auf Hügeln erbaut ist, macht es recht anstrengend, dort Fahrrad zu fahren. Aber die Market Street geht einfach schnurgerade genau da durch. Sie war vormals eine Hauptverkehrsachse und ist dann umgebaut worden. Heute gibt es überhaupt keinen privaten, motorisierten Verkehr mehr, sondern nur noch öffentlichen Verkehr. 2015 fand in der Market Street ein *Prototyping-Festival* statt. Ein Festival, bei dem Bürger Prototypen bauten, die dort überall ausgestellt wurden. Gehl Architects haben das Ganze vorangetrieben und organisiert. Jetzt im Moment ist diese Straße einer der öffentlichsten und beliebtesten Punkte in San Francisco. Trotz des großen Maßstabes funktioniert das auch mit einer nicht kommerziellen Nutzung. Eine halbe Million Menschen nutzen dieses Angebot täglich.

Christoph Mäckler hat heute völlig zurecht gesagt: Stadtplanung und Architektur gehören zusammen. Bei Gehl Architects gibt es heute drei Stellenausschreibungen auf der Homepage. Die suchen eine Stelle, wie man es für ein Stadtplanungsbüro erwartet und zwei *undefined applications*. Die wissen nicht, wen sie da bekommen. Die interessieren sich nur für ein interdisziplinäres Team aus sehr vielen Professionen und Fähigkeiten. Ich glaube, das ist das Beispielgebende, die Interdisziplinarität in der Architektur und Stadtplanung.

Das andere Beispiel ist die Coolsingel in Rotterdam. Das hat nichts mit cool zu tun, obwohl es, glaube ich relativ cool dort ist. Cool ist ein Stadtteil von Rotterdam und Singel ist ein Wort für Gracht oder Graben. Dort fließt heute allerdings kein Wasser mehr. Es ist eine Hauptverkehrsstraße, die früher vierspurig war, jetzt zweispurig geworden ist und enthierarchisiert wurde. Der Autoverkehr hat nicht mehr automatisch Vorrang. Dort finden relativ viele Happenings statt und es ist zum Place-To-Be für Einwohner und Rotterdam-Touristen gleichermaßen geworden. Das wurde von West 8 geplant, ebenfalls ein interdisziplinäres Büro. Auch West 8 suchen genauso nach unendlich vielen verschiedenen, unterschiedlich ausgebildeten Kolleginnen und Kollegen, die mit ihnen zusammen solche Projekte planen und umsetzen. Ich glaube, davon sollten wir lernen. Deswegen habe ich diese beiden Beispiele genannt.

Nagel Christoph Ingenhoven, es geht ja offensichtlich nicht nur um das, was wir in die Straßen bauen, also Bäume, Fahrradständer, Schaltkästen etc., sondern auch um das *Wie*. Ich habe gerade in der Pause noch einmal mit Jörn Walter weitergesprochen, der gesagt hat, eigentlich ist Singapur ein Vorbild.

Da findet alles, was im öffentlichen Raum stattfindet, vorbildlich statt und begrünt. Kannst du das bestätigen? Du baust ja viel in Singapur. Würdest du sagen, da gibt es ein paar Ideen, die wir uns abgucken könnten?

Ingenhoven Nun ja, da gibt es viel Interessantes zu beobachten und zu lernen. In Singapur ist man sicher weiter, als wir vor einiger Zeit noch gedacht hatten. Das kann man dort live erleben und man sollte sich mit den Menschen über deren Erfahrungen dort austauschen. Eine Sache, die vielleicht im Kontext unseres Gesprächs besonders heraussticht: Die URA (Urban Redevelopment Authority) ist vor Ort der eine Player. So werden Fragen nach Verkehr- und Stadtplanung, Grundstücksvergabe, wer sie verkauft und wer die Wettbewerbe organisiert, sehr einfach geklärt. Das ist eine Institution, die alle diese Themen koordiniert und umsetzt. Das wäre ein Vorbild für deutsche Städte, denn ich glaube, wir verlieren zu viel Energie aufgrund mangelnder Koordination unterschiedlicher Akteure, die ja eigentlich gar nicht stattfinden müsste. Aber irgendjemand maßt sich an, diese mit sehr viel Aufwand, sehr viel Arbeit und sehr viel Verlust an Zeit, Geld und Qualität stattfinden zu lassen.

Ansonsten könnte man Fragen stellen, wie zum Beispiel: Ist Autofahren in Singapur so teuer, dass es aus diesem Grund einfach weniger Fahrzeuge gibt? Die Steuern auf Autos sind immens. Wir sprechen davon, dass die Anschaffung und der entsprechende Steuersatz drei- bis viermal so viel kostet wie in Deutschland. Allein dadurch gibt es weniger private Fahrzeuge. Tokio ist ebenfalls ein gutes Beispiel. Wir diskutieren die ganze Zeit über Parken in Städten. Ich habe vor einigen Jahren in Düsseldorf-Oberkassel gelebt, ein bekannter und beliebter Stadtteil. Dort kommen Sie mit einem Kinderwagen oft nicht vom Bürgersteig auf die Straße. Du kommst da nicht runter! Du möchtest irgendwann ein Auto wegtreten, nur um die Straße queren zu können. In Tokio ist es so, dass ein privater Pkw nur dann zugelassen wird, wenn es einen privaten Parkplatz dafür gibt. Es gibt dort kein Parken in der öffentlichen Straße. Es ist eine Anmaßung zu glauben, dass der öffentliche Raum zum Parken da wäre. Sie müssen sich vorstellen, wie Städte ohne parkende Autos aussähen. Was für eine Qualität das wäre. Man denkt immer: Das geht nicht. Aber dort wird es gemacht und eiskalt durchgesetzt.

Haack Also darüber kann man auf alle Fälle reden: Wie viel Privatverkehr gehört in die Städte? Aber wo wir nicht naiv sein sollten, ist natürlich das, was wir auf alle Fälle brauchen. Das wissen wir alle als Planerinnen und Planer: Wir brauchen die Feuerwehr, wir brauchen Krankenwagen und wir haben eine Gesellschaft, die immer älter wird. Deswegen, glaube ich, ist es einfach wichtig, über diese komplexe Multicodierung der Straßen nachzudenken, auch vor dem Hintergrund, was so im Tagesverlauf passiert. Aber das kriegen wir alles hin.

Ein Problem haben wir schon noch in der Gesellschaft, dass ich sehr deutlich empfinde. Alle reden über Suffizienz, aber keiner tut es. Jeder will die belebte Stadt, aber mag keinen Lärm vor der Haustür. Ich glaube, wenn wir Straßenräume anders nutzen wollen, dann müssen wir auch darüber nachdenken, dass das mit Lärm oder Geräuschen einhergeht. Dann müssen wir auch Regelungen finden, wie so etwas möglich ist, damit Mehrfachnutzung zum Tragen kommt. Da sind wir an dem Spannungsfeld, das vorher schon genannt worden ist: Mal ist ein Verbot hilfreich, weil ich eins brauche, damit nicht überall gefahren wird, aber auf der anderen Seite braucht es auch eine gewisse Freiheit, sodass ich etwas nutzen kann. All diese Dinge müssen in der Stadtgesellschaft mitgedacht werden. Das ist der Punkt, der vorher auch schon angeklungen ist: Wie geht das? Wie sind diese Prozesse organisiert, sodass die Bevölkerung letztendlich auch mitmacht? Da haben wir, glaube ich, noch eine ganze Menge zu tun. Es bremst der Egoismus des Einzelnen, der zwar gerne alles haben will, auch den Supermarkt, aber nicht den Lärm, der damit verbunden ist.

Ingenhoven Wir werden nie jeden Einzelnen mitnehmen können!

Haack Nein, den werden wir nicht mitnehmen, aber wir können die planerischen Voraussetzungen dafür ändern. Wir können uns unsere TA-Lärm anschauen oder unsere Normen und Regeln mal ändern, damit auch Mischnutzungen oder solche Prozesse möglich sind. Ich glaube, das müssen wir machen.

Ingenhoven Klar, aber wir haben die Erfahrung gemacht, dass diese Prozesse viel zu lange dauern. Herr von Lojewski hat eben stolz berichtet, dass ein CDU-Bürgermeister etwas tut, was vor 50 Jahren nur die Grünen getan hätten. Aber wir hätten uns alle gewünscht, dass vor 40 Jahren irgendjemand umgeschaltet hätte. Ich glaube, wir müssen darüber nachdenken, wie wir erreichen, dass es schneller geht. Wir haben weder die Zeit noch die Geduld. Man möchte das auch noch erleben.

Schade-Bünsow Aber das schafft ihr natürlich durch gute Beispiele. Guck dir doch mal die Projekte an, die ich eben erwähnt habe, oder auch die Highline in New York. All diese haben natürlich ein riesiges Gentrifizierungsproblem. Aber Gentrifizierungsproblem heißt auf der anderen Seite natürlich auch: Das ist wahnsinnig attraktiv. Das ist das, was wir erzeugen müssen, im großen und kleinen Maßstab. Die Verdrängung durch Gentrifizierung muss dann der Mietspiegel oder was auch immer verhindern.

Nagel Ich will mal ein Thema einführen, über das wir heute noch nicht geredet haben. Vor 70 Jahren, 1953, gab es die ersten Fußgängerstraßen in Deutschland. Wir werden noch eine Veranstaltung dazu machen: »70 Jahre Fußgängerstraßen«. In Kassel gab es die erste, in Kiel die zweite. Teile der Schulstraße in Stuttgart waren die dritte. Jetzt leiden die ja unter Handelsbesatz usw. und wir brauchen neue Ideenvielfalt und Nachhaltigkeit in den Innenstädten. Welche Prognose macht ihr denn zum Thema Fußgängerzone? Müssen wir die nicht umbauen, zurückbauen, teilweise wieder für Verkehr öffnen? Die Fußgängerzonen sind ja heute nicht die lebendigsten Teile der Stadt.

von Lojewski Wir haben schon einander zugeraunt, als es in einem der Vorträge vorhin hieß, dass man die Fußgängerzonen nicht zurückbauen wird. Ich glaube, Tim von Winning hat das für Ulm gesagt. Ich glaube schon, dass es Teil-Transformationen geben wird mit *Shared Spaces*. Aber das ist vielleicht nicht unser dringlichstes Problem. Das dringlichste Problem, das hat Christoph Ingenhoven zutreffend charakterisiert, ist, dass die Diffusionszeit in unserem Land aufgrund der Persistenz allen Denkens, womöglich auch der föderalen Struktur und der manchmal auch sich selbst blockierenden lokalen Demokratie mit circa 30 bis 35 Jahren schlichtweg viel zu lang ist. Wir haben teilweise ein Déjà-vu zu dem, was wir im Studium gesehen haben. Zumindest die interdisziplinär ausgebildeten Raumplanerinnen und Raumplaner haben diese Themen in den 1980er Jahren alle schon einmal auf dem Tisch gehabt.

Die Sehnsucht nach einer Urban Development Authority wie in Singapur, die ist natürlich allgegenwärtig. Das hören wir immer wieder. Je älter wir werden, desto größer wird offenbar die Sehnsucht, da uns die Zeit davonläuft. Nur ist das natürlich ein Irrglaube. Ich möchte die Gesellschaft in Deutschland nicht gegen die semiautoritäre Führung in Singapur eintauschen. Wir müssen alle Energie daransetzen, wie es Jörn Walter auch gesagt hat, dieses Zeitfenster zu nutzen, um die Transformation jetzt hinzubekommen. Das ist natürlich auch eine verwaltungsorganisatorische Frage. Wen legt man da zusammen? Der Trennungsschmerz der Verkehrsverwaltung von der Stadtentwicklungsverwaltung Berlin war deutlich spürbar und wird wieder spürbar sein.

Dreimal in unserer Zeit ging es rein in die Kartoffeln und wieder raus aus den Kartoffeln. Das hilft natürlich nicht so richtig weiter.

Nagel Du bist ja auch hin und wieder ungeduldig und denkst, dass das optimiert werden muss. Man könnte in der Verwaltung natürlich auch Projektorganisation einführen. Das haben wir auch mit dem Baukulturbericht empfohlen. Aber die Besonderheit der Stadtstraße ist, dass sie in öffentlichem Grund liegt und im Grunde der Gemeinschaft gehört. Man könnte über Privatrecht, Sondernutzungsgenehmigungen oder eben Verbote sehr viel steuern. Jörn Walter, siehst du einen politischen Ansatz schneller zu werden?

Walter So eine These haben ja schon einige angesprochen. Natürlich gibt es von Seiten der Zuständigkeit viele Möglichkeiten, sie stoßen sich aber bei diesem umstrittenen Thema an der politischen Durchsetzbarkeit, weshalb es in den Städten immer nur so ein paar symbolische Projekte geben wird. Das kann sich jede Stadt politisch meistens nur so ein, zwei Mal erlauben, die ganz heißen Eisen anzugehen. Du hast jetzt auch welche geschildert. Das ist bei uns in Hamburg, das hat Herr Rotfuchs zurecht angesprochen, diese Alster-Geschichte. Dort wird es wirklich richtig schwierig, richtig kompliziert, und die Konflikte kommen so richtig auf den Punkt. Dann gibt es bei uns auch noch die Ost-West-Straße. Da hat sich noch keiner herangetraut. In Dresden ist es die St. Petersburger Straße, in Berlin die Friedrichstraße und so weiter und so fort.

In der Masse aber, vor dem Hintergrund der Zeitschiene, die Herr Kröck angesprochen hat, finde ich, müssen wir auch über andere Dinge nachdenken. Bis 2030 ist es wirklich nicht lang. In sieben Jahren kannst du nicht viele Straßen umbauen. Das weiß jeder von uns hier im Raum. Wenn du jetzt also den Fahrradverkehrsanteil wirklich in kürzerer Zeit nach oben bringen willst, ist klar, dass du nicht auf den Umbau der Stadt warten kannst. Da muss man schon einmal neue Überlegungen anstellen. Was wäre denn zum Beispiel, wenn wir beschließen würden, dass alle Wohnstraßen der Republik jetzt zu Fahrradstraßen werden? Ein Beschluss, der in ganz Deutschland gilt und wahrscheinlich 80 Prozent des gesamten Straßennetzes umfasst. Das sind nicht die Landstraßen, nicht die Hauptmagistralen der Städte, aber der ganze Rest. Da hat das Fahrrad Priorität. Der Bürger und jeder Lkw-Fahrer, egal von welcher Logistikfirma und aus welchem Land er kommen mag, weiß, dass das Fahrrad Priorität hat. Du musst einfach aufpassen. Du darfst eben nur 30 fahren. Das finde ich, wäre vor dem Hintergrund der sieben Jahre bis 2030 eine Ansage. Es ist kostengünstig und geht schnell. Es ist ein Satz, den man nur mal beschließen muss. Könnte man machen.

Haack Es wird ja noch nicht mal ein Tempolimit beschlossen. Das würde ja auch schon viel helfen.

Walter Ich erwähne die Fahrradstraße nicht ohne Grund. Ich habe ja im Laufe meines Lebens, wie viele von euch einiges miterlebt: Moden in der Verkehrsplanung in dieser und jener Hinsicht. Dinge, die auf Akzeptanz in der Bevölkerung stoßen und Dinge, die nicht darauf stoßen. Auch bei uns in Hamburg waren die Fahrradstraßen, die vor zehn bis zwölf Jahren eingeführt worden sind, am Anfang überall sehr umstritten. Komischerweise haben mit denen aber fast alle ihren Frieden gemacht, auch die Autofahrer. Und ich finde, das ist ein interessantes Phänomen. Das ist nämlich keine Politik gegen das Auto, aber eine Lösung für die Minderung der Emissionen und die Verbesserung der Sicherheit von Fahrrädern, Fußgängern, Behinderten, Kindern und Alten im Verkehr.

Schade-Bünsow Wir sehen ja auch ein Beispiel in Paris: Anne Hidalgo hat mit ihren Tempo-30-Zonen praktisch in allen Stadtteilen von Paris großen Erfolg. Was wir mindestens mal sicherstellen müssen,

Boris Schade-Bünsow, Hilmar von Lojewski, Lydia Haack, Christoph Ingenhoven, Jörn Walter, Reiner Nagel

ist eine sichere Mobilität für alle gleichermaßen. Das, was wir da draußen sehen oder was ich zumindest in Berlin sehe, ist genau das Gegenteil. Das ist der Straßenkampf von Fahrrädern gegen Autos und umgekehrt. Aber wenn ich sichere Mobilität für alle fordere, dann trifft das natürlich auch auf Kinder und Hochbetagte zu. Die sind im Moment aber völlig abgehängt, oder? Ich bin heute Morgen hier am Joseph-Beuys-Ufer entlanggegangen. Sie kennen doch die Gelb-Phasen der Ampel für den Autoverkehr. Zeigt die Ampel Gelb, muss man sich vorbereiten, denn gleich geht es los. So kommt der Autoverkehr schneller in Schwung. Hier gibt es das auch für Fußgänger. Da muss ich mich also vorbereiten, damit ich schnell losgehe und es im Eiltempo über die ganze Straße schaffe. Ich habe es nicht geschafft, trotz der Gelbphase, denn die Ampel ist sofort wieder rot geworden und ich auf der Mittelinsel stehen geblieben. Was ist das denn für eine skurrile Idee? Meine Fußgänger-Endgeschwindigkeit erreiche ich

in einer halben Sekunde und trotzdem gibt es eine Gelb-Phase und auch mit der schaffe ich es nicht so ohne weiteres, die vier Spuren komplett zu überqueren. Das verstehe ich nicht.

Nagel Ich möchte auch noch eine Bemerkung zum Thema Mobilitätsfreundlichkeit machen. Ein einfaches Mittel wäre es auch, bei uns in Hamburg mit Ausnahme der Ost-West-Straße die Fußgängerampeln überwiegend durch Zebrastreifen zu ersetzen. Dann müsste jedes Auto für die Fußgänger stehen bleiben. Das wäre auch ein subtiles Instrument der Prioritätsverschiebung vom Auto zum Fußgänger. Es gibt in Hamburg noch eine interessante Straße, die Sierichstraße. Dort ist von nachts um vier bis mittags um zwölf Ein-Richtungs-Verkehr in Richtung Innenstadt und ab zwölf bis nachts um vier Ein-Richtungs-Verkehr aus der Stadt. Dahinter steht die bisherige Idee von Stadt, dass die Leute morgens zur Arbeit in die Stadt fahren und abends

Hilmar von Lojewski, Lydia Haack, Christoph Ingenhoven

wieder nach Hause. Vielleicht sollten wir die Phasen genau umgekehrt polen, oder eine komplette Fahrradstraße daraus machen? Brauchen wir also vielleicht radikalere Symbole?

Haack Ich glaube, es wäre wahnsinnig wichtig, wenn sich der Berufsstand insgesamt auf ein paar wichtige Themen fokussieren würde. Denn es bedarf einer kritischen Masse, um Dinge durchzubekommen. Du hast gerade den Gebäudetyp E angesprochen. Das ist ja genau so ein Verhandlungsprozess gewesen, bei dem am Ende alle Länder- und Ingenieurskammern einen Schulterschluss gemacht haben, um den politischen Durchbruch zu bekommen. Ich glaube, es liegt wirklich eine Chance darin, sich anstatt der vielen Themen nur zwei, drei wichtige Sachen vorzunehmen. Dann kann man tatsächlich einen Konsens finden, den man gemeinsam vorbringt und dann innenpolitischen Druck ausübt. Letztendlich sind das alles Regelungsbedarfe über Landesbauordnungen,

Musterbauordnungen hin zu allen möglichen Gesetzgebungen. Diese Hürden muss man nehmen, sonst passiert nämlich gar nichts.

Nagel Christoph, wir haben uns vor zwei Wochen gesehen. Da hattest du deine Projekte vorgestellt und wurdest gefragt: »Wie schaffen Sie das, dass Sie sich da durchsetzen können? Das sind doch schwierige Projekte?« Und da hast du gesagt: »Ich frage gar nicht. Ich sage denen, dass wir das so machen.« Jetzt kommen wir zurück auf die Stadtstraße. Da gibt es ja auch schwierige Dinge. Ich mache das zum Beispiel am Thema der Seilleuchten fest, wenn ich in die Städte komme. Gibt es Seilleuchten, die schwieriger durchzusetzen sind, aber auf Masten verzichten? Dann gibt es das ganze Schaltkasten-Drama im öffentlichen Raum. Dann gibt es Gehwegüberfahrten, die freibleiben müssen von Bäumen. Dann gibt es Bäume in den Nebenflächen, wo keine Leitungen verbaut werden dürfen.

Ulm überbaut jetzt Leitungen und geht ins Risiko. Könntest du dir vorstellen, dass man diese Probleme, die ja sehr kleinteilig sind, einfach durch radikalere Haltungen löst, indem man sagt: »Wir machen das! Wir übernehmen die Verantwortung und sagen, wie wir es machen?«

Ingenhoven Ja, aber dann geraten wir in eine ähnliche Diskussion wie die zur »Klimadiktatur«. Das ist schwierig.

Nagel Meinst du?

Ingenhoven Ich glaube schon, dass ein größerer Teil dessen, was wir abstimmen, auch gut ist, weil es uns davor bewahrt, die ganz großen Fehler zu begehen. Aber man darf auch von politischem Personal erwarten, dass es mutig genug ist, Dinge nach bestem Wissen und Gewissen durchzusetzen. Dafür haben wir sie gewählt. Politikerinnen und Politiker sollen dafür werben und dafür sorgen, dass die Leute den mehr oder weniger mutigen Ideen zustimmen und auch das Experiment unterstützen. Es war eben davon die Rede, dass Thomas Geisel, ehemaliger Oberbürgermeister Düsseldorfs, praktisch wegen der Umweltspur abgewählt wurde. Das stimmt so verkürzt selbstverständlich nicht. Aber es war ein großes Thema im Wahlkampf. Die Umweltspuren, die heute übrigens teilweise als Bus- und Fahrradspuren unter anderem Namen weiterexistieren, waren natürlich ein Experiment. Das hätte auch eine CDU-Bürgermeisterin oder jemand von den Grünen gemacht. Ich glaube diese Experimente mit offenem Ausgang muss man den Leuten, den politischen Entscheidern zugestehen. Dann sind sie auch willig mitzumachen.

Ich will noch einmal auf das Thema »Kultur- und Verhaltenspsychologie« eingehen. Wenn wir nicht anfangen die großen Probleme zu lösen, dann können auch der oder die Einzelne sowieso nie große Problem für sich lösen. Es geht beispielsweise darum, wie man sich untereinander in einer solchen Straße verhält. Amsterdam wird immer als tolles Beispiel deklariert. Das ist prinzipiell auch so. Es ist aber auch ein Beispiel dafür, dass eine relativ aggressive Konkurrenz zwischen den verschiedenen Verkehrsarten herrscht. Tatsächlich ist da oft der Fußgänger derjenige, der am Ende an der Straße steht und sich fragt: »Wie finde ich mich hier nur zurecht?« Von links, von rechts, von vorne und von hinten kommen irgendwelche Verkehrsteilnehmer mit unterschiedlichen Geschwindigkeiten auf ihn zu. Ich finde das teilweise extrem verwirrend. Man muss es trotzdem so wie derzeit umgesetzt tun, denn nur so lernen wir den Umgang in gemeinsamen Verkehrssituationen und auch die gegenseitige Rücksichtnahme.

Ich habe noch ein Beispiel aus Asien. Tokio ist eine leise Stadt. Sie ist auch deswegen eine leise Stadt, weil die Leute sich benehmen. Du darfst nicht hupen. Es gibt Flüsterasphalt. Es gibt weniger Individualverkehr. Die Leute sind aus ihrer Kultur heraus darauf eingestellt, sich nicht permanent in Konfliktsituationen zu begeben. Bei uns ist das anders. Paradoxerweise müssen wir dafür sorgen, dass es diese Konflikte gibt. Denn nur wenn wir den Konflikt haben, wird es Strategien zur Überwindung geben. Meiner Ansicht nach erleben wir aber eher, dass das Individuum obsiegt in diesem Verkehrschaos. Wir sehen Leute, die einfach machen, was sie wollen. Das tun sie in der Geschwindigkeit, in der Lautstärke und in der Okkupation von öffentlichem Raum. Das wollte ich eben damit zum Ausdruck bringen, als ich gesagt habe: »Wir müssen erst einmal stoppen, damit es so nicht weiter geht.« Wir denken, alle fahren langsamer. Da muss man mal am Samstag auf die KÖ gehen und sich so ein Rennen von irgendwelchen matt lackierten, aufgetunten Mercedes anschauen. Das findet mitten in der Innenstadt am helllichten Tage statt.

Schade-Bünsow Das Phänomen ist ja wissenschaftlich unterlegt von Andreas Reckwitz in seinem

Werk *Die Gesellschaft der Singularitäten*. Schon seit mehr als fünf Jahren ist das Buch auf dem Markt und wir sehen es beispielsweise im Wohnen. Berlin hat 50 Prozent Singlehaushalte. Wir sehen die Singularisierung überall.

Nagel Wenn wir, wie du sagst, Kinder und alte Menschen als Maßstab nehmen, hieße das ja Rücksicht nehmen. Das hieße auch die Bemessungsgeschwindigkeit in Städten generell runter zu nehmen auf Tempo 30. Vielleicht hieße das sogar mehr Fahrradstraßen mit Tempo 20.

von Lojewski Ich muss noch mal alle mit dem regulativen Bereich behelligen, wo ich mich ja so halbwegs auskenne. Ein paar Beispiele dazu: Ich habe ja erzählt, dass wir über Nacht unsere Stellungnahme zur Neufassung des Straßenverkehrsgesetzes schreiben mussten. Gleichzeitig ist uns das Bundesverwaltungsgerichtsurteil zum Bewohnerparken in Freiburg vor die Füße gefallen. Wir haben in der letzten Legislatur eine Nichtverkündung bzw. fehlerhafte Verkündung der Straßenverkehrsordnung gehabt. Erst waren die Pönalen für »Zu-schnell-fahren« deutlich höher. Bei der Neuverkündung waren sie wieder deutlich niedriger. Wir haben uns stets mit einem Rechtsrahmen auseinanderzusetzen, der uns das administrative und verkehrsregelnde Leben der Politik wegen ausgesprochen schwer macht.

Ich will da noch mal eine Lanze brechen für all das, was gerade läuft. Auch der Deutsche Bundestag hat sich beschwert, dass die Gesetzgebungsverfahren so wahnsinnig schnell gehen. Wir beschweren uns auch am laufenden Band, dass wir über Nacht Stellung nehmen sollen. Aber darin liegt auch eine Chance. Nämlich die Chance, Jörn Walters Thema mal durchzubringen und zu sagen: Wir brauchen ein paar Rupturen. Wenn wir aus den Tempo-30-Zonen schlichtweg Fahrradstraßenzonen machen, dann kriegt man das tatsächlich auch mit einem Federstrich im Straßenverkehrsgesetz und in der Straßenverkehrsordnung hin. Das ist ja eine reine Transformation von dem einen Zustand in den anderen Zustand. Insofern liegt in diesem Druck, der auf dem Kessel ist, auch eine Chance, dass wir ein *window of opportunity* nutzen können. Auch in allen anderen Bereichen wie zum Beispiel beim Gebäudeenergiegesetz, Windkraft an Land, Windkraft auf See, Planungsbeschleunigungsgesetz merken wir das. Da braucht es dann aber auch den Druck auf der lokalen Ebene und auch auf der fachpolitischen Ebene, also von Architektenkammer, Ingenieurkammer und ähnlichen Akteuren. Die müssen sagen: Ja, wir wollen jetzt diese Rupturen. Wir wollen jetzt tatsächlich mal Tabula rasa mit einigen Themen machen, so wie wir das gerade im energetischen Bereich tun.

Nagel Gut, die Straßenverkehrsordnung ist so etwas wie der Knigge des öffentlichen Raums. Wir sind als Verkehrsteilnehmende alle geübt darin. Das hier ist aber ansonsten kein Kreis von Politikern und Verkehrsexperten. Wir sind Architektinnen und Architekten und Städtebauer. Vielleicht kommen wir noch einmal auf das Thema des Städtebaus zurück. Die Stadtstraße ist gefasst oder meistens geschlossen. Wenn es nach Christoph Mäckler geht, geht es auch um angrenzende Hofhäuser mit Gehwegüberfahrten. Es geht um Baumreihen und Ähnliches. Was sind Grundprinzipien, die wir uns für die Gestaltung noch einmal genauer anschauen müssen, damit wir beim Um- oder auch Neubau auch die richtigen Strukturen schaffen? Was sollte man tun, damit die Stadt sich in diesem Passepartout auch über 120 Jahre lang gut weiter entwickeln kann, Jörn Walter?

Walter Das ist jetzt ein weites Feld. Wir haben heute schon ein paar Dinge dazu gehört, die ich so auch unterschreiben würde. Wir haben das auch in einigen Bildern der heutigen Projekte, die sich ja auch aus bestimmten Standorten heraus entwickeln und versuchen, diese zu qualifizieren, gesehen.

Jörn Walter, Reiner Nagel

Ich finde, es gibt aber tatsächlich noch ein etwas übergeordnetes Thema, das man vielleicht in diesem Kreis hier noch einmal ansprechen kann. Das hat mit einer langen Debatte, die wir im Städtebau der letzten 100 Jahre hatten, zu tun. Erstens hat die Automobilisierung dazu geführt, dass das Platzthema in den Städten zu einer bestimmten Gestaltung geführt hat, die weniger an Schönheit und guten Proportionen, sondern an Funktionalität für den MIV orientiert war. Zweitens wollte man mit dem Auto schnell unterwegs sein, weshalb natürlich auch bestimmte Gestaltungsprinzipien zum Tragen kamen, die schon in den 1910er, 1920er und 1930er Jahren immer wieder formuliert wurden, wie wir von Jörn Düwel gehört haben: die gerade Straße mit Funktionstrennung zwischen den verschiedenen Verkehrsteilnehmern. Die kamen dann nach dem Krieg in die Umsetzung. Und dann gibt es parallel dazu eine Diskussion, die mit Gurlitt und Sitte ja auch schon angesprochen wurde: Soll die Straße gerade oder gekrümmt sein?

Wenn man jetzt am Anfang des 21. Jahrhunderts steht und weiß, dass die Städte wieder langsamer werden müssen, dass die Straßenräume wieder kleiner und der Raum neu verteilt werden muss, dann kann man vielleicht auch wieder über ganz andere Räume nachdenken. Ich glaube zum Beispiel, dass die lange Diskussion zwischen gerader und gekrümmter Straße, städtebaulichen Versätzen und der Form von Plätzen, eine Neubelebung erfahren könnte. Das könnte an den wenigen Stellen, wo wir die Möglichkeit haben, die Stadt neu zu gestalten, eine Inspiration sein. Bevor wir vor jeder Stadt wieder so Kuriositäten wie Kreisel bauen, damit der Verkehr langsam wird, könnte man sich ja auch vorstellen, dass die Stadteingänge mal wieder irgendwelche Arten von »Toren« haben. Ich nutze das jetzt nur als Metapher für die Formulierung eines städtebaulichen Eingangs anstelle von Kreisverkehren. Das könnte doch eine Aufgabe für unsere Profession sein.

Ich wollte das gerne ansprechen, weil wir da wirklich Optionen haben. Der Städtebau müsste sich wieder an Prinzipien erinnern, die zur Verlangsamung, zur Gleichverteilung, zu Querungsmöglichkeiten und vor allem räumlicher Orientierung und Dramaturgie beitragen.

Nagel Lydia Haack, wie ist das bei euch? Gibt es da Städtebau und Architektur als Mittel der Einflussnahme?

Haack Ich glaube, dass wir in einer Zeit leben, in der es um Umbauen geht. Wir beginnen gerade eine Zeit der Umbaukultur. Ich sehe hier eine Chance, weil es sich gezeigt hat, dass hochwertige Materialien eine gewisse Dauerhaftigkeit mit sich bringen. Diese Dauerhaftigkeit kann man sich in der Art und Weise, wie wir in Zukunft bauen, zunutze machen. Qualitätvolles, hochwertiges Bauen rechnet sich dann auch angesichts dessen, was wir an Klimakatastrophen sehen. Wenn wir in gute Strukturen investieren, sind die auch klimaresilient und anpassungsfähiger.

Ich denke, das ist die Chance unserer Professionen, weil das alles mit Planung und *Know-how* zu tun hat. Die Zeiten, in denen jeder Bauträger »08/15-Hütten« auf die grüne Wiese baute, sind vorbei. Jetzt beginnen die Zeiten, wo viele Disziplinen miteinander an relativ komplexen Problemen arbeiten. Ich glaube, es ist die Chance unserer Profession auf den Wert der Planung hinzuweisen. Ohne Planung geht es echt nicht mehr, weil die Probleme individuell zu lösen sind. Das ist das Besondere.

Nagel Christoph Ingenhoven, vielleicht könntest du den Ball auch noch einmal aufnehmen? Wenn ich es richtig verstanden habe, hat Jörn ja gesagt, dass Räume Menschen prägen. Bei deinen Bauwerken machst du dir auch immer wieder Gedanken, wie das Gebäude auf den öffentlichen Raum wirkt und die Aufenthaltsqualität für die Menschen verbessert und verlängert. Gibt es da Grundprinzipien, die jetzt in einer leiser und langsamer werdenden Stadt für die Stadtstraße wirksam werden können?

Ingenhoven Nein, man sagt ja schon seit langem, dass der öffentliche Raum durch Verkehr, Übernutzung, Kommerzialisierung und Ähnliches gefährdet ist. Als Architekt merkt man, dass man die Pflicht hat, den öffentlichen Raum zu bewahren und zu qualifizieren. Es ist die Verpflichtung, mit jedem Projekt einen Beitrag zu leisten. Meiner Meinung nach muss dieser bevorzugt im Projekt selbst liegen, man kann nicht sagen: Du schöne Straße müsstest jetzt noch ein bisschen schöner werden, damit ich bauen kann, was ich möchte. Man kann mit dem Haus selbst, ob nun groß oder klein, große und kleine Beiträge zum öffentlichen Raum leisten oder sogar öffentliche Räume bieten. Das ist völlig klar.

Wenn ich auf eine der Grundtugenden von Planung hinweisen darf, so ist das meiner Meinung nach *Replacement*. In Singapur wird 100 Prozent *Replacement* verlangt. Das heißt, dass jeder, der baut, für 100 Prozent der Fläche, die er auf seinem Grundstück bebaut – das kann auch Straßen oder Wege betreffen – wieder neue schaffen muss. Das geschieht, indem *social scape* oder *green scape* geschaffen wird. Das ist eine richtige Herausforderung. Wir mussten teilweise stapeln, um das irgendwie hinzubekommen. Man nimmt etwas an städtischer Kapazität oder Biokapazität weg und gibt es zurück. Das ist doch eigentlich eine Tugend, über die man nachdenken dürfte.

Ich möchte noch ein bisschen zündeln, was deine Aussage anbetrifft, Christoph Mäckler. Du sagtest, die Feinde wären die, die über die Straße als Verkehrsraum nachdenken. Man solle doch über den Raum nachdenken. Das denke ich erst einmal auch. Die Konferenz heißt ja *Konferenz zur Schönheit und Lebensfähigkeit der Stadt*. Das finde ich ehrlich gesagt einen wahnsinnig schönen Titel. Natürlich müssen wir auch über die Schönheit der Straße nachdenken. Bei der Schönheit der Straße spielt es eine Rolle, welche räumliche Fassung sie hat und welche Häuser daran stehen. Meiner Ansicht nach ist aber die Gesamtproportion der Straße und auch wie sie sich entwickelt hat, viel wichtiger als die einzelne Architektur. Man kann jede beliebige Straße der Welt nehmen: Maximilianstraße, Fifth Avenue oder Via Veneto. Niemandem fällt ein Haus auf dieser Straße ein. Die Leute, die da waren, wissen aber, wie die Qualität der Straße war. Sie wissen, wie sie sich da bewegt haben, ob es schattig war, voller Menschen oder leer, kommunikativ oder einsam, der Bürgersteig breit oder eben zu schmal war und ob sie sich gefährdet fühlten oder sicher. Solche Themen könnte die Verkehrsplanung eigentlich angehen. Wenn sie denn dafür qualifiziert wäre, hätte ich gar nichts dagegen, dass sie das macht.

Ich möchte noch ein paar Worte zu dem Thema der Zuständigkeiten sagen. Nach meinen Erlebnissen führt allein die Dimension der Zuständigkeit für Verkehrsplanung in einer Stadt dazu, dass sie einen Boss oder eine Bossin hat, die für sich und nicht in Koordination arbeiten kann. Man müsste eigentlich zwei, drei Leute einsetzen, die dann aber vielleicht sogar in einem Raum miteinander arbeiten müssten. Es ist unrealistisch zu denken, dass das immer einer oder eine allein ist.

Nagel Eigentlich hatte ich mir jetzt noch eine kleine Schlussrunde überlegt, in der jeder einen utopischen Ort, eine schöne Straße nennt, die ihm vorschwebt. Wir sind aber schon spät dran, es ist sehr warm und es soll noch eine Preisverleihung stattfinden. Deshalb lassen wir das an dieser Stelle so stehen. Interessant und wichtig ist, dass am Ende noch einmal das Thema des Städtebaus, der Schönheit und unserer Möglichkeiten als Architekten und Städtebauer aktiv zu gestalten, genannt wurden.

Ich danke Jörn Walter, Christoph Ingenhoven, Lydia Haack, Hilmar von Lojewski und Boris Schade-Bünsow für die spannende Diskussion.

Vielen Dank.

Tag 2

Zusammenfassung 1. Tag und Thesen 2. Tag
Wolfgang Sonne

Der Stadtstraßenraum

Stadtstraßen sind zunächst einmal städtische Räume mit einer bestimmten Bodengestaltung und mit Straßenwänden links und rechts, gebildet durch die Fassaden der Stadthäuser. Diese Straßenräume können sehr unterschiedlich sein: kurz oder lang, gerade oder krumm, breit oder schmal, flach oder tief, offen oder geschlossen. Straßenräume bilden den öffentlichen Raum einer Stadt – entsprechend vielfältig werden sie auch genutzt. Nahezu alles, was wir in der Öffentlichkeit tun, tun wir im Straßenraum: Schauen, Laufen, Reden, Einkaufen, Spazieren, Schlendern, Flanieren, Sitzen, Demonstrieren, Feiern, Spielen, Essen, Trinken. Ach ja, und dann gibt es natürlich auch noch den Verkehr: neben den Füßen das Fahrrad, das Auto, den Bus, die Straßenbahn, früher das Pferd, den Karren. All das nehmen die Stadtstraßen seit Jahrhunderten bis heute auf – nur das Leitbild der autogerechten Stadt hat die Stadtstraße auf den Autoverkehr reduziert.

Das Netz der Stadtstraßen bildet den Grundriss der Stadt. Straßen sind oft langlebiger als die an ihnen stehenden Häuser. Ihr Verlauf wird durch die Besitzverhältnisse und die unter ihrer Oberfläche verborgene Infrastruktur geschützt. So leben wir heute in Straßen, die mehrere hundert, ja 1000 Jahre alt sind und dennoch funktionieren. Müssen wir sie töten, wie das Le Corbusier forderte? Oder müssen wir uns nicht vielmehr fragen, wie dieser seit langem erfolgreiche Stadtraum funktioniert und wie er gestaltet werden kann?

Viele Herausforderungen stellen sich heute an den Stadtstraßenraum, manche sind neu, andere nicht.

Die vielbeschworene Mobilitätswende verspricht, das Autoproblem in der Stadt quasi von selbst zu lösen. Doch heute fahren in den Städten mehr Autos als noch vor zehn Jahren. Das E-Auto mag Emissions- und Lärmprobleme lösen, den Platzbedarf privater Automobile verringert es nicht. Andere Verkehrsteilnehmer wie die Radfahrer fordern monofunktionale Schnellwege wie einst die Autofahrer – ist das dem Zusammenleben im Straßenraum der Stadt zuträglich?

Zentral sind die Anforderungen an eine CO_2-neutrale und klimaangepasste Stadt. Aber was bedeutet das für den Straßenraum? Aufreißen, damit mehr Kaltluftschneisen entstehen, oder kompakter anlegen, damit verschattete Gassen nicht so sehr aufheizen? Versickerungsflächen auch im Straßenraum anlegen? Bäume und Alleen pflanzen? Wo geht das, wenn der Boden bereits mit Leitungen überbelegt ist? Auch hier gilt es wieder, nicht einen Aspekt zu verabsolutieren, sondern die Maßnahmen im Kontext eines langfristig funktionierenden und schönen Straßenraums zu konzipieren.

In den Stadtzentren bilden die Straßenräume auch die wichtigsten Handelsräume. Statt Jammern über Online-Handel und verzweifelten Versuchen, mit immer neuen Veranstaltungsformaten Menschen und Käufer in die Stadt zu locken, könnte vielleicht die dauerhafte Schönheit der Innenstadtstraßen mit ihren ansprechenden Hausfassaden ein viel nachhaltigeres Mittel sein, unsere Innenstädte als Bühnen eines vielfältigen Stadtlebens herzurichten. Dafür muss über angemessene Materialien und Konstruktionsweisen nachgedacht werden, mit denen dauerhafte und alterungsfähige Fassaden entstehen können. Dafür muss über Gestaltungsweisen nachgedacht werden, die auf längere Zeit als ansprechend und schön empfunden werden können. Dafür muss darüber nachgedacht werden, wie die zahlreichen privaten Bauherren und Investoren zu einer hochwertigen – oder sagen wir: schönen – Fassadengestaltung animiert und verpflichtet werden können. Denn es reicht für den Straßenraum nicht aus, wenn Kommunen aus öffentlichen Mitteln die schönsten Bodenbeläge schaffen, daneben aber abweisende und gesichtslose Häuser stehen.

Die größte Gefahr für die Stadtstraße als urbanen Raum geht nach wie vor von einem naiven Funktionalismus aus, der Absolutsetzung einzelner momentaner Anforderungen, denen sich die Gestalt der Stadtstraße unmittelbar und sofort unterzuordnen habe. Nach wie vor ist eine solchermaßen funktionalistische Auffassung, dass primär der Autoverkehr ungehindert fließen müsse – ohne dass andere Nutzungsanforderungen an den Straßenraum mitbedacht werden. Ebenso eindimensional kann die Forderung nach Fahrradschnellstraßen werden, die ohne Rücksicht auf andere Belange den Straßenraum beanspruchen. Ebenfalls partikularistisch kann die ökologisch notwendige Forderung nach mehr Versickerungsflächen werden, wenn darüber die Möglichkeiten einer vielfältigen städtischen Nutzung des Straßenraums verloren gehen.

Auch wenn neue Anforderungen an den Stadtstraßenraum heute hinzukommen, eines steht jetzt schon fest: Am Ende muss er ein schöner, angenehmer und zweckmäßiger Raum für die Menschen sein, die in der Stadt nun mal zuallermeist zu Fuß unterwegs sind.

Rua de Cedofeita, Porto
Foto aus der Ausstellung von Maximilian Meisse

Grußwort
Sebastian Schlecht

Die Schönheit trägt ein neues Kleid

Unsere Städte – und ihre Straßen – sind gebaut, und aktuell ist die Debatte um die Sorge für den Bestand und die Pflege und Weiterentwicklung der Stadt wichtiger geworden als die Neuplanung. Doch wie können wir das kultivieren, was ist dabei die Lebensfähigkeit, und was ist das Schöne?

Als Institution »Baukultur Nordrhein-Westfalen« haben wir das Glück und die Herausforderung, eine kulturelle Perspektive auf das Bauen »auf dem Zettel« zu haben. Und ich möchte diese Gelegenheit nutzen, einen Blick auf diese Kultur zu werfen. Das Wort »Kultur« wird mittlerweile in so unterschiedlichen Kontexten bemüht, dass seine Bedeutung eher der individuellen Interpretation entspringt. Aus der Landwirtschaft verweist der erweiterte Kulturbegriff auf einen zentralen Aspekt: das »vom Menschen gestaltend Hervorgebrachte«, also das, was wir kultivieren. Und immer wieder erlebe ich ganz unterschiedliche Vorstellungen davon, was Baukultur eigentlich ist. Das klingt nach Schönheit, nach Besonderem, nach einem besonders tollen Produkt unseres Schaffens. Das ist es dann also?

Wir müssen anerkennen, dass der jetzige Zustand das Resultat unserer Bemühungen ist, unser Status Quo. Und das gerade im Bausektor, mit einem enormen Anteil an der größten Krise der Menschheit – der Klimakrise – nämlich ziemlich genau 40 Prozent. Daran gibt es definitiv keinen Zweifel mehr. Bernd Ulrich von der *ZEIT* formulierte es kürzlich in einem Podcast sehr treffend: »Normalität und Zerstörung fallen in eins«.

Kultur ist dabei im Wesentlichen der kollektive Prozess, nicht ein unabhängiges konsumierbares Produkt. Und wie bringen wir das jetzt auf die Straße – wie ein gutes Stück Musik, Essen oder ein tolles Buch? Die Analogie zur Landwirtschaft ist auch in der Stadt interessant, so ist doch die Stadt auch ein Ort des Entstehens, des Wachstums, der der Pflege bedarf und auf natürlichen Ressourcen beruht. Wie passt das zusammen? Zerstörungen und Notwendigkeiten, Schönheiten und die Lebensfähigkeit?

Eine Notwendigkeit ist: Planen und Bauen muss eine Lösung sein, kein Problem. Wir Planer müssen die Sorge dafür tragen. Und es ist richtig, dass wir im Kontext der Kultur auf einen dabei ganz besonders relevanten Ort blicken: die Stadtstraße als den wichtigsten öffentlichen Raum.

Der Architekt Richard Rogers fasste es vor einiger Zeit so: »Städte sind Orte, an denen Menschen sich zum Gedankenaustausch treffen ... Der öffentliche Raum einer Stadt ... bildet die Bühne und den Katalysator für diese Aktivitäten.« Die Realität ist aber, dass wir die Fähigkeit der Straße, Kultur und Kommunikation zu schaffen und zu tragen, zugunsten des Verkehrs verlagerten oder sogar verleugneten. Unsere Städte sind keine Parkplätze, Städte sind Orte zum Leben. In diesen Straßen findet ursprünglich nämlich das statt, worum es in den Städten wirklich geht: um Kultur, Geselligkeit, Gemeinschaft, Kommerz. Das ist der Raum, in dem Menschen sich kulturell betätigen, austauschen, begegnen. Also ein kultureller Inter-Aktionsraum und auch ein interkultureller Raum – nicht primär ein Konsum- oder Transitraum.

Und um noch einmal von der Straße auf den Acker zurückzukommen: Der öffentliche Raum ist der Ort, an dem die Stadt und ihre Bewohner untereinander, aber auch mit ihrer Umgebung in Kontakt treten, mit der Natur, mit dem Ökosystem, mit der Landschaft, mit dem Boden, dem Ökosystem und der Infrastruktur.

Inzwischen wissen wir genau, dass Stadtnatur unmittelbar nötig ist, um gesund zu bleiben, Hitze zu bewältigen oder um Starkregen zu kompensieren, das Wasser für Dürreperioden zu speichern oder auch um einfach gesund zu bleiben. Und dabei geht es auch ganz direkt ums Geld, wie erst kürzlich in London verrechnet wurde. Alleine durch die kühlende Wirkung der Bäume wird eine konkrete Einsparung von mehr als einer Milliarde Pfund pro Jahr kalkuliert.

Städte bestehen also nicht nur aus grauer Infrastruktur und Menschen, sondern sind unmittelbar auch eine Landschaft, ein Ökosystem, das uns mit Notwendigkeiten versorgt und verbindet: mit Luft, angenehmer Temperatur, Schatten, Wind, Regenwasser und dem nötigen Wohlbefinden. Ganz analog zum Acker geht es hier auch ganz direkt um den Boden, die Wurzeln, das Regenwasser und Mikroorganismen als mehrdimensionale Notwendigkeiten für die Lebensfähigkeit der Stadt und ihrer Bewohner. Städte sind auch zur Zuflucht vieler anderer Lebewesen und die Biodiversität in der Stadt ist ein wichtiger Aspekt der Resilienz geworden.

Der öffentliche Raum ist also der Acker für die Zukunft, auf dem die Stadt kultiviert wird, wo die Zukunft wachsen kann, wenn er nicht, im Realen wie auch im Übertragenen, versiegelt oder abweisend ist. So soll die Straße also sein: schön, nachhaltig und gemeinsam. Diese integrale Qualität wird ganz treffend auch im neuen Europäischen Bauhaus formuliert. Und diese Schönheit erscheint heute in einem neuen Kleid: In dem Kleid der Zukunftsfähigkeit, direkt vor deiner Haustür. Kannst du sie erkennen?

Goethestraße, Herne
Foto aus der Ausstellung von Maximilian Meisse

Grußwort
Hermann Graser

Sehr geehrter Herr Professor Mäckler,
sehr geehrter Herr Professor Sonne,
liebe Gäste,
zunächst möchte ich mich bei Christoph Mäckler und Wolfgang Sonne für die gelungene Veranstaltung und bei Frau Berendson und dem gesamten Team für die tolle Organisation bedanken.

Meine Profession ist nicht die Architektur und der Städtebau, sondern der Steinbau. Trotzdem bestehen viele Berührungspunkte und Schnittmengen, da für einen Großteil der durch diese Konferenzreihe behandelten Themen gerade auch die Materialität und Oberfläche von großer Bedeutung ist. Deshalb unterstützen wir die Konferenz schon seit Jahren immer wieder gerne und ich freue mich sehr, hier einige Worte an Sie richten zu dürfen.

Ich werde Sie nun zur Abwechslung in die Welt des Natursteins entführen, aber zunächst kurz auf unser Unternehmen eingehen. Das Bamberger Natursteinwerk ist ein Familienbetrieb, der seit mehr als 50 Jahren in mehr als 20 Steinbrüchen regionalen Naturstein abbaut, zu Naturwerkstein weiterverarbeitet und abschließend für jegliche denkbare Anwendung zur Verfügung stellt.

Was aber ist Naturstein? Naturstein ist ein natürlicher Baustoff, der wie Holz schon fertig in der Natur vorkommt. So besteht unsere ganze Erdkruste zum Großteil aus festem natürlichem Gestein, welches ursprünglich durch das Erstarren von Magma entstanden ist. Dieses Gestein bildet die feste Hülle unseres Planeten und wird seit Jahrmillionen im sogenannten Kreislauf der Gesteine immer wieder

umgewandelt und neu gebildet. Naturstein muss man daher nur der Natur entnehmen und in die gewünschte Form bringen.[1/2]

Das erfolgt, indem Naturstein zunächst als Rohblock im Steinbruch abgebaut wird. Diese Rohblöcke werden ins Werk transportiert, wo sie weiterverarbeitet werden. Zunächst werden aus den Rohblöcken sogenannte Rohplatten gesägt, die je nach dem gewünschten Anwendungsfall auf das erforderliche Endmaß zugeschnitten werden. Naturstein kann unter anderem gesägt, poliert, gestrahlt oder mit der Hand bearbeitet werden. Er kann zum Beispiel im Fassaden- oder Bodenbereich oder in der Freiraumgestaltung verwendet werden. Die Möglichkeiten sind unendlich.[3/4]

Naturstein zeichnet besonders aus, dass er in der Natur in quasi unbegrenzter Menge vorhanden ist und eine hervorragende Ökobilanz besitzt. Er muss nicht erst energieintensiv hergestellt werden, sodass für die Gewinnung und Verarbeitung kaum Energie erforderlich ist. Schaut man sich den CO_2-Fußabdruck an, wird klar, warum unsere Vorfahren Jahrhunderte lang viele unserer Städte mit natürlichen Materialien errichtet haben.[5]

Ich will Sie deshalb mitnehmen auf eine Reise in meine Heimatstadt Bamberg, wo auch über Jahrhunderte Menschen Häuser in Zeiten gebaut haben, in denen man es sich nicht leisten konnte, mit Energie so verschwenderisch umzugehen, wie es seit Mitte des letzten Jahrhunderts passiert. Die mittelalterliche Altstadt von Bamberg ist seit 30 Jahren UNESCO-Weltkulturerbe und wurde nicht mit den

[1]   Steinbruch Gaimühle mit dem Neckartäler Hartsandstein

[2]   120 Tonnen schwerer Rohblock

[3]   Fräsroboter bei der Bearbeitung eines Werkstücks aus Granit

[4]   Blockkreissäge beim Zuschnitt von Granit

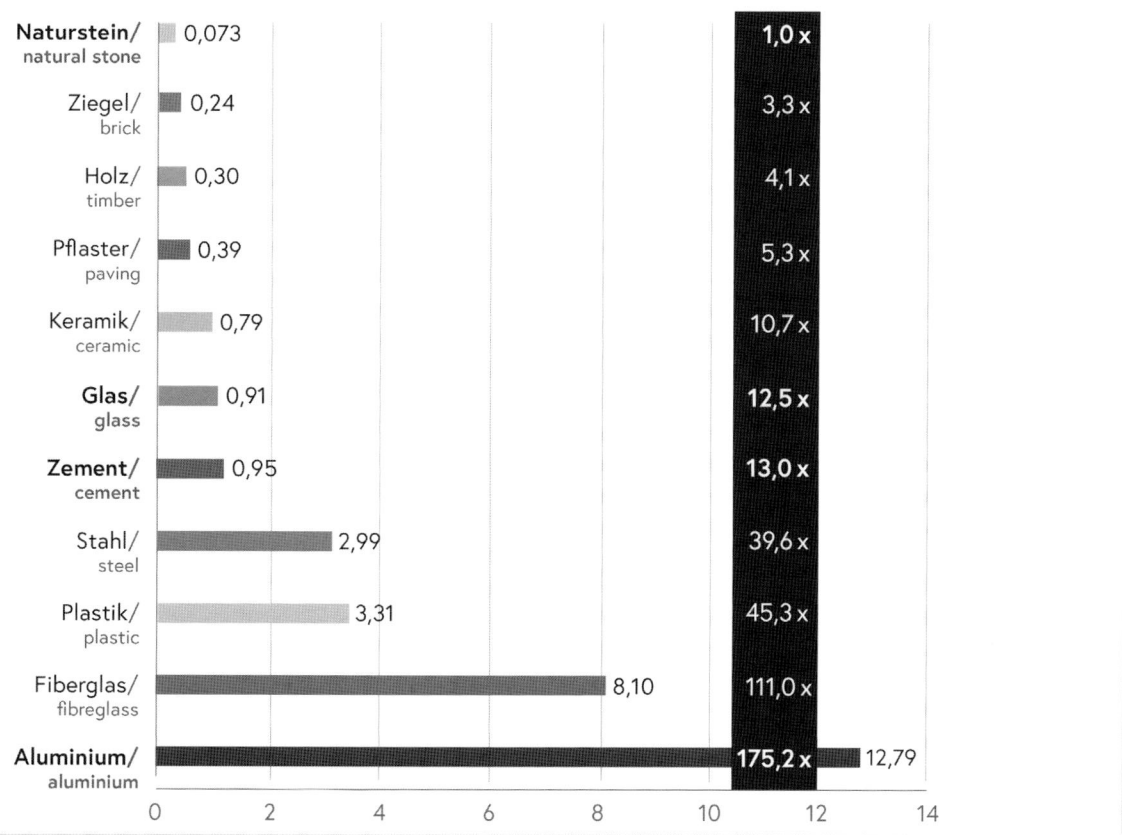

Material	Wert	Faktor
Naturstein/ natural stone	0,073	1,0 x
Ziegel/ brick	0,24	3,3 x
Holz/ timber	0,30	4,1 x
Pflaster/ paving	0,39	5,3 x
Keramik/ ceramic	0,79	10,7 x
Glas/ glass	0,91	12,5 x
Zement/ cement	0,95	13,0 x
Stahl/ steel	2,99	39,6 x
Plastik/ plastic	3,31	45,3 x
Fiberglas/ fibreglass	8,10	111,0 x
Aluminium/ aluminium	12,79	175,2 x

[5] CO$_2$-Fußabdruck im Vergleich zu Naturstein (Stand 05/2023)

heutigen Maßstäben des CO$_2$-armen Bauens errichtet, sondern zu der Zeit quasi noch klimaneutral. Denn was haben die Leute gemacht? Sie haben im Wald einen Baum gefällt, zu einem Kantholz verarbeitet und für das Fachwerk genutzt sowie die Steine aus dem Steinbruch geholt. Und die Häuser wurden so gebaut, dass sie seit Jahrhunderten umgenutzt werden und weiter umnutzbar sind.

Und wo stehen wir heute? Gemäß dem »Global Status Report for Buildings and Construction« ist zurzeit die Bau- und Gebäudewirtschaft für rund 37 Prozent der globalen CO$_2$-Emissionen verantwortlich, sodass eine Dekarbonisierung der Bauwirtschaft von zentraler Bedeutung ist. Wurde der Naturstein seit Jahrtausenden als Baustoff eingesetzt, ist er im vergangenen Jahrhundert durch energieintensive, künstliche Baumaterialien wie Stahlbeton ersetzt worden und so zur bloßen Dekoration verkommen. Dadurch werden aber seine Potenziale nicht genutzt. Vielmehr ist es möglich, mit Naturstein, wenn man ihn wieder konstruktiv einsetzt, einen Teil des bisher im Hochbau verwendeten Stahlbetons und andere künstlich hergestellte Materialien zu substituieren.

Man muss sich also zukünftig wieder an den früheren Bauweisen orientieren. Verschiedene Projekte zeigen aber bereits jetzt, dass ein Bauen mit tragendem Naturstein auch mit unseren heutigen Ansprüchen möglich ist. Hier drei Beispiele:

Das erste Projekt ist der Neubau der Maria-Ward-Schulen in Bamberg vom Büro H2M Architekten. Hier

[6] Mustermauerwerk Maria-Ward-Schulen in Bamberg

[7] Detail des Verbundmauerwerks

[8] Die eMiliarium Ladesäulen aus regionalem Granit aus dem Fichtelgebirge fügen sich wunderbar in den städtischen Kontext ein und ordnen sich der Bebauung unter.

werden die Außenwände mit einem Verbundmauerwerk aus Naturstein und Ziegeln erstellt, sodass für diese keinerlei Stahlbeton mehr verwendet werden muss. Stürze können bereits in der Produktion vorgefertigt und vorgespannt werden. Zum Argument, dass Naturstein teuer ist, ist zu sagen, dass man auch hinsichtlich Kostenberechnungen umdenken und eine Lebenszyklusberechnung machen muss. Und dann ist das Kostenargument entkräftet.[6/7]

Das zweite Projekt ist ein Bauprojekt in der Schweiz vom Architekturbüro archiplein, bei dem die neu erstellten Wohngebäude wieder eine massive Tragkonstruktion aus Naturstein haben. So sind sowohl die Innen- als auch die Außenwände massiv aus Naturstein. Dabei werden die Außenwände innen gedämmt und verputzt, die Innenwände sind komplett steinsichtig. Bei diesem Projekt wurde der Naturstein wieder konstruktiv als Baustoff verwendet,

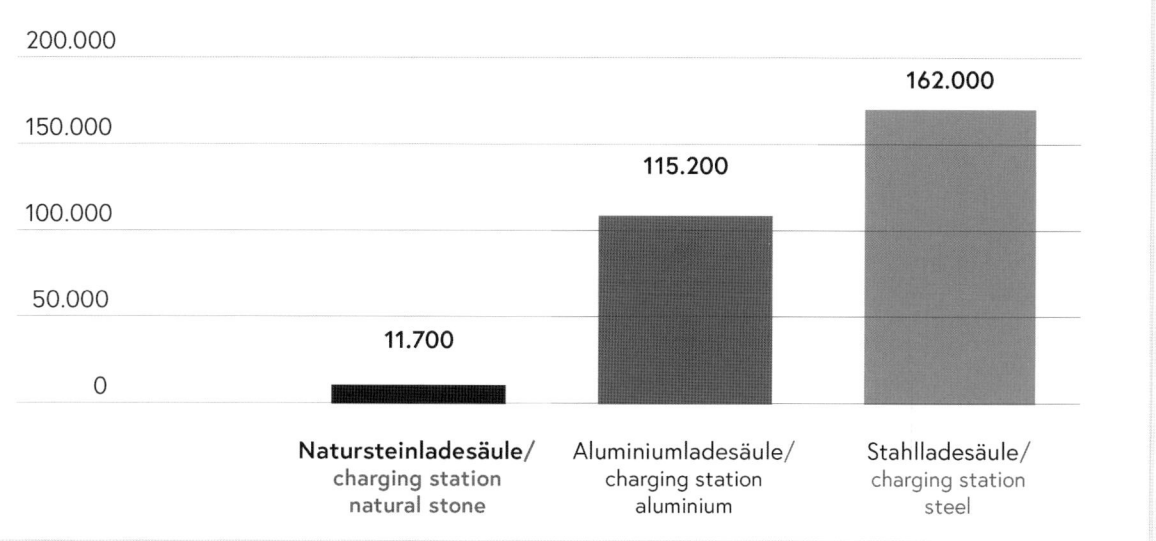

200.000

150.000 — 162.000

115.200

100.000

50.000

0 — 11.700

Natursteinladesäule/
charging station
natural stone

Aluminiumladesäule/
charging station
aluminium

Stahlladesäule/
charging station
steel

[9] Tonnen CO_2-Äquvalent für 900.000 Ladesäulen (Stand 05/2023): Benötigt werden bis zum Jahr 2030 noch etwa 900.000 Ladesäulen. Die Materialwahl ist dabei entscheidend für den ökologischen Fußabdruck.

so wie er selbst Jahrtausende als Baustoff eingesetzt worden ist, um dauerhafte Bauwerke zu schaffen.

Als letztes Projekt möchte ich Ihnen etwas ganz anderes vorstellen: Unsere Elektroladesäulen eMiliarium aus Naturstein, ein Produkt, das ausgezeichnet zum Thema der diesjährigen Konferenz »Die Stadtstraße« passt. Denn wenn die bis 2030 in Deutschland angestrebten eine Million Ladesäulen mit den üblichen Ladesäulen Realität werden, bisher sind nur etwa 100.000 aufgestellt, dann würde sich das Erscheinungsbild unserer Städte massiv verändern. Für die eMiliarium Steinladesäule wird dagegen mit dem verwendeten regionalen Granit ein Material verwendet, das nicht nur besonders nachhaltig, sondern bereits in unseren Städten vorhanden ist. So ordnen sie sich in ihr Umfeld ein, als seien sie schon immer da gewesen.[8]

Daneben überzeugen sie durch ihre hervorragende Ökobilanz. Vergleicht man nämlich das CO_2-Äquivalent der Ladesäulen aus Naturstein mit jenen von Ladesäulen aus anderen Materialien, so ist ausgerechnet der vermeintlich »schwere« Baustoff Granit durch die bemerkenswerte Leichtfüßigkeit seines ökologischen Fußabdrucks gekennzeichnet, während die »leichten« Baustoffe wie Aluminium und Stahl sich ökologisch betrachtet als echte Schwergewichte erweisen. So hat eine 174 Kilogramm schwere Ladesäule ein CO_2-Äquivalent von etwa 13 Kilogramm im Vergleich zu einer 60 Kilogramm schweren Stahlsäule, die 180 Kilogramm CO_2-Äquivalent emittiert. Das Einsparpotenzial bei der Verwendung von Natursteinsäulen bei 900.000 Ladesäulen beträgt somit über 150.000 Tonnen CO_2-Äquivalent.[9]

Mit diesem Vergleich wird schließlich über das Thema Ladesäule hinaus – der Naturstein ist ja »nur« eine Hülle für eine hochaktuelle Technik – anhand eines Alltagsprodukts für jeden leicht verständlich aufgezeigt, wie nachhaltig Naturstein ist.

Ich wünsche auch dem zweiten Tag der Veranstaltung spannende Vorträge und zielführende Diskussionen und bedanke mich ganz herzlich für Ihre Aufmerksamkeit.

Erfahrungen aus der Bau- und Planungspraxis 3

Impuls 1
Gero Suhner

Die Funktionen der Stadtstraße

Im Stadtraum der gebauten Umwelt kommt der Stadtstraße maßgebliche Bedeutung zu. Unter dem Begriff entsteht sowohl bei Fachpersonen als auch bei Laien bereits ein Bild vor dem inneren Auge. Dennoch ist der Begriff der Stadtstraße nicht eindeutig definiert. Von einer Straße innerhalb einer Stadt bis hin zu den umfassend gestalteten, nutzungsgemischten, hoch frequentierten Stadträumen, von denen die Avenue de Champs Élysées in Paris ein häufig zitiertes Beispiel darstellt, reichen die phänotypischen Ausprägungen. Ebenso vielfältig sind die vorzufindenden Funktionen dieser wichtigen Komponente der Stadtplanung.

Dieser Text widmet sich deshalb den unterschiedlichen Funktionen, die eine Stadtstraße erfüllen kann und wie sich diese in ihre Gestaltung einfügen. Auf Grundlage einer fotografischen Analyse werden die Eigenschaften verschiedener urbaner Straßenräume analysiert und ihre Qualitäten in den Kontext aktueller Ansprüche und Planungsparadigmen gestellt. Gebaute internationale Beispiele von Straßenräumen sowie ein Wettbewerbsbeitrag des Verfassers sollen zur Inspiration für die Gestaltung von Stadtstraßen und Stadträumen beitragen. Grundlegend ist festzustellen, dass die Stadtstraße ein zentrales Element bildet für

- Vernetzung
- Erschließung
- Raumbildung und
- urbane Mobilität.

Sie hat damit unmittelbare Auswirkung auf den Stadtraum und ist maßgeblicher Teil des städtebaulichen Entwurfs. In der Praxis stellt sie nach wie vor das maßgebliche Entwurfselement dar und proportioniert die gebaute Umwelt. In dieser Eigenschaft ist sie die Schnittstelle zwischen Gebäude und Quartier. Damit ist sie die unmittelbare Grenze zwischen Privatheit sowie Öffentlichkeit. Ihre Funktionen sind vielfältig, uneindeutig und wandelbar. Dies zeigen die unterschiedlichsten Experimente oder Verkehrsversuche, die in den vergangenen Jahren in zahlreichen Städten durchgeführt wurden. Seien es temporäre Bespielungen des öffentlichen Raums, saisonale oder auch tageszeitabhängige Nutzungen, wie Sommerstraßen oder die nächtliche Befahrbarkeit von Fußgängerzonen mit dem Fahrrad. All diese Nutzungen haben auch Auswirkungen auf die Ablesbarkeit des öffentlichen Raums.

Evident bei einer Betrachtung von städtischen Straßen ist ihre vorwiegende Funktion als Verkehrsader, nach rein technischen Aspekten dimensioniert, beschriftet sowie mit einer geringen Gestaltqualität ausgestattet. Insbesondere bei ephemeren Nutzungen, wie der in Abbildung 1 gezeigten Baustelleneinrichtung mit Abtrennung zum Verkehrsraum, wird dies deutlich.[1]

Von prägender Charakteristik bei dieser Betonung als Verkehrsader ist das Motiv der Geschwindigkeit. Dies kann zum einen die positive Geschwindigkeit der Bewegung sein, wie sie bei Durchgangsstraßen, aber auch bei Fahrradschnellwegen oder rein funktionalen Fußwegen das Hauptmotiv darstellt, jedoch genauso auch das vollständige Fehlen von Geschwindigkeit bis hin zum Stillstand. Abbildung 2 zeigt den Stillstand anhand eines Beispiels,

[1] Stadtstraße als Verkehrsader mit geringer Gestaltqualität (Frankfurt am Main, 2018)

in welchem die Stadtstraße die zusätzliche Funktion eines Abstellraums annimmt, als Stellfläche für Autos, Fahrräder, Stadtmobiliar oder Abfallbehälter. Die Fahr- und Gehbahnen haben hier visuell lediglich untergeordneten Charakter, dominant erscheint hier der Eindruck als Abstellfläche, was zusätzlich zum uneinheitlichen Erscheinungsbild beiträgt.[2]

Ein weiteres auffälliges Merkmal der bewegungsbetonten Stadtstraße ist ihre starke Funktionstrennung, die auch aufgrund der starken Geschwindigkeitsdifferenzen der einzelnen Modi bewusst in Einzelspuren untergliedert wird. Diese zudem in markierenden Farben gekennzeichneten Bereiche betonen die Geschwindigkeitsorientierung des Beispiels, das in Abbildung 3 dargestellt ist.[3]

Im Vergleich mit einem Beispiel aus London (UK), das einen mehrfach genutzten Straßenraum zeigt, stellt sich für die Neugestaltung deutscher Stadtstraßen die Frage nach einer variablen oder bisweilen

informellen Multicodierung jenseits von *Shared Spaces*, die in den 2000er und 2010er Jahren vielfach an einem Mangel an Akzeptanz scheiterten.[4]

Das Beispiel Chapel Market zeigt, wie nach dem regelmäßig stattfindenden Markt die gesamte Breite des Raumes ungeachtet seiner Unterteilung in Fahr- und Gehspuren, informell von Nutzenden angenommen wird, ohne dass es zu Beeinträchtigungen von Aufenthaltsqualität, Nutzbarkeit oder Akzeptanz kommt. Zwei weitere Beispiele aus London zeigen, wie eine Stadtstraße durch eine abgestimmte Gestaltung in Farbigkeit, Proportion und Materialität zu Identität und Adressbildung beiträgt.[5] Farbe und Textur formen in Abstimmung mit den umliegenden Gebäuden einen einheitlich und ästhetisch ansprechenden Stadtraum.[6]

Ein Beispiel aus Seoul (Süd-Korea) zeigt, wie bedeutsam mischgenutzte Flächen für den öffentlichen Raum sind. Die bunte Ausgestaltung dieser

[2] Stadtstraße als Abstellfläche (München, 2022)

[3] Funktionstrennung als Motiv der geschwindigkeitsbetonten Stadtstraße (München, 2022)

[4] Chapel Market, Stadtstraße nach einem Markt – Multicodierung? (London, 2018)

[5] Farbigkeit, Proportion sowie Materialität tragen zu Identität und Adressbildung bei (London, 2018)

[6] Textur und Farbe formen einen ganzheitlich abgestimmten Stadtraum (London, 2018)

[7] Mischnutzung des Stadtraums trägt zur Lebensqualität der Stadtstraße bei (Seoul, 2019)

[8]   Rückbau Stadtautobahn und Freilegung des
      Flusses Cheonggyecheon in Seoul, Süd-Korea (2019)

Stadtstraße, ergänzt durch einfache Kübelbepflanzung sowie Mobiliar inmitten einer Megacity, führt vor Augen, welchen Beitrag geschickt gestaltete Stadträume zur Lebensqualität leisten, ohne zu Flächenkonkurrenz im öffentlichen Raum zu führen.[7] Die drastischste Ausprägung finden Stadtstraßen in ihrer Form als Stadtautobahnen, wie sie unter dem Leitbild der autogerechten Stadt in sehr vielen Großstädten in Deutschland ab den 1950er Jahren, aber auch international erbaut wurden. Wie sehr die Umgestaltung dieser Verkehrsachsen in entschleunigte und fußgängerfreundliche städtische Räume die Erlebbarkeit des öffentlichen Raums befördern sowie gleichzeitig durch die Ergänzung blauer und grüner Infrastrukturen einen effektiven Beitrag zur Klimaanpassung leisten können, zeigt das Beispiel des Rückbaus einer ehemaligen innerstädtischen Autobahn in Süd-Koreas Hauptstadt Seoul und der Freilegung des ehemals unterirdisch verrohrten Flusses Cheonggyecheon.[8]

Durch die Entsiegelung des Flusses und die zusätzliche Begrünung konnte die Luftqualität wesentlich verbessert sowie die Umgebungstemperaturen deutlich gesenkt werden. Insbesondere vor dem Hintergrund des städtischen Wärmeinseleffekts (Urban Heat Island Effect) stellt dies eine wirksame Verbesserung der Situation dar.

Auf einer Länge von fast zwei Kilometern wurde in den Jahren 2003 bis 2005 eine neue Lebensader in das Stadtzentrum geführt, die aufzeigt, welche negativen Einflüsse auf die Lebens-, Aufenthalts- und Gestaltungsqualität von städtischen Räumen durch rein geschwindigkeitsorientierte Verkehrsachsen ausgehen. Ihre zudem starke räumliche Trennwirkung muss in diesem Zusammenhang nicht weiter ausgeführt werden.

Eine ähnlich radikale Lösung im Umgang mit den Relikten der autogerechten Stadt schlägt der Verfasser im Ideenwettbewerb »Street of Tomorrow«

[9]   SuBLane! Vorschlag für die Umnutzung autogerechter Stadtstraßen (2022)

von non architecture mit seinem Entwurf SuBLane! (Subterranean Urban Bike Lane) vor: Die drastische Entsiegelung von Tunnelbauten der 1960er Jahre. Der Beitrag, der 2022 als Finalist ausgezeichnet wurde, beinhaltet die oberseitige Öffnung der Tunneldecken, ihren Ersatz durch transluzente Solarpaneele und die Schaffung von ganzjährig nutzbaren tageslichthellen Fahrradwegen mit innenseitiger Begrünung und Regenwassermanagement für deren Bewässerung. Um den Ansprüchen unterschiedlicher Nutzenden Rechnung zu tragen, sieht der Entwurf Zonierungen der Geschwindigkeiten vor.

Abschließend lässt sich festhalten, dass die Stadtstraße maßgeblich bestimmt wird durch ihren Umgang mit Geschwindigkeit, als Stellgröße für die Be- oder Entschleunigung von Stadträumen sowie ihre Nutzungsvielfalt und mögliche Multicodierung. Maßgebliche Entwurfsparameter leiten sich davon ab. Die adäquate Gestaltung der Stadtstraße mit all ihren Einflussgrößen, Schnittstellen sowie

Nutzungen ist folglich Kernelement nachhaltiger Stadtplanung. Insbesondere trägt auch das subjektive Geschwindigkeitsempfinden, das durch Gestaltungselemente wie Linienführung, Proportion und Farbigkeit maßgeblich beeinflusst werden kann, zur Lebensqualität in der gebauten Umwelt bei. Dies sollte bereits vor der Umsetzung bautechnischer Normen berücksichtigt werden, um Stadträume mit hoher Gestalt- und Aufenthaltsqualität zu realisieren. Ein integrierter Entwurfsansatz berücksichtigt dies bereits ab der frühen Phase und trägt der Vielschichtigkeit der Quartiersentwicklung Rechnung.

Impuls 2
Bernd Rubelt, Potsdam

Die Stadtstraße in Potsdam – Bestand und Neubau

Die Landeshauptstadt Potsdam diskutiert die Thematik »Stadtstraße« auf vielfältige Weise und stets mit Quartiersbezug. Dabei geht es vordergründig um Bestandsquartiere aufgrund des starken Stadtwachstums, aber auch um ein Neubauquartier. Im Folgenden werden drei Quartiere mit ihren Stadtstraßen vorgestellt.

Gartenstadt Drewitz

Das erste Quartier ist die Gartenstadt Drewitz, die im Rahmen des industrialisierten Bauens gegen Ende der 1980er Jahre in der DDR errichtet wurde. Die Großwohnsiedlung wurde »unfertig in die Wendezeit entlassen«. Mit Beginn der 2000er Jahre kam es zu einem rasanten Austausch der Bevölkerung und einem negativen Imagewechsel. Gemeinsam mit dem Stadtteil Am Stern wurde das Quartier Gebietskulisse der Städtebauförderung »Soziale Stadt«.

Im städtebaulichen Prozess wurde über die energetische Quartiersentwicklung hinaus eine sozialverträgliche Umgestaltung sowie ein attraktives und grüneres Wohnumfeld angestrebt. Besonders vor dem Hintergrund, dass die Großwohnsiedlung überwiegend autogerecht geplant war, spielte die klimafreundliche und umweltverträgliche Mobilität eine große Rolle. Alle Maßnahmen zielten auf eine höhere Wohnzufriedenheit und eine stärkere Identifikation mit dem Quartier ab. Die stadteigene Wohnungsbaugesellschaft Pro Potsdam GmbH war als zentraler Akteur der Wohnungswirtschaft eingebunden. Eine wesentliche Rolle kam der Transformation der Konrad-Wolf-Allee zu. Die vierspurige Durchgangsstraße mit unattraktiven Nebenanlagen und Grünbereichen mit geringer oder fehlender Aufenthaltsqualität wurde bis 2016 rückgebaut und den Anwohnenden als Stadtteilpark wieder zur Verfügung gestellt. Vor allem durch die Unterbindung des Durchgangsverkehrs in Verbindung mit der Einführung der Parkraumbewirtschaftung ließ sich die Anzahl der Pkw deutlich reduzieren und eine enorme Wohnumfeldverbesserung erzielen. Mit der Reduktion der asphaltierten Fläche um 33 Prozent und der Erhöhung des Grünvolumens im Straßenraum konnte neben der Reduktion der Lärmemissionen auch eine stadtklimatische Maßnahme durchgeführt werden.[1/2]

Die erfolgreiche Transformation eines übergroß dimensionierten Straßenraums aus der autogerechten Stadt kann eine wahrnehmbare Erfolgsbilanz aufweisen:

- Bau eines Stadtteilparks und »grünen Kreuzes« mit etwa 2,5 Hektar Entsiegelungsfläche
- Grünvolumen um das Dreifache gestiegen
- Geschwindigkeitsreduzierung im Stadtteil durch flächendeckende Ausweisung als Tempo-30-Zone
- CO_2-Reduzierung: Durchgangsverkehr um 72 Prozent geringer, Entlastung Konrad-Wolf-Allee = etwa 1.700 Fahrzeuge am Tag
- Radwegverbindungen in die Innenstadt
- deutlich verbessertes Image durch sozialverträglichen Transformationsprozess mit am Ende hoher Zufriedenheit und Bleibequote

Potsdamer Innenstadt

Das zweite Beispielprojekt bezieht sich auf die Potsdamer Innenstadt als historischen Stadtraum, für den durch das Projekt »Straßenräume

[1] Konrad-Wolf-Allee vor der Transformation   [2] Das »grüne Kreuz« als neuer Stadtteilpark der Anwohnenden

neu denken« ein komplexer Umnutzungsprozess angestoßen wurde. Für das Projektgebiet in der zweiten barocken Stadterweiterung wurde mit dem Abschluss der wesentlichen Sanierungsmaßnahmen im Gebäudebestand deutlich, dass die Anforderungen an eine umweltgerechte Mobilität und an eine lebendige und wirtschaftlich aktive Innenstadt einen neuen Planungsprozess bedingen. Das Ziel ist dabei die Herstellung einer Flächengerechtigkeit: Mehr Räume für (alle) Menschen in der Stadt. Der fließende und der ruhende Verkehr sollen – nicht vollständig im Wortsinne autofrei – deutlich reduziert werden, um Platz für andere innenstadtaffine Nutzungen zu schaffen. Parkstände der Anwohnerinnen und Anwohner des Quartieres sollen dabei überwiegend erhalten bleiben. Dies vor dem Hintergrund, dass die Innenstadt als Einkaufsinnenstadt einen erfreulicherweise hohen Wohnanteil hat und weiterhin behalten soll.[3]

Die Innenstadtstudie sieht eine klare Aufteilung der einzelnen Straßenräume vor, mit Unterscheidung nach Tempo und der Anordnung von verkehrsberuhigten Bereichen und Fußgängerzonen. Im Vordergrund stehen konkrete Konzepte für einzelne Straßen, indem die Ideen und Wünsche der Anwohnerinnen und Anwohner, der ansässigen Gewerbetreibenden und der Besucherinnen und Besucher der Innenstadt eingebunden werden.

So konnte für die wichtigsten und prägendsten Straßenzüge innerhalb der Innenstadt beispielhaft nachgewiesen werden, wie trotz begrenzten Raumes attraktive Räume geschaffen werden können. So kann in der Mittelstraße im Holländischen Viertel unter dem Motto »Flanieren und staunen« die Straße vollkommen vom ruhenden Verkehr befreit werden und mehr Platz zum Aufenthalt und für die Gastronomie entstehen. Ähnlich kann in der Dortustraße unter maßgeblicher Beibehaltung der vorhandenen historischen Straßensituation mit Kopfsteinpflaster vorgegangen werden. In der Gutenbergstraße, einer wichtigen Durchgangsstraße, wurde mehr Platz für Radfahrende angestrebt und somit ein Beitrag für mehr Verkehrssicherheit geleistet. Für die Charlottenstraße mit ihrer wichtigen Bedeutung für den öffentlichen Personennahverkehr ist eine Herausnahme aller Gebührenparker geplant, wovon auch Fußgänger und Radfahrende profitieren.[4/5]

Bei der Untersuchung von Stellplatzangeboten in den vier Tief- und Hochgaragen im näheren Umfeld konnte festgestellt werden, dass im Durchschnitt eine Auslastung von nur 50 Prozent gegeben ist. Im Ergebnis kann mit dem Konzept also eine deutliche Qualitätsverbesserung im Quartier erzielt werden, bei einer summenmäßigen Beibehaltung des Angebotes an Pkw-Stellplatzflächen.

[3]   Projektgebiet »Straßenräume neu denken« in der zweiten barocken Stadterweiterung Potsdams

[4]   Aktuelle Situation ...

[5]   ...und Konzept der Mittelstraße im Holländischen Viertel

Festgehalten werden muss, dass das Konzept in der Stadt einerseits viel zu radikal, andererseits nicht weitreichend genug gesehen wird. Insofern stellt es einen notwendigen und auf eine breite politische Mehrheit fußenden Zwischenschritt dar. Nach dem Beschluss des Konzepts im Mai 2023 wird von einer etwa vierjährigen Umsetzungszeit ausgegangen, in der im Wesentlichen auf umfängliche Umbaumaßnahmen verzichtet wird und vor allem durch infrastrukturelle Ergänzungen, Verbesserung der Radverkehrsinfrastruktur und Neuanpflanzungen von Straßenbäumen auch ein finanzieller Kompromiss gefunden wurde.

Quartiersentwicklung Krampnitz

Mit dem letzten Beispiel soll eine stark modellhafte neue Quartiersentwicklung beschrieben werden, die in der im Potsdamer Norden etwa

[6] Quartiersentwicklung Krampnitz auf ehemaligem Kasernengelände

sieben Kilometer von der Innenstadt entfernten Kasernen-Konversion in Krampnitz entstehen wird.[6]

Aufgrund der Lage am Stadtrand wurde für Krampnitz von vornherein auf eine Entwicklung mit Bezug zur umweltgerechten Mobilität gesetzt. Dem folgt das Erschließungskonzept für das künftig mit den etwa 10.000 Einwohnern als eigenständiger Stadtteil fungierende Quartier. Ausgangspunkt ist dabei der verkehrspolitische Ansatz, dass jeder Einwohner beim Heraustreten aus seiner Wohnung als erstes nicht den privaten Pkw-Stellplatz sieht, sondern vor allem eine sehr nahe und direkte Zugänglichkeit der Verkehrsträger der umweltgerechten Mobilität vorfinden wird. Diese Maßgabe führte dazu, dass das gesamte Quartier für den ruhenden Verkehr ausschließlich mit Quartiersgaragen erschlossen wird und dass in den Straßenräumen bis auf Stellplätze für Menschen mit Behinderung keinerlei direkt zugängliche Stellplatzanlagen geschaffen werden.[7]

Mit diesem restriktiven Schutz der Straßenräume beginnt allerdings auch der planerische Prozess, diese Räume dann neu in puncto Aufenthaltsqualität zu entwerfen. So werden in den Sammelstraßen die Verkehrsarten Pkw-Verkehr und Radverkehr gleichberechtigt in der Fahrbahn geführt und für den Bereich der Gehwege eine ausreichende Breite für den Aufenthalt geschaffen. Innerhalb der Wohnwege wird dabei noch stärker auf die Entwicklung von Mischverkehrsflächen Wert gelegt bei gleichzeitiger Ausweitung der Grünanlagen.[8]

Anders als in den Bestandsquartieren kann unter dieser Vorgabe auch mit den privaten Bauherren eine deutliche Orientierung hin zur umweltgerechten Mobilität geschaffen und die Grundlage gebildet werden, sodass die Straßenräume mehr sind als nur Abstellorte für den ruhenden Verkehr und tatsächlich wieder ein wesentliches Grundgerüst für das aktive Leben im Quartier. In Krampnitz sind 2023 die ersten Straßen im Bau und mit der Erschließung für die Straßenbahn, die für das Jahr 2029 geplant ist, wird eine vollständige Umsetzung des sehr ambitionierten und fortschrittlichen Verkehrskonzeptes anvisiert.

[7] Neue Stadtstraße mit Vorrang für den Umweltverbund

[8] Wohnstraßen werden zu Aufenthaltsräumen mit Lebensqualität

Impuls 3
Daniel F. Ulrich, Nürnberg

Kann die RASt Stadt?

Die Stadt als Ort des gesellschaftlichen Austausches »passiert« vor allem im öffentlichen Raum – auf Straßen und Plätzen. Dieser Raum muss in der Lage sein, seine Funktion auch tatsächlich zu erfüllen. Als Ort der Mobilität, des Handels, des Verweilens, der Kultur, als Ort für Sport, sozialen Austausch und als Ort mit ästhetischen, klimatischen und technischen Funktionen.

Stadtstraßen beginnen mit der RASt – der Richtlinie für die Anlage von Stadtstraßen. Sie ist in Papier gegossene, segregierte, autogerechte Stadt. Ihr Ziel war nie, Fußgängern oder Radfahrern das Leben leicht zu machen oder Raum für urbane Begegnung zu ermöglichen. Ziel war auch nie, Städte schön, klimaangepasst oder grün zu gestalten. Die Aufgabe der RASt ist die »Leichtigkeit des Verkehrs«, ein optimaler Fluss von Autos. Diese Zielsetzung sorgt dafür, dass nach RASt geplante Straßen in besonderer Weise dafür geeignet sind, dem Autoverkehr das Fahren zu vereinfachen.

Die RASt steht nicht für sich. Sie ist Ergebnis des *Handbuchs für die Bemessung von Straßenverkehrsanlagen (HBS)* der Forschungsgesellschaft für Straßen- und Verkehrswesen (FGSV). Dort wird die Leistungsfähigkeit von Straßen anhand von Qualitäten beurteilt. Insbesondere für die Bezuschussung von Straßenbauprojekten ist die Verkehrsqualität entscheidender Maßstab. Wer also gefördert werden will, muss sich der RASt unterwerfen.[1]

Hier zeichnet sich nun endlich ein Paradigmenwechsel ab. Mit Veröffentlichung der *E Klima 2022* sind von der FGSV neue Empfehlungen erstellt worden, Straßenplanungen klimagerecht so zu konzipieren, dass die Qualitätsstufen insbesondere den Bedürfnissen der Verkehrsträger des Umweltverbundes gerecht werden. Im Ergebnis soll Qualität (und Förderwürdigkeit) nicht mehr wie bisher am Autoverkehr, sondern insbesondere an den Bedürfnissen von ÖPNV, Fußgängern und Radverkehr bemessen werden.

Die RASt und die europäische Stadt

Die wesentlichen öffentlichen Räume der nutzungsgemischten europäischen Stadt im Sinne der beiden *Leipzig-Chartas* wurden in Zeiten errichtet, in denen es noch keine RASt gab. Verkehrsplanung und Städtebau, früher ein Ganzes, waren dominiert von den Bedürfnissen des Stadtorganismus. Monofunktionale Parkplätze waren kein Thema.

Die Innenstädte in Deutschland, die heute besonders gut funktionieren, beweisen, dass historische Konzepte auch heute noch tragen. Straßenraum in der Stadt ist mehr als Raum für Autos – rollend oder ruhend. Der Stadtraum dient jeder Mobilität. Er dient aber genauso Handel, Kultur, Konsum und Freizeit. Es muss gelingen, diesen Raum wieder so zu organisieren, dass der Stadt Chancen bleiben für Leben, Grün, Klimaanpassung und Austausch. Da geht es um Flächenzuteilung und um Geschwindigkeiten! Also um Umverteilung und Entschleunigung.

Der Nürnberger Ansatz

Nürnberg hat eine bewohnte, klar umgrenzte Altstadt mit etwa 160 Hektar Fläche bei um die 15.000 Einwohnern.

[1] So sieht die aktuelle RASt aus –
Querschnitte für den MIV dominieren

In der Altstadt ballen sich alle zentralen Funktionen. Bereits 1997 wurde diese Altstadt vom Durchgangsverkehr befreit. Das Ergebnis war der erste »Superblock« in Deutschland mit insgesamt fünf großen Zonen, die jeweils mit einer Ringerschließung nicht miteinander verbunden sind, sondern nur isoliert erreicht werden können.[2]

Inzwischen sind alle über 3.700 öffentlichen Stellplätze in dieser Altstadt gebührenpflichtig. Kostenloses Parken ist Vergangenheit! Und die Altstadt ist komplett verkehrsberuhigt, also Zone 30 oder Fußgängerzone. Auch da ist Nürnberg die erste Stadt in Deutschland, die das so flächig und so geschlossen umgesetzt hat. Folge war eine Halbierung des Autoverkehrs innerhalb der Altstadt, dazu die Schaffung der größten Fußgängerzone Europas. Diese trägt bis heute allein durch ihre Größe, vor allem aber durch den Willen, dass neben den Bedürfnissen des Handels auch die Bedürfnisse von Kultur, von Freizeit, von Gastronomie und von konsumzwangfreien Nutzungen räumlich abgebildet werden. Dieser Nutzungsmix trug durch die Pandemie und er trägt bis heute.[3]

Fußgängerbereiche sind kein Selbstzweck. Sie dienen dem Zusammentreffen von Menschen verschiedener Herkunft, verschiedener Bildung, verschiedener sozialer Herkunft, verschiedenen Alters und verschiedenen Interesses. Fußgängerbereiche bieten den Raum zur Austragung gesellschaftlicher Konflikte, Fußgängerbereiche bieten den Raum des Zusammentreffens von Arm und Reich. Fußgängerbereiche bieten aber auch den Raum für Aufenthalt und das Leben an sich. Sie sind also »Stadt«. Reine Autostraßen können all das nicht – im Stau findet kein sozialer Austausch statt.

Größer nach der Pandemie

Nürnberg hat seine Fußgängerzone nach der Pandemie nochmals erweitert und Bereiche, die bisher dem Autoverkehr gewidmet waren, reurbanisiert. Im Resultat entstanden zusammenhängende, großräumige Räume, in denen Fußgänger Vorrang genießen. Die Flächen sind niemals ganz frei von Auto- oder Lieferverkehr. Sie geben aber Fußgängern und oft auch Fahrradfahrern die Oberhand. Unabhängig von der verkehrsrechtlichen Ausgestaltung ist es für die Akzeptanz essenziell, dass die Verdrängung des ruhenden Verkehrs durch die sofortige Belegung mit anderen Nutzungen sichergestellt wird. Das simple Entfernen von parkenden Autos aus dem öffentlichen Raum, ohne diesen Raum Menschen zugänglich zu machen, mit Aufenthaltsqualität, mit Grün, mit Gastronomie oder mit Kunst, sorgt dafür, dass die Flächen sehr schnell wieder beparkt werden – ob legal oder illegal.

Die Lösung muss nicht immer ein endgültiger, in der Regel teurer Ausbau sein. Oft genügen einfache Maßnahmen, mit denen viel erreicht werden kann. Langfristig ist es wünschenswert, stadtgestalterisch abschließende Ansätze zu finden, wie autoarme Stadträume als gestaltete, einheitliche, klimaangepasste Areale in Erscheinung treten können. Bei all diesen Themen sind Vorschriften wie die RASt wenig hilfreich. Die Umgestaltung von bestehenden Straßenräumen zurück in Räume, die Menschen als Ganzes dienen, bedeutet vor allem Veränderung jenseits der RASt. Das bedeutet aber auch, dass

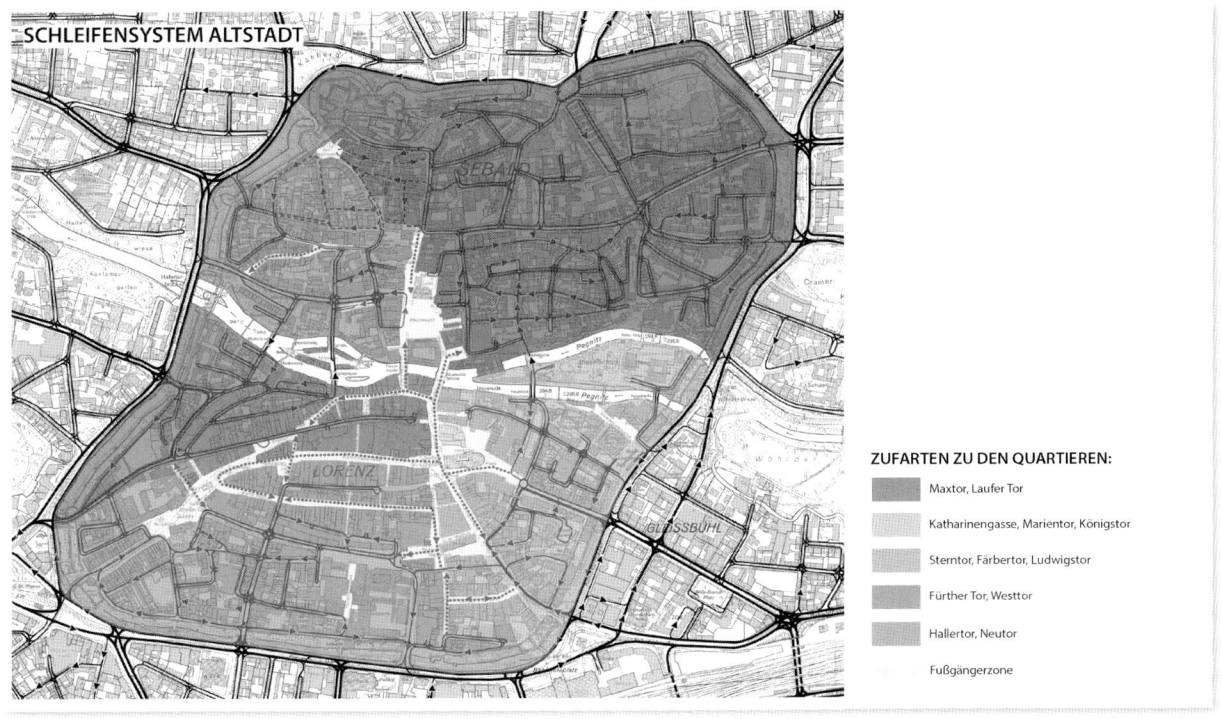

SCHLEIFENSYSTEM ALTSTADT

ZUFARTEN ZU DEN QUARTIEREN:

Maxtor, Laufer Tor

Katharinengasse, Marientor, Königstor

Sterntor, Färbertor, Ludwigstor

Fürther Tor, Westtor

Hallertor, Neutor

Fußgängerzone

[2] Nürnbergs »Superblocks« 1997 – die Schleifenlösung

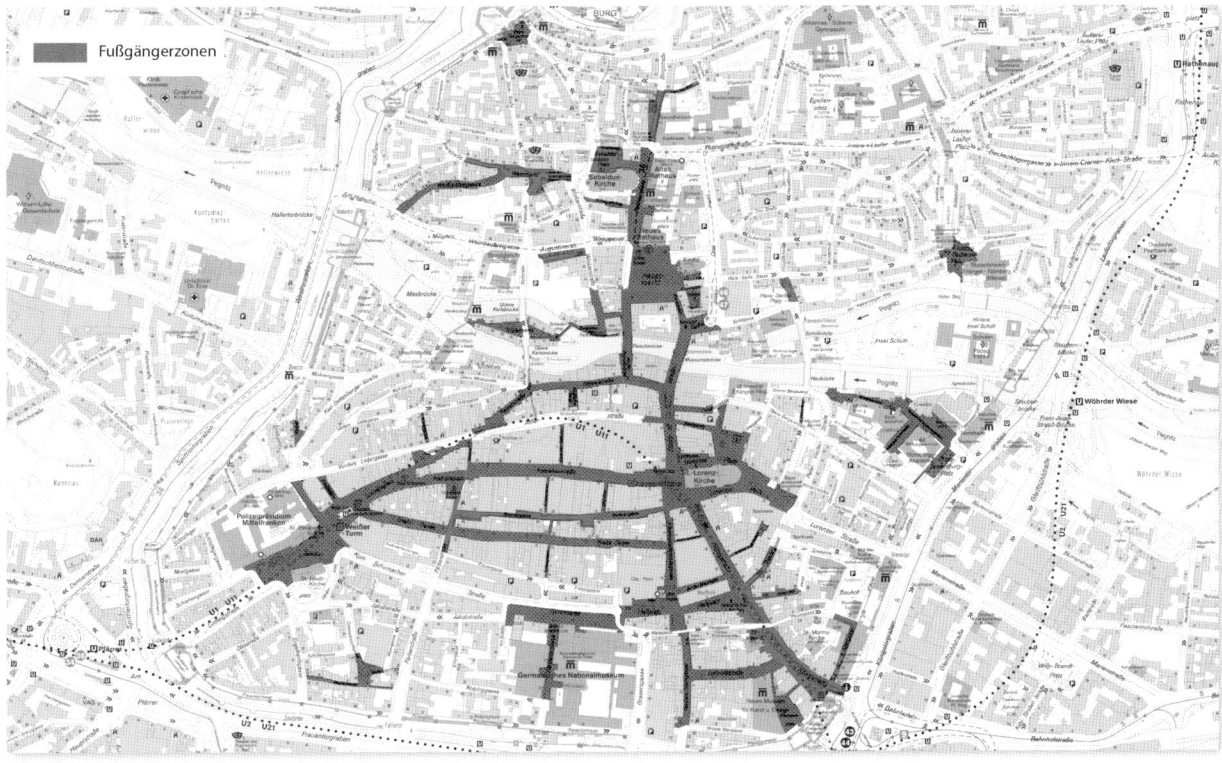

Fußgängerzonen

[3] Fußgängerzonen in Nürnbergs City 2023

BARBARA ENGELHARD

[4] »summer street« Klaragasse

Experimente mitgetragen werden müssen, dass das Risiko von Fehlern mitgetragen werden muss und es gelingen muss, Fehler auch zu korrigieren. Für Nürnbergs Weg war es außerordentlich sinnvoll, auch Experimente zu wagen. Eines der Experimente ist die Adlerstraße. Hier wurde durch einfache Möblierung eine Straße am Rand der Fußgängerzone als »summer street« zu einem ruhigeren Ort umgewandelt. In dieser Straße gibt es weiterhin Autoverkehr.

Erkenntnisgewinn war vor allem, dass ein unterer Rand baulicher Qualität durchaus erreichbar ist und nicht unterschritten werden darf, um einen Effekt im öffentlichen Raum zu erreichen.[4]

Der erste dauerhafte Schritt der jüngsten Veränderung war die Schaffung einer Fußgängerzone am Weinmarkt. Das dadurch ausgelöste politische Erdbeben sorgte für enorme Unruhe, bereitete aber

[5] Fußgängerzone Weinmarkt

[6] Fußgängerzone Königstraße

den Boden dafür, dass dann nach der Pandemie zwei viel größere Stadtflächen in die Fußgängerzone integriert werden konnten.[5]

Ein zweites Beispiel ist die Erweiterung der Fußgängerzone Königstraße nahe dem Nürnberger Hauptbahnhof. Auf dem Weg in die City ist dieser Ort besonders schwierig in der Umsetzung gewesen, weil die Königstraße eine Zufahrt ist, in der viel Lieferverkehr in die Altstadt einbrechen muss. Trotzdem ist die Neunutzung gut gelungen. Die Veränderung des Verkehrssystems war schnell akzeptiert. Auch die Königstraße ist nun ein Ort des Austauschs und der Urbanität. Langfristig ist hier natürlich geplant, bauliche Veränderungen zu implementieren.[6]

Die Experimente und Ausweitungen in Nürnberg haben gezeigt, dass Erweiterungen von Fußgängerbereichen auch ohne große öffentliche Diskussionsprozesse sehr gut funktionieren können. Mit dem Ende der Pandemie war hier in der Politik ein Fenster gegeben, in dem innerhalb weniger Wochen bis dato autobefahrene Straßen verwandelt werden konnten. Die üblichen Widerstände aus dem Handel kamen gar nicht erst auf und stellen im Nachgang auch nur ein sehr begrenztes Thema dar. Sehr schnell war fast allen vor Ort durch eigenes Erleben klar, dass der Nutzen der Maßnahmen wesentlich größer war als

der Verlust von vermeintlicher Laufkundschaft aus den Pkw, die bisher diese Straßen besetzten.

In der Gesamtbetrachtung zeigen die Beispiele aus Nürnberg, dass eine Straßengestaltung allein nach der RASt ungeeignet ist, qualitätvolle Stadtbereiche schaffen. Insbesondere die Belange von Fußgängern und Radfahrern lassen sich über alternative Planungen deutlich besser abbilden.

Ziel muss es daher sein, die RASt im Lichte der neu geschaffenen »E-Klima 2022« so anzupassen, dass sie Möglichkeiten schafft, Straßenräume nicht nur in verkehrsberuhigten oder Fußgängerbereichen so zu gestalten, dass sie lebenswert und urban sind. Das muss nicht nur in den Citylagen gelingen, sondern in allen Stadtbereichen, sowohl in den Wohngebieten als auch den Misch- und Gewerbelagen. Die Erfahrungen zeigen aber auch, dass die Geschwindigkeit des rollenden Verkehrs ein Thema ist, dem sich die Kommunen widmen müssen – so sie es denn dürfen! Schneller Autoverkehr ist mit urbaner Lebendigkeit unvereinbar.

Im Zusammenwirken von »neuer RASt« und mehr Möglichkeiten für eigene Entscheidungen zur Geschwindigkeit könnten unsere Städte Raum gewinnen, den sie dann auch nutzen müssen!

Erfahrungen aus der Bau- und Planungspraxis 4

Impuls 1
Helmut Holzapfel

Ankommen statt unterwegs sein – Straße, Raum und Mobilität zusammen denken

Einleitung

Die Wissensgebiete und Handlungsbereiche Stadtplanung, Städtebau, Architektur und Verkehr gehörten über lange Perioden der Menschheitsgeschichte bis etwa zum Ende des ausgehenden 19. Jahrhunderts – und auch bis zu dem Beginn einer eigenständigen Planung für das Automobil – selbstverständlich zusammen. Natürlich gab es historisch unterschiedliche Entwicklungen; Herrschaftssysteme, Religionen und gesellschaftlich/soziale Organisationsformen insgesamt prägten Baukulturen. Diese beeinflussten die Planung und den Bau von Siedlungen bzw. Städten stark, ob es die »klassischen« Konzepte der griechischen und römischen Städte mit Ihren Rasterstrukturen waren, die mit Namen wie Hippodamos von Milet oder Vitruv[1] verbunden werden, oder die Planungen von Stadterweiterungen im Rahmen der Industrialisierung in Deutschland etwa durch Reinhard Baumeister, William Lindlay, James Hobrecht, Camillo Sitte oder Joseph Stübben. Aber, und das ist bis dahin durchgängig der Fall: Die Bebauung, die Häuser und die Straßen werden als Einheit betrachtet. In schon sehr entwickelter Weise sieht man es bei den Plänen etwa von Stübben[2] oder Sitte deutlich: Die Straßenquerschnitte und die Ausrichtung und Form der Bebauung haben zahlreiche Entsprechungen. Integriert in den Plänen sind auch wesentliche Elemente der Bepflanzung der Straßen und Freiräume, etwa die Bäume an den Alleen sowie technische Infrastrukturen der Entwässerung, der Wasser- und Energieversorgung.

Eine Einheit bildete und bildet noch heute das Leben der Menschen in den Siedlungen. Die vorhandene oder auch mangelnde Tauglichkeit dieser Siedlungen und ihrer gesamten Anlage für die Alltagsorganisation der Menschen und die daraus wachsende Qualität wird oft übersehen. Wenige Funde in historischen und zerstörten Städten interessieren jedoch Besuchende mehr als Elemente, die auf den Alltag der Menschen hinweisen: Das klassische »Cave canem« aus Pompeji, das die Grundstücksgrenze und die Limitierung der über sie potenziell das Haus betretenden Personen anzeigt, ist da nur ein Beispiel. In ihrer Geschichte mögen die Formen der Stadt durchaus unterschiedlich alltagstauglich gewesen sein, aber mit der Trennung der Handlungs- und der Wissensgebiete von Architektur, Stadtplanung, Städtebau und Verkehr geht der Lebenszusammenhang, die Tauglichkeit für das komplexe Alltagsleben der Menschen, in der Planung in entscheidendem Maße verloren. Immer hat es Anpassungen in den Siedlungen an Bauten und Nutzungen durch die dort wohnenden Menschen gegeben, heute werden diese durch Bauvorschriften wie die Baunutzungsverordnung gezielt begrenzt. In einem »reinem Wohngebiet« ist es in der aktuellen Fassung der BauNVO (§3) schon eine große Veränderung, wenn als »Ausnahme« Läden oder »kleine Betriebe des Beherbergungsgewerbes« erlaubt werden (vgl. aktuelle Fassung des §3). Um die Alltagstauglichkeit und die Versorgungsstrukturen besser berücksichtigen zu können, ist die Kategorie »Urbanes Gebiet« (§6a BauNVO) eingeführt worden.

Durch die räumliche Funktionstrennung und durch die Behandlung dieser Funktionen in

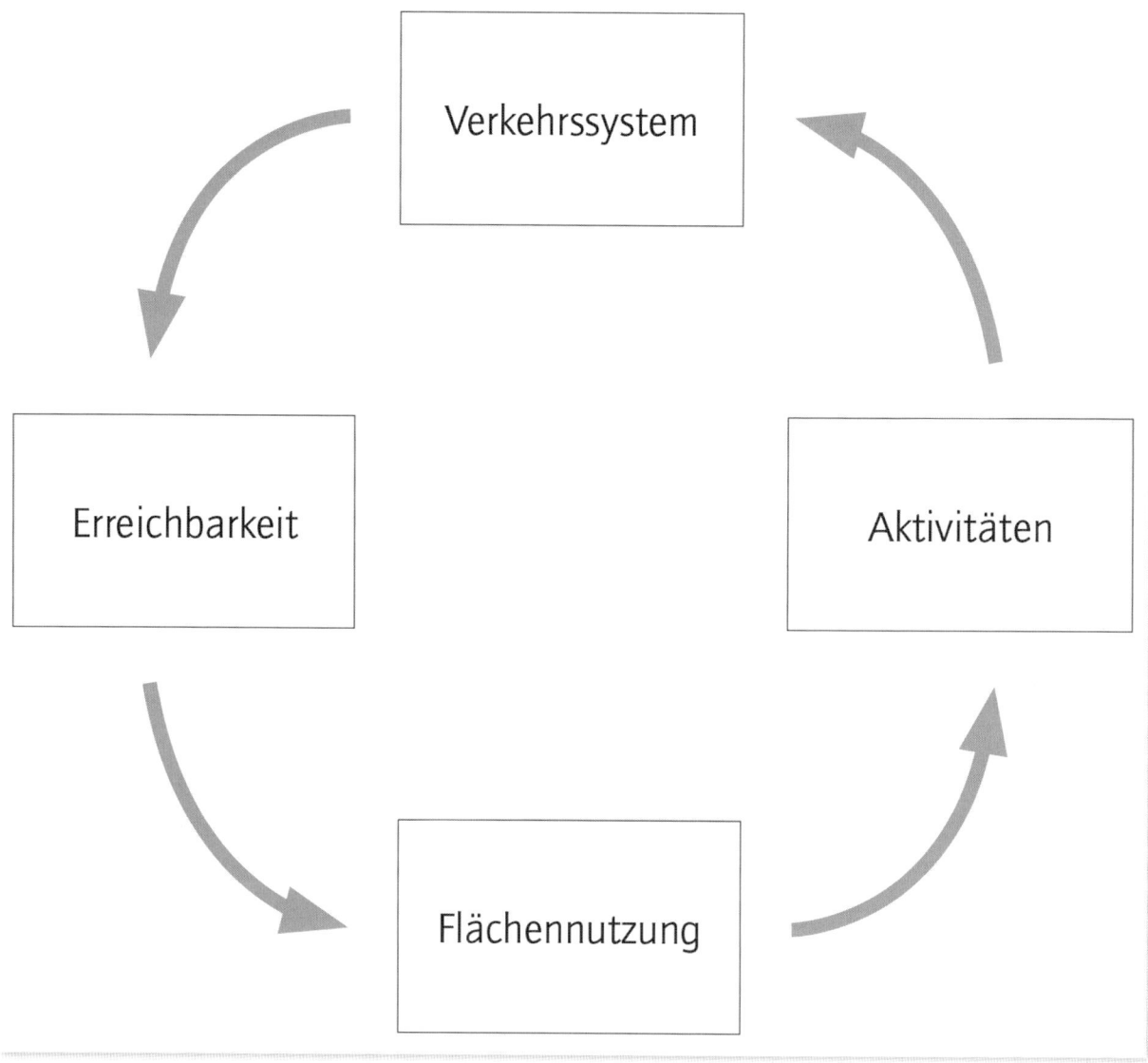

[1] Regelkreis von Flächennutzung und Verkehrssystem

unterschiedlichen Wissenschaftsgebieten wird der eigentlich ganzheitliche Alltag eines Menschen quasi durch dessen unterschiedliche Behandlung durch verschiedene Fachgebiete segmentiert: Tritt man vor die Tür auf die Straße, ist man Gegenstand der Verkehrsplanung, im Haus Gegenstand der Architektur. Quartiere und Stadtteile sowie Stadt- räume sind Gegenstände der Stadtplanung.

Randbedingungen für die Nutzung von Gebäu- den hat es immer gegeben, allein durch das Leben von uns Menschen in Gemeinschaft, die Anpas- sungsfähigkeit[3] an die Lebensumstände und eine flexible Nutzung im Alltag. Durch die aufgrund unterschiedlicher Wissenschaftsgebiete verloren gehenden Zusammenhänge verschlechtert sich die Berücksichtigung des Alltagszusammenhangs. Dies sind unmittelbare, erst einmal etwas abstrakt

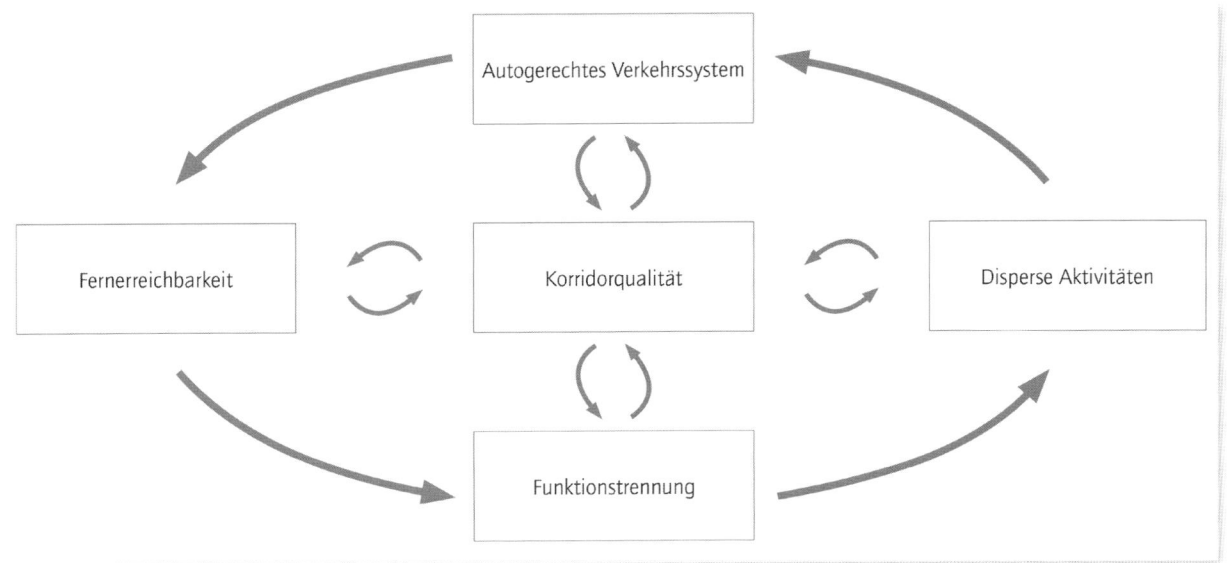

[2] Der Regelkreis der autogerechten Stadt fokussiert Korridorqualitäten

dargestellte Effekte der Trennung der für die Städte tätigen Fachdisziplinen und Zuständigkeiten. Näher wurden in dem von der Deutschen Akademie der Technikwissenschaften (acatech) bearbeiteten Projekt »Integrierte Stadtentwicklung und Mobilitätsplanung« gerade die räumlichen Konsequenzen, insbesondere auch im Hinblick auf die Rolle der Straße, intensiv analysiert.[4]

Regelkreis Flächennutzung und Verkehr
Grundsätzlich sind Flächennutzung und Verkehr zwei Handlungsfelder, zwischen denen enge Wechselwirkungen bestehen.[5] Die Erschließung und Anbindung eines Standorts durch das Verkehrssystem beeinflusst seine Attraktivität und in Folge die Flächennutzung nach Art und Intensität/Maß an diesem Standort. Die Flächennutzung wiederum beeinflusst durch die Verteilung von Zielen bzw. Tätigkeitsstandorten im Raum und deren Erreichbarkeit das Verkehrssystem und die Mobilitätspraktiken. Dieser Zusammenhang von Flächennutzung und Verkehrssystem wird in unterschiedlichen Modellen diskutiert. Der Verkehrswissenschaftler Eckhard Kutter prägte dazu bereits 1975 das Bild

eines Regelkreises, in dem die einzelnen Bereiche einander beeinflussen.[6][1]

Die Wechselwirkungen des Regelkreises von Flächennutzung und Verkehrssystem führen zu einer selbstverstärkenden Wirkung. Das heißt, sie verfestigen bestehende Verkehrssysteme. Im Kontext einer Stadtentwicklungs- und Mobilitätsplanung führt dies dazu, dass Pfadabhängigkeiten bestehen und historische Entwicklungen einen hohen Einfluss auf die aktuelle Situation ausüben.[7] Um diese historischen Pfade zu verlassen, müssen erhebliche systemische Widerstände erkannt und überwunden werden. Dieser Regelkreis der autogerechten Stadt rückt die Korridorqualität (Die Straße wird »Bahn« und Durchgangs- statt Aufenthaltsraum) ins Zentrum.[2]

Fassen wir diese Schilderung aus dem Zwischenbericht des Projektes »Integrierte Stadtentwicklung und Mobilitätsplanung« in der Konsequenz zusammen: Es wird deutlich, dass hier eine automatisch sich verstärkende Entwicklung aus der Nähe in die Ferne abspielt. Immer bessere Infrastruktur für das Automobil und damit steigende Geschwindigkeiten fördern dann die Funktionstrennung, die in die Siedlungsmodelle ohnehin eingebaut war, noch weiter. Damit wieder entsteht eine höhere Belastung durch den Automobilverkehr und die Tendenz, dass auch die ausgebaute Infrastruktur wieder durch Staus behindert wird. Damit steigt der Druck, weitere Straßen zu bauen, die Entfernung noch besser zu erschließen und damit wieder neuen Autoverkehr zu erzeugen. Das, was Kutter 1975 bereits »Teufelskreis« der Mobilität nannte, geht in eine neue Runde. Mit der zunehmenden Infrastruktur in «Korridorqualität» steigen dabei noch die Belastung urbaner Lebenszonen und die Tendenzen zur Abwanderung der Menschen in disperse Siedlungsformen, was wiederum Autoverkehr erzeugt.

Die Straße und der Alltag der Menschen

Dass dabei aber erhebliche Werte verloren gehen, wie Lebensqualität und Stadtraumqualität, ist vielen Menschen bereits bewusst. Dabei wird aber oft die dabei sinkende Alltagstauglichkeit unserer Siedlungen und ihrer Straßen völlig übersehen. Eine lebenswerte Mobilität – aus Perspektive der Menschen – bedeutet ja nicht einfach, wie viel Strecke wir in welcher Zeit zurücklegen können. Sie misst sich eher an den Angeboten und Zielen, die wir im Alltag unkompliziert erreichen können. Qualitativ hochwertige Räume, vor allem die Straße und ihre Bebauung, sind ein Schlüssel dafür, dass wir in unserem Lebensumfeld ankommen und es intensiver nutzen können. Wir können weniger unterwegs sein, sind aber sehr viel flexibler in unserer Mobilität. Wenn wir Alltägliches vor Ort erledigen, spart das nicht nur Zeit, es schafft uns Raum, saubere Luft und schützt das Klima. Dies nützt am Ende auch ökonomisch und schafft so für alle Vorteile, die sich mehr als nur »rechnen«. Die Straße ist dabei so etwas wie ein verlängerter Platz[8], dessen Ränder und Freiflächen Gespräche, Nutzung und Alltagserledigungen integrieren.

Es geht um das Wiederfinden einer lokalen Stadt- und Mobilitätskultur, die am Ende in Siedlungen deutlich wird, die nicht nur für die Menschen »vor Ort« attraktiv sind, sondern auch als Standorte reüssieren: Städte wie Münster oder Freiburg finden sich eben nicht nur in Bewertungen der ökologischen Lebensqualität in den Tabellen weit oben, sondern auch in denen der klassischen, kapitalorientierten Ökonomie als interessanter Standort. »Wer eine Mobilitätswende will und nur über das Auto redet, hat schon verloren«. So kann man sinngemäß eine Äußerung des ehemaligen nordrhein-westfälischen Stadtplaners Karl Ganser interpretieren. Für ihn waren Stadtkultur, Wiederherstellung von alltagstauglichen Siedlungen und ein angenehmes Wohnungsumfeld der Weg, den Transport zu beeinflussen. In der alltäglichen Bewegung durch die Stadt der kürzeren Wege entsteht quasi automatisch weniger Autoverkehr.

Kann aber denn das genaue Umdrehen der bisherigen Logik »immer weiter, immer schwerer, immer schneller« überhaupt sinnvoll gedacht werden? Sind denn die durch die oben dargestellten Regelkreise beschriebenen Verluste durch die Orientierung unseres Verhaltens auf entfernte Destinationen (und die entsprechenden Veränderungen der Siedlungen) revidierbar? Kann denn guter Städtebau, der in der technischen Debatte kaum vorkommt, in der Tat etwas bewegen?

Es ist unübersehbar, dass nur ein radikaler Wandel der gesamten Verkehrsplanung und eine neue Mobilitätskultur die Bedingungen dafür schaffen können, dass das Herumfahren abnimmt. Jeder Kilometer, der nicht oder in Eigenarbeit – also zu Fuß oder nicht-motorisiert – zurückgelegt wird, spart direkt vollständig die für den Antrieb von Fahrzeugen nötige Energie ein. Aber auch das ist noch zu kurz gedacht. Es geht eben um eine andere Lebensweise, einen anderen Städtebau und eine umfassende Berücksichtigung des Alltags der Menschen. In dieser integrierten Form (quasi eine Re-Integration der seit etwa 1900 abgespaltenen Betrachtung) zeigen sich Chancen. Paradigmenwechsel heißt eben genau, den Blick anders zu richten und entsprechend zu handeln.

Bildlich gesprochen kann eine solche übergreifende Planung – und genau dies zeigen die Beispiele etwa von Kopenhagen, Amsterdam, Barcelona oder Utrecht – die oben gezeigten Regelkreise wirklich »umdrehen«.

1 Interessant ist, dass »utilitatis«, Nutzbarkeit, also die Alltagstauglichkeit (s.u.) bei ihm eine zentrale Rolle spielt, vgl. Wyss 2001.
2 Vgl. Stübben 1980.
3 Vgl. das Projekt EVALO, Brandt et al. 2004.
4 Vgl. acatech 2022 im ersten Zwischenbericht des Projekts »Integrierte Stadtentwicklung und Mobilitätsplanung«« ab S.21. Aus diesem Projektbericht stammen auch die beiden Abbildungen 1 und 2, die (die Autoren bedanken sich bei acatech für die Abdruckerlaubnis) übernommen wurden.
5 Vgl. Kitamura et al. 1994/Holz-Rau/Scheiner 2019.
6 Vgl. Kutter 1975.
7 Vgl. Fischedick/Grunwald 2017, S. 25.
8 Vgl. Hülbusch, K.H. 1996, S. 246–251.

Literaturverzeichnis
acatech 2022
Beckmann, K. J./Blumthaler, W./Holzapfel, H./Zebuhr, Y.: *Ankommen statt unterwegs sein – Raum und Mobilität zusammen denken. (acatech Diskussion)*, München, 2022.

Baumeister 1876
Baumeister, R.: *Stadt-Erweiterungen in technischer, baupolizeilicher und wirthschaftlicher Beziehung,* Ernst & Korn, 1876.

Brandt et al. 2004
Brandt, H./Holzapfel, H./Hopmeier, I. (Hrsg.): *Eröffnung von Anpassungsfähigkeit für lebendige Orte (EVALO). Endbericht Gesamtprojekt.* Kassel, 2004.

Fischedick/Grunwald 2017
Fischedick, M./Grunwald, A.: *Pfadabhängigkeiten in der Energiewende: Das Beispiel Mobilität* (Schriftenreihe Energiesysteme der Zukunft), 2017.

Holzapfel 2020
Holzapfel, H.: *Urbanismus und Verkehr: Beitrag zu einem Paradigmenwechsel in der Mobilitätsorganisation,* Wiesbaden: Springer Fachmedien 2020.

Holz-Rau/Scheiner 2019
Holz-Rau, C./Scheiner, J.: »Land-use and Transport Planning – a Field of Complex Cause-Impact Relationships. Thoughts on Transport Growth, Greenhouse Gas Emissions And the Built Environment«. In: *Transport Policy,* 74, 2019, S. 127–137.

Hülbusch 1996
Hülbusch, K. H.: *Die Straße als Freiraum.* In: *Stadt und Grün, Jg. 25, Heft 4/1996*

Kelly et al. 2005
Kelly, J./Grosvenor, T./Jones, P.: *Successful Transport Decision-making: a project management and stakeholder engagement handbook,* 2005.

Kitamura et al. 1994
Kitamura, R./Laidet, L./Mokhtarian, P. L./Buckinger, C./Gianelli, F.: *Land Use and Travel Behavior,* Institute of Transportation Studies, UC Davis 1994.

Kutter 1975
Kutter, E.: »Mobilität als Determinante städtischer Lebensqualität«. In: Leutzbach, W. (Hrsg.): *Verkehr in Ballungsräumen* (Schriftenreihe der Deutschen Verkehrswissenschaftlichen Gesellschaft 24), Köln: SpringerLink 1975, S. 65–75.

Le Corbousier 1962
Le Corbusier: *An die Studenten – Die »Charte d'Athènes,* Vol. 141. Rowohlt, 1962.

Reichow 1959
Reichow, H.B.: *Die Autogerechte Stadt: ein Weg aus dem Verkehrs-Chaos,* Ravensburg: Otto Maier Verlag 1959.

Sheller/Urry 2000
Sheller, M./Urry, J.: »The City And the Car«. In: *International journal of urban and regional research,* 24:4, 2000, S. 737–757.

Siebenpfeiffer 2023/2024
Siebenpfeiffer (Hrsg.): Mobilität der Zukunft – Intermodale Verkehrskonzepte, Springer Vieweg, ISBN 978-3-662-61351-1 (erscheint Ende 2023/Anfang 2024 und enthält eine längere Darstellung dieses Textes)

Stübben 1980
Stübben, J.: *Der Städtebau, Braunschweig und Wiesbaden.* Reprint der 1. Auflage von 1890, 1980.

Wegener/Fuerst 2004
Wegener, M./Fuerst, F.: »Land-Use Transport Interaction: State of the Art«. In: *SSRN Electronic Journal,* 2004.

Wyss 2001
Wyss, B., ed.: *Vitruv, Baukunst.* Vol. 2. Birkhäuser, 2001.

Impuls 2
Julius Mihm, Schwäbisch Gmünd

Diese Konferenz beschäftigt sich mit der Stadtstraße. Ist sie aber Körper oder Raum? Was macht diesen zu einem unverwechselbaren und notwendigen Element des Stadtorganismus? In Abwandlung von Bill Clintons Wahlkampfmotto 1992 könnte man antworten: »It's the architecture, stupid!« In diesem Vortrag soll die Rolle charakteristischer Stadtarchitektur als Schlüssel der Adressbildung an Hauptverkehrsstraßen und zentralen Plätzen an Beispielen aus Schwäbisch Gmünd näher erläutert werden. Ich möchte an vier Projekten der Stadtarchitektur zeigen, dass es auf die für den jeweiligen Ort charakteristische architektonische Gestaltung ankommt. Wie gestern Ulrich Brinkmann in seinem Vergleich von Kampstraße und Lange Straße in Rostock festgestellt hat:

»Die architektonische Konzeption macht den Unterschied.«

Die ersten beiden Projekte betreffen eine der zwei talparallelen Hauptverkehrsstraßen unserer Kernstadt im Bereich Klösterle-/Königsturmstraße. Es handelt sich um die einzige direkte Altstadtdurchfahrt mit einem Verkehrsaufkommen zwischen etwa 16.000 und 26.000 Fahrzeugen DTV/24h im genannten Abschnitt. Der enge räumliche Zuschnitt der Straße (Straßenraumprofil etwa 15 Meter, an Engstellen neun bis elf Meter) pointiert den Konflikt zwischen ihrer Aufenthalts- und Verbindungsfunktion. Historisch handelt es sich bei dem Abschnitt Klösterlestraße um einen innerstädtischen Straßendurchbruch (1863/1890) als Kurzschluss der neuen Ringstraße um die Altstadt. Dieser bedurfte einer entsprechenden architektonischen Adaption an den gewachsenen Stadtraum in seiner Umgebung, wie er aus dem Mittelalter überkommen war. Beim Abschnitt Königsturmstraße handelt es sich um einen Teil der klassischen Ringstraße, die in der Gründerzeit im ehemaligen spätmittelalterlichen Stadtgraben zur Verbindung der neuen westlichen mit den östlichen Stadtentwicklungsgebieten angelegt wurde.

Projekt 1: Der Straßendurchbruch der neuen Klösterlestraße wurde bauzeitlich als Korridorstraße, die abschnittweise seitlich über einen rechteckigen Platz führt, gestaltet. Leitbild war eine klare Raumstruktur aus Baumassen und aus diesen herausgeschnittenen Straßen und Plätzen. Dabei wurden bestehende öffentliche Leitbauten verwendet und weitergebaut: Im Norden wurde das Konventgebäude (1658) des Klosters »Klösterle« schließlich 1909 um ein Stockwerk als Platzwand erhöht, 1899 im Süden der Nordflügel der damaligen Heilanstalt (1862) als Straßenrandbebauung an die neue Straße angeschlossen. Das Ensemble wurde darüber hinaus mit zwei öffentlichen Neubauten vervollständigt: Im Westen erfolgte 1877 ein Platzabschluss und eine Eckausbildung zum Straßenraum durch die kompakte Dreiflügelanlage der Klösterleschule (Katholische Volksschule) und im Osten 1902 als letzter Baustein durch den Neubau des Stadtbads. Gebaut wurde eine winkelförmige Zweiflügelanlage im Stil der deutschen Neorenaissance mit wertigen Sandsteinfassaden und plastischer Bauzier.[1]

Damit waren an einem Platz eine Vielzahl damals moderner öffentlicher Einrichtungen der Bildung und Gesundheitsfürsorge für die Stadtbevölkerung konzentriert: die Monumentalbauzone der

[1]　Klösterlestraße um 1914, Blick nach Osten auf das Stadtbad

Kaiserzeit in Schwäbisch Gmünd. Der damalige Bauherr war völlig überzeugt, mit dem Stadtbad ein herausragendes Baudenkmal für die Ewigkeit geschaffen zu haben. Oberbürgermeister Möhler sagte in seiner Ansprache zur Eröffnung, das Gebäude solle die Jahrhunderte überdauern und möge eine Anregung bilden für die Jugend, den Geist und die Empfänglichkeit für das Schöne, für die Harmonie und das Ebenmaß der Formen wecken.

Dieses Bekenntnis wurde dann 72 Jahre später quasi mit Füßen getreten, obwohl der Abbruch der Badeanstalt 1974 offensichtlich »ein Verlust für die ablesbare Stadtbaugeschichte, wie die anschauliche Geschichte der öffentlichen Einrichtungen und früheren Lebensführung« war (Richard Strobel, Die Kunstdenkmäler der Stadt Schwäbisch Gmünd).

Noch heute erinnern sich viele ältere Gmünderinnen und Gmünder mit Wehmut an den Ort, an dem sie schwimmen lernten. Nicht nur räumlich, sondern auch mental wurde dieser Abgang immer als Verlust und als Wunde im Stadtraum empfunden. Die freigelegte Fläche wurde als Parkplatz verwendet. Sie verkam zu einem räumlichen Nirwana. Diesen Ort haben wir in der seinerzeitigen Ausstellung »Plätze in Deutschland – 1950 und heute – eine Gegenüberstellung« thematisiert. Dieser Bruch im Stadtkörper trägt seitdem zu städtebaulicher Dysfunktionalität und Gestaltungsverlust des Umfelds sowie Unterbrechung der städtebaulichen Dramaturgie zwischen Münsterplatz und Sebaldsvorstadt bei.

Aktuelle Aufgabe der Stadtentwicklung ist es, die Kontinuität des Lebensraums wiederherzustellen

[2] Rekonstruktion Altes Stadtbad,
      Entwurf: Hilmer Sattler Architekten, Ahlers Albrecht Gesellschaft von Architekten mbH

und den städtebaulichen Bruch zu heilen. Die Wiedergewinnung des Stadtraums auf Basis der noch bestehenden Strukturen ist dazu die Methode der Wahl als notwendige und hinreichende Bedingung. Nach einigen nicht zufriedenstellenden Anläufen mit potenziellen Investoren und ihren Architekten hat die Stadt selbst eine Mehrfachbeauftragung mit geeigneten Büros durchgeführt. Geeignet? Der Architekt muss bereit sein, sich mit seiner Architektursprache auf den beredten Stadtraum einzulassen; eine Architektur zu gestalten, deren Baukörperstruktur mit den räumlichen Anforderungen korrespondiert und deren zugehörige Fassaden in einen Dialog treten können zu den anderen stadtraumbildenden Fassaden. Nicht Kontrast, sondern Kontakt und in Beziehung treten ist die erforderliche Haltung. Deshalb wurde eine, der Lage nach

genaue Rekonstruktion der Baukörperstruktur verlangt und eine differenzierte Interpretation der Gestaltungsmerkmale der historischen Fassaden, die eine Erinnerung wachruft. Das Fassadenmaterial war nicht explizit vorgegeben.[2]

Der zweite Abschnitt des Straßenzugs, die Königsturmstraße, ist eine Neuschöpfung der 1870er Jahre. Sie wurde als Ringstraße ausgebaut und ist heute ein »erhaltenswertes Stadtquartier« im erweiterten Umgriff der »denkmalpflegerischen Werteplanung« um die Altstadt. Die Straße wurde in einem Zug aus Risalit-Häusern abwechselnd mit verschiedenen Fassadenmaterialien (Sandstein, Putz, Ziegel) gebaut. Der Adresswert steht heute im Spannungsfeld zu den Belastungen des Straßenverkehrs. Zur Aufwertung der Straße wurde deshalb ein Band

[3] Übergang vom Zeiselberg zur Altstadt
(Blick zur Königsturmstraße)

[4] Treppe zum Zeiselberg als Übergangsplatz

[5] Neubau Königsturmstraße 33,
Entwurf: Dr. Dr. Hans Peter Gruber Architekt und Stadtplaner

[6] Neubau Königsturmstraße 33,
Entwurf: Dr. Dr. Hans Peter Gruber Architekt und Stadtplaner

öffentlicher Grünräume angebunden sowie eine bauzeitliche Lücke mit einem Neubau geschlossen.

Projekt 2: Der Königsturm weist dem Grünen Band den Weg. Ihm gegenüber wurde zur Remstalgartenschau 2019 eine öffentliche Fuge zwischen zwei Stadtvillen auf der Südseite der Straße, die eine Querung zwischen Altstadt und anschließenden Quartieren ermöglicht, als gepflasterte, leicht schräge Treppen- und Rampenanlage gestaltet .[3/4]

Säuleneichen bilden im Sommer Silhouetten am Himmel und werfen im Sonnenlicht harte Schatten auf die Kanten der flachen Stufen. Ein surreales kleines Treppen-Plätzchen, ein Stück magische Wirklichkeit, das direkt seitlich anschließend an

die Königsturmstraße zur Querung und Fortsetzung des »Grünen Stadtrundgangs« zum Zeiselberg einlädt. Selbstverständlich behindertengerecht ausgebaut, ermöglicht es eine bessere Verknüpfung verschiedener Verkehrsträger durch die übergeordnete Gestaltungsidee.

[7] Marktplatz Schwäbisch Gmünd

[8] Grüne Urbanität, Baubotanik Buspavillon,
Entwurf: Jochen Köber Freier Garten- und Landschaftsarchitekt

Projekt 3: Die schmale Baulücke an der Nordseite der Straße war übrig geblieben, da man noch Platz für eine Verbindungsgasse zur Königsturmstraße benötigte. Der Rest wurde nicht mehr bebaut, sondern diente lange als Garten, bis die Fläche zum Parkplatz heruntergekommen war. Einer Anregung

des Autors folgend, hier ein neues Haus einzufügen, akzeptierten die Bauherren die städtische Empfehlung eines geeigneten Architekten im Gegenzug einer entsprechenden Ausnutzung: Das neue Haus greift die Typologie der historistischen Stadtvillen wie selbstverständlich auf.[5/6] Es bezieht sich als Teil eines Tores der Gasseneinmündung auf die weiße Putzfassade des Jugendstilhauses auf der anderen Gassenseite und vervollständigt das Straßenbild im Stil seiner typischen Stadtarchitektur. Notwendige Balkone und Zufahrten sind seitlich und auf der Rückseite versteckt. Kein »Icon-Building«, sondern ein Haus, das sich nicht in den Vordergrund drängt. Die Straße bleibt als zwar abwechslungsreicher Raum, aber ohne Störungen in Erinnerung. Christoph Ingenhoven liegt deshalb mit seiner Bemerkung richtig:

> **»Von bedeutenden Straßen bleibt dir kein einziges Gebäude in Erinnerung.«**

Projekt 4: Zuletzt ein Blick auf den Marktplatz.[7] Das *Handbuch der Stadtbaukunst* arbeitet den Typus des Straßenmarkts heraus. Aufgrund neuer Anforderungen der Klimaanpassung stellt sich aktuell die Frage, wie man diesen Typus des steinernen Platzes begrünen kann. Heute ein Platz für Menschen und vielfältige Freizeitnutzungen, aber auch für Bäume? Neue Nutzungskonkurrenzen tun sich auf zwischen den maximierten räumlichen Ansprüchen von Veranstaltungen und dem Raumbedarf von Großgrün. Verträgt es das denkmalgeschützte Stadtbild, von Baumreihen verdeckt zu werden? Die Lösung: Ein großes – und deshalb klimaaktives – aber architektonisch gestaltetes Element eines grünen Pavillons als Bau-Botanik.[8]

Gestern wurde viel über die Verkehrswende in ihrer Bedeutung für den Straßenraum gesprochen: »Langsame Stadtarchitektur« ist ein wichtiger Beitrag dazu.

Impuls 3
Frithjof Look, Göttingen

130.000 Einwohner, davon 30.000 Studierende im Süden Niedersachsens, das ist Göttingen ganz allgemein gesprochen. Göttingens mittelalterliche Fachwerkstadt innerhalb der Wallanlagen ist als Denkmalensemble landesweit einmalig. Etwa 1.500 Baudenkmäler sind Zeugnis einer besonderen Baukultur. Um dieses Erbe zu bewahren und zu entwickeln bedarf es detaillierter und robuster Leitlinien.

Diese robusten Leitlinien des Innenstadtleitbildes sollen die Gestaltung und Entwicklung Göttingens innerhalb des Walls weiterhin stärken. Mit den Themen Öffentlichkeitsbeteiligung, Gestaltung des öffentlichen Raums und insbesondere Wohn- und Einzelhandel wurde ein nachhaltiger und auch noch heute anwendbarer Rahmen geschaffen, der nun seit über zehn Jahren die Grundlage für die Innenstadtentwicklung darstellt. Dabei ist es bemerkenswert, dass in Göttingen etwa 13.000 Menschen in der Innenstadt leben.

Die Erschließung ist relativ einfach: Es gibt eine Fußgängerzone, die die Haupteinkaufsstraße bildet und eine zweite Fußgängerzone, der sogenannte Busring führt einmal um den Kern herum. Für den motorisierten Individualverkehr gibt es mehrere Schleifen, um in die Stadt hinein zu kommen. Zudem gibt es vier Parkhäuser zwischen Wall und Fußgängerzone. Gleichzeitig gibt es eine Reduzierung der Geschwindigkeiten, sodass der innerste Bereich der Innenstadt von motorisiertem Individualverkehr freigehalten wird. Gleichwohl gibt es viel Durchgangsverkehr zum Beispiel durch Radfahrer und den ÖPNV, da fast alle Buslinien durch die Innenstadt führen.

Der historische Rückblick zeigt, wie wichtig der öffentliche Raum, insbesondere in Form der Straßen für Göttingen ist. Wir haben uns in Göttingen viel mit der Ausdifferenzierung von Straßenquerschnitten beschäftigt. Man hat in den 1980er Jahren versucht, durch einen einheitlichen Belag Räume zu egalisieren. Aber die Stärke des öffentlichen Raums liegt in seiner Klarheit: Ein klarer Raum mit zum Teil sehr unterschwelligen, aber doch wahrnehmbaren Absätzen zwischen Trottoir und Fahrgasse, das gestalterisch dadurch verbunden wird, dass es eine einheitliche Pflasterung gibt. Diese einheitliche Pflasterung wurde mit Striegauer Granit auch in den anderen Straßen der Innenstadt umgesetzt. In diesen Straßen, die nicht die Hauptfußgängerzone sind, gibt es zwei Querschnitte. Einmal das Modell klassische Straße für den Busring und Straßen mit mehr Verkehr, wo wir zwei sehr klare Fußgängerbereiche haben. Dazwischen eine Gosse, die ausgebildet wurde und in der Mitte, wo der Verkehr fließt, mit einer asphaltierten Straße. Dies kann auch eine Fußgängerzone sein.

In den etwas engeren, schmaleren Straßen in Göttingen gibt es einen durchgängigen Belag, welcher in der Mitte durch eine Rinne gebrochen wird und damit die engen Straßenräume gestalterisch zusammenfasst. Im Detail wird durch die unterschiedliche Pflasterung und verschiedenen Steine sowie Formate Klarheit im Straßenraum geschaffen. Sei es das große Pflasterformat für die Fußwege, dass etwas kleinere, aber parallel zur Fahrbahn verlaufende Pflaster für Einfahrtbereiche oder das kleinere und quer zur Straße verlaufende Pflaster

[1] Markt – Platz vor dem Alten Rathaus

[2] Blick in den oberen Teil der Roten Straße

[3] Düstere Straße nach der Sanierung

für die Ladezonen und möglichen Parkplätze. Das Ganze wird mit einem einheitlichen, zurückhaltenden Stadtmobiliar kombiniert, um so den 1.500 Baudenkmälern in der Innenstadt Raum zu geben. Für diese Klarheit haben wir ein Konzept erarbeitet, dass ohne Diskussion für alle Straßenräume Anwendung findet. Im Übrigen, das ist vielleicht auch

noch mal eine Besonderheit; die Gestaltungsleitlinien und auch die Materialien wurden einmal festgelegt und dann trotz Straßenausbaubeiträgen eigentlich nicht mehr diskutiert, weil jedem der Wert für die Stadt bewusst ist.

Und ich glaube, dass es auch vielen Menschen oftmals unbewusst klar ist, warum wir für diesen baukulturellen Schatz der Innenstadt besondere Materialien brauchen. Am Beispiel der Roten Straße sieht man, wie wir vorgehen. Es wurden Stellplätze reduziert, Bürgersteige verbreitert, Flächen für Außengastronomie geschaffen. Die Straße fügt sich im neuen Erscheinungsbild ganz selbstverständlich in die städtebauliche Situation ein.

Auch in der Jüdenstraße, als Teil des Busrings, wurde so verfahren: Stellplätze wurden reduziert, Fahrradparkplätze oder Fahrradabstellmöglichkeiten geschaffen und die Einheitlichkeit des Belages hergestellt, damit ein für alle wahrnehmbar und abgrenzbarer Straßenraum entsteht. In der Theaterstraße, die etwas enger ist, wurde dann das durchgängige Pflaster mit dem Leitelement der Gosse ergänzt, damit es sich doch sehr selbstverständlich und sehr fein in das Fugenbild einfügt. Und ich glaube, am bedeutendsten ist die Umgestaltung der Düsteren Straße. Diese war belegt mit roten Klinkern, um dann jetzt doch im hellen oder anthrazitfarbenen Granit zu erstrahlen, wodurch die Wahrnehmung der Straße eine ganz andere geworden ist.

Kommen wir einmal von der Straße weg zum Wochenmarktplatz. Dieser Platz, der eigentlich eher eine städtebauliche Hinterhofsituation darstellt, wurde mit viel Beteiligung umgestaltet. Dreimal in der Woche findet dort der Wochenmarkt statt und bei den Nutzungsansprüchen und den Bewegungen, welche ein Wochenmarkt nach sich zieht, wurde der Platz sehr sachlich mit Asphalt gestaltet. Akzente setzen ein zentrales Sprudelfeld,

Sitzmöglichkeiten und die aufgebrachten Markierungen für die Stände des Wochenmarktes.

Gleichzeitig müssen wir und wollen wir uns auch den Anforderungen des Verkehrswandels und der Klimafolgenanpassung stellen. Im Bereich der Groner Straße, deren Umbau von 2023–2025 läuft, wurde eine Fahrspur herausgenommen, um dem Fußgängerverkehr mehr Raum zu geben. Zudem sollen zusätzliche Bäume gepflanzt werden, damit Retentionsfläche geschaffen wird. Indes klimatisch positive Effekte erfüllt werden, fallen aber auch architektonische und städtebauliche Besonderheiten auf. Der Straßenraum wird gegliedert, die Eingangssituation zur Innenstadt damit wahrnehmbar und im Maßstab angemessen umgestaltet. Gleichzeitig werden auch Verkehrsversuche durchgeführt, um zu schauen, ob denn wirklich jeder Verkehr in der Innenstadt notwendig ist.

Mit diesen robusten Leitlinien, die jetzt schon über zehn Jahre das Stadtbild der Stadtstraßen in Göttingen prägen, wollen wir auch zukünftig vorangehen und weiterhin jedes Jahr eine Stadtstraße innerhalb der Innenstadt umbauen.

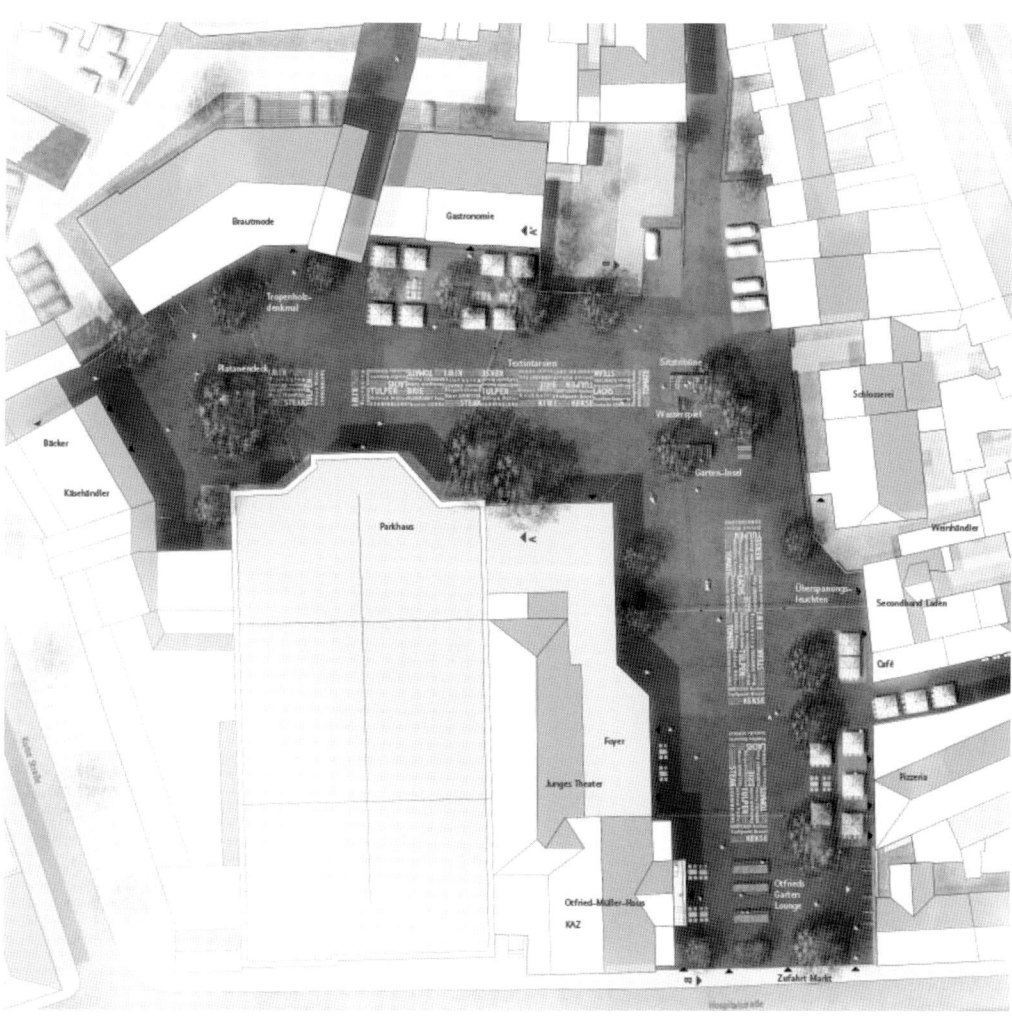

[4] Siegerentwurf des planerischen Wettbewerbs zur Neugestaltung des Wochenmarktplatzes

Impuls 4
Thimo Weitemeier, Nordhorn

Die Stadtstraße – (Mobilitäts-) Wandel als Chance für die Stadtbaukunst?

Vielen Dank, ich freue mich, heute hier zu sein und etwas über die Möglichkeiten zu berichten, die aus dem Mobilitätswandel entstehen können.

Ich habe Architektur und Städtebau studiert und mich seither gerne mit der Frage beschäftigt, wie man schöne, gut funktionierende Lebensräume schaffen kann. Als Stadtbaurat ist man für eine größere Bandbreite von Aufgaben verantwortlich, als ich in meinem Studium gedacht habe. In der täglichen Arbeit habe ich erfahren, dass gerade die Bereiche der Verkehrsbehörde und des Straßenbaus einen erheblichen Einfluss auf die Gestaltung und Wirkung des öffentlichen Raumes haben. Daher beschäftige ich mich gerne und intensiv mit den aktuellen Herausforderungen in diesen Abteilungen. Die Qualität der Straßen und Plätze wird zunächst von Ihrer Proportion und den begrenzenden Fassaden bestimmt, aber eben auch von den Nutzungsmöglichkeiten sowie der Gestaltung der dazwischen befindlichen Flächen.

Viele der heute existierenden öffentlichen Räume wurden in den Nachkriegsjahrzehnten im Sinne der autogerechten Stadt gebaut. Dabei wurde die Bevorrechtigung des Verkehrsflusses so weit getrieben, dass Gebäudekanten weichen mussten, oder Straßen in zusätzliche Ebenen nach oben oder unten verlagert wurden. Nicht immer zum Nutzen eines schönen und lebenswerten Umfeldes, wie wir heute wissen und in unserem Alltag erleben.

Aus meiner Sicht bietet der aktuell notwendige Mobilitätswandel die Chance, eine ganze Reihe dieser städtebaulichen Fehler zu reparieren und dabei gleichzeitig Lösungsansätze für die gegenwärtigen Herausforderungen aufzuzeigen. Innenstädte, die nach der Coronapandemie verstärkt unter Funktionsverlusten zu leiden haben, können durch die Reorganisation der öffentlichen Räume an Aufenthaltsqualität gewinnen, mehr Flächen zum Sitzen oder für Stadtgrün bieten und dadurch attraktiver werden, um mehr Kunden durch ein abwechslungsreiches Einkaufserlebnis zu erreichen.[1/2]

Abbildung 2 zeigt die innerstädtische Nachnutzung der ehemaligen Busbahnhofsfläche in Nordhorn. Nach der Reaktivierung des Schienenverkehrs auf der anderen Seite der Innenstadt wurde der Busbahnhof verlagert und diese brachgefallene Verkehrsfläche wird zukünftig neu strukturiert. Ein Hafen, umgeben von Gebäuden, die verschiedene neue Platzräume schaffen und die Aufenthaltsqualität der Innenstadtinsel um verschiedene Angebote auf dem Wasser, einem Welcome Center mit Fahrradverleih sowie verschiedene Gastronomieangebote, die zu einem Tagesausflug einladen, ergänzen. Gleichzeitig werden die Verkehrswege neu strukturiert, sodass mehr kreuzungsfreie und bevorrechtigte Fuß- und Radwege für ein sicheres und schnelles Vorankommen in einem schönen Umfeld entstehen.

Eine Verlagerung von Verkehren auf den ÖPNV oder das Fahrrad ermöglicht erhebliche Flächengewinne im Vergleich zum raumgreifenden motorisierten Individualverkehr. Diese frei gewordenen Flächen können genutzt werden, um die Klimafolgen im städtischen Kontext zu mindern.

[1]

[2]

[3]

Umgewandelt zu Grün- oder Versickerungsflächen können sie zum lokalen Grundwasseraufbau beitragen, durch mehr Verdunstung das Mikroklima verbessern oder durch ihre Bepflanzung einen Beitrag zu Biodiversität leisten.[3]

Dass Veränderungsprozesse, die zunächst viele Menschen beunruhigen, auch immer eine Chance für einen Neuanfang sind, möchte ich auch im Folgenden zeigen. Die vergangenen Jahrzehnte in Nordhorn waren vom Strukturwandel geprägt. Die monostrukturierte Textilstadt hat nach und nach die großen Unternehmen Povel, Rawe und Nino verloren. Zurück blieben 54 Hektar innenstadtnahe Produktionsflächen, für welche eine Nachnutzungsstrategie gefunden werden musste.[4–7]

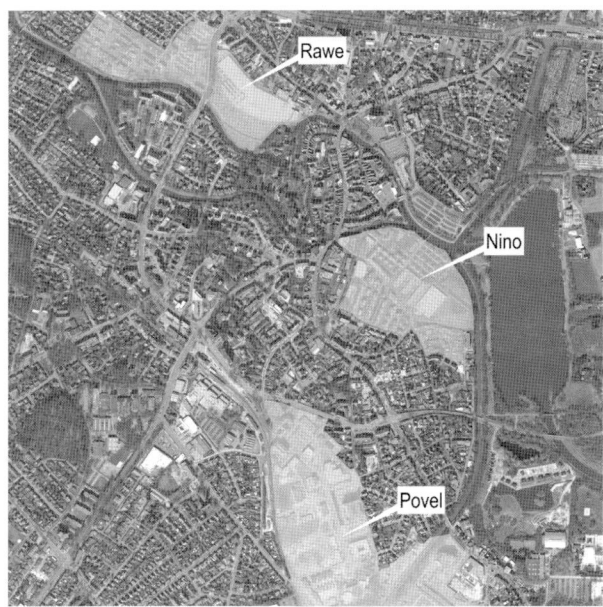

[4]

[6]

[5]

[7]

205

[8]

Bei der Reaktivierung entschied man sich zur Umsetzung von drei konzeptionellen Grundprinzipien, die sich in der Rückschau sehr bewährt haben. So wurden auf allen Flächen der Erhalt und die Nachnutzung stadtbildprägender Textilgebäude beschlossen, die »Wasserstadt Nordhorn« mit ihren Häfen, Kanälen und Wasserbecken wurde ausgebaut und die ursprüngliche Infrastruktur wurde das Rückgrat des Mobilitätswandels mit den Schwerpunkten Radverkehrsförderung und der Reaktivierung des SPNV-Anschlusses.

Ein Erbe aus der Zeit der Textilindustrie ist auch das linksemsische Kanalnetz. Ursprünglich für den Schiffsverkehr gebaut, ist es heute ein Industriedenkmal mit seinen technischen Bauwerken, den historischen Schleusen, Brücken und Wegen.[3] Bei der Entwicklung des Radverkehrskonzeptes wurde es zum zentralen Baustein der neuen Mobilität. Wie man in Abbildung 8 erkennen kann, ist ein Großteil der Radkomfortwege der Hauptfahrradachsen Nordhorns parallel zu Kanälen und Flüssen angeordnet, bündelt die Verkehrsströme aus den Wohngebieten und führt sie zum Zentrum. Dabei bewegt sich der Nutzer im schönen Umfeld der historischen Alleen entlang von Wasserläufen. Dabei scheint es so zu sein, dass grade diese direkte, sichere Verkehrsführung in einem schönen Umfeld viele Menschen von der Nutzung überzeugt, da die Radwege von mehreren tausend Fahrrädern am Tag genutzt werden.[8]

Heute hat Nordhorn mit 40 Prozent einen der höchsten Radverkehrsanteile in Deutschland, der Zug erschließt wieder deutlich oberhalb der prognostizierten Nutzerzahlen die Region und der Strukturwandel vom textilen Sorgenkind zum vielfältigen Dienstleistungsstandort ist weitgehend abgeschlossen.

Erfahrungen aus der Bau- und Planungspraxis 5

Impuls 1
Barbara Welzel

Geguckt in Dortmund:
Choreografien eines Projekts

Vorgestellt wird ein Studien- und Bildungsprojekt, das modellhaft konzipiert ist und exemplarisch Straßen in der Dortmunder City erkundet.[1] Mehrere Universitätsseminare der Technischen Universität Dortmund haben die Fußgängerzone in bau- und stadtkultureller Perspektive untersucht: Studierende und Lehrende der Fotografie, der Kunstgeschichte sowie der Kulturvermittlung/Kunstdidaktik/kulturellen Bildung. Die Veranstaltungen fanden im Rahmen der Lehramtsstudiengänge Kunst statt; nicht der Stadt- und Raumplanung, nicht der Architektur, auch nicht für diejenigen, die als Architekt*innen in Bildungsprogramme ausgewählter Schulen gehen. Damit zielt dieses Projekt auf das strukturelle Einweben bau- und stadtkultureller Themen in schulische Bildungsprozesse, mithin auf jenen einzigen institutionellen Ort der Gesellschaft, der in der Biografie aller Menschen, unabhängig von ihrer Herkunft, ihrem sozialen Status, ihrer Religion und Kultur etc., verbindlich einen Stellenwert hat. Deshalb ist Schule der gesellschaftliche Ort, an dem diejenigen Kompetenzen und Themen, die für eine Teilnahme am gesellschaftlichen, kulturellen und politischen Leben benötigt werden, zu verankern sind. Mit dem Projekt »Geguckt in Dortmund« werden zunächst einmal bestehende Strukturen adressiert, nicht ein neues Schulfach gefordert beziehungsweise auf dessen Einführung gewartet. Für die schulische Seite hat 2010 das von der Wüstenrot Stiftung initiierte und herausgegebene baukulturelle Quercurriculum, das die Themen der gebauten Umwelt in allen Fächern lokalisiert, einen wichtigen Aufschlag

[1] Dortmund, Hellweg

gemacht, anschließende Modellprojekte haben die Lehrer*innenbildung einbezogen.[2] Mittlerweile wird das Themenfeld baukultureller Bildung zunehmend forciert; hervorzuheben sind die Aktivitäten der Bundesstiftung Baukultur oder von Baukultur NRW.[3] Für die weitere Diskussion leitend wird auch die soeben vom Bundesamt für Bauwesen, Stadt- und Raumforschung vorgelegte, von Turit Fröbe erarbeitete Studie *Baukulturelle Bildung: Bestand, Bedarf, Wirksamkeit* sein.[4] In aller Deutlichkeit wird in dieser Studie die verbindliche Implementierung baukultureller Bildung in der Lehrer*innenbildung, insbesondere im Fach Kunst, angemahnt.

Zentraler Ort des Projekts »Geguckt in Dortmund« ist der Hellweg, Hauptachse der Fußgängerzone, der die Dortmunder Innenstadt in west-östlicher Richtung durchquert, ein Fußweg von vielleicht 15 oder 20 Minuten – oder auch länger, wenn die Blicke in den Schaufenstern spazieren gehen.[1] Projektpartnerin ist die »Qualitätsroute Dortmund e. V.«, ein Zusammenschluss von inhabergeführten

Einzelhandelsgeschäften in Dortmund. Dortmund ist ihre Stadt, deren Zukunft sie mitgestalten wollen. Sie haben dazu eingeladen, in ihren Schaufenstern einen Diskurs über Stadt zu eröffnen.

Untersuchungen und Experimente machen deutlich, dass Sehen im öffentlichen Raum eher von Orientierung geprägt ist: Ist der Laden, in dem ich einkaufen möchte, schon geöffnet? Die Blicke suchen die U-Bahnstation, das Schaufensterangebot, den verabredeten Treffpunkt etc. Das unwillkürliche Wahrnehmen von Fassaden, architektonischen Gestaltungen von Gebäuden und Straßen liegt außerhalb der alltäglichen Blickroutinen. Das Heben des Blickes braucht vielmehr eine Initiierung. Hier hat baukulturelle Bildung anzusetzen.

Das Pilotprojekt »Hausansichten« startete im Winter 2022. In ausgewählten Schaufenstern werden seither fotografische Arbeiten gezeigt, die das Haus, in dem sich das jeweilige Schaufenster befindet, in eigensinnigen Bildern zeigen.[2/3]

Im Sommersemester 2023 konnten die Seminare den »Projector«, den »Raum für Innovationen und Zusammenarbeit« am Westenhellweg nutzen, der unter anderem im Kontext des »Masterplan Wissenschaft« von Kommune, Unternehmen, Technologiezentrum etc. und Wissenschaftsinstitutionen in Dortmund eingerichtet wurde. Die TU Dortmund ist zentrale Akteurin im »Masterplan Wissenschaft«. Das Handlungsfeld, in das sich »Geguckt in Dortmund« einbringt, heißt »Wissenschaftsstadt & Kulturmetropole«. Dieser Raum unmittelbar in der Fußgängerzone war das »Basiscamp« für die Erkundungen. Ziel der Streifzüge durch die Stadt und der kunstwissenschaftlichen Erschließungen war es, die gebaute Umwelt mit ihren architektonischen Strukturen zu erfassen und die Stadt als etwas geschichtlich Gewordenes wahrzunehmen. Entstanden sind sehr unterschiedliche Bilder, in denen sich Studierende fotografisch mit Wahrnehmungsweisen des Urbanen

[2] Allegra Höltge, Hausansichten, Digitale Fotografie, 2022

[3] Fotos von Allegra Höltge in einem Schaufenster der Dortmunder Innenstadt

auseinandersetzen und alltägliche Blickroutinen künstlerisch aufbrechen.[4–6] Im Sommer 2023 wurden diese Arbeiten auf dem Campus Stadt der Technischen Universität Dortmund im Dortmunder U für die städtische Öffentlichkeit ausgestellt und in einem Begleitprogramm diskutiert, boten aber auch einen Ort für fachliche Studienberatung von Schüler*innen. Ergänzt waren die Bilder in der Ausstellung »Fenster/schau« durch wissenschaftliche, in den kunstwissenschaftlichen Seminaren erarbeitete Essays zu Themen von »Architektur wahrnehmen« und »Auf Augenhöhe: ›Experten‹ und ›Laien‹« über »Sehfenster – Schaufenster« und »City« bis zu »Spazieren – Spähen – Flanieren«, »Stadtschichten und Zeitbilder« und »Zur Lesbarkeit von Stadt«.[7/8]

[4] Allegra Höltge, Morph(eus), Digitale Fotografie, 2023

Für den Sommer 2024 wird eine Erweiterung um das Medium der Zeichnung anvisiert. Schon jetzt hat sich der Dortmund-Stadtbeschreiber des Jahres 2023, Alexander Estis, mit Prosaminiaturen beteiligt.

Im Winter 2023/2024 wird »Geguckt in Dortmund« in Schaufenster der Stadt weiterziehen, um sich am transformativen Sehen und Denken der Stadt vor Ort zu beteiligen: Eine Serie von 20 Postkarten wird in Geschäften des Dortmunder Einzelhandels einerseits in Schaufenstern gewissermaßen eine Girlande durch die Stadt legen, andererseits zum Mitnehmen und Verschicken neue Blicke auf die Stadt und ihre zentrale Straße verbreiten.

Als modellhafte Bausteine des Projekts lassen sich unter anderem beschreiben: Arbeiten an einem konkreten Ort, lebensweltliche Verankerung, Lernen in Echtzeit, in gesellschaftlichen Handlungsfeldern, mit zivilgesellschaftlichen Akteur*innen, Kooperation mit Ehrenamt, Kunst und Wissenschaft als Modi der Welterkundung und baukulturellen Bildung im Austausch, öffentliche Präsentationen, die Perspektiven der jungen Studierenden in öffentliche Diskurse einbringen. Diese Bausteine lassen sich reduzieren oder ergänzen. Sie lassen sich für alle Schulformen und Schulstufen adaptieren. Vor allem lassen sie sich an ganz unterschiedlichen Orten, Großstädten wie Dortmund, Innenstädten und Vororten, Kleinstädten und Dörfern realisieren.

[5]   Anna Helm, Pepita, Analoge Fotografie, 2023

[6]   Lisa Goltzsche, Eintauchen, Digitale Fotografie, 2023

[7] Fenster/schau. Ausstellung auf dem Campus Stadt der TU Dortmund im Dortmunder U, 2023

[8] Fenster/schau. Ausstellung auf dem Campus Stadt der TU Dortmund im Dortmunder U, 2023

1 »Geguckt in Dortmund«; ein gemeinsames Projekt zwischen
   dem Seminar für Kunst und Kunstwissenschaft der Technischen
   Universität Dortmund und der Qualitätsroute Dortmund e.V.;
   Projektleitung: Prof. Dr. Barbara Welzel (TU Dortmund) und
   Lena Dümer (Qualitätsroute Dortmund); Durchführung an der TU
   Dortmund: Felix Dobbert (Leiter des Arbeitsbereichs Fotografie),
   Prof. Dr. Barbara Welzel (Kunstgeschichte und Kulturelle
   Bildung), Prof. Dr. Andreas Zeising (Kunstgeschichte und
   Kunstdidaktik), studentische Mitarbeiterin: Allegra Höltge. Eine
   Publikation des Projekts ist geplant.
2 *Baukultur. Gebaute Umwelt. Curriculare Bausteine für den
   Unterricht.* Hg. von der Wüstenrot Stiftung. Ludwigsburg 2010.

Als Modellprojekte: Klaus-Peter Busse und Barbara Welzel et
al.: *Stadtspäher in Hagen. Baukultur in Schule und Universität.*
Hg. von der Wüstenrot Stiftung, Ludwigsburg 2013; dies.:
Stadtspäher im Dortmunder U. Baukultur in Schule und
Universität. Hg. von der Wüstenrot Stiftung. Ludwigsburg 2014.
3 Bundesstiftung Baukultur/Reiner Nagel (Hg.): *Baukultur braucht
   Bildung! Ein Handbuch.* 2. Aufl. Potsdam 2020; Baukultur NRW
   /Peter Köddermann (Hg.): Themenheft 4. Building Bildung.
   Gelsenkirchen 2023.
4 Bundesinstitut für Bau-, Stadt- und Raumforschung (Hg.):
   Baukulturelle Bildung: Bestand, Bedarf, Wirksamkeit. Bearb. von
   Turit Fröbe. Berlin 2023.

Impuls 2
Matthias Lerm, Magdeburg

Die Stadtstraße in Beziehung zur städtebaulichen Struktur – Vergleich von Kosten, Nutzen und Treibhausgasemission

1. Ziel der Untersuchung

Die Wahl der städtebaulichen Typologien – Bauweise, Dichte und Anordnung der Gebäude auf dem Grundstück – hat Folgen für den Ausstoß an Treibhausgasen (THG) hinsichtlich der Errichtung, dem Betreiben und den sich daraus bevorzugt entwickelnden Mobilitätsformen bis hin zur Umbaufreundlichkeit sowie den unterschiedlichen Abbruchfolgen. Darüber hinaus unterscheiden sich die Bautypologien auch hinsichtlich des Versiegelungsgrades, der Versickerungsfähigkeit, der baulichen Fassung des Stadtraumes, sozialer Brauchbarkeit und der Möglichkeit von gemischten Nutzungen. Hochbauliche Entwürfe mit hoher Flächeneffizienz, kompakter Gebäudegeometrie inklusive günstigem Außenfläche-zu-Volumen-Verhältnis [1], energetisch optimierter Ausrichtung und wirtschaftlichen Erschließungsformen sind Grundlage für effizientes Bauen. Durch das Stadtplanungsamt der Landeshauptstadt Magdeburg wurden fünf unterschiedliche Bautypologien hinsichtlich der entstehenden Treibhausgasemissionen bei Bau, Wartung, Unterhaltung, Abriss und Raumheizung über den Lebenszyklus der Gebäude und Straßen verglichen sowie der Flächenverbrauch untersucht. Die Ergebnisse zeigen deutlich den Einfluss der Bauweise auf die Emission von Treibhausgasen.

2. Städtebauliche Typologien

Die Begrifflichkeit der städtebaulichen Typologie soll hier auch Kriterien wie die Kompaktheit, Körnung, Linearität oder Punktförmigkeit von Bauten und Ensembles, geschlossene oder offene Bauweisen und schließlich die Ausbildung der Gärten, Höfe, Vorgärten und Straßenräume beinhalten. Es wurden fünf für Magdeburg und auch die meisten zentraleuropäischen Städte typische und weitverbreitete Bautypologien ausgewählt, die sich zwischen geringster und höchster Dichte bewegen, und auf eine einheitliche Grundfläche von 1,976 Hektar bezogen – kleinteilige Einzelhausbebauung (A), Doppelhäuser (B) und eine Reihenhausbebauung (C).

2.1 Flächenverbrauch

§1a (2) BauGB: Mit Grund und Boden soll sparsam und schonend umgegangen werden...

»In Deutschland wurden im Jahr 2020 pro Tag im Schnitt 54 Hektar Land für neue Siedlungs- und Verkehrsflächen in Anspruch genommen (sogenannter Flächenverbrauch) und unter anderem mit Wohnhäusern bebaut. Damit ist Deutschland noch weit von seinen selbst gesteckten Zielen der Deutschen Nachhaltigkeitsstrategie entfernt, den Flächenverbrauch bis zum Jahr 2030 auf unter 30 Hektar pro Tag und bis zum Jahr 2050 auf »Netto Null« zu senken.« In Abbildung 2 wird beispielhaft anhand von existierenden Stadtquartieren in Magdeburg, welche über eine vergleichbare Einwohnerzahl verfügen, der unterschiedliche Flächenverbrauch von vier der fünf untersuchten Bautypologien dargestellt.[2]

3. Vergleich der Treibhausgasbilanzen

3.1 Rechenmodell zur Ermittlung der jährlichen THG-Emissionen von Baugebieten

Die Landeshauptstadt Magdeburg prüft die Klimarelevanz dafür geeigneter Beschlussvorlagen. Für Bebauungspläne entwickelte man ein Rechenmodell,

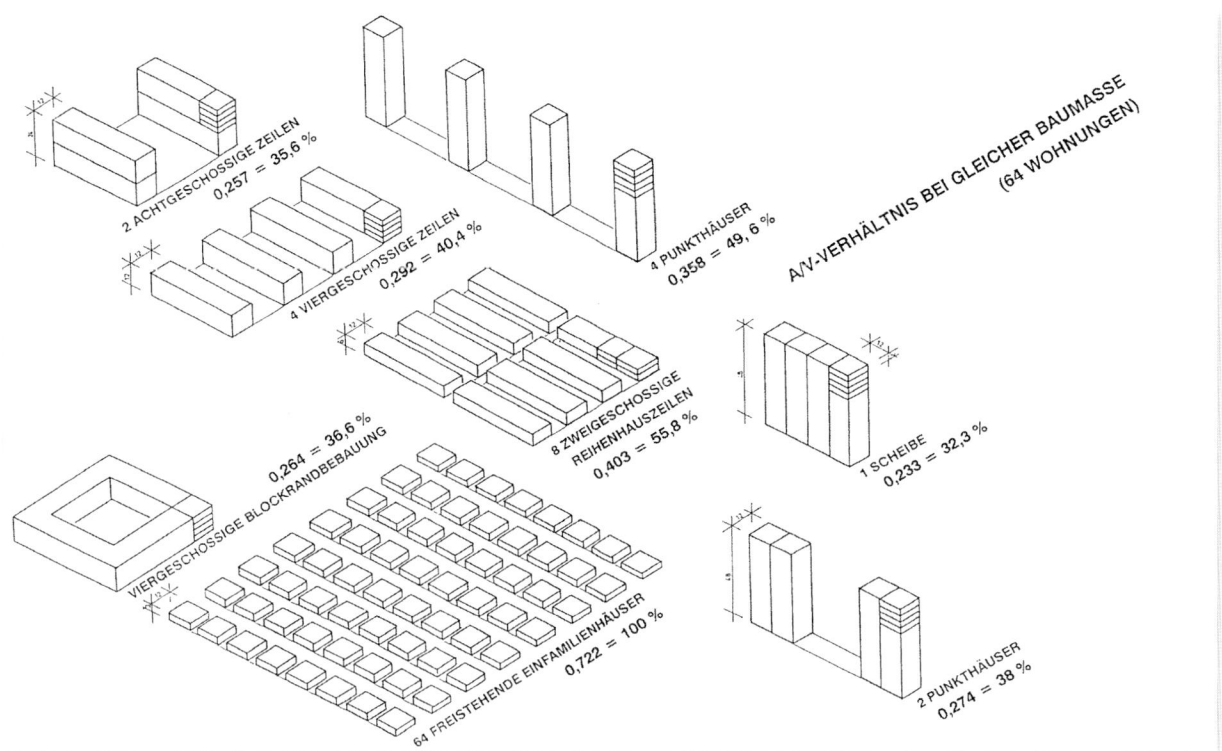

2 ACHTGESCHOSSIGE ZEILEN
0,257 = 35,6 %

4 VIERGESCHOSSIGE ZEILEN
0,292 = 40,4 %

4 PUNKTHÄUSER
0,358 = 49,6 %

A/V-VERHÄLTNIS BEI GLEICHER BAUMASSE
(64 WOHNUNGEN)

VIERGESCHOSSIGE BLOCKRANDBEBAUUNG
0,264 = 36,6 %

8 ZWEIGESCHOSSIGE REIHENHAUSZEILEN
0,403 = 55,8 %

1 SCHEIBE
0,233 = 32,3 %

64 FREISTEHENDE EINFAMILIENHÄUSER
0,722 = 100 %

2 PUNKTHÄUSER
0,274 = 38 %

[1] Außenwand/Volumen-Verhältnis von pauschalisierten Baukörpern

mit dem die jährlichen THG-Emissionen von Bauge-
bieten über die Lebensdauer überschläglich ermittelt werden können. Die Daten zeigen für die vier
genannten Gebäudetypologien mit steigender Kompaktheit eine Verringerung der verbauten »grauen
Energie« je Quadratmeter Wohnfläche. Die entstehenden Treibhausgasemissionen für die Erschlie-
ßungsstraßen werden entsprechend der Daten der
UBA-Studie 96/2013 angesetzt. Für die Ermittlung
des Energiebedarfs für den Gebäudebetrieb wurden
im Internet verfügbare Daten zum Heizenergiebedarf
verschiedener Gebäudetypologien ausgewertet. Auch
hier zeigt sich eine Verringerung des Heizenergie-
bedarfs je Quadratmeter Wohnfläche vom Einzel- bis
hin zum Mehrfamilienhaus. Zur Ermittlung des Ge-
samtenergiebedarfs und damit der THG-Emissionen
über die Lebensdauer wurde der Nutzerstrom-Bedarf
in dem Rechenmodell berücksichtigt. Unberücksichtigt bleiben im Rechenmodell wegen fehlender Daten die Treibhausgasemissionen für den Betrieb der

öffentlichen Medienerschließung. Auch die Treibhausgasemissionen des individuellen Verkehrs, der
durch die Baugebiete in unterschiedlichem Umfang
verursacht wird, ist nicht erfasst.

3.2 Berechnung der jährlichen
    Treibhausgasemissionen der Beispiele
Die so errechneten Werte zeigen die Tendenz, dass
bei zunehmender baulicher Verdichtung die Treibhausgasemissionen pro Quadratmeter Wohnfläche
(WF) beziehungsweise Bruttogeschossfläche (BGF)
sinken.[3] Überraschenderweise befindet sich die Rei-
henhaus-Typologie fast gleichauf mit der Blockrandbebauung und knapp unterhalb der Zeilenbebauung.
Dies ist darauf zurückzuführen, dass die Emissionen
durch die Heizungsanlage über den gesamten angenommenen Zeitraum des Lebenszyklus entscheidend
hinsichtlich der Klimafreundlichkeit sind. Nach Aus-
wertung der Statistik verfügt die neugebaute kleinteilige Bebauung (Typ A, B, C) über einen höheren Anteil

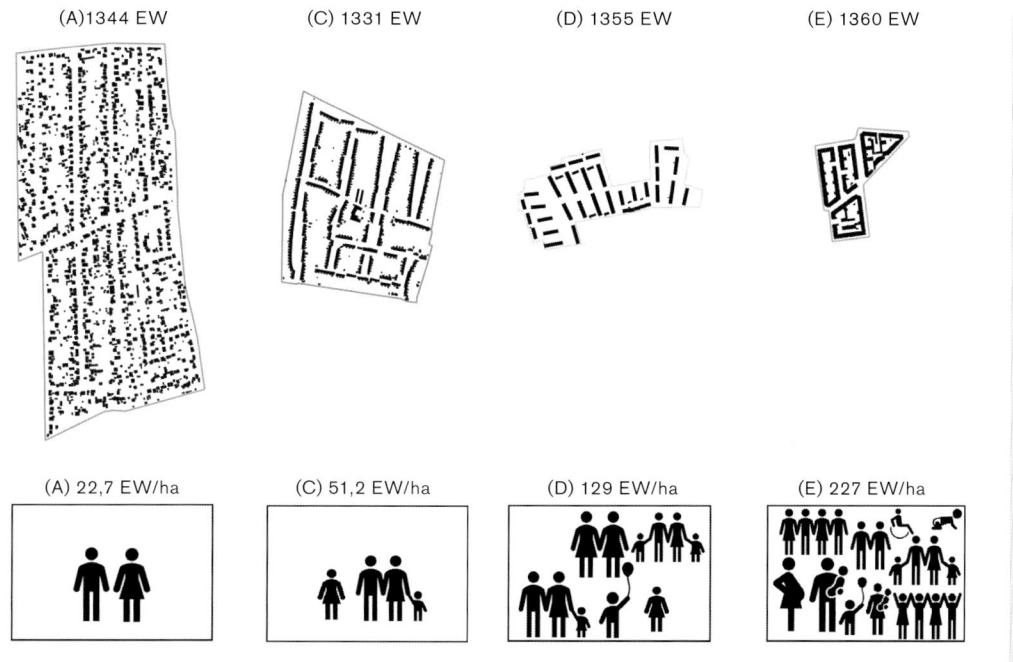

(A)1344 EW   (C) 1331 EW   (D) 1355 EW   (E) 1360 EW

(A) 22,7 EW/ha   (C) 51,2 EW/ha   (D) 129 EW/ha   (E) 227 EW/ha

[2] Beispielquartiere aus Magdeburg und Visualisierung der Einwohnerdichte aus den Beispielquartieren

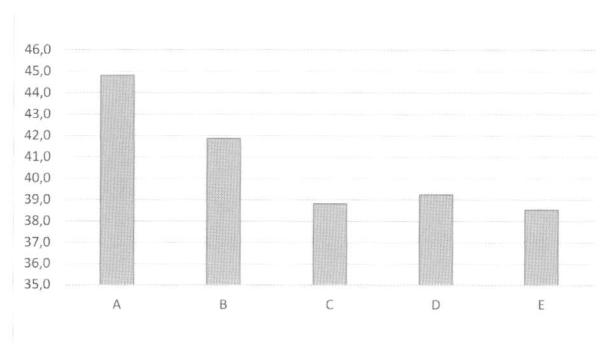

[3] CO_2-Äquivalent pro Quadratmeter Wohnfläche

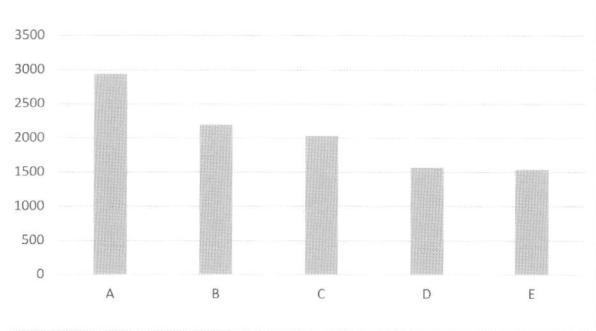

[4] CO_2 Äquivalent insgesamt je Einwohner

von Heizungsanlagen mit erneuerbaren Energiequellen (53,9 Prozent Wärmepumpen 2021), während Mehrfamilienhäuser in den letzten Jahren noch zu einem größeren Teil auf Gasheizungen zurückgriffen, sofern kein Fernwärmeanschluss vorhanden war (in der Berechnung angesetzt mit 100 Prozent Gasheizung).

Es ist anzumerken, dass das hier dargestellte Ergebnis bei einer zusätzlichen Installation von Dach-PV-Anlagen anders ausfällt. Es ist davon auszugehen, dass die Umstellung der oft netzbasierten Heizungssysteme (Nah- und Fernwärme, Blockheizkraftwerke) auf regenerative Energieträger bei für den Geschosswohnungsbau typischen zusammenfassenden Eigentumsverhältnissen schneller und durchgreifender erfolgt als beim individuellen kleinteiligen Wohnungsbau. Werden nur die Emissionen durch den Bau des Quartiers (graue Energie) herangezogen, zeigt sich ebenso eine deutliche Abnahme mit zunehmender baulicher Verdichtung pro Quadratmeter Wohnfläche. Wobei auch hier im Besonderen

219

	Ø Größe WE	Ø Haushaltsgrößen	CO$_2$-Ä kg/a/WE	CO$_2$-Ä kg/a/EW
	150	2,3	6564	2939
	120	2,3	4887	2188
	110	2,3	4684	2036
	64	1,6	2511	1569
	64	1,6	2466	1541

[5] Treibhausgasemissionen in CO$_2$-Äquivalenten pro WE und EW

die Emissionen vom Typ A zum Typ B abnimmt. Insgesamt stoßen Bau und Betrieb von Gebäuden der kompaktesten Typologie im Vergleich zur kleinteiligsten Typologie ungefähr ein Drittel weniger CO$_2$-Äquivalent pro Quadratmeter Wohnfläche aus.

Werden die Treibhausgasemissionen auf die Anzahl der statistisch anzutreffenden Einwohner umgerechnet, zeigt sich der Trend noch deutlicher.[4] Die Treibhausgasemissionen sind für die Einwohner von mehrgeschossiger Zeilenbebauung oder Blockrandbebauung mit rund 1550 Kilogramm CO$_2$-Äquivalent nur halb so groß wie die Treibhausgasemissionen eines Einzelhausbewohners eines Einzelhauses. Der Grund liegt im deutlich größeren Wohnflächenverbrauch beim kleinteiligen individuellen Wohnungsbau im Vergleich zum Geschosswohnungsbau. In Abbildung 5 sind die für Magdeburg typischen Werte für Haushaltsgröße und Größe der Wohneinheit dargestellt.[5]

4. Erschließungskosten und Unterhaltungsaufwand von Verkehrsflächen

Neben dem insgesamt höheren Flächenverbrauch (Bruttowohnbauland) beanspruchen wenig verdichtete Bautypologien auch mehr Verkehrsfläche je

Einwohner, selbst wenn für die verdichtete Bebauung breitere städtische Straßen angelegt werden.[6] Als Beispiel ist hier der klimawandelgerechte Pilotstadtteil »Neues Wohnen in Jena-Zwätzen« zu nennen, welcher ähnliche Zahlen hinsichtlich der Flächeninanspruchnahme aufweist.[7]

Mit einem Mehr an Erschließungsflächen sind unmittelbar höhere Treibhausgasemissionen verknüpft, die vor allem durch die Emissionen durch die Herstellung der Straßenbaumaterialien entstehen. Hier zeigen sich ebenfalls eindeutig die höheren Emissionen pro Quadratmeter Wohnfläche.[8] Auch bei dieser Betrachtung schneiden die freistehenden Einzelhäuser am schlechtesten ab. Die Grafik zeigt eine fast lineare

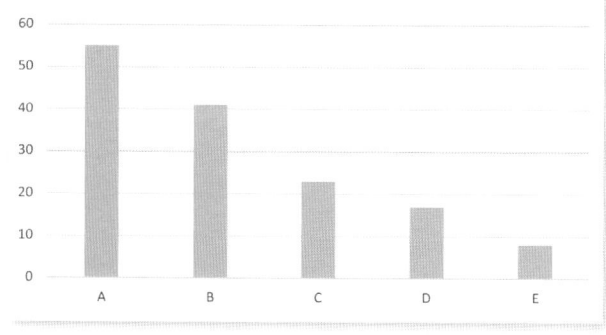

[6] Erschließungsfläche je Einwohner in Quadratmeter

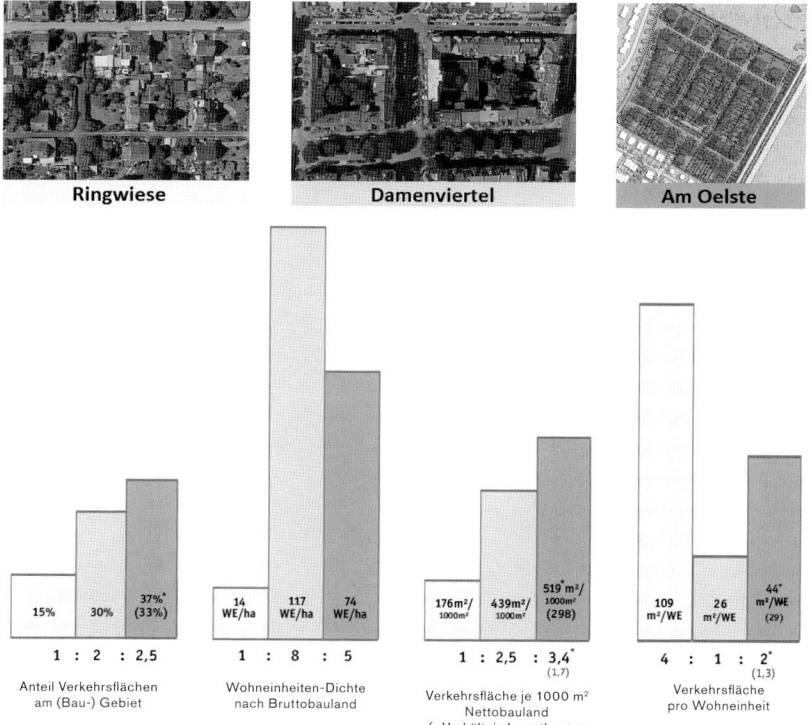

Ringwiese	Damenviertel	Am Oelste

15% 30% 37%* (33%)

1 : 2 : 2,5

Anteil Verkehrsflächen am (Bau-) Gebiet

14 WE/ha 117 WE/ha 74 WE/ha

1 : 8 : 5

Wohneinheiten-Dichte nach Bruttobauland

176m²/ 1000m² 439m²/ 1000m² 519*m²/ 1000m² (298)

1 : 2,5 : 3,4* (1,7)

Verkehrsfläche je 1000 m² Nettobauland (=Verhältnis Investkosten inkl. Medien)

109 m²/WE 26 m²/WE 44* m²/WE (29)

4 : 1 : 2* (1,3)

Verkehrsfläche pro Wohneinheit

[7] Vergleich von Kennzahlen von zwei der beispielhaften Jenaer Baugebiete mit dem Neuen Wohnen in Jena-Zwätzen

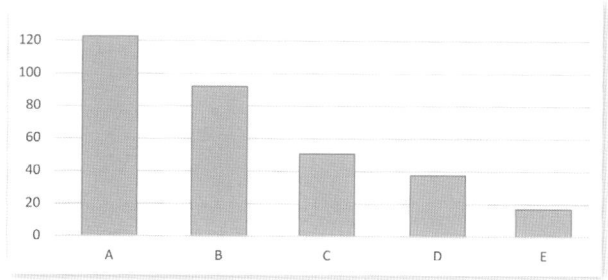

[8] CO_2-Ä in kg/a nach Verkehr (nur graue Emissionen)

Abnahme zur Blockrandbebauung. Insgesamt tragen die Emissionen aus dem Bau der Infrastruktur (graue Energie) aber nur zu etwa einem Zehntel zum Ausstoß an Treibhausgasen durch die Wohnbebauung bei.

Fazit
Ergebnis der Untersuchung ist, dass zunehmende Kompaktheit städtebaulicher Strukturen zu sinkendem Treibhausgasausstoß in allen Bau- und Nutzungsphasen führt. Gleiches trifft für den Flächenbedarf und den Aufwand für Erschließung und

Unterhaltung zu. Oft sind hof- und quartiersbildende Baustrukturen und Stadtquartiere zukunftsfähiger als Typologien des Abstandsflächen einhaltenden offenen Siedlungsbaus. Direkte und indirekte Subventionierung wenig kompakter, kleinteiliger Bebauung verlangsamt die notwendige Transformation und schafft bauliche Strukturen, die wegen übermäßigen Flächenverbrauchs und klimaschädlicher Bauweise jetzt und künftig einen städtebaulichen Missstand darstellen. Eine neue Umbaukultur, die die im Bestand gespeicherte graue Energie erhält, kann helfen, auch solche Stadtteile den sich permanent wandelnden Anforderungen anzupassen. Nachbarschaften sind bekanntermaßen im Vorteil, wenn sie flexibel und effizient nutzbar, raumbildend und reich an Wohnergänzungsfunktionen wie sozialer, kultureller und versorgender Infrastruktur sind, unterschiedliche Milieus beherbergen, Geschichtlichkeit sowie Identität aufweisen und durchgrünt sind. Sind sie kompakt, verringert sich der Treibhausgasausstoß bei Bau, Betrieb, Unterhaltung und Abbruch.

Impuls 3
Joanna Hagen, Lübeck

»Stadtstraße Beckergrube«

Ein zukunftsorientiertes und beispielgebendes Projekt der Hansestadt Lübeck, das dem neunten der zehn Grundsätze zur Stadtbaukunst nachkommt, die vor 13 Jahren auf der ersten *Konferenz zur Schönheit und Lebensfähigkeit* diskutiert wurden.

9. Stadtverkehr, Stadtstraßen statt Autoschneisen Stadtstraßen sind vielfältige und wohlgestaltete Aufenthaltsräume, die neben den verschiedenen Arten des Verkehrs auch dem Einkaufen, dem Spazieren, dem sozialen Kontakt, der politischen Manifestation und dem Vergnügen dienen. Monofunktionale Autoschneisen und Fußgängerzonen zerstören die Stadt.

Die Hansestadt Lübeck hat 2018 den Rahmenplan Innenstadt mit Mobilitätskonzept entwickelt, um die Anforderungen einer modernen Stadt gemeinschaftlich in den Fokus zu nehmen und Weichen für eine zukunftsfähige Entwicklung zu stellen. Mit Beschluss des Rahmenplans ist die Beckergrube als eines von fünf Schlüsselprojekten für die Mobilitätswende und den Strukturwandel auf der Altstadtinsel bestimmt worden. Dieses Projekt wird seitdem prioritär behandelt und durchläuft einen beispielhaften Planungs- und Beteiligungsprozess.

Mit der Möglichkeit, die Neugestaltung mit 3,5 Millionen Euro über Fördermittel aus dem Bundesprogramm Nationale Projekte des Städtebaus zu finanzieren, kann in dieser Stadtstraße inmitten des UNESCO-Welterbes Lübecker Altstadt ein großer Beitrag zur Anpassung an die Folgen des Klimawandels und zur Förderung des klimafreundlichen Verkehrs geleistet werden, gleichzeitig aber auch notwendige Veränderungen im Rahmen des Strukturwandels im Einklang mit einer nutzernahen Gestaltung erfolgen. Die Maßnahmen zur Erreichung klar formulierter Ziele müssen im ersten Bauabschnitt in einem vom Fördermittelgeber sehr engen Zeitrahmen bis Anfang 2026 umgesetzt werden.

Unter dem Motto »Lübeck geht los!« startete in 2020 ein Verkehrsversuch, um die Umsetzbarkeit der verkehrlichen Zielsetzung zu prüfen. Hierbei wurde der Autoverkehr ohne Ziel auf der Altstadtinsel umgelenkt, das Tempo auf 20 reduziert und ein verkehrsberuhigter Geschäftsbereich angeordnet. Der Straßenraum wurde provisorisch zurückgebaut und die freigewordenen Flächen mit temporären Maßnahmen wie Fahrradmodulen, mobilen Baumstandorten und Sitzbänken bespielt.[1]

Der Verkehrsversuch hat gezeigt, was für Chancen mit dem Projekt Beckergrube verbunden sind. Es sind mehr Menschen zu Fuß und mit dem Fahrrad unterwegs. Der Stadtraum wird spürbar lebendiger. Konsumfreie Sitzmöbel und mehr Platz für die Außengastronomie ziehen die Leute an. Mit der Initiative Grüne Beckergrube und Kooperationen unter den Gewerbetreibenden entwickelten sich gemeinschaftliche Aktionen – das steigert die Lebensqualität in unserer Stadt.[2]

Mit großem Engagement von zwei Paten konnte in zwei Containern, die gleichzeitig als Landmarke und Hinweisgeber dienten, eine frei zugängliche Ausstellung fast täglich geöffnet werden. Mit der Ausstellung konnte den Bürger*innen und

[1] Verkehrsversuch vorher …

… und nachher

Besucher*innen der Stadt der Verkehrsversuch erläutert und der Planungs- und Beteiligungsprozess zum Projekt Beckergrube präsentiert werden.[3] Hierzu gab es sehr positives Feedback. Diese wunderbare Form der bürgernahen Kommunikation wird mit einer neuen Ausstellung weitergeführt.

Die Hansestadt Lübeck erhielt für die beispielgebende Umsetzung des Verkehrsversuchs den Deutschen Verkehrsplanungspreis 2022, der durch die SRL e. V. in Kooperation mit dem VCD verliehen wird.

Im Jahr 2022 wurde ein freiraumplanerischer Wettbewerb durchgeführt. Expert*innen aus der Landschaftsarchitektur, Verkehrs- und Stadtplanung diskutierten gemeinsam mit Verwaltung und Politik über 12 Arbeiten. Erstmals durften an einer solchen nicht-öffentlichen Sitzung drei Bürger*innen beratend teilnehmen. Dies taten sie stellvertretend für die Mitglieder des neu gegründeten Beirats Beckergrube.

Das Landschaftsarchitekturbüro 1:1 landskab, Valby aus Dänemark wurde mit dem ersten Preis ausgezeichnet. Dieser Entwurf stellt sich der Aufgabe, den Stadtraum inmitten der historischen Altstadt resilienter zu machen, in dem zur Anpassung an den Klimawandel und zur Gesundheitsvorsorge eine hohe Anzahl an Bäumen gepflanzt werden.[4] Das Schatten spendende Blätterdach, das auf die

[2] Urban Gardening-Projekt

Anforderungen des Klimawandels reagieren kann (unter anderem Hitze- und Gesundheitsvorsorge), wird durch unterschiedliche Baumarten zu einem vielfältigen Lebensraum für Vögel und Insekten. Die Jury hat diesen Entwurf prämiert, weil das flexible Konzept auf die Bedingungen vor Ort reagieren kann, ohne die Entwurfsidee zu verlieren.

Das räumliche Konzept besticht zudem durch seine konsequent umgesetzte Haltung, den Raum trotz der Straßenverkehrsfläche von Fassade zu Fassade zu denken, eine hohe Durchlässigkeit im Raum zu erzeugen und der strengen Linearität der Straße etwas Prägendes entgegenzusetzen. Im ersten Bauabschnitt sind in Multifunktionsstreifen Ladezonen für das Anliefern, Taxen- und

Behindertenparkplätze und Fahrradabstellanlagen für rund 100 Fahrräder vorgesehen. Unter dem neuen Blätterdach sollen auch konsumfreie Sitzmöglichkeiten errichtet sowie Flächen für die Gastronomen und Einzelhändler*innen ausgewiesen und ein Tanzboden mit einem Sitz-/Tribünenelement aus Holz entwickelt werden, das für kleine Veranstaltungen genutzt werden kann. Die Ideen der Bürger*innen wie Tanzboden, Urban Gardening-Beete und konsumfreie Sitzgelegenheiten sowie bestehende bewährte Elemente (zum Beispiel Food Sharing-Schrank, Litfaßsäule für individuelle Plakatierung) finden sich im Entwurf wieder.[5]

Für die Bewässerung der Bäume soll das anfallende Regenwasser aus den Nebenflächen (nicht von der Straße) zu den Bäumen geführt werden und bei Bedarf zusätzlich händisch gewässert werden. Mit einer Wasserbilanz wurde die durchschnittliche Anzahl der »trockenen Tage« berechnet und die Kosten abgewogen. Mit einem hierfür neu entwickelten unterirdischen Regenwasser-System geht Lübeck neue Wege. Nach intensiver Planung können voraussichtlich 35 neue Bäume gepflanzt werden und vier der sieben Bestandsbäume erhalten bleiben. Dies erfolgt unter Bewahrung und Schutz der vorhandenen historischen Grundmauern und der Leitungen im Untergrund sowie unter Berücksichtigung der Vorgaben der Feuerwehr, alle Fenster im Brandfall anleitern zu können.

Der Entwurf gibt eine Antwort auf die Frage, wie wir Stadträume resilienter gegenüber den Folgen des Klimawandels gestalten können. Gleichzeitig nimmt

[3] Container-Ausstellung

[4] Wettbewerbssieger

[6] Beiratssitzung/Präsentation des Wettbewerbsergebnisses

dieser die Herausforderung an, mit mehr Stadtgrün einen Beitrag für die Gesundheitsvorsorge und das Wohlbefinden zu leisten. Zudem kann durch die Stärkung des Rad- und Fußverkehrs sowie durch unterschiedliche Aufenthaltsqualitäten ein besonderer Erlebnisraum geschaffen werden, sodass dem Strukturwandel begegnet wird. Trotz der modernen Gestaltung fügt sich der Entwurf in das Welterbe Lübecker Altstadt ein, da sehr viel Wert aufs Detail (Farbwahl, Verlegeart, Standardelemente) gelegt wird: Die Materialwahl besticht durch unterschiedliche Formate eines braun-gräulichen Klinkers, darin ein gusseiserner Blindenleitstreifen und abschließend eine Kastenrinne mit Stahlkante, die Bäume stehen in gusseisernen Baumrosten oder werden von Rundbänken aus lindgrünem Stahl umfasst.

Eine Testfläche von etwa 40 Quadratmetern veranschaulicht bereits heute die Planung der Neugestaltung der Beckergrube und lädt ein, den zukünftigen Charakter zu erleben. Um in den Prozessphasen Wettbewerb, Entwurfsplanung und Bau allgemein eine enge Einbindung »Betroffener« sicherzustellen, erfolgte die Gründung eines Beirats aus Anlieger*innen, Initiativen, Politik und Verwaltung. Unter anderem sind Anwohner*innen, das Theater, Gewerbetreibende und Vertreter des Beirats für Menschen mit Behinderung in diesem Beirat vertreten. Im Zuge der Baumaßnahme sollen mit dem Beirat und weiteren Gewerbetreibenden vor Ort »Instrumente« entwickelt werden, um Umsatzeinbrüchen durch temporäre Einschränkungen der Erreichbarkeit entgegenzuwirken und den Ort zu bespielen. Ziel ist es, über den Zusammenschluss im Beirat auch langfristig die Vernetzung innerhalb der Straße zu stärken.[6]

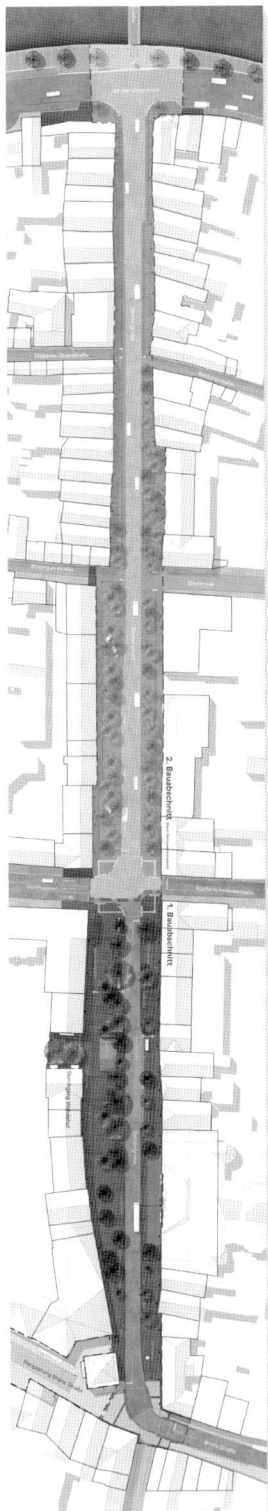

[5] Lageplan

Weitere Information finden Sie unter luebeck.de/beckergrube

227

Impuls 4
Tanja Flemmig, Regensburg

Verkehrsberuhigung Altstadt – ein langer Weg

Im Juli 2023 hat in Regensburg ein wohl deutschlandweit einzigartiges Fest seinen 50. Geburtstag gefeiert, das Bürgerfest. Was hat ein »Bürgerfest« mit Stadtstraßen zu tun? Das erste Regensburger Bürgerfest legte durch bürgerschaftliches Engagement sozusagen den Grundstein für die Verkehrsberuhigung der Altstadt. Der folgende Beitrag beschreibt einen bis heute andauernden Entwicklungsprozess.

Die Anfänge 1973

>»Zwei Tage lang war ein Teil der Innenstadt für den Verkehr gesperrt. Die Regensburger Bürgerinnen und Bürger feierten ein Fest, ihr Fest, das Bürgerfest.«* ...

>»Das erste Regensburger Bürgerfest wollte eine autofreie Altstadt so wie Regensburg multikulti sichtbar machen.«...

>»In einer Zeit, wo die historische Substanz von Straßenplanern und Abrissspekulanten bedroht war, sollte ein Bürgerbewusstsein geweckt werden, um direkt auf die städtische Sanierungs- und Straßenplanung einzuwirken.«[1]

Erste Schritte in Richtung »Verkehrsberuhigung Altstadt« finden sich Anfang der 1980er Jahre mit Ausweisung der ersten Fußgängerzone. In der Platzfolge zwischen Kohlenmarkt und Bismarckplatz wurde unter anderem der Haidplatz von parkenden Autos befreit und damit die Aufenthaltsqualität signifikant erhöht.[1/2]

Gestaltungsleitfaden

Die Idee, in der Altstadt den Fokus weg vom Auto hin zu mehr Aufenthaltsqualität für Fußgänger zu legen, sollte sich auch baulich bei der Gestaltung des öffentlichen Raumes niederschlagen. Durch die Ergebnisse eines offenen Ideen- und Realisierungswettbewerbes (1982) wurden ergänzend zum Verkehrsberuhigungskonzept die Gestaltungsvorstellungen für die öffentlichen Räume der Altstadt entwickelt. Diese beinhalten einen niveaugleichen Ausbau des Straßenraumes mit einer Gliederung durch eine mittelliegende Entwässerungsrinne aus Naturstein. Als Belag ist ein kleinteiliges gesägtes Granitpflaster zu verwenden, wobei die Materialien vorzugsweise regional zu wählen sind.[3/4]

Diese Rahmenbedingungen bilden bis heute die Basis jeder Neugestaltung. Individualität entsteht bei der Planung, die stets auf die Besonderheiten jedes Ortes eingeht. Zum Beispiel werden Eingänge zu Kapellen oder Bereiche um Kirchen durch Vorgelege aus Natursteinplatten hervorgehoben. Mit der Aufwertung des öffentlichen Raumes und der anhaltenden Sanierungstätigkeit wurde die Altstadt, die seit 2006 Weltkulturerbe ist, immer attraktiver und die Freisitze in der »nördlichsten Stadt Italiens« immer zahlreicher. Viele Menschen, vor allem die ältere Generation, wollten allerdings beim Bummel durch die Altstadt auch verweilen, ohne etwas konsumieren zu müssen. Die Stadt hat diese Anregungen aufgenommen und 2015 zusätzlich ein Möblierungskonzept speziell für den Welterbebereich entwickelt.

[1] Haidplatz Regensburg 1982
     vor Verkehrsberuhigung

[2] Haidplatz Regensburg heute

Grün in der Altstadt

Im Laufe der Jahre hat sich die Gestaltung auch den geänderten Bedürfnissen angepasst. Seit 2014 erfolgt eine Ergänzung und Anpassung der Gestaltungsprinzipien an heutige und zukünftige Anforderungen, wie die Anpassung an den Klimawandel sowie Maßnahmen zur Steigerung der Klimaresilienz mit mehr Grün, mehr Wasser und einer Verbesserung des Stadtmobiliars. Bei anstehenden Neuplanungen wird, wo sinnvoll, Wasser in Form von Brunnen oder Trinkwasserbrunnen eingeplant und untersucht, wo Baumpflanzungen möglich sind.[5]

In Abwägung mit der stadträumlichen und funktionalen Eignung des Standortes werden heute so viele Bäume wie möglich geplant und gepflanzt. Seit 2021 werden Hauseigentümer angeschrieben und angefragt, ob Interesse an einer Fassadenbegrünung besteht. Bei Interesse wird dann im Rahmen der laufenden Planung überprüft, ob eine Begrünung möglich ist.

Um auch ohne aufwendige Umbaumaßnahmen eine Verbesserung im Bestand zu erzielen, setzt die Stadt als drittes »grünes Standbein« auf den Einsatz mobilen Grüns. Das bietet zudem den Vorteil, dass kurzfristige Interventionen möglich sind oder Standorte gewechselt werden können.

Probleme

Während im Laufe der Jahre viele Maßnahmen zur Qualitätsverbesserung umgesetzt werden konnten, ist das ursprüngliche Ziel, die Altstadt von zu vielen Autos zu befreien, bis heute nur auf einem Teil der Plätze gelungen. Neben Anwohnerparkplätzen gibt es immer noch zu viele frei verfügbare Stellplätze mit keiner oder lediglich geringer Gebühr.

Die in den 1970er Jahren durch bürgerschaftliches Engagement angestoßene Verkehrsberuhigung der Altstadt, das muss man leider konstatieren, ist trotz zahlreicher Maßnahmen bislang nicht wirklich gelungen. Erschwerend kommt hinzu, dass zwischenzeitlich der Nutzerkreis massiv angestiegen und wesentlich vielfältiger geworden ist.

In der lediglich fünf bis acht Meter breiten Gesandtenstraße beispielsweise tummeln sich

[3] Wahlensraße vor dem Umbau

[4] Wahlenstraße nach dem Umbau

täglich Fußgänger, Radfahrer, E-Scooter-Fahrer, Freisitznutzer, Busse, Logistik Unternehmen, Handwerker und dazu etwa 940 Kraftfahrzeuge.[6] Regensburg dürfte die einzige historische Stadt sein, in der man mit dem Auto unbehelligt bis vor den Dom fahren kann. Die Zufahrten sind zwar so beschildert, dass der Bereich nur von Anliegern und Lieferdiensten befahren werden darf, aber das interessiert niemanden und eine Überwachung findet nahezu nicht statt. So queren diesen Bereich etwa 1.400 Fahrzeuge pro Tag.

Beteiligungsprozess

Kein Wunder, dass die Rufe nach einer Verkehrsberuhigung, unter anderem von den Altstadtfreunden, wieder aufflammen. Die Stadt hat daher im Jahr 2021 einen neuen Anlauf unternommen. Um die Bedarfe möglichst aller Altstadtnutzer ermitteln und werten zu können, wurde ein Beteiligungsprozess in unterschiedlichen Formaten, coronabedingt teils online, durchgeführt, der von allen Akteuren und Altstadt-Interessierten sehr gut angenommen wurde. In den »Zukunftsworkshops« am Ende des Prozesses gab es bisweilen heftige Diskussionen

zwischen den verschiedenen Interessensgruppen, als es um das Abstecken künftiger Qualitätsziele ging. Grundsätzlich ist es jedoch gelungen mehr gegenseitiges Verständnis zu erwecken, geblieben ist aber die Angst, vor allem beim Handel, dass die Altstadt mit einer Verkehrsberuhigung an Wirtschaftskraft einbüßt.[7]

Das dem nicht so ist, hat das Bürgerfest im Juni 2023 gezeigt. Hunderttausende bevölkerten ein Wochenende lang eine autofreie Altstadt. Viele sind mit dem Rad oder ÖPNV aus der Stadt und dem Umland angereist, sodass die Parkhäuser zu keiner Zeit ausgelastet waren.[8]

Die Chance

Das Potential für eine wirksame Verkehrsberuhigung ist vorhanden. Regensburg verfügt über ein gut ausgebautes Busnetz, welches stetig erweitert wird. Es gibt in der Altstadt Parkhäuser mit freien Kapazitäten. Zudem gibt es über das Stadtgebiet verteilt, gut erreichbare »Park&Ride-Anlagen« und auch dieses Angebot wird aktuell ausgebaut. Daher wäre es ein leichtes, in einem ersten Schritt

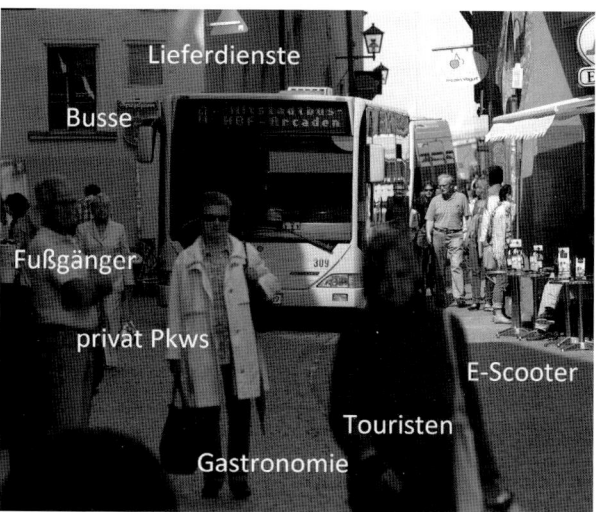

[5] Neugestaltung Grasgasse, Schäffnerstraße

[6] Mobiler Hotspot Gesandtenstraße

zunächst die wenigen freien Parkplätze im öffentlichen Raum zu streichen und stattdessen diesen Raum zu nutzen, um die Aufenthaltsqualität durch mobile Begrünung und Sitzmöglichkeiten zu erhöhen sowie Lieferzonen und mehr Radabstellplätze auszuweisen. Gleichzeitig müsste eine Zufahrtskontrolle, zum Beispiel über Kennzeichenerkennung, geschaffen und Verstöße auch geahndet werden. Der Parksuchverkehr in den Gassen und auch die »Auto-Poser-Runden« würden damit der Vergangenheit angehören und der öffentliche Raum an Qualität gewinnen. In weiteren Schritten könnten ein Gebührenmanagement über alle Parkierungsanlagen gelegt und Anwohnerstellplätze auch in Parkhäuser verlegt werden.

Hürden

Die Umsetzung scheitert derzeit an verschiedenen Stellen. Da sind die rechtlichen Rahmenbedingungen, die die Kosten für einen Bewohnerparkausweis auf 30,70 Euro pro Jahr festlegen. Zwar wurde im Jahr 2020 mit Änderung des Straßenverkehrsgesetzes die bislang bundesweit geltende Obergrenze gekippt und die Bundesländer ermächtigt, den Gebührenrahmen für Bewohnerparkausweise anzupassen, allerdings hat Bayern von dieser Regelung

bislang keinen Gebrauch gemacht, weswegen die 30,70 Euro pro Jahr weiter gelten. Dem stehen 100 Euro pro Monat gegenüber, die in einer Quartiersgarage mindestens verlangt werden müssten, um diese annähernd wirtschaftlich betreiben zu können. Auch sieht unsere Ordnungsbehörde keine rechtliche Möglichkeit kostenfreies Parken im öffentlichen Raum gänzlich zu verbieten. Damit bleibt das Auto weiterhin als Transportmittel attraktiver als der ÖPNV und so lange man mit dem Pkw bis vor den Dom fahren kann, bleiben auch die P&R-Plätze ungenutzt. Schlussendlich vertreten große Teile der politischen Entscheidungsvertreter die Meinung, weniger Autos in der Altstadt würden dieser wirtschaftlich schaden.

Daran konnten bislang auch die eingangs erwähnten Altstadtfreunde nichts ausrichten, die 2022 in der Obermünster Straße, die täglich von etwa 1300 Fahrzeugen durchquert wird, ein autofreies Wochenende veranstalteten[2]. Der anschließende Vorschlag der Verwaltung mit Popup Begrünung und Freisitzen einen autofreien Versuch über drei Monate zu starten, fand politisch keine Zustimmung.

[7]   Beteiligungsprozess Verkehrsberuhigung Altstadt

[8]   Autofreie Altstadt beim Bürgerfest 2023

Fazit

Die »Verkehrsberuhigung Altstadt Regensburg« könnte nach 50 Jahren endlich gelingen, wenn die beteiligten Ämter in der Verwaltung an einem Strang ziehen und couragiert planen. Auch wäre mehr politische Rückendeckung und die Bereitschaft neue Wege zu beschreiten nötig. Vielleicht braucht es am Ende aber erneut das für Regensburg typische bürgerschaftliche Engagement einzelner starker Akteure, um eine breite Mehrheit davon zu überzeugen, dass eine verkehrsberuhigte Altstadt nur an Attraktivität gewinnt, aber keine Wirtschaftskraft einbüßt.

1   Die Zitate stammen aus einer Zusammenfassung von drei super 8-Dokumentationen des ersten Bürgerfestes 1973. Quelle: https://altstadtfreunde-regensburg.de/zeitreisen-durch-regensburg/

2   https://altstadtfreunde-regensburg.de/podiumsdiskussion-am-29-maerz-2023/)

Erfahrungen aus der Bau- und Planungspraxis 6

Impuls 1
Georg Ebbing

Die Korridorstraße als Raum für sich stetig wandelnde Leitbilder und Vorstellungen

Trotz aller Anfeindungen im 20. Jahrhundert hat die Korridorstraße als linearer Raum, der zumeist durch eine geschlossene Blockrandbebauung gebildet wird, als wesentliches Element des Städtebaus überlebt. In den letzten mehr als 100 Jahren bot dieser öffentlichste Raum der Stadt auf vielfältige Weise mit seinen Wandungen den Hintergrund für die verschiedensten Leitbilder sowie unterschiedlichsten Vorstellungen und ist bis heute ein Garant für die Schönheit und Lebensfähigkeit der Stadt. Wesentlich für diese Form der Kontinuität und Permanenz sind einige Aspekte, die hier kurz in Erinnerung gerufen werden sollen und die bis heute nichts von ihrer Gültigkeit verloren haben.

Die Stadtstraße als Innenraum

Grundlegend und prägend für die Vorstellung vom städtischen Außenraum als geschlossenem und bewusst gestalteten öffentlichen Innenraum ist die Analogie zwischen Haus und Stadt. So wie das Haus und die Wohnung gleichermaßen über funktional und gestalterisch differenzierte »Wohnzimmer«[1], »Wohnräume und Festsäle«[2] aber auch »Korridore«[3] verfügen, so wird auch die Stadt von hierarchisch unterschiedenen Straßen und Plätzen zum Fortbewegen oder behaglichen Aufenthalt geprägt. Damit verbunden ist die Vorstellung von der Straße als einem zimmergleichen Innenraum, der unterschiedliche Charaktere und Atmosphären aufweisen kann. Wie »unsere Wohnräume mit ihrer Einrichtung einen bestimmten Stil haben«[4], so können Straße und Platz je nach Ausstattung ebenso einen »großartigen oder kleinlichen, einen vornehmen oder bescheidenen, einen behaglichen oder öden Charakter«[5] gewinnen. Der Städtebau, der auf diese Weise betrachtet wird, wird dabei konsequenterweise zur »Innenarchitektur«[6] erklärt.

Mit der Gestaltung der differenzierten äußeren öffentlichen Räume im Sinne einer innenarchitektonischen Aufgabe ist gleichsam ein Gefühl des beschützt und geborgen seins verbunden. »Dieses Wohlgefallen am Umrahmtsein«[7], wird zur »hauptsächlichsten Quelle architektonischen Genießens und somit auch architektonischen Schaffens«.[8] Und genau dieses Raumgefühl gelte es auch auf der Straße zu erleben, selbst wenn der »Charakter der Straße als architektonische Form, [...] der eines bald eiliger, bald langsamer, oft in Absätzen, stets aber ohne Aufenthalte sich entwickelnden Raumes«[9] ist.

Für »Raumgefühl« und »Wohlgefallen am Umrahmtsein«, Bedürfnisse, die bis heute eine überragende Bedeutung für alle Menschen im öffentlichen Raum haben, ist die Beschränkung und zimmerartige Geschlossenheit eine der wichtigsten Voraussetzungen, denn insbesondere im Städtebau geht »die echteste, vollkommenste Gefühlswirkung immer nur von einem wirklichen Innenraum«[10] aus. Für die Innenraumwirkung sind zwei weitere Aspekte besonders mit verantwortlich.

Der Straßenquerschnitt

Die Raumwirkung beruht ganz wesentlich auf dem Querschnittsverhältnis, auf dem Verhältnis zwischen Straßenbreite und Höhe der angrenzenden Bebauung. Als besonders schön gilt insbesondere bei Stadtstraßen ein Verhältnis von Höhe zu Breite von fünf zu drei oder bei neu angelegten Straßen der Stadterweiterungen das Verhältnis von drei (Höhe) zu fünf (Breite), wie es Hermann Ehlgötz 1921[11] beschreibt. Das damit verbundene Straßenbild ist das eines hochrechteckigen, stehenden Raumprofils, das vornehmlich für die normalen Stadtstraßen aus funktionalen wie aus raumkünstlerischen Erwägungen als besonders vorteilhaft betrachtet wurde.

Im Straßenquerschnitt prägt sich zudem nicht nur eine Hierarchie der Straßen und deren Bedeutung im Gesamtgefüge des Straßennetzes aus. Vielmehr wir dieser als Basis der »künstlerischen Aufgaben der Raumgestaltung«[12] gesehen. Dabei geht es damals wie heute darum, eine »aufmerksame Abstufung der Straßenbreiten je nach der Bedeutung des Verkehres und des Anbaues«[13] zu beachten und so fordert Stübben, um der Schönheit gerecht zu werden, ein »Maßhalten in der Straßenbreite«[14] ein. Schauen wir uns zahlreiche bestehende Straßenräume an, so können wir feststellen, dass innerhalb der vorhandenen, sich an den oben beschriebenen Verhältnissen orientierenden Straßenquerschnitte die unterschiedlichsten Raum- und Funktionsaufteilungen in den letzten Jahrzehnten stattgefunden haben, ohne dass sich die Räume in ihren Dimensionen wesentlich verändert haben.

Die Straßenwandungen

»Das wichtigste Glied für die Erscheinung des Straßen- und Platzraumes bilden die Wandungen«[15] schreibt 1909 Felix Genzmer. Damit meint er »insbesondere [die] Straßenfronten« der die »Grundfläche [der Straßen] umsäumenden Bauwerke.«[16] Diese bestimmen mit ihren Höhen und Breitendimensionen zunächst die Raumwirkung des Straßenraumes. Die architektonische Gestaltung der Straßenfassaden, ihre Gliederungen und Schmuckformen, ebenso wie die verwendeten Materialien und die eingesetzten Farben bis hin zu einzelnen Detaillösungen entscheiden dabei über den jeweiligen Charakter und die Atmosphäre des Straßenraumes.

Vor dem Hintergrund der ab Mitte des 19. Jahrhunderts sich flächenmäßig enorm ausweitenden und auch räumlich stark verdichtenden Städte bestimmt »der Kampf der Ordnung gegen das Chaos«[17] sowie das »Ringen um das Problem der Einheit in der Vielfältigkeit«[18] insbesondere zum Ende des 19. und zu Beginn des 20. Jahrhunderts auf äußerst vielfältige Weise die Diskussion um einen angemessenen und zeitgemäßen architektonischen Ausdruck der Großstadt. Und es sind genau diese Straßenräume, die bis heute einen ungeheuren Wert für uns besitzen. Dies können wir nicht zuletzt daran erkennen, dass sich genau in diesen Straßentypen zumeist die Häuser über Jahrzehnte erhalten haben, während sich vor ihren Fenstern und Türen die Ansprüche und Vorstellungen immer wieder wandelten und das Straßenprofil den jeweiligen Leitbildern angepasst wurde, während die Wandungen und die Dimensionen des Raumes standhaft unverändert blieben.

Beinahe wäre man versucht zu fragen, was die Häuser wohl zu dem steten Wandel vor ihnen sagen würden? Sie könnten uns sicher viel erzählen über Vorgärten, die zu Parkplätzen werden und nun wieder zu Gärten werden, über Fahrbahnen, die erst verbreitert werden und nun wieder zurückgebaut werden oder etwa über Spielplätze, die anstatt von parkenden Autos nun den Blick aus den Fenstern bestimmen.

Zahlreiche historische Straßenräume haben vielfachen Wandel überlebt und zahlreiche Leitbilder ausgehalten, weil es der geschlossene Korridorstraßenraum mit seinen Schulter an Schulter stehenden Häusern und deren städtischen Fassaden und flexiblen und gleichzeitig dauerhaften Grundrissen überhaupt erst ermöglicht hat.

Warum machen wir es heute so oft anders?

1   Karl Henrici: »Das Malerische in der Architektur und im
    Städtebau«. Vortrag gehalten in der gemeinnützigen Gesellschaft
    in Lübeck im Februar 1897. In: Henrici, Karl: Beiträge zur
    Praktischen Ästhetik im Städtebau. Eine Sammlung von
    Vorträgen und Aufsätzen, München (o. J. 1904) S. 34–57,
    hier S. 49

2   Josef Stübben: Der Städtebau. Vierter Teil des Handbuches der
    Architektur, 9. Halbband. 2. Auflg. Stuttgart 1907, S. 76

3   Felix Genzmer: »Kunst im Städtebau« in: Städtebauliche Vorträge
    aus dem Seminar für Städtebau an der Königlichen Technischen
    Hochschule zu Berlin; Joseph Brix, Felix Genzmer (Hg.), Berlin
    1908, 1. Vortragszyklus, Band 1, Heft 1. S. 29. Genzmer zieht
    hier einen Vergleich zwischen der klaren und übersichtlichen
    Führung der Hauptverkehrswege innerhalb der Stadt und den
    Korridoren in größeren Gebäuden. Ein früher Hinweis auf die
    »Korridorstraße«

4   Felix Genzmer: »Die Ausstattung von Straßen und Plätzen« in:
    Städtebauliche Vorträge aus dem Seminar für Städtebau an der
    Königlichen Technischen Hochschule zu Berlin; Joseph Brix, Felix
    Genzmer (Hg.), 3. Vortragszyklus, Band III. Heft 2, Berlin 1910,
    S. 7

5   Felix Genzmer: »Die Ausstattung von Straßen und Plätzen« in:
    Städtebauliche Vorträge aus dem Seminar für Städtebau an der
    Königlichen Technischen Hochschule zu Berlin; Joseph Brix, Felix
    Genzmer (Hg.), 3. Vortragszyklus, Band III. Heft 2, Berlin 1910,
    S. 7

6   Felix Genzmer: »Die Ausstattung von Straßen und Plätzen« in:
    Städtebauliche Vorträge aus dem Seminar für Städtebau an der
    Königlichen Technischen Hochschule zu Berlin; Joseph Brix, Felix
    Genzmer (Hg.), 3. Vortragszyklus, Band III. Heft 2, Berlin 1910,
    S. 7

7   Hans Freude: »Etwas vom Raumgefühl. Ein Versuch zur Erklärung
    des Schönen in der Kunst« in: Deutsche Bauzeitung, 1913, Heft
    69, S. 610–612; Heft 70, S. 615–620; Heft 73, S. 641–648,
    hier S. 611

8   Hans Freude: »Etwas vom Raumgefühl. Ein Versuch zur Erklärung
    des Schönen in der Kunst« in: Deutsche Bauzeitung, 1913, Heft
    69, S. 610–612; Heft 70, S. 615–620; Heft 73, S. 641–648,
    hier S. 611

9   Albert Erich Brinckmann: Deutsche Stadtbaukunst in der
    Vergangenheit. Frankfurt a. M. 1911. Hier zitiert nach: Reprint der
    2. Auflg. von 1921, Braunschweig, Wiesbaden 1985, S. 98

10 Hans Freude: »Etwas vom Raumgefühl. Ein Versuch zur Erklärung
    des Schönen in der Kunst« in: Deutsche Bauzeitung, 1913, Heft
    69, S. 610–612; Heft 70, S. 615–620; Heft 73, S. 641–648,
    hier Heft 73, S. 643

11 Siehe: Hermann Ehlgötz: Städtebaukunst. Leipzig 1921, S. 78

12 Joseph Brix: »Die ober- und unterirdische Ausbildung der
    städtischen Straßenquerschnitte« in: Städtebauliche Vorträge
    aus dem Seminar für Städtebau an der Königlichen Technischen
    Hochschule zu Berlin; Joseph Brix, Felix Genzmer (Hg.), Berlin
    1909, 2. Vortragszyklus, Band II, Heft II, S. 7

13 Josef Stübben: Der Städtebau. Vierter Teil des Handbuches der
    Architektur, 9. Halbband. 2. Auflg. Stuttgart 1907, S. 73

14 Josef Stübben: Der Städtebau. Vierter Teil des Handbuches der
    Architektur, 9. Halbband. 2. Auflg. Stuttgart 1907, S. 73

15 Felix Genzmer: »Die Gestaltung des Straszen- und Platzraumes«
    in: Städtebauliche Vorträge aus dem Seminar für Städtebau an
    der Königlichen Technischen Hochschule zu Berlin; Joseph Brix,
    Felix Genzmer (Hg.), Berlin 1909, 2. Vortragszyklus, Band II,
    Heft I, S. 22

16 Felix Genzmer: »Die Gestaltung des Straszen- und Platzraumes«
    in: Städtebauliche Vorträge aus dem Seminar für Städtebau an
    der Königlichen Technischen Hochschule zu Berlin; Joseph Brix,
    Felix Genzmer (Hg.), Berlin 1909, 2. Vortragszyklus, Band II, Heft
    I, S. 22

17 Werner Hegemann: Der Städtebau nach den Ergebnissen der
    Allgemeinen Städtebau-Ausstellung in Berlin. Berlin 1911/13,
    2 Bände, hier Band 1, S. 8. Hier zitiert nach Georg Ebbing: Der
    monumentale Straßenraum (Diss. an der TU Dortmund 2014),
    S. 247

18 Albert Erich Brinckmann: Stadtbaukunst. Geschichtliche
    Querschnitte und neuzeitliche Ziele. Berlin-Neubabelsberg 1920,
    S. VII

Impuls 2
Brigitta Ziegenbein mit Thomas Dienberg und Theresa Gnoyke, Leipzig

Was ist heute eine gute, funktionierende Stadtstraße?

Der diesjährige Input sieht sich im Kontext der Vortragsreihe zum Stadtraum im vergangenen Jahr. Zum Thema der »Stadtstraße« im 21. Jahrhundert stellt sich die Stadt Leipzig ganz aktuell und in einem integrierten, nachhaltigen Arbeitsansatz im Rahmen der Mobilitätswende und Umbaus des Straßenraumes im Zuge des Einsatzes neuer, leistungsfähigerer Straßenbahnen den Herausforderungen aus Aufenthaltsqualität, Gesundheitsvorsorge, Energie-, Wasser- und Mobilitätswende.

Ausgehend von dem übergreifenden Konsens, dass gut gestaltete und schöne Stadträume lebenswerte Stadträume sind, weisen seit Jahrzehnten Stadtplaner und Architekten darauf hin, dass dem öffentlichen Raum eine wesentliche Rolle zukommt, wenn es um lebenswerte Städte geht. Seit Jahrzehnten werden allerorten Leuchtturmprojekte, Piloten und mustergültige Vorhaben mit viel Engagement ins Werk gesetzt. Auch in Leipzig gibt es entsprechende Beispiele: Die Straßenräume um den Johannisplatz wurden samt Platz in den frühen 2000er Jahren nach damaligen Maßstäben mustergültig gestaltet: Große Straßenbahnhaltestellen in Insellage sind ein Zeichen für den Willen, den ÖPNV zu stärken. Mindestens ebenso viel Fläche wird dem Kfz-Verkehr zur Verfügung gestellt. Insgesamt ist diese nach damaligen Maßstäben mustergültige Gestaltung aus heutiger Sicht ein Beispiel verkehrszentrierter Planung des öffentlichen Raumes.[1] Ein Blick in die Stadtgeschichte zeigt, dass auch ein anderer Umgang möglich ist. Anhand der städtebaulichen Struktur von 1918 ist erkennbar, dass die raumwirksame Gliederung durch die dichtere Bebauung zu differenzierteren öffentlichen Räumen führt.[2] Der dreidimensionale, im besten Sinne städtebauliche Umgang mit der Stadtstruktur in all seinen Facetten, die nicht nur den Verkehr, sondern auch grüne und blaue Infrastruktur, Teilhabe, die Raumtypologie, nachhaltige Mobilitätsziele etc. umfasst, sollte bei Straßengestaltungen den Ausgangspunkt der Überlegungen bilden.

Wie kommen wir heute wieder ins Agieren?

Wenn klar ist, dass der Stadtraum ein hochkomplexes Gefüge ist, ist es unerlässlich, die Planungsprozesse so zu gestalten, dass die vielfältigen Funktionen und Aufgaben des Straßenraumes differenziert betrachtet und die selbstverständlich vorhandenen Zielkonflikte ausgezeichnet gelöst werden müssen. Ausgangspunkt und Grundlage für gut gestaltete Räume mit hoher Akzeptanz und Lebensqualität ist die frühzeitige Auseinandersetzung mit den Zielkonflikten im Rahmen eines integrierten, fachübergreifenden Arbeitens:

Die planerischen Grundsätze dafür liegen vor; die Fachbroschüren zur Straßenraumplanung sind bereits seit langem Konsens:

»Bei der Planung öffentlicher Räume ist die Frage, wie die Planungsverfahren organisiert werden, welche Akteure eingebunden sind und in welcher Form planerische Entscheidungen getroffen und kommuniziert werden, für ein überzeugendes und konsensfähiges Ergebnis von besonderer Bedeutung.«

(Empfehlung zur Straßenraumgestaltung innerhalb gebauter Gebiete, FGSV, Ausgabe 2011)

[1] Straßenraum dreidimensional begreifen
Beispiel Johannisplatz mit Grassimuseum in Leipzig

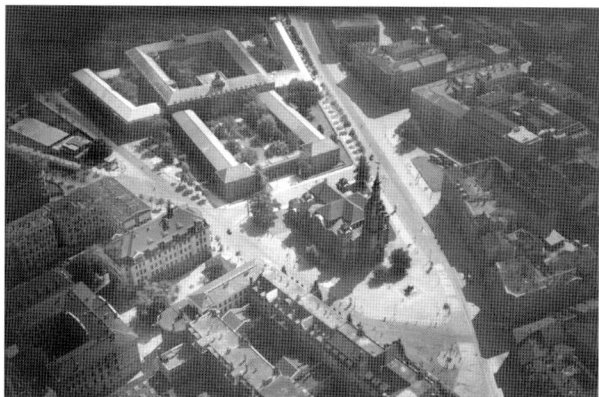

[2] Luftaufnahme Johannisplatz mit Johanniskirche

Wie lösen wir in einem stark begrenzten Raum die Zielkonflikte? Wie werden wir den Anforderungen »der« Stadtgesellschaft gerecht?

Trotz guter Grundlagen und Kenntnisse stehen der großflächigen bzw. standardmäßigen Etablierung einer lebenswerten Straßenplanung scheinbar unüberwindliche Hemmnisse entgegen. Das sind sehr lange und sehr schnell starre Planungslaufzeiten bei komplexen Verkehrsprojekten, insbesondere auch vor dem Hintergrund sich wandelnder gesellschaftlicher und lokalpolitischer Anforderungen. Das sind wachsende Ansprüche durch die Herausforderungen des klimaangepassten und ressourcenschonenden Bauens, den Umgang mit den unterschiedlichen Verkehrsarten, der Neuaufteilung des begrenzten öffentlichen Raumes, den Anforderungen an die Stadtgestaltung, den übergreifenden städtischen Strategien und Beteiligungsprozessen, den Bedarfen der wachsenden Stadt – um nur einige zu nennen.

Um in ein baukulturell lösungsorientiertes Handeln zu kommen, betrachten wir in Leipzig Straßenraumgestaltung als einen Prozess, an dessen Anfang eine klare Zielformulierung steht. Tatsächlich tun wir dies – wie gehabt und vielerorts – zunächst einmal in einem Pilotprojekt, streben aber an, daraus einen Standard für besondere urbane und prägende Stadtstraßen zu entwickeln.

Die Magistrale – der Pilot

Das Pilotprojekt Georg-Schumann-Straße macht die Komplexität der Funktionen und damit auch des Planungsprozesses deutlich. Es handelt sich um einen 2,1 Kilometer langen Abschnitt einer Magistrale im Norden Leipzigs. Der betrachtete Abschnitt umfasst drei von 70 Komplexmaßnahmen des Verkehrs- und Tiefbauamtes mit den Leipziger Verkehrsbetrieben. Anlass für den Planungsprozess war zunächst einmal die fehlende Aufenthaltsqualität und Hitzeresilienz im Bestand aufgrund fehlender Bäume, einer Vollversiegelung und großen funktionalen Defiziten, da die zukünftig zu schmalen Gleistrassen der Straßenbahn genauso überformt werden müssen, wie durchgängige Radwege und barrierefreie Fußwege fehlen. Der Stadtraum ist schlicht zu laut und zu heiß.

Hauptaufgabe im bisherigen Planungsprozess war die Auseinandersetzung mit den Zielkonflikten. Dafür wurde als vorbereitendes Planungswerkzeug die sogenannte »Phase Null« eingeführt. Im alltäglichen Planungsgeschäft erfolgt die intensive inhaltliche Auseinandersetzung in der Regel erst ab Leistungsphase 2 (nach HOAI) zwischen den Fachbereichen. Die Aufgabenstellung bzw. die Ziele der Planung wurden zuvor oft nur von einem Fachbereich definiert.[3]

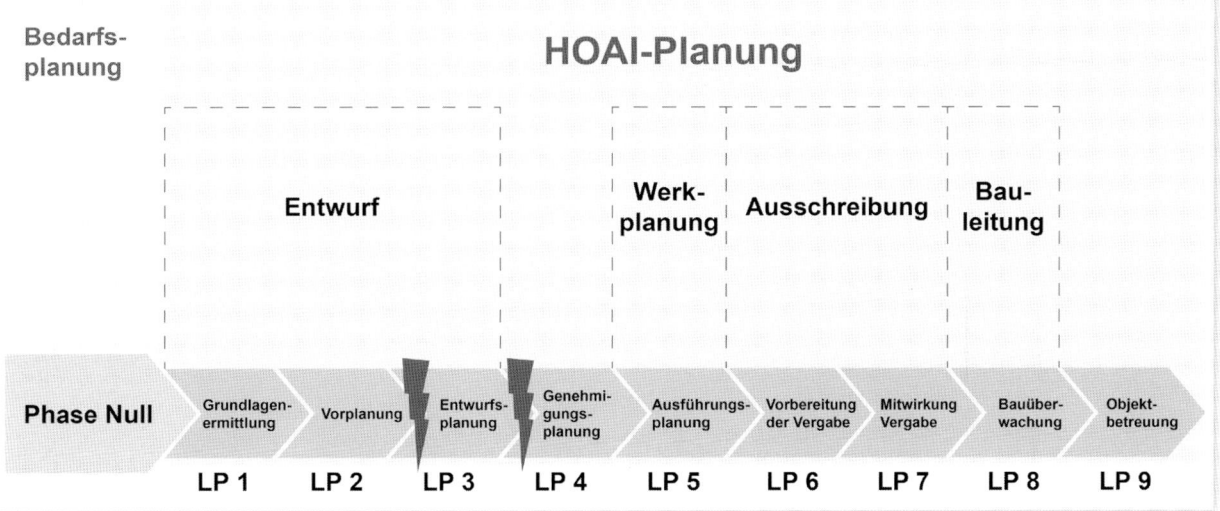

Bedarfs-planung

HOAI-Planung

| Entwurf | Werk-planung | Ausschreibung | Bau-leitung |

| Phase Null | Grundlagen-ermittlung | Vorplanung | Entwurfs-planung | Genehmi-gungs-planung | Ausführungs-planung | Vorbereitung der Vergabe | Mitwirkung Vergabe | Bauüber-wachung | Objekt-betreuung |

LP 1 LP 2 LP 3 LP 4 LP 5 LP 6 LP 7 LP 8 LP 9

[3] Zielkonflikte ermitteln / Werkzeug »Phase Null«

Dagegen erfolgte im Pilotprojekt Georg-Schumann-Straße in der »Phase Null« die frühzeitige integrierte Zusammenarbeit noch vor der Beauftragung von Planungsbüros der berührten Fachämter/-einheiten in der Verwaltung mit den kommunalen Verkehrsbetrieben. Federführend durch die Stadtplanung fand mit den Verkehrs- und Tiefbauamt, dem Amt für Stadtgrün und Gewässer, dem Referat für Klimaschutz die interdisziplinäre Arbeit in Workshopformaten in Präsenz statt. Dabei erfolgte das gemeinsame frühzeitige Erkennen von Problemen und Herausforderungen im späteren Planungsprozess und die rechtzeitige Priorisierung von Zielen und darauf aufbauend das Erarbeiten eines Konsenses zur Straßenraumaufteilung und damit die gezielte Einsteuerung von weiteren Funktionen über den Verkehr hinaus – als Grundlage für die nach einem Informations- und im Rahmen von Festlegungen geführten Beteiligungsprozess geplante Planungsvergabe. Durch die »Phase Null« konnte nicht nur ein fachübergreifender inhaltlicher Konsens erzielt werden. Sie ist auch Grundlage dafür, die folgenden Regelabläufe der Planungsschritte einzuhalten und zu beschleunigen. Durch das fachübergreifende und frühzeitige Aushandeln der Zielkonflikte kann eine hohe Verbindlichkeit für den weiteren Planungsprozess hergestellt werden. Konkret ist dies ein Weg,

um zu einer gerechten Aufteilung des begrenzten Straßenraumes unter Berücksichtigung aller städtischer Strategien zu gelangen.

Der dreidimensionale städtebauliche Blick
Ausgangspunkt ist die dreidimensionale Betrachtung, der städtebauliche Blick: Für die Georg-Schumann-Straße wurden durch die räumliche und städtebauliche Analyse der Planungsbereich in drei städtebaulich zu differenzierende Abschnitte gegliedert. Die Gliederung erfolgte anhand der straßenräumlich wirksamen Faktoren:
1. Bebauungsstruktur
   (offene Bauweise und Blockrandbebauung)
2. Ausprägung der Erdgeschosszone/die Erdgeschossnutzung (potenzielle oder existierende Ladengeschäfte oder Gewerbeflächen)
3. Straßenraumbreite (24 Meter oder 28 Meter)
4. Den daraus abgeleiteten Abschnitten wurde überdies schlagwortartig eine städtebauliche Entwurfsidee beigefügt, um den Raum zu adressieren bzw. zu charakterisieren.[4]

In einem nächsten Schritt folgte die konkrete Aufteilung des Straßenraumes. Auf Basis der städtischen Konzepte und Strategien zum öffentlichen

[4] Vorgehen am Beispiel der Georg-Schumann-Straße,
Räumliche und städtebauliche Auseinandersetzung: Abschnittsbildung in drei Unterabschnitte

Raum wurden in Workshops verschiedene Lösungsansätze zur Straßenraumaufteilung pro Abschnitt entwickelt. Diese Arbeit erfolgte nicht allein von Ingenieurbüros, sondern von den Fachakteuren der Verwaltung und des Stadtkonzerns. Je nach Lösung der Zielkonflikte zwischen fließenden Verkehr und Seitenraum, grünblauer Infrastruktur und Gleisseparierung etc. war der Zielerfüllungsgrad in den diversen Lösungsansätzen unterschiedlich gut.[5]

Die Stadtstraße wird bewertet

Die Entscheidung für einen Lösungsansatz pro Abschnitt wurde mithilfe einer wiederum im Rahmen der Mobilitätsstrategie der Stadt Leipzig integriert erarbeiteten Matrix getroffen, wiederum in Federführung der stadtplanerischen Perspektive. Diese Matrix [6] bildet die diversen Handlungsfelder und strategischen Ziele für den öffentlichen Raum ab. Die Vertretungen der unterschiedlichen fachlichen Belange aus den verschiedenen Verwaltungseinheiten haben sämtliche Lösungsansätze in den Aspekten bewertet, für die sie fachlich zuständig sind. Die Bewertung wurde im Plenum vorgetragen und diskutiert, sodass schlussendlich ein nachvollziehbarer Entscheidungskompromiss gefunden wurde. Das mathematische Ergebnis der Matrix wurde dabei nicht dogmatisch gesehen, sondern als Entscheidungshilfe auf dem Weg zu einem breiten Konsens.

Zwischenfazit

Obwohl noch in der Pilotphase, ist die »Phase Null« ein grundsätzlich zielführender und absolut positiver Arbeits- und Betrachtungsansatz zu bewerten. Erreicht wird ein fachlich, inhaltlich und gestalterisch tragfähiger Kompromiss. Es ist auch für komplexe Bauprojekte jeglicher Art mit vielfältigsten fachlichen Anforderungen und in einer großen spezialisierten Verwaltung ein wesentlicher Ansatz für integriertes Arbeiten und das Übereinbringen unterschiedlicher fachlicher Perspektiven. So wird Verständnis erlangt, Verbindlichkeit erzielt und Beständigkeit erreicht.

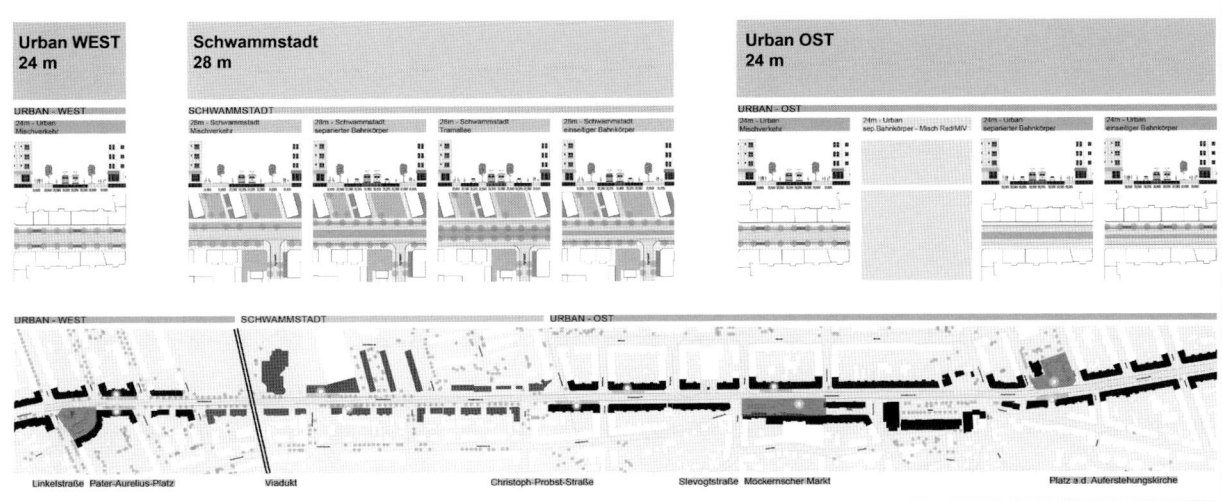

Urban WEST 24 m	Schwammstadt 28 m	Urban OST 24 m

[5] Aufteilung des Straßenraumes, Entwicklung verschiedener Lösungsansätze je Abschnitt auf Basis städtischer Konzepte und Strategien

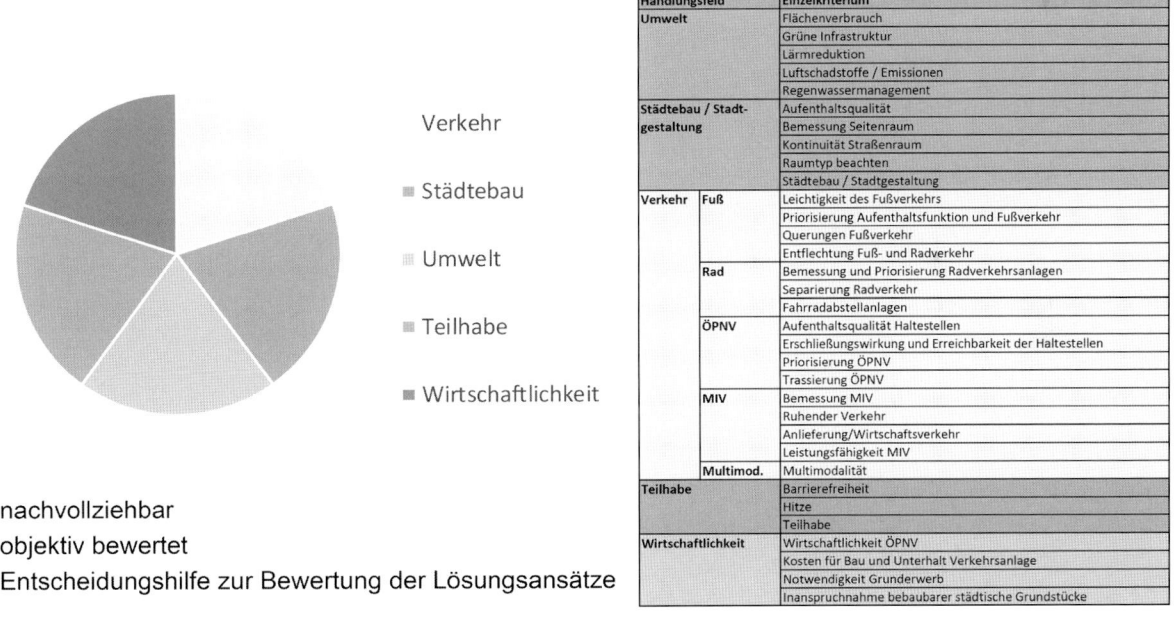

Verkehr
■ Städtebau
■ Umwelt
■ Teilhabe
■ Wirtschaftlichkeit

nachvollziehbar
objektiv bewertet
Entscheidungshilfe zur Bewertung der Lösungsansätze

Handlungsfeld		Einzelkriterium
Umwelt		Flächenverbrauch
		Grüne Infrastruktur
		Lärmreduktion
		Luftschadstoffe / Emissionen
		Regenwassermanagement
Städtebau / Stadt-gestaltung		Aufenthaltsqualität
		Bemessung Seitenraum
		Kontinuität Straßenraum
		Raumtyp beachten
		Städtebau / Stadtgestaltung
Verkehr	Fuß	Leichtigkeit des Fußverkehrs
		Priorisierung Aufenthaltsfunktion und Fußverkehr
		Querungen Fußverkehr
		Entflechtung Fuß- und Radverkehr
	Rad	Bemessung und Priorisierung Radverkehrsanlagen
		Separierung Radverkehr
		Fahrradabstellanlagen
	ÖPNV	Aufenthaltsqualität Haltestellen
		Erschließungswirkung und Erreichbarkeit der Haltestellen
		Priorisierung ÖPNV
		Trassierung ÖPNV
	MIV	Bemessung MIV
		Ruhender Verkehr
		Anlieferung/Wirtschaftsverkehr
		Leistungsfähigkeit MIV
	Multimod.	Multimodalität
Teilhabe		Barrierefreiheit
		Hitze
		Teilhabe
Wirtschaftlichkeit		Wirtschaftlichkeit ÖPNV
		Kosten für Bau und Unterhalt Verkehrsanlage
		Notwendigkeit Grunderwerb
		Inanspruchnahme bebaubarer städtische Grundstücke

[6] Integriert Arbeiten (Zusammenwirken der Fachbereiche)
Strategische Handlungsfelder und Kriterien (Matrix)

Messen lassen muss sich dieser Prozess in den nächsten Schritten einer Kommunikation in und mit den politischen Gremien, der Stadtgesellschaft und vor allem im Anschluss in der Konkretisierung der Planung und der Umsetzung. Es bleibt herausfordernd und spannend!

Impuls 3
Andrea Schwarz, Ludwigsburg

Über die Lebensfähigkeit der schönen Ludwigsburger Stadtstraßen
Wie erhielt Ludwigsburg sein südländisches Flair?

Ludwigsburg (94.000 Einwohner) wurde vor gut 300 Jahren als barocke Planstadt gegründet und städtebaulich maßgeblich durch den Italiener Donato Giuseppe Frisoni (1683–1735) gestaltet. Ein schachbrettartiger, genordeter Grundriss mit schnurgeraden Alleen, einheitlichen Häuserfassaden und einem von Arkadenbögen eingefassten Marktplatz prägen die Innenstadt. Als Garnisonstadt waren große Plätze und breite Straßen für Aufmärsche und Paraden notwendig. Die zahlreichen Kasernen ließen sich effizient in die rechtwinkligen Baufelder integrieren.[1]

Stilblüten der 1970er Jahre

Die breiten Prachtstraßen und Plätze haben in den Jahrzehnten der autogerechten Stadt leider dazu eingeladen, diese alleinig für den Autoverkehr zu nutzen. Die längs am Schloss vorbeiführende Schlossstraße ist als vier- bis sechsspurige Bundesstraße ausgebaut und mit 70.000 Fahrzeugen pro Tag belastet. Der Verkehr und die technischen Bauwerke trennen Schloss und Innenstadt voneinander und sind Gegenstand vieler politischer Diskussionen. Stilblüten, wie sie in vielen Städten bekannt sind, entstanden auch in Ludwigsburg und begleiten die Stadt bis heute. So wurde der von Frisoni als bürgerliches Herz der Stadt geplante Marktplatz zur schnöden Stadtstraße mit Parkplatz und Schranke umfunktioniert. Neben dem absolutistisch geprägten Schloss liegt der Marktplatz im Kreuzpunkt wichtiger Straßen und bildet mit dem Rathaus eine Achse, die parallel zur Königsallee[1] verläuft.

[1] Ludwigsburgs Ausgangssituation ist geprägt von einer barocken Stadtplanung

Anfang der 1990er Jahre konnte der Marktplatz wieder seiner ursprünglichen Bestimmung zurückgegeben werden. Sein großer Wert hat sich insbesondere während der Coronapandemie eindrücklich gezeigt: Eine frei bewegliche, einfache Möblierung bietet die Chance eines anlassfreien Treffpunkts ohne Konsumzwang. Durch die hohe Gestaltungsqualität, große freie Flächen, Wassersprudler und Brunnen wird er in Zeiten von knappem und teurem Wohnraum das zweite Wohnzimmer einer demokratischen Stadtgesellschaft. Bespielen erwünscht![2–5]

[2–5]   Marktplatznutzung heute

Südländisches Flair im Klimawandel

Durch den Klimawandel sieht sich die Stadt mit neuen Herausforderungen konfrontiert. Die Prognosekarten mit einem angenommenen Temperaturanstieg um 2,2°C weisen für Ludwigsburg ein Klima wie in Neapel aus. Was zunächst nach Urlaub klingt, verkehrt sich nach einem Blick auf die Hitzekarten in ein Szenario mit thermischen »No-stay-Areas«. Gefühlte Temperaturen von teilweise über 44°C machen den Aufenthalt für ältere Menschen oder Kinder fast unmöglich.

Ludwigsburg hat als Stadt der Alleen zunächst beste Voraussetzungen für eine gelingende Klimaanpassungsstrategie. Die Stadtbäume sind in verschiedenen Simulationen die entscheidenden Faktoren für die Vermeidung einer Überwärmung am Tag und Kühlung in der Nacht. Sie können die überhitzten breiten Straßen jedoch nicht ausreichend verschatten. Dem Beispiel der südeuropäischen Städte folgend wäre eine Anpassung des Stadtgrundrisses notwendig: enge Gassen mit hohen Gebäuden, die sich gegenseitig Schatten spenden.

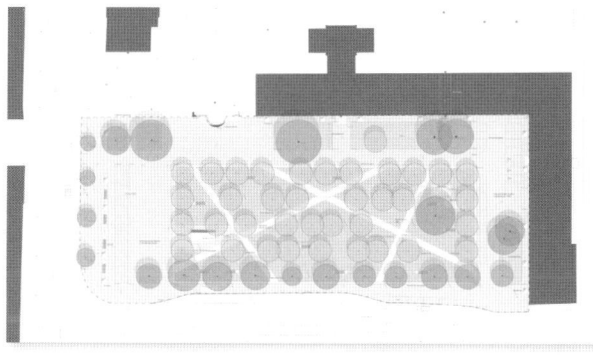

[6–8]   Der Arsenalplatz wird zum grünen Salon

Für Ludwigsburg schlichtweg nicht umsetzbar. Die Stadt setzt daher auf kühle Trittsteine entlang der wichtigsten Fußgängerachsen. Prominentestes Beispiel, weil politisch über Jahre heftig umstritten, ist der Arsenalplatz. Auf halbem Weg zwischen Bahnhof und Marktplatz gelegen dient er bis heute als weitgehend versiegelter Parkplatz. Diese Nutzung kann im Frühjahr 2024 in einer benachbarten, neu erstellten Tiefgarage untergebracht werden. Der 8.000 Quadratmeter große Platz ist damit frei für eine Entsiegelung und Umgestaltung zu einem

Baumhain mit Wasserspiel, Aufenthaltsbereichen und wassergebundener Decke. Seine Umgestaltung verfolgt zahlreiche Ziele[6–8]:

• Neugestaltung der Stadträume als zukunftsfähige Vision,
• nachhaltige Stärkung der zentralen Innenstadtachse Richtung Marktplatz,
• Schaffung identitätsstiftender und vernetzter öffentlicher Räume mit Aufenthalts- und Begegnungsflächen für vielfältige Nutzergruppen,

[9/10] Rückbau überdimensionierter Verkehrsräume
im Marstallumfeld

- Gestalterische und funktionale Aufwertung des gesamten Quartiers,
- Verlagerung des ruhenden Verkehrs an den Rand der zentralen Innenstadt,
- Stärkung des Einzelhandels in umliegenden Bereichen durch geschaffene Wohlfühl-Atmosphäre – Verbesserung der Erreichbarkeit der Einkaufsstraßen,
- Erhöhung der Frequenz und Verweildauer von Besuchern im zentralen Innenstadtbereich,
- Beitrag zur Klimaanpassung durch Herausbildung und Vernetzung wichtiger innerstädtischer Grünflächen.

Zweites Beispiel ist der Walckerpark am nördlichen Ende der Innenstadt. Nach dem Bau einer Parkgarage wurde 2020 mit dem Rückbau des vorhandenen Parkplatzes auf 1,45 Hektar begonnen. Insgesamt wurden 135 Bäume und Großgehölze neugepflanzt und etwa ein Hektar Wiesen- und Blühflächen angelegt. Als Spielbereich für Kinder entstanden ein neuer Bolzplatz, ein großzügiges Kletterspielgerät und ein Wasserspiel.

Stadtreparatur – die Zurückeroberung der Straße
Der Walckerpark bildete den Abschluss einer Stadtreparatur, die mit Mitteln der Städtebauförderung im Umfeld des Marstall-Centers[2] den Rückbau überdimensionierter Verkehrsräume aus den 1970er Jahren (ursprünglich als Teil einer Innenstadtumfahrung geplant) und die Neugestaltung

des öffentlichen Raums zum Ziel hatte. Die Funktionslosigkeit der Verkehrsflächen, daraus resultierende städtebauliche Spannungen und Leerstände hatten in den Jahren zuvor stark negative Wirkungen auf das Umfeld.[9/10]

Durch den Rückbau von Stützmauern und einer Tunnelrampe in die Tiefgarage des Einkaufscenters sowie die Reduktion von Straßenquerschnitten konnte das Baufeld für ein Hotel samt neuer Stadtterrasse geschaffen werden. Die mehrfach preisgekrönte Architektur des vollständig aus Holz erbauten Hotels (unter anderem Deutscher Architekturpreis, Deutscher Holzbaupreis) wirkt angesichts des Betonriesen gegenüber wohltuend und maßstabgebend auf sein Umfeld. Markierungen und kleine Warnbaken im Bild rechts lassen jedoch den ungeübten Umgang mit der neuen Freiheit erkennen. Ein Geländer in der Straßenmitte, das »wild wechselnde« Fußgänger vor Unfällen schützen sollte, konnte mit Überzeugungsarbeit vermieden werden – Suffizienz im Straßenverkehrsrecht will ebenfalls erarbeitet sein.

Ganz in der Nähe wurde im gleichen Zug der Straßenraum neu aufgeteilt und der Umgebung ein Stück Aufenthaltsqualität zurückgegeben. Durch die Reduzierung von Stellplätzen konnte die nördlich des Marktplatzes gelegene Lindenstraße zu einer Flanierstraße umgebaut werden. Die Ladengeschäfte im Erdgeschoss sind nun wieder sicht- und erlebbar. Um das zurückgewonnene Flair der barocken Straßenzüge und Plätze zu sichern, hat die Stadt in der Innenstadt eine Sondernutzungssatzung erlassen, die mit einer Gestaltungssatzung kombiniert wurde. Diese gibt Leitlinien zur Gestaltung des öffentlichen (Straßen-) Raums, um Wildwuchs zu verhindern und die Begehbarkeit/Befahrbarkeit der Wege und Räume zu sichern. So erhalten einerseits Eigentümer, Einzelhändler oder Gastronomen Planungs- und Gestaltungssicherheit. Andererseits reduzieren sich aufwendige und anfechtbare Einzelfallentscheidungen aufseiten der Verwaltung und gewährleisten schnelle Abläufe für alle. Eine interdisziplinäre Arbeitsgruppe (Stadtplanung, Denkmalschutz, Ordnungsamt, Wirtschaftsförderung und andere) unterstützt die Prozesse.

Was steht als nächstes an?
Die Wilhelmstraße als zentrale Ost-West-Achse ist gleichermaßen viel befahren und viel diskutiert. Sicher hat sich so mancher Stadtplaner in einem tiefen Seufzer von beidem schon weniger gewünscht. Bis vor 15 Jahren war die Straße zwischen Rathaus und Marktplatz vierspurig ausgebaut. Die Notwendigkeit eines Rückbaus und die politischen Diskussionen über das »Wie« endeten in einem in Ludwigsburg sehr seltenen Bürgerentscheid: Reduktion auf zwei mit 5,50 Meter überbreite Spuren (2,00 Meter breiter als die Spur einer deutschen Autobahn).

Während sich in den Diskussionen heute die meisten Akteure noch einig sind, dass der hohe Anteil an Durchgangsverkehr und die Überbreite der Fahrbahnen eine leichte Querung für Fußgänger unterbindet, so herrscht bei den Lösungsansätzen größte Uneinigkeit. Ein vom Bund gefördertes Pop-up-Projekt sollte die Stadtstraße von morgen testen und die Chance geben, den Straßenraum neu zu denken. Eine Rücknahme der Überbreiten hätte Raum gegeben für mehr Außenbewirtschaftungsflächen für die Gastronomie, größere Warenauslagen, Lieferzonen, Radabstellplätze, Grünelemente, Sitzgelegenheiten und ähnliches. Leider fand der Verkehrsversuch keine politische Mehrheit. Im Bestreben, eine hundertprozentige Lösung zu finden (und 80 Prozent daher nicht ausreichend sind), nimmt man lieber die Unzulänglichkeit der gegenwärtigen Situation in Kauf. Pareto sei's geklagt.[11]

1   großräumige Verbindungsachse zwischen dem vorherigen Herrschaftssitz in Stuttgart und dem Ludwigsburger Schloss. Ganz im Zeichen der Mobilitätswende heute als beliebter Rad- und Spazierweg genutzt.
2   Einkaufscenter und städtebaulicher Irrtum aus den 1970er Jahren

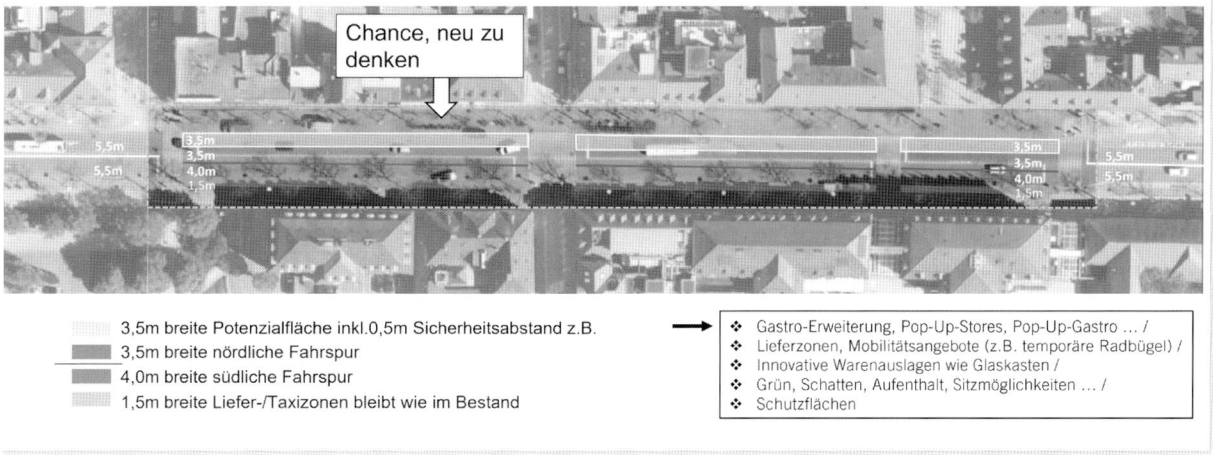

3,5m breite Potenzialfläche inkl.0,5m Sicherheitsabstand z.B.
3,5m breite nördliche Fahrspur
4,0m breite südliche Fahrspur
1,5m breite Liefer-/Taxizonen bleibt wie im Bestand

❖ Gastro-Erweiterung, Pop-Up-Stores, Pop-Up-Gastro ... /
❖ Lieferzonen, Mobilitätsangebote (z.B. temporäre Radbügel) /
❖ Innovative Warenauslagen wie Glaskasten /
❖ Grün, Schatten, Aufenthalt, Sitzmöglichkeiten ... /
❖ Schutzflächen

[11] Pop-up-Maßnahme Wilhelmstraße 2023: Grundkonzept vergrößerter Freiraumbereich im Norden durch Verschmälerung der Fahrspuren

Podiumsdiskussion
»Lebensraum Straße«

Jörg Biesler – Moderation

Barbara Ettinger-Brinckmann
Gesche Grabenhorst
Wolfgang Sonne
Cornelia Zuschke

Jörg Biesler, Gesche Grabenhorst, Wolfgang Sonne, Barbara Ettinger-Brinckmann, Cornelia Zuschke

Biesler Guten Abend aus den Rheinterrassen von der Düsseldorfer Konferenz des Deutschen Instituts für Stadtbaukunst der TU Dortmund. Wir sitzen hier zwar drinnen, aber begeben uns in dieser Stunde nach draußen in den Straßenraum. Der, so könnte man vielleicht sagen, auch nicht mehr das ist, was er mal war. Auch auf der Straße ist die Diversifizierung wie in allen Bereichen der Gesellschaft im Gange und auch auf der Straße geht es nicht ohne Konflikte. Auch auf der Straße müssen wir uns um den Klimaschutz und um die Verkehrswende Gedanken machen. Beides hängt ja eng miteinander zusammen.

Also, was für Konzepte können die Straße in die Zukunft bringen? Wo ist da Platz für Leute, die zu Fuß oder mit dem Rad unterwegs sind? Wie kann man aus dem Parkplatz einen Ort machen, an dem man sich vielleicht sogar gern aufhält? Wie können auch die Gebäude an der Straße dazu beitragen, dass aus dem Transitraum ein Lebensraum wird? »Lebensraum Straße« haben wir dieses WDR3-Forum genannt und dazu haben sich hier versammelt:

Barbara Ettinger-Brinckmann ist Architektin in Kassel und engagiert sich ehrenamtlich in allen möglichen Bereichen, die was mit Architektur und Stadtplanung zu tun haben. Zuletzt war sie zehn Jahre lang Präsidentin der Bundesarchitektenkammer.

Cornelia Zuschke ist bei uns. Sie ist Beigeordnete für Planen, Bauen und Mobilität der Landeshauptstadt Düsseldorf, ebenfalls Architektin und auch lehrend im Bereich Architektur.

Gesche Grabenhorst ist Architektin und Stadtplanerin in Hannover. Ich nenne hier nur eine der vielen Funktionen und Ämter: Professorin im Fachbereich für Gestaltung und Entwerfen an der Hochschule in Bielefeld.

Wolfgang Sonne ist stellvertretender Direktor des Deutschen Instituts für Stadtbaukunst und Professor für Geschichte und Theorie an der TU Dortmund.

Guten Abend Ihnen allen.

Wir sitzen in den Rheinterrassen und gucken auf die Straße davor, über die wir wahrscheinlich auch alle mehr oder weniger gekommen sind, ob nun zu Fuß, mit dem Bus oder mit dem Auto: das Joseph-Beuys-Ufer, die sogenannte Rheinuferstraße. Sie hat zwei Spuren für Autos in jede Richtung. Platz für Radwege und Bürgersteige gibt es da auch und ziemlich viel Grün drumherum. Aber auch hier sieht man, dass es doch im Wesentlichen eine Transittrasse ist. Gemacht, nicht um da zu sein, sondern eher, um durch zu fahren und zwar vorzugsweise mit dem Auto. Das setzt hier auch eben mit vier Asphaltspuren das Zentrum. Die Ampelschaltung ist am Auto orientiert und für die anderen hat man jetzt drumherum – hier war Platz – auch Wege geschaffen. Aber das Auto ist im Zentrum. Wir werden, glaube ich, auch weiterhin Straßen brauchen, die Menschen im Auto oder jedenfalls mit irgendwelchen motorisierten Geräten von A nach B bringen. Vielleicht einigen wir uns darauf, dass die nicht vollständig verschwinden werden. Aber die Straße zeigt uns doch, wie bis vor kurzem eigentlich noch gedacht wurde. Es ist immer das Auto, das von irgendwo nach irgendwohin muss und dann gucken wir mal, was wir drumherum noch machen können.

Die erste Frage geht deshalb an den Historiker Wolfgang Sonne: Warum sind die Straßen so, wie sie sind? Sie waren immer so, aber ist das jetzt nur eine Phase des Autos gewesen?

Sonne Straßen sind im öffentlichen Wegenetz der Stadt natürlich die Räume der Mobilität. Schon immer muss man in der Stadt irgendwohin kommen und wenn man nur Baublöcke hätte, müsste man von oben in die Häuser einsteigen. Das gab es einmal in Çatalhöyük vor 9.000 Jahren und dann hat die Menschheit dieses Experiment nicht wiederholt.

Man braucht also ein Wegenetz für die Mobilität. Aber diese Phase, in der das Auto alles dominiert hat, war geprägt von einem optimistischen und technikzentrierten Wunsch- und Leitbild des Ölzeitalters, welches 40 bis 50 Jahre lang gewirkt hat und unter dem wir heute noch leiden. Die Straße hier vor der Rheinterrasse zeigt das ganz deutlich und ich würde umgekehrt mal sagen: Fragen Sie sich mal, woran Sie denken, wenn Sie das Wort *Stadtstraße* hören. Wir tappen sofort in die Falle, dass wir bei *Stadtstraße* an Verkehr denken und bei Verkehr an Auto denken. Doch eigentlich müsste man genau andersherum denken und sagen: Mobilität ja, aber der normale Verkehr der Stadt ist der Fußgänger und die Fußgängerin. Dann gibt es ganz viele andere Fortbewegungsmittel und dann kommt erst das Auto.

Außerdem gibt es ja nicht nur Mobilität in der Straße. Wir kaufen ein in der Straße, wir laufen draußen rum, treffen Leute und es gibt politische Demonstrationen in der Straße. Es gibt begrünte Straßen, dort flanieren und erholen wir uns auch. Die Straße ist der öffentliche Raum in der Stadt, in dem wir eigentlich all das tun, was wir in der Öffentlichkeit machen. Bewegen ist davon ein Teil und Auto fahren ist davon eigentlich der geringste Teil. Insofern ist es absurd, dass wir den öffentlichsten Raum, den wir in der Stadt haben – die Stadtstraße –, mit dem Auto verbinden oder gar dem Auto opfern.

Biesler Jetzt sagte Herr Sonne, dass wir darunter leiden. Ich glaube, es hat zwei Seiten: Auf der einen Seite leiden wir darunter, dass die Straßen so sind, wie sie sind. Auf der anderen Seite steckt das auch in unseren Köpfen total drin, dass wir ins Auto steigen und das dann der schnellste Weg ist, irgendwo hinzukommen.

Frau Ettinger-Brinckmann wie geht Ihnen das? Wie gehen Sie mit der Straße um? Sind Sie hauptsächlich mit dem Auto unterwegs oder als Fußgängerin? Oder beides? Schlagen da zwei Herzen in Ihrer Brust?

Ettinger-Brinckmann Ich denke, wir brauchen das gar nicht so zu individualisieren. Fast jeder von uns ist Fußgänger, viele sind auch Radfahrer und die meisten sind auch Autofahrer und Bahnbenutzer. Ich denke, man hat verschiedene Rollen. Das Thema, das wir heute haben oder was auch auf der Konferenz eine wichtige Rolle gespielt hat, ist der Wandel. Die Straße, Wolfgang Sonne hat es gerade gesagt, war schon immer zur Erschließung der Häuser notwendig. Nach dem Zweiten Weltkrieg haben wir einen absoluten Wandel erlebt. Da wurde die autogerechte Stadt propagiert und viele Städte waren ja auch zerstört. Das heißt, es gab eine Tabula rasa. Die Verkehrsplaner hatten es leicht, diese Idee der autogerechten Stadt umzusetzen und in den Folgejahren wurde immer mehr Kraftfahrzeug-Verkehr auf die Straße gebracht, sodass die noch relativ intakten Straßenräume zunehmend geopfert wurden. Das waren Straßenräume, die noch zoniert waren, die eine Ordnung hatten, die eine Verkehrsstraße hatten, eine Baumallee, einen breiten Gehweg und zum Teil, wenn es keine Einkaufsstraße war, gestaltete grüne Vorgärten. Es wurde immer mehr weggenommen für das Auto, um den Autoverkehr zu beschleunigen. Es war ja auch irgendwie ein Versprechen für mehr Freiheit.

Ich glaube, Carl Benz hat mal gesagt, die Anzahl der Autos habe eine natürliche Grenze und diese würde bestimmt werden durch die Anzahl der Chauffeure. Er hat sich leider vertan. Letztendlich wurde das Automobil ein Freiheitsversprechen, denn jeder kann es fahren. Wir sehen jetzt, dass es so nicht weitergeht. Der Prozess der Rückeroberung des öffentlichen Raumes hat schon vor längerer Zeit eingesetzt. Wir hatten auf der Konferenz gestern und heute eindrückliche Beispiele, wie eine Rückgewinnung vonstattengehen kann.

Es gibt eine Hierarchisierung von Straßen. Nicht jede Straße ist gleich. Im Interesse des Klimawandels müssen wir anders mit dem Straßenraum umgehen. Wir brauchen Entschleunigung, weniger Kraftfahrzeug-Verkehr und mehr Möglichkeiten für den Fußgänger, weil er ja der langsamste und auch der empfindlichste Verkehrsteilnehmer ist.

Wir haben auf der anderen Seite ständig neue Anforderungen und Ansprüche. Jetzt haben wir das E-Bike. Das ist nicht mehr so ein leichtgängiges Gerät wie der alte Drahtesel. Wir haben die E-Scooter. Wir haben das Problem der Müllentsorgung. Alles greift auf diesen öffentlichen Raum zu und diese Konkurrenzen, diese Flächenkonkurrenzen sind zu bewältigen. Da sind auch unterschiedliche Lösungsansätze zu überlegen, ob das eine oder das andere nicht auch betrieblich – häufigere Müllabholung statt mehr Mülltonnen – gelöst werden kann. Ich könnte jetzt auch noch über das Thema Raum, also die dritte Dimension sprechen. Wir haben ja über die Straße als Lebensraum gesprochen. Das heißt, wir dürfen nicht nur die Fläche betrachten, wir müssen zwingend auch die Fassaden der Häuser betrachten und vielleicht auch den oberen Abschluss, der ein Baumdach sein könnte. Aber darüber sprechen wir ja wahrscheinlich auch noch.

Biesler Ja, wir sollten schon so ein bisschen eine Vision davon entwickeln, wie die Straße vielleicht idealiter sein könnte. Man kommt wahrscheinlich nicht in jeder Straße bis ins Ideal. Vielleicht kann man sich ein bisschen ran arbeiten und dann können wir gleich mal überlegen, wie man das praktisch umsetzen kann.

Frau Zuschke, Frau Ettinger-Brinckmann hat schon gesagt, es ist nicht ein Problem, das es erst seit heute gibt. Ich habe das Joseph-Beuys-Ufer vor dem Haus beschrieben. Das ist ja quasi Ihre Straße hier. Ich habe Ihnen mit der Beschreibung natürlich ganz absichtlich etwas Unrecht getan, denn die Straße sieht ja nicht überall so aus. Wenn man jetzt weiter nach Süden fährt, dann gibt es den Rheinufertunnel, da verschwindet die Straße im Tunnel und oben drüber kann man flanieren. Also es passiert ja schon etwas. Aber offensichtlich braucht es da jetzt noch eine Beschleunigung.

Zuschke Das braucht eher eine Entschleunigung. Herr Biesler, ich greife das »Ihre Straße« bewusst auf. Denn wir haben jetzt hier zwei Tage lang klug miteinander diskutiert, was wir alles brauchen und was man alles machen müsste. Aber ich würde gerne noch einmal zum »Wir« zurückgehen. Es ist nicht meine Straße. Es ist nicht »Ihre Straße« – es ist »unsere Straße«, das im Sinne von Verantwortung und Aneignung. Wenn wir über die Ansätze, über Visionen, über das Jetzt, über das *Funktionieren* und über das *Nicht-Funktionieren* reden, dann reden wir über uns. Und zwar reden wir über das »Uns« in allen Dimensionen unseres städtebaulichen Handelns und das geht immer weit über unseren eigenen Horizont hinaus. Was meine ich damit? Straße ist ein Aushandlungsprozess bei Vollbetrieb in umfassender optionaler und operativer Verantwortlichkeit.

Jetzt schauen Sie sich mal um: In den Neunzigern haben unsere Stadtväter und -mütter beschlossen, das Rheinufer anders zu organisieren. Man war diese Blech-Lawine, die sich zwischen der Innenstadt und dem Rhein entlanggewälzt hat, leid und hat den Rheinufertunnel gebaut. Ich weiß gar nicht, ob wir das heute noch so machen könnten, in der kurzen Zeit und mit so wenig Geld. Man hat die Stadt an den Rhein zurückgebracht und ich glaube, deutlicher könnte es nicht sein: Wenn man dieses Stück-Straße entlangläuft, sieht man, wie wunderbar eine

Wegeachse mit ihren unterschiedlichen Qualitäten sein kann. Doch dann landet man plötzlich wieder auf der vierspurigen Straße. Es ist übrigens nicht die eine Transitstraße. Da gibt es noch andere Transitstraßen, die im Inneren der Stadt in Norden und Süden gehen und da ist auch eine ganze Menge Quell- und Zielverkehr dabei, also Verkehr, der aus der Stadt selbst kommt.

Deswegen gehe ich ganz bewusst noch mal auf das »Wir« ein. Wenn wir also über Visionen reden und über die Probleme im Jetzt, dann müssen wir gemeinsam bei allem visionären Weiterplanen das sichere Funktionieren im Jetzt organisieren und das ist gar nicht so einfach – fachlich-funktionell und politisch.

Wir haben zum Beispiel über die Straßenverkehrsordnung, die gerade heute im Bundestag auch diskutiert wird, geredet. Aber wir müssen auch über das Morgen reden und da müssen wir Einigkeit erzielen, wie wir Verkehre organisieren und welche Qualität wir für ein räumliches Miteinander finden wollen. Und zwar erzielen wir diese Einigkeit nicht, indem jeder seine Bedürfnisse zu 100 Prozent umgesetzt sehen will, sondern indem uns bewusst wird, dass dieser öffentliche Raum unsere Begegnungsplattform ist. Das ist unser Raum, in dem wir unser gemeinsames Wohnzimmer (oder den Flur) entwickeln und in dem wir unser Leben miteinander teilen. So definiert sich Gemeinwohl und damit entstehen kompromissbehaftete Szenarien.

An dieser Stelle würde ich gerne das Thema der Demokratie und der Bildung zu Städtebau und Architektur einbeziehen. Ich wünschte mir, dass wir uns von Kindesbeinen an über die Jugend bis ins hohe Alter immer wieder mit unserer Stadt beschäftigen, sie erlernen, sie spüren, sie gemeinsam ins Visier nehmen und sie liebevoll weiterentwickeln. Ich wünschte mir, dass wir aus dieser Sichtweise des liebevollen Weiterentwickelns

die eigenen (Beharrungs-) Muster überprüfen und dann Möglichkeitsräume schon mal im Kopf schaffen. Denn alles, wozu wir uns hier fachlich ausgetauscht haben, kriegen wir nur hin, wenn uns bewusst wird, dass wir alle das Gemeinsame als einen Mehrwert begreifen müssen und an diesem dann auch arbeiten. Das betrifft sowohl Fassaden als auch Oberflächen und die Bäume, die wir wieder in den Straßen haben wollen und die beanspruchen (Lebens-) Raum.

Das alles zu verhandeln ist also kein Verzicht. Das heißt nicht: Mein Auto steht morgen nicht mehr vor der Tür. Er steht vielleicht ein bisschen weiter weg, vielleicht auch in der Quartiersgarage. Und irgendwann ist es vielleicht doch ganz weg. Aber es ist ein gemeinsames Zukunftsbeschreiben und darauf würde ich gerne zumindest heute in dem Beitrag meinen Schwerpunkt setzen, denn ich bin viel in der Stadt unterwegs und versuche etwas zu bewegen. Ich habe viele Bürgerversammlungen absolviert und ich merke, wenn dieser *Flow des Gemeinwohls* in den Raum kommt, dann gibt es auf einmal Lösungen, dann gibt es Kreativität und dann gibt es Mut, etwas zu tun. Experimentierfreude und all das brauchen wir.

Biesler Ja, wenn das Auto nicht mehr so dominant ist in der Straße, dann wäre ja auch zum Beispiel mehr Platz für nachbarschaftliches Engagement, für Begegnung, die da stattfinden kann. Die Straße hat tatsächlich wahrscheinlich was mit Gemeinschaft und mit Demokratie zu tun und mit Begegnung. Gerade in so konfliktreichen Zeiten ist es vielleicht ganz gut, mal jemandem, der eine etwas andere Meinung hat, auf der Straße zu begegnen und informell miteinander zu reden.

Frau Grabenhorst, wir haben jetzt schon ganz viel gehört, was der Straße alles zugemutet wird und wofür sie da ist. Man muss sagen, sie ist auch dafür da, aber das sind natürlich gewaltige Ansprüche.

Die Straße soll auch noch schön sein und Aufenthaltsqualität bieten. Wir können ja nicht die ganze Stadt untertunneln und die Autos alle ins Souterrain versetzen. Es ist auch nicht jede Stadt Florenz. Also, wie gehen wir damit um, dass der Straßenraum in einer fernen Vision ein ganz schönes Paradies sein kann, aber im Augenblick noch nicht? Wie kann man sich da überhaupt langsam herantasten?

Grabenhorst Also zunächst einmal würde ich es positiv betrachten, dass wir einen Anlass zum Handeln haben. Und ich glaube, weniger ist mehr. Wir haben jetzt über zwei Tage wunderbare Beispiele gesehen, wie man auch mit ganz kleinen Interventionen agieren kann. Als Anregung würde ich immer noch sehen – da wir inzwischen so viele unterschiedliche Biotope, Lebensgemeinschaften oder andere Gruppierungen in der Stadt haben, die sich verschieden entwickeln – dass wir eigentlich viel mehr reden und vermitteln müssen.

Ich möchte einmal bewusst gedanklich ein bisschen von der Gestaltung abrücken, weil wir gute Beiträge von drei Positionen gehört haben. Ich glaube, ganz wichtig ist, dass wir mit der Bildung anfangen. Auch darüber haben wir in den letzten zwei Tagen besprochen. Es beginnt mit der Kindererziehung, führt durch die Ausbildung und erfordert natürlich auch einen weiteren, ständigen Diskurs. Ich glaube, dass wir inzwischen durch die Diversität und die Durchmischung der Gesellschaft so geprägt sind, dass wir auch darauf reagieren müssen und Barrieren abbauen sollten. Zusätzlich meine ich, dass ganz viel über Kommunikation läuft. Wir sollten uns vermitteln und wir müssen als Fachleute viel mehr rausgehen und sprechen. Ich glaube, dass da ein Weg ist. Wir können natürlich nicht alles über einen Kamm scheren. Es sind immer wieder unterschiedliche Städte mit verschiedenen Größen. Jede hat eine gewisse Individualität und wir werden natürlich das Erbe auch choreografieren müssen. Jede Stadt hat ihre Geschichte. Christoph Mäckler hat ja auch vorhin

noch die Grundbegriffe der Straße genannt, die ganz wichtig sind. Zusätzlich sollten wir mit dem Wertesystem umgehen und das auch in die Neuzeit übersetzen. Ergebnis wäre eine Verständigung für eine Konzeptidee zu finden und Sie gemeinsam zu entwickeln.

Biesler Ich habe gedacht, für die Zeit, die wir noch haben, können wir ein paar Themen aufrufen, die eine große Rolle spielen. Ich würde ganz gerne mit dem Verkehr anfangen, weil das glaube ich, sozusagen das ist, woran sich die meisten Konflikte im Augenblick erst einmal festmachen. Dann kann man in der Folge noch darüber nachdenken, was der Klimaschutz neben der damit zusammenhängenden Verkehrswende vielleicht noch für die Straße bedeutet und wie wir da einen Lebensraum entwickeln können. So heißt ja das WDR3-Forum heute: »Lebensraum Straße«.

Frau Zuschke hat schon angesprochen, dass wir darüber nachdenken sollten, was das für die Demokratie, für Nachbarschaft, für das Engagement des Einzelnen und der Einzelnen eigentlich heißt. Denn wir sind ja eigentlich daran gewöhnt, dass für uns geplant wird. Auf das, was in der Straße passiert, haben wir wenig Einfluss. Wir können vielleicht die Straßenbäume gießen. Das habe ich im letzten Sommer auch schon gemacht. In manchen Städten werden dafür die Hydranten freigegeben, sodass man die benutzen kann. Das gab es schon ein bisschen Engagement im Hitzesommer. Aber ansonsten passiert da eigentlich etwas, mit dem wir nicht viel zu tun haben.

Wenn wir den Verkehr jetzt mal angehen wollen: Anwohnerparken soll viel teurer werden. Das ist gerade der große Aufreger. Alle denken: Bisher habe ich nur 60 Euro im Jahr bezahlt und nun muss ich vielleicht 600 Euro bezahlen. Je nach Stadt ist das etwas unterschiedlich. Müssen wir das Auto erst einmal rauskriegen aus der Straße, um da was zu machen oder gibt es eine Kompromisslösung?

Jörg Biesler, Gesche Grabenhorst, Wolfgang Sonne, Barbara Ettinger-Brinckmann, Cornelia Zuschke

Ettinger-Brinckmann Also ich würde sagen, wenn wir das Parken auf das Anwohnerparken begrenzen könnten, hätten wir schon viel gewonnen. Da wurden heute und gestern schon viele Beispiele genannt. Dann hätten wir schon viele Freiräume für andere Interventionen. Wir brauchen natürlich auch Versickerungsflächen. Wir müssen entsiegeln, damit wir Starkregen bewältigen können. Es wurde auch erwähnt, dass man in Tokio nur dann ein Auto zulassen kann, wenn man auf dem privaten Grundstück einen Parkplatz nachweisen kann.

Biesler Undenkbar in Deutschland oder?

Ettinger-Brinckmann Ja, es ist undenkbar, aber es ist auch ein nicht gerechtfertigter Anspruch, dass man meint, das teure Gut unseres Grund und Bodens für sein Auto kostenlos benutzen zu können.

In einem der Baukulturberichte der Bundesstiftung Baukultur wird nachgewiesen, dass wir immer noch ein Wachstum an Zulassungszahlen von Autos haben. Da wird uns die E-Mobilität auch nicht helfen. Das Blech ist ja genau das Gleiche. Jedes Auto beansprucht drei Stellplätze und steht 23 Stunden am Tag. Jeder Stellplatz beansprucht inklusive der Zufahrten im Schnitt 25 Quadratmeter. Das ist ja eine wahnsinnige Fläche. Das Auto wird weiterhin seine Berechtigung haben. Aber wir müssen schauen, wie wir die Flächennutzung vernünftiger regeln, um Freiräume für das gesellschaftliche Zusammenleben im Interesse von Klimaschutz und auch von Gestaltung zu schaffen. Wie sehen denn manche Straßenräume aus? Da ist der letzte Vorgarten gepflastert und es steht ein Auto drauf. Das ist kein schöner Stadtraum mehr und den müssen wir zurückgewinnen.

259

Jörg Biesler, Gesche Grabenhorst, Wolfgang Sonne

Biesler Ganz kurz noch die Zahl dazu: 48 Millionen Autos. So viele Pkws gibt es aktuell in Deutschland. Die deutsche Bevölkerung kann in den Urlaub fahren, ohne die Rücksitze zu benutzen.

Sonne Den ruhenden Verkehr nicht zu eliminieren, aber zu minimieren, ist eine ganz wichtige Aufgabe für unsere öffentlichen Straßenräume und Stadträume. Aber es gibt auch wirklich besorgniserregende Fehlentwicklungen bei der Organisation des fließenden Verkehrs. Wir haben ja schon bei der autogerechten Stadt erlebt, dass der Autofließverkehr einfach 100 Prozent Vorrang hatte. Jetzt erleben wir etwas Analoges und zwar mit Fahrradschnellstraßen, die quasi rücksichtslos durch die Stadt gezogen

werden müssen. Jetzt kommt neben der monofunktionalisierten Autofahrspur die monofunktionalisierte Fahrradfahrspur. Wir haben heute Beispiele gesehen. Dort gibt es die Schnellfahrradfahrspur und daneben abgegrenzt die langsame Fahrradfahrspur und dann wieder davon abgegrenzt die sichere Fußgängerspur. Das kann es nicht sein. Der Verkehr in der Stadt ist ein zivilisierter Verkehr. Da muss der eine auf den anderen Rücksicht nehmen.

Das muss man nicht alles markieren mit grellroten oder -grünen Streifen, wo ich dann vor lauter Farbblendung gar keinen zusammenhängenden Stadtraum mehr habe, sondern nur noch verwirrende Funktionsspuren. Wir haben sehr schöne

Beispiele gesehen, wie man das dezent abtrennen kann mit schönen Steinmustern und dann entsteht auch noch ein schöner Stadtraum. Dieses sektorale Denken à la »Ich 100 Prozent« – was auch immer ich gerade bin, ob Autofahrer oder Radfahrer – das muss im Straßenraum aufhören.

Zuschke Ja, da muss ich jetzt aber einfach mal vom Hocker hoch! Denn das Interessante ist, dass wir alle uns einig sind, wenn wir auf dem theoretischen Podium sitzen und diese Aspekte teilen – da wissen wir, was Qualität ist und alle wollen das nachhaltig Beste. Aber was ist, wenn wir uns draußen in der Realität bewegen? Wir haben uns so richtig schön »eingegroovt« in den Städten mit all unseren Ansprüchen und erwarten, dass unsere Bedürfnisse auch weiterhin zu 100 Prozent erfüllt werden müssen und wenn nicht, zweifeln wir entweder Fachlichkeit oder die Demokratie im Prozess an und setzen unsere partikularen Interessen oder die vermeintlich rechtlich notwendige reine Lehre durch.

Das zweite ist aber auch, dass die Vorschriften vorgaukeln, dass es eine hundertprozentige Sicherheit eines Entwurfes oder einer verkehrlichen Anordnung für die Nutzerinnen und Nutzer gäbe. Eine Sicherheit, die man in diesem munteren Spiel der Kräfte gewährt, die aber nie gerecht aufgeteilt ist. Das Auto ist nun einmal stärker als der Fußgänger. Wir gaukeln uns dann noch durch die Vorschriften, durch die Markierung und durch diese sektoralen Flächenzuweisungen vor, dass der Raum so aufteilbar wäre, dass es für alle hundertprozentig funktioniert. Es funktioniert aber eben nicht zu 100 Prozent, sondern im sinnvollen Kompromiss. Denn der verfügbare Raum reicht dafür nicht.

Auch hier gilt wieder, dass wir gemeinsam andere integrative, funktionelle und gestalterische Angebote finden müssen. Wir müssen Angebote finden, die das Ganze nicht als Totalzusammenbruch eines Systems oder als Verzicht deklarieren, sondern die

zeigen, dass es auch gemeinsam anders geht. Ein Thema ist zum Beispiel die Entschleunigung auf unseren Straßen. Wir müssen nicht überall 50 Kilometer pro Stunde haben. Also gerade die 30 Stundenkilometer, auch bei stark befahrener Straße, bieten eine Chance. Es müssen hierbei jetzt nicht unbedingt die sechsspurigen Stadtautobahnen sein, die eingetunnelt sind. Aber die eine oder andere Straße herunterzudrosseln auf eine Geschwindigkeit, die ein Nebeneinander ermöglicht, die schafft uns Raum, die schafft uns Möglichkeiten für mehr Funktionalität und Aufenthaltsqualität.

Warum fragen wir uns: Alle Parkplätze oder keiner? Warum wählen wir nicht ein Sharingangebot, um ganz einfach Kapazität einzusparen und dafür ein bisschen Raum zu gewinnen? Warum nicht Trittsteine eines Wandels implementieren, die zeigen, dass die Vision keine Spinnerei und kein Verzicht ist, sondern dass die Vision eine neue Realität ist, in der es uns viel besser geht und die wir in kleinen Experimenten vorwegnehmen?!

Ich wünschte mir, dass diese Punkte uns in unserer vorschriftengeprägten und manchmal ideologielastigen, rechthabenbezogenen Situation oder auch bedürfnisgesteuerten Anspruchshaltung ein bisschen Luft wie beim Tetris verschaffen, sodass man wenigstens immer ein Kästchen verschieben kann. Und schon macht es Lust, den öffentlichen Raum anzugehen, um einer Vision zu folgen, die vielleicht in der Genetik der Straße schon angelegt und auf das Morgen ausgelegt ist: Nämlich multifunktionaler Raum, der auch noch Spaß macht für Aufenthalt.

Biesler Frau Grabenhorst, haben wir zu viele Regelungen?

Grabenhorst Ja, wir haben viele Regeln, ob wir zu viele haben, das will ich gar nicht beurteilen. Es ist in den letzten zwei Tagen so viel drüber gesprochen worden, dass ich das jetzt erst einmal verdauen muss.

Aber ich möchte gerne Cornelia Zuschke ergänzen: Wir haben viel gesprochen über das Entwerfen im Schnitt, im Zusammenhang mit den Fassaden und mit der Ebene. Ich übernehme hier in diesem Moment die Position des gesellschaftlichen Parts. Wir brauchen dann auch die tatsächlichen Kümmerer. Das ist das, was uns in der Stadt verloren gegangen ist. Wir haben den Einzelhandel, der leider weggebrochen ist. Wir haben nicht mehr die Wohnorte, die darüber sitzen. In dem Moment, wo du ein Haus hast mit einer guten Hausgemeinschaft, dann kann die sich auch um den Raum davor kümmern. Und das ist uns jetzt ein bisschen verloren gegangen und ich kann es nur für Hannover sagen: Uns brechen die Straßen weg. Die Innenstadt ist leer. Wir können das alles theoretisch behandeln, aber wir sollten es auch schaffen, die Verantwortung an die Bürger im täglichen Leben zu übergeben.

Ich war mal in einem Planungsgremium, welches Projekte mit Beteiligung der Bürger zusammen entwickelt hat. Da wurde dann aber auch gesagt: »Passt auf, wir geben euch das jetzt an die Hand und jetzt seid ihr diejenigen, die das bespielen und die im Schnitt des Hauses leben.« Das ist genau der Punkt. Wenn wir den Klimawandel haben, über den wir heute hier auch am Beispiel von Ludwigsburg und der Entwicklung der Plätze schön gehört haben, ist es so, dass wir schnell reagieren müssen. Das Leben wird sich zunehmend mehr auf die Straße verlagern. Wir werden diesen Wandel miterleben und wenn wir es schaffen zu begrünen und diesen Lebensraum zu konzipieren, dann hätten wir schon viel geschafft.

Ettinger-Brinckmann Ja, wir leiden natürlich immer noch – das war ja auch schon einmal Thema der Konferenz – unter der Funktionalisierung der Stadt. Das heißt, wir leiden unter der Aufteilung der Stadt in unterschiedliche Zonen oder auch unter der gegliederten Stadt: Hier wird gewohnt, da wird gearbeitet und da wird eingekauft. Das hat ja auch dazu beigetragen, dass wir so viel mehr Verkehr erzeugt haben. Es entstand mehr Kraftfahrzeug-Verkehr, weil diese drei unterschiedlichen Pole jeweils nur mit dem Auto erreichbar sind.

Wir hatten ja noch schlimmere Zeiten. Das wurde hier noch gar nicht erwähnt. Wir sind ja eine ganze Zeit lang als Fußgänger unter die Erde gesteckt worden. Fast alle Städte hatten Unterführungen. So weit ist man ja jetzt immerhin schon, dass wir aus dem Untergrund wieder hochkriechen durften und uns als Fußgänger auf der Oberfläche bewegen. Jedenfalls leiden wir unter dieser gegliederten Stadt noch immer und müssen das Zurückführen angehen. Deshalb gab es ja auch die Düsseldorfer Erklärung, die überschrieben war mit »Nichts ist erledigt« und die Absicht hatte, die Funktionen wieder zusammenzufügen. Daran müssen wir parallel arbeiten. Wir reden jetzt von der dreifachen Innenentwicklung. Das ist zunächst Nachverdichtung, weil wir eine soziale Enddichtung haben dadurch, dass jeder immer mehr Wohnfläche beansprucht. Wir reden von der zweiten Ebene der Innenentwicklung, der Begrünung. Wir versuchen mehr Begrünung in die Stadt hineinzubringen, wegen des Klimawandels, aber auch wegen der Aufenthaltsqualität. Es ist natürlich viel angenehmer, unter Bäumen spazieren zu gehen oder sich dort zu treffen. Der dritte Punkt ist die Verkehrswende, damit Verträglichkeit zustande kommt. Da gehört Entschleunigung dazu, weil die eben auch den Flächengewinn bringt.

Cornelia Zuschke hat es schon erwähnt: Schmalere Straßen können wir nur haben, wenn man langsamer fährt und dadurch hat man wieder ein bisschen Flächengewinn, gerade bei der großen Konkurrenz der Anforderungen. Wir haben das Problem, dass insbesondere die technischen Systeme immer begründen, das müsse so sein, wie es ist. Die technische Infrastruktur, die sich immer nach den optimalen Standorten verteilt. Der Satz stammt nicht von mir, aber ich nutze ihn immer wieder gerne:

Jörg Biesler, Gesche Grabenhorst

Wolfgang Sonne, Barbara Ettinger-Brinckmann, Cornelia Zuschke

»Die Optimierung der Subsysteme führt zu einer Suboptimierung des Gesamtsystems.« Das können wir erleben.

Biesler Also offensichtlich hängt an der Geschwindigkeit eine ganze Menge: In dem Augenblick, in dem die Autos nicht mehr 50 Kilometer pro Stunde fahren, die Radfahrer vielleicht 20 Kilometer pro Stunde und man sich den Fußgängern mit deren Schrittgeschwindigkeit ein bisschen angleicht, wird es vielleicht leichter. Dann werden auch nicht mehr so viele Unfälle passieren. Das Todesrisiko für die Fußgänger auf der Straße sinkt ja auch stark, wenn die Geschwindigkeit sinkt. Da gibt es Studien zu wie schlimm man verletzt wird.

Können wir denn ohne einzelne Bereiche auf der Straße auskommen? Also fährt jeder dann überall oder teilen wir es auf? Machen wir die Fahrbahn für die Autos kleiner und machen daneben einen Radweg so, wie wir es in der Vergangenheit schon in einigen Straßen hatten. Was wäre da die Lösung?

Zuschke Also ich finde, das brauchen wir so gar nicht. Selbst wenn wir die Stadt nicht segregieren, wie Barbara Ettinger-Brinckmann das eben gesagt hat. Wir haben ja trotzdem unterschiedliche Qualitäten in der Stadt. Wir werden große Hauptachsen haben, die werden wir selbstverständlich wieder unterteilen können. Aber auch da gibt es wunderschöne Modelle einer flächengerechteren und einfach schöneren Aufteilung. Es gibt Rasengleise für Straßenbahnen.

Es gibt Zweifach- und Vierfach-Alleen. Es gibt ganz schöne Möglichkeiten, einen Straßenraum so aufzuteilen, dass er Funktionen absichert, aber gleichzeitig Aufenthalt garantiert und eben auch auf das Thema Klimaanpassung eingeht, was unabdingbar ist.

Wir haben eben auch schöne Beispiele gesehen. Da ist zum Beispiel eine Begrünung im Straßenraum nicht möglich. Aber die eine oder andere Häuserecke gibt es her, sodass man ein kleines Stück entsiegelt und Fassadenbegrünung anbietet, zu Grün berät und individuelle Modelle zu einer ganzen Kulisse zusammenwachsen lässt.

Die Stadtstraße, zum Beispiel vor meiner Haustür, die wir heute auch behandelt haben, kann man sehr gut entflechten zu einem einheitlichen Raum, wenn man sie langsamer macht. Wenn man ihr baulich und grünräumlich diese Aufenthaltsqualität zuschreibt, dann stellt die sich auch ein. Aber wir haben ja die Zuschreibung in den letzten Jahrzehnten komplett auf eine Techniklastigkeit und Verkehrstauglichkeit ausgerichtet. Das ist letztendlich das, was es zu überwinden gilt. Es braucht eine viel breiter aufgestellte Qualität, die sofort dann auch maßstäblicher ist. Eine Geschwindigkeit von 50 Kilometer pro Stunde hat nichts mit dem menschlichen Maßstab zu tun. Ich sehe nichts mehr. Ich bin komplett fokussiert auf ein Ziel, das viel weiter weg ist. Ich kriege von den Häusern am Rand nicht mit, ob sie qualitätsvoll sind oder nicht. Das ist ganz einfach eine Qualität, die gilt es zurückzugewinnen, weil die eben auch etwas mit den Menschen zu tun hat.

Sonne Vielleicht hilft auch ein kleiner Blick zurück in die Geschichte. Es gibt natürlich enge Altstadtbereiche, die heute oft Fußgängerzonen sind. Da brauche ich nur einen Belag und keine Bereiche einzuteilen. Doch schon Pompeji – da gab es natürlich keinen motorisierten Autoverkehr, aber gefährlichen Karren- und Wagenverkehr – hatte Bürgersteige. Man trennte also den Wagen- und Karrenverkehr

von den Fußgängern. Das ist ein Prinzip: Da, wo auch viel anderes unterwegs ist, schafft man für die Fußgänger sichere Bereiche. Das gibt es seit 2000 Jahren. Da ist das Kraftfahrzeug vergleichsweise jung. Das ist eine Grundaufteilung, die geht. Dann wird man schauen: Wo bringt man denn noch den Radfahrer unter? Fährt er doch eher auf dem gesicherten Fußgängerbereich mit der Kante zum Autoverkehr? Das wäre mir lieber für meine Kinder. In anderen Fällen lässt es sich auch anders arrangieren. Aber dass es diese Trennung im Prinzip gibt, wie auch immer man das arrangiert, ist wohl sinnvoll. Der Traum, dass alles *Shared Space* ist, in dem wir alles machen können, ist eher ein Traum.

Ettinger-Brinckmann Ja, es gibt nicht die eine Lösung. Es gibt einfach zu viele unterschiedliche Anforderungen und auf die muss man jeweils individuell reagieren.

Biesler Muss man auch schneller reagieren? Also während der Coronapandemie ist jetzt ein bisschen was ausprobiert worden, auch mit Fahrradspuren. Aber so richtig konsequent war es dann am Ende doch nicht. Das Meiste ist am Ende auch wieder verschwunden. Also müssen wir mal irgendwie farbige Bänder nehmen und auf die Straße kleben und mal ausprobieren, was funktioniert?

Ettinger-Brinckmann Kleben ist im Moment gefährlich.

Biesler Nur um den Verkehr zu regeln!

Ettinger-Brinckmann Aber das passiert ja und es ist passiert und es passiert laufend. Da denke ich nur an die Verkehrsversuche, die an vielen verschiedenen Orten durchgeführt werden, um auszuprobieren, ob es funktioniert, ohne gleich viel Geld in die Hand zu nehmen. Ich denke auch beim Ausprobieren muss man mit Qualität rangehen. Denn wenn ich etwas, ich sag mal salopp, »schlampig« mache, kann ich damit niemanden überzeugen. Wir wollen ja auch, dass die Gesellschaft den Mehrwert spüren kann und wenn ich etwas von oben aufdrücke oder mit Beispielen zeige, die abschrecken, dann werde ich keinen überzeugen können.

Die Geschichte, die erzählt wird und bebildert wird, muss auch überzeugend sein. Dann kriege ich auch einen Erfolg. Du hast es ja eben auch gesagt, Cornelia, wir sitzen hier und diskutieren darüber. Aber wenn man dann in seine eigene Stadt geht und versucht auch nur einen Platz in der Stadt, auf dem noch Autos stehen, obwohl sie da nicht stehen dürften, weil sie den Stadtraum zerstören, zu gestalten und vielleicht die Hälfte an Parkplätzen wegnimmt, gibt es in der Regel einen riesigen Aufschrei. In meiner Stadt ist es wieder so gewesen. Dann heißt es: »Wir werden dagegen Widerstand leisten.« Wir müssen ja erreichen, dass wir überzeugen, dass das Wegnehmen von Parkplätzen nicht dazu führt, dass die Stadt stirbt, sondern dass das Gegenteil der Fall wird. Wir möchten doch zeigen, dass die Stadt attraktiver wird und Geschäftsleute und Anwohner davon profitieren. Sonst können wir uns den Mund fusselig reden, wenn wir das nicht hinbekommen. Dazu dient eben auch eine Konferenz. Wir sind hier unter uns. Man müsste diese Beispiele, die gut sind, viel stärker nach außen bringen.

Zuschke Ich würde an der Stelle noch gerne etwas zu mehr Offenheit beim Planen ergänzen: Wir reden ja nach da draußen in die Gesellschaft (Radio). Hallo an die lieben Hörerinnen und Hörer. Seien sie da draußen mal ganz ehrlich. Wie oft haben Sie schon gedacht: »Blöder Verkehrsversuch. Ist doch alles Mist, was die da machen? Ich würde das ganz anders tun...« Ich bin jetzt mal ein bisschen – Entschuldigung – im Jargon unterwegs. Was ganz wichtig ist und was wir auch bei Experimenten deutlich machen müssen: Es gibt zwei oder mehrere Alternativen: Es bleibt so, wie es ist. Dann fragt euch mal, ob es gut oder besser wird? Es gibt nun das

Experiment des neuen. Das gibt uns die Möglichkeit, eine Lösung zu erarbeiten im Eins-zu-Eins-Versuch und der ist transparent für alle. Die Lösung steht mit dem Experiment noch nicht fest.

Was ich als Anspruch und Ansage wichtig finde, ist, dass wir mit jedem Experiment deutlich machen: Wir haben, wenn das Experiment erfolgt ist, keine Angst, eine Entscheidung zu treffen. Denn die ist dann auch fällig. Das Experiment ist ein begrenzter Zeitraum einer Eins-zu-Eins-Partizipation, wo jeder durch Erleben und echtes Einbringen ein Experiment beeinflussen kann. Wenn wir da mal eine Radspur implementieren, dann können sich alle, die da eine Radspur wollen, auf den Weg machen und dort lang fahren und sich beteiligen. Alle, die eine Lieferzone wollen, die können ausprobieren, wo die am besten hingehört. Ich finde, das ist eine ganz spannende Geschichte und das, was es ist, nämlich das Experiment, muss aber auch deutlich werden. Wir müssen vermitteln: Am Ende eines Experimentes gibt es eine Entscheidung. Entweder entsteht etwas Besseres, etwas Anderes oder es bleibt alles so, wie es ist. Und ich glaube nicht, dass Beharren die beste Entscheidung ist. Es gehört zur Beteiligung dazu, dass wir offen miteinander umgehen und dass das keine Einbahnstraße ist, sondern dass bei Experimenten jeder mitmachen kann, aber nicht jeder alles gewinnt. Ganz wichtig, nach draußen, also: Mitmachen!

Biesler Ja, das sind Prozesse, die ja auch ein bisschen Zeit brauchen. Das wird sich nicht von jetzt auf gleich ändern, was es auch nicht leichter macht. Ich glaube, wir haben im Augenblick fast alle, jedenfalls die, die ein Auto haben, das als normales Verkehrsmittel im Kopf. Damit fahren wir einkaufen. Wenn wir jetzt sagen würden: Ich habe gar kein Auto. Nur mal gedacht. Dann gehe ich doch zu Fuß zu dem Laden, der in der Nähe ist. Oder vielleicht ist der da auch gar nicht mehr, aber er wird sich vielleicht wieder ansiedeln, wenn es einen Bedarf gibt, weil man nicht rausfährt, um da einzukaufen.

Jörg Biesler, Gesche Grabenhorst, Wolfgang Sonne, Barbara Ettinger-Brinckmann, Cornelia Zuschke

Da merkt man, wie kompliziert alles miteinander verbunden ist. Wenn wir den Autoverkehr reduzieren und das Auto vielleicht auch aus der Straße rausnehmen, dann gewinnen wir Platz für andere Verkehrsteilnehmer. Vielleicht gewinnen wir sogar Platz für was ganz anderes. Man kann sich ja vielleicht auch mal auf die Straße setzen. Das macht vielleicht jemand in Italien, Spanien oder Frankreich. Aber in Deutschland, außer auf dem Dorf, findet das an der Straße so gut wie nie statt, dass sich da mal jemand vor dem Haus auf die eigene Bank setzt.

Zuschke Also man findet schon ab und zu mal kleine Blumenkübel und die sind dann auch bepflanzt. Dann findet man auch ein Bänkchen daneben. Das wagt sich so langsam in den öffentlichen Raum vor. Das Mögliche hat aber auch etwas damit zu tun, ob dort ein komplett längs beparkter Streifen ist oder vielleicht eine Bauminsel oder eine auf der der Baum abgestorben ist und ein Platzangebot schafft. Dann stelle ich da stattdessen einen Blumenkübel hin. Also dieses »Stadtguerillatum« setzt sich langsam wieder durch und macht wie das Experiment erlebbar, was sein kann.

Es gibt noch einen Punkt: Wir müssen ein bisschen aufpassen, dass wir nicht nur in einer Generation und mit einer planen. Wir müssen auch wieder lernen, generationsübergreifend zu diskutieren. Es gibt Generationen, die haben ganz andere Lebensmodelle als meine eigene. Wenn ich meine Mutter sehe, die jetzt sozusagen zur letzten lebenden Generation gehört, hat die auch ganz eigene Bedürfnisse, die gar nicht so anders sind als die der Jugend. Denen geht es darum, zu Fuß von einem Ort zum anderen zu kommen und sich auf der Straße auch mal hinzusetzen. Ich glaube, dass wir einfach auch wieder lernen müssen, das Gute, das Innovative und das Motivierende aus verschiedenen Generationen zusammenzuschreiben und dann ein Gesamtkonzept daraus zu machen. Da werden wir schon sehen, dass wir gar nicht so modalitätsfestgelegt sind.

Sonne Das Bild mit der Bank, auf die ich mich vor mein Haus setze, bringt uns auch zur Frage: Was will ich denn im Straßenraum machen? Was kann ich denn im Straßenraum machen jenseits oder vielleicht sagen wir besser diesseits des Verkehrs? Es geht nicht nur um Autoverkehr, Radverkehr oder auch Fußgängerverkehr. Was möchte ich denn stationär im Straßenraum tun? Ich glaube, da gibt es eine ganze Menge. Die Vorstellung, dass ich mal vor meinem Haus auf der Straße sitze, erinnert doch auch an die wunderbaren Bilder aus Florenz. Der Palazzo Medici hat an einer ganz steinernen Hauswand eine steinerne Bank, auf die sich jeder, der vorbeikommt, hinsetzen kann. Plötzlich verändert sich der ganze Raum. Die Steine könnten ja abschreckend sein. Aber wenn die Leute davorsitzen, wird es plötzlich ganz menschlich und bekommt einen menschlichen Maßstab.

Das bringt mich auch zu einem sehr spannenden Punkt: Ich sitze privat vor meinem privaten Haus im öffentlichen Raum. Das ist eine recht spezielle Sache. Wenn ich mich sonnen will, würde ich mich hinter das Haus setzen und nicht davor. Es ist die Frage, wie weit ich dann meine Haut entblöße, um die Sonne auch aufzunehmen. Das sieht hinter dem Haus anders aus als vor dem Haus. Und da stelle ich ein paar spannende Dinge fest: Es gibt so eine Art privatistische Aneignung des öffentlichen Raumes heute. Wir stellen da Liegestühle hin. Wir stellen lustige Möbel hin. Wir haben auch Spielplätze. Das ist eigentlich etwas recht Privates. Wir haben heute gerade bei den Pop-Up-Dingen sehr das Gefühl, dass die so aussehen müssten wie ein privater Garten. Da würde ich sagen: Vorsicht! Die Straße ist nicht der private Garten. Der private Garten ist in der Stadt idealerweise im Hofraum. Da ist er vor der Öffentlichkeit geschützt. Die Straße ist ein sehr öffentlicher Raum und da benehme und verhalte ich mich etwas anders als im privaten Bereich.

Was sind das für Tätigkeiten? Wir haben heute Beispiele gesehen, bei denen die Gestaltung des öffentlichen Raumes mit Bäumen so irregulär stattfindet, dass dieser fast aussieht wie ein Wald. Dann findet eine Art »Verwaldung« des öffentlichen Raumes statt. Das ist eine Art Naturalisierung. Ich bin plötzlich gar nicht mehr in einem Kulturraum, sondern ich bin scheinbar in der Natur. Die Stadt ist aber nun einmal ein sehr verfeinerter Kulturraum. Der Landschaftsgarten macht das zwar in der Stadt schon lange. Aber heute hat es so eine Fluchtdimension ins Infantile, ins Private oder ins Naturale. Stattdessen würde ich sagen, dass der öffentliche Stadtraum und der öffentliche Straßenraum eben noch mal eine eigene Kategorie bilden. Da treffe ich nicht nur Nachbarn. Das ist nicht nur Nachbarschaft. Da können auch Fremde vorbeikommen.

Richard Sennett hat wunderbar beschrieben, wie wir in der Stadt bereit sind anderes zu erfahren und Fremde vorbeigehen zu sehen. Früher hat man durch sie Kunde empfangen. Sie brachten Nachrichten. Die Stadt lebt ja davon, dass andere da sind und nicht nur die enge Nachbarschaft. Ich glaube, diese Tonalität zu finden, ist ganz spannend. Was kann ich im Straßenraum machen, was nicht nur Bewegen, aber auch nicht die Fortsetzung des Wohnzimmers im öffentlichen Stadtraum ist? Das müssen Gesellschaften immer wieder neu erfinden. Aber ich glaube, da sind wir momentan an einem Punkt, wo wir noch etwas ungeschickt tapsen.

Biesler Jedenfalls könnte an die Stelle des ruhenden Verkehrs die Ruhe treten. Sodass man dort gar keinen Verkehr mehr hat, sondern diese Flächen nutzen kann. Man könnte sie zur Begegnung, vielleicht sogar mit Fremden, wenn auch nicht wie auf der eigenen Liegewiese nutzen. Indem der Raum frei wird, kann man ja auch erst einmal Ideen entwickeln. Solange alles vollsteht in der Straße kann man ja eh nichts machen.

Grabenhorst Ich möchte noch einmal ganz kurz ergänzen: Ich glaube, dass der Hof diese totale Intimität und Geborgenheit gibt, versus des Straßenraums, den wir in Schichtungen wieder neu definieren müssen oder uns auch wieder zurückerobern sollten. Das ist das Erbe, wie es das schon lange gab. Es wurde hier auch das Beispiel der Allee genannt. Wunderschön, mit einer ganz engen Trasse und rechts und links großer Straßenraum als Ort der Begegnung und vor allem Ort der Entwicklung.

Die Entschleunigung bringt den Ort in die Entwicklung und das ist auch zum Teil in den Hintergrund geraten. Deshalb komme ich wieder mit dem Wohnen und mit dem Einzelhandel. Wir haben einfach keinen Einzelhandel mehr und dadurch auch nicht mehr die Zentrierung an diesen Orten und die Treffpunkte. Wir müssen wieder viel mehr Intimität und Treffpunkte im öffentlichen Raum schaffen, die auch Kommunikation bringen. Das ist uns verloren gegangen.

Zuschke Darf ich noch eine Ergänzung an der Stelle treffen? Ich würde davor warnen, dass wir uns wieder konzentrieren auf nur Wohnen und nur Einzelhandel, weil gerade die rauminspirierenden Nutzungen zum Beispiel auch Werkstätten oder Ateliers, wichtig sind. Da setzt du dich davor aufs Bänkchen und trinkst deinen Tee, bis dein Taschenriemen wieder festgenäht ist und du kommst ins Gespräch. Es sind auch die Funktionen der Stadtstraße, die uns unglaublich bereichern und ins Kommunikative, ja sogar ins Nachbarschaftliche gehen.

Das Zweite, das ich noch hinzufügen möchte: Wir haben noch eine riesige Chance, in unseren Breiten mit unseren Jahreszeiten zu spielen. Wir können zum Beispiel *Sommerbespielungen* in Straßen und *Winterreduzierungen* veranlassen. Wir können auch daran unser Verhalten üben und ausrichten. Das ist eine ganz spannende Situation. Wir haben das in einer Straße hier in Düsseldorf einmal angeboten. Dort gab es dann Sommer Parklets. Es wurden Stühle aufgestellt und es gab Abendgastronomie. Nachts war dann aber Ruhe. Das war die Vereinbarung mit den Wohnenden. Im Winter konnten Anwohner dann wieder dort parken, wenn es etwas beschwerlicher war, den langen Weg vom Quartiersparkplatz zurückzulegen. Solche Einrichtungen und Experimente, um dem Raumkonzept wieder mehr Freiheit zu geben, sind immer auch mehr als das apodiktische Einzelne: »Das ist jetzt einmal so, das bleibt jetzt so. Oder wenn es wegkommt, dann gibt es eine Demonstration.«

Der aller letzte Punkt: Demonstrationen. Der Aspekt des SPIEL-Raumes für die Öffentlichkeit ist auch diesmal zu meiner Freude sehr häufig genannt worden. Der Straßenraum ist gegenwärtig viel mehr zum Raum für die Äußerung demokratischer und leider auch nicht-demokratischer Lebensausübungen geworden. Aber ich glaube, dieses Phänomen zu betrachten, ist ein wichtiger Punkt, weil der öffentliche Raum damit eben auch für den Austausch großer Gruppen interessant wird und es zu neuen Verdrängungseffekten und zu Konfrontation kommen kann. Er kann für unser Gemeinwohl oder für unsere Meinungsbildung in diesem Land auch wieder etwas beitragen. Wir müssen das neue hierbei sicherlich erlernen und es gibt viel darüber zu sprechen. Wer macht was wo? Damit ergibt sich eine ganz interessante Situation, die es vor ein paar Jahren so gar nicht gab. Aber auch in diesem Zusammenhang müssen wir eben aufpassen, dass der öffentliche Raum für alle stattfindet.

Ettinger-Brinckmann Was du eben auch gesagt hast: Die Nutzungsmischung ist eine wichtige

Voraussetzung für die Lebendigkeit und die Lebensfähigkeit der Stadt und das betrifft nicht nur Wohnen und Einkaufen, sondern insbesondere auch das Arbeiten bis hin zur Produktion. Es gibt ja auch Produktion, die wohnverträglich ist. Die muss man auch wieder zulassen in der Stadt. Dadurch entsteht praktisch als Ergebnis, dass wieder mehr Menschen vor Ort sind. Mit dem Einzelhandel sehe ich es dann auch nicht ganz so schwarz. Es gibt einige Städte, bei denen der Einzelhandel noch relativ gut funktioniert und es nicht nur Ketten gibt, sondern durchaus auch individueller Einzelhandel vorhanden ist. Das ist dann eben auch der Bäcker um die Ecke, die Kneipe. Das geht aber nur, wenn genug Menschen dort leben und arbeiten. Darüber vermeidet man auch wieder Verkehr und kann entschleunigen. Damit schafft man mehr direkten Lebensraum. Dazu braucht man auch die Fußgänger. Die Fußgänger brauchen für diesen Begegnungsraum Platz.

Was Wolfgang Sonne eben angesprochen hat, dem kann ich auch nur zustimmen. Wir müssen andererseits auch aufpassen, dass das nicht alles überinstrumentalisiert und zugestellt wird mit Möblierung und Spielgeräten. Herr Baackmann hat gestern gesagt, dass der Stadtraum robust bleiben muss. Der muss etwas zulassen können und eben nicht verkitscht oder infantilisiert werden. Da müssen wir eben auch aufpassen. Da gibt es auch Beispiele, die ich ziemlich kritisch sehe.

Biesler Lasst uns gerne gleich Visionen entwickeln, wie der Straßenraum dann besser genutzt werden kann, als es heute der Fall ist. Der Elefant im Raum ist aber natürlich noch das Auto auf der Straße. Das werden wir so schnell nicht loswerden. Was machen wir damit? Quartiersgaragen? Bauen wir Parkhäuser, wo die Autos dann reinmüssen? Ist die Erhöhung der Anwohnerparkgebühr schon eine so große Abschreckung für viele, dass sie das Auto sein lassen? Ist es dann nicht wieder so, dass es eine Abschreckung für die ist, die eher in den mittleren und unteren Einkommensgruppen sind? Und diejenigen, die es sich leisten können, haben dann nachher eine schöne Straße, auf der sie mitten vor ihrem Haus ihr Auto abstellen können?

Zuschke Also ich würde ganz klar davon abraten, diese Anwohnerparkgebühr als Abschreckung oder Einladung zu sehen. Da geht es eigentlich vom Grunde her, auch wenn es jetzt sozial nicht austariert ist, um etwas ganz anderes. Es gibt ein aktuelles Urteil, das diese Preissteigerung erst einmal abgeräumt hat. Es geht einfach darum, dass klar ist, dass der öffentliche Raum allen gehört. Wenn ich ihn in Anspruch nehme, dann muss ich etwas dafür bezahlen. Wenn ich beispielsweise eine Gastronomie da draußen in den öffentlichen Raum stelle, dann muss ich auch Sondernutzungsgebühren bezahlen. Wenn ich irgendeinen Werbeträger dahin stelle, dann muss ich das auch tun.

Ettinger-Brinckmann Nur für die Roller muss nicht gezahlt werden!

Zuschke Bezüglich der Roller gibt es unterschiedliche Auffassungen. In Düsseldorf haben wir sehr schnell festgelegt, dass das keine regelhafte Verkehrsausübung ist, sondern eine wirtschaftliche Nutzung, die also Geld erwirtschaftet und damit Gebühren kostet. Ab dem Moment kann man Sondernutzungsgebühren fordern und so haben wir gehandelt. Das reguliert.

Biesler Es geht um Elektroroller.

Zuschke Diese Regelung ist uns nicht weggeklagt worden und deshalb wird jetzt auch aufgeräumt in funktionale und verkehrliche Zonen. Aber ich würde solche Dinge nicht als Abschreckung sehen. Sie müssen besser geregelt werden, damit sie dem eigentlichen Ziel gerecht werden. Ich glaube, dass Quartiersgaragen sicherlich eine gute Antwort sind, weil sie über der Erde eben auch wandlungsfähig errichtet werden können, falls sie mal nicht mehr gebraucht werden.

Ich finde es aber auch überfällig, dass unsere ebenerdigen oder unterirdischen Parkplätze endlich mehrfach genutzt werden. Ob das Parkplätze von Versicherungen, großen Bürokomplexen, die von den Aldis, Lidls und Rewes dieser Welt sind, *Tag-und-Nacht-Parken* lässt sich dort wunderbar einrichten und synergetisch Platz sparen bzw. erzeugen. Dieses Modell erzeugt kleine Überschneidungszeiten. Das kriegt man aber hin. Gott sei Dank gibt es das jetzt auch schon öfter und damit entlastet man die bestehenden wie neuen Quartiere deutlich. Es gibt auf dieser Strecke kein Schwarz und kein Weiß. Es gibt nur verdammt viel zu tun.

Biesler Und es gibt vielleicht »schlau« und »nicht-so-schlau«.

Zuschke Und es gibt »schlau« und »nicht-so-schlau«, aber das ist wieder eine Fokus-Sache. Wer schaut auf das »Schlau« und wer beurteilt »das Schlaue«? Wir sollten nicht so viel urteilen. Wir sollten lieber die Ärmel hochkrempeln und zusammen etwas machen... vielleicht auch mal Fehler – und daraus schlauer werden.

Biesler Aber wenn wir die Parkplätze von den Supermärkten auch in der Nacht nutzen könnten, dann wäre das ziemlich schlau oder?

Zuschke Das gibt es schon, aber noch nicht regelhaft und das Modell versuchen wir auch zu moderieren als Stadt. Zum Beispiel gibt es große Versicherungen, die nutzen ihre unterirdischen Parkkapazitäten längst nicht mehr aus. Die haben Überhänge von Stellplätzen aus den Zeiten, wo die Stellplatzsatzzungen 1:1 gebaut wurde. Sie haben das alle jüngst miterlebt: Homeoffice ist ein Thema. Die Angestellten haben Jobtickets mittlerweile und brauchen das Auto zum Teil gar nicht mehr. Es ist eine gute Aufgabe

hier anzusetzen. Diese Kapazitäten sollte man ausfindig machen, nutzen und damit den öffentlichen Raum, der uns Freude bereiten soll und nicht den Stress der Parkplatzsuche damit freispielen.

Ettinger-Brinckmann Aber noch schlauer wäre es, wenn die Supermärkte ihre Parkplätze nicht zum Straßenraum orientieren dürften. Wenn sie überhaupt ebenerdig angelegt würden, dann hinter dem Haus. Wenn das Haus mit anderen Nutzungen überbaut würde, zum Beispiel mit Arbeiten und Wohnen.

Noch besser wäre es, wenn die Autos gestapelt würden, damit sie nicht so viel Grund und Boden versiegeln. Diese zum Straßenraum vorgelagerten Parkplätze sind einfach anti-urban. Wir müssen damit aufhören, Tiefgaragen anzulegen, weil die enorm viel Beton brauchen und nicht umnutzbar sind. So viele Pilzkulturen werden wir gar nicht anlegen können. Wenn, dann sollten es wirklich Quartiersgaragen mit einer lichten Höhe sein, sodass sie später, wenn der Autoverkehr sich wirklich reduziert haben sollte, auch für andere Nutzungen bereitstehen und nicht abgerissen werden müssen.

Sonne Herr Biesler, Sie haben es schon angedeutet: *Lebensraum Stadtstraße*, was könnte denn da passieren? Lebensraum ist ja sehr weit gegriffen. Das nimmt genau das auf, was du Barbara, gesagt hast. Es geht nicht nur um Wohnen und nicht nur um Verkehr, sondern um alles, was wir eben tun.

Lebensraum ist ein biologischer Begriff. Da denkt man an irgendwelche Tiere, die irgendwo hausen. Die Stadt ist nun überhaupt nichts Biologisches. Wir haben da auch ein paar Biotope, aber es ist die größte Kulturerrungenschaft, das größte Kulturinstrument, das sich die Menschheit gemacht hat. Lebensraum Straße ist Kulturraum Straße.

Die Frage, was die Menschheit, also wir, Zukünftige, Junge, Alte, Eingeborene oder Hergereiste dort

machen würden, ist nicht eindeutig zu beantworten. Vielleicht wissen wir das in der demokratischen Gesellschaft gar nicht so genau. Denn Funktionsplanung heißt auch immer, dass ich etwas vorschreibe. Das braucht der öffentliche Straßenraum genau nicht und da würde ich jetzt mal gerne weg von den Funktionen und von dem, was wir da vielleicht tun, tun können oder nicht tun dürfen. Ich hatte das »zu Private« schon angedeutet.

Wir müssen hinkommen zum gestalteten Ermöglichungsraum. Das ist ganz wichtig. Wir denken bei Straßengestaltung immer an den Bodenbelag. Das ist auch wichtig. Mindestens genauso wichtig sind aber auch die begleitenden Wände, denn von der Fläche her sind sie viel größer und ich schaue

viel mehr hin. Diese Wände sind natürlich Hauswände, meist von privaten Häusern. Und diese privaten Häuser müssen den Anspruch haben, für die Öffentlichkeit etwas als Fassaden zu bieten. Diese Wände sind eben auch die Straßenwände, sprich: vom öffentlichen Raum aus gesehen das Entscheidende. Wir kennen natürlich auch städtische Figurationen, bei denen die Zeile abgeschnitten schräg zur Straße verläuft. Da habe ich keine Wand und da habe ich auch keine Fassade. Da können wir viel reparieren. Durch Nachverdichtung können wir gute, neue und schöne öffentliche Räume schaffen.

Der Punkt ist, sich wirklich klar zu machen, dass wir neben der Software bzw. dem, was wir so alles tun mit kleinen Accessoires, die wir da mal reinstellen und wieder wegtun können, die Hardware wirklich auch adäquat und letztlich dauerhaft behandeln. Denn das ist Bauen. Das heißt heute Nachhaltigkeit und Dauerhaftigkeit.

Wir hatten auch das Thema *alterungsfähige Materialien*. Die sind tatsächlich auch kultur- und geschichtsfähig, weil ich eben nicht alle 20 bis 30 Jahre die Fassade erneuern muss. Sondern dann habe ich zum Beispiel einen Stein, der altern kann. Dieses qualitätsvolle Gestalten der Straßenfassade mit der Kommunikation zwischen dem *Öffentlichen*, was auf der Straße passiert und dem *Privaten*, was drinnen passiert, das ist fein austariert, mal mit einem Erker, mal mit einem Balkon. Mal ist das Schaufenster sehr groß und mal ist das Fenster ein bisschen kleiner. Aber es geht nicht, dass die Hausfassade eine totale Glaswand ist, wo ich alles sehe. Wo tue ich dann meine Toilette hin? Es geht auch nicht, dass es die reine nackte Wand ist, wo ich nicht mehr ins Haus komme. Sondern man braucht dieses Ausbalancieren zwischen *privat* und *öffentlich* und die Kommunikation dazwischen. Letztlich muss man sagen, dass die für das Auge ansprechende und interessante, schöne Gestaltung der Straßenfassade ein sehr wichtiger Punkt ist, an den wir ranmüssen.

Biesler Da sind Architektinnen und Architekten in ihrem Element bei der Gestaltung, sodass Schönheit auch eine Rolle spielt in der Straße. Aber die Frage ist: Wie kriegt man das hin? Also Architektinnen und Architekten wollen das wahrscheinlich in der Regel oder viele davon jedenfalls. Wenn man sich aber die Neubaugebiete anguckt, wo wir jetzt ja auch anfangen könnten, die Straßen anders, qualitätvoller und mit mehr Aufenthaltsqualität zu gestalten, passiert das ja in der Regel eher nicht. Muss man das vorschreiben? Wie kommt man da hin?

Zuschke Vielleicht ergänze ich noch etwas im Anschluss an Wolfgang Sonnes Gedanken zur Kultur. An einer Stelle kommen für mich Kultur

und Biologie zusammen, nämlich da, wo es um Gesundheit geht. Wenn ich Kultur und Biologie, also Lebensraum, zusammenschalte und der Lebensraum ist gut, gesund und kulturvoll, dann habe ich auch kein Problem damit, mein Haus zu öffnen und den öffentlichen Raum zu nutzen oder ihn umgekehrt zu bereichern.

Aber auch da ist es im Moment so: Wir lassen die Rollläden runter und wir schotten uns ab. Wir machen es uns nicht gemeinsam schön von beiden Seiten privat und öffentlich. Ich glaube, das ist ein Punkt, an dem alle Menschen in der Stadt, ob Eigentümer, Mieter, Dienstleister oder Passant mitarbeiten können, um diese Kommunikation zwischen innen und außen wieder herzustellen und damit privaten und öffentlichen Lebensort zu verbinden.

Auch bei dieser Tagung haben wir darüber diskutiert: Braucht es Gestaltungssatzungen? Braucht es Vorgartensatzungen? All das gibt es und all das ist möglich, es rechtlich zu nutzen und ja, es braucht sie. Es gibt Straßen, da braucht man gestalterische Vergaben und es gibt Straßen, da braucht es das nicht. Da entwickelt sich das Gute aus einer starken, funktionellen und kulturellen bis hin zu eigenverantwortlicher Tradition heraus weiter. Es gibt aber auch Straßen, da muss man diesen Themen auf die Sprünge helfen und dann sind sicherlich auch Gestaltungssatzungen gut. Dies gilt auch für historisch wertvolle Ensembles.

Wir haben in Düsseldorf in der Gegenwart einige Straßen kritisch diskutiert. Die prominenteste Straße, die wir in Hinblick auf ihre Weiterentwicklung diskutiert haben, war die KÖ. Dort ist ganz klar immer wieder auf die Qualität, Schönheit, aber auch auf die Robustheit, die durch die Qualität entsteht, angespielt worden. Dazu hat die Stadtbevölkerung unisono gesagt: »Der Düssel-Graben, die wunderbaren Bäume und die tollen alten Fassaden, dieses identitätsstiftende Bild, was uns sicher im Bezug macht, was uns guttut, das kann sich zukunftsfähig entwickeln. Das Prägende wollen wir also nicht geschliffen haben. Das wollen wir nicht egalisieren wie in unzähligen Shoppingmeilen dieser Welt, die uniformiert nicht mehr auf die eigene Stadt schließen lassen. Das ist die Qualität, die wollen wir fortschreiben und dafür nehmen wir auch Regeln in Kauf. Aber man glaubt auch hier an positive Weiterentwicklung, wenn das Gute gesichert ist.«

Biesler Frau Grabenhorst, brauchen wir da auch mehr Regeln in Neubaugebieten, damit die Straße attraktiver wird?

Grabenhorst Ja, das glaube ich auf jeden Fall. Das haben wir auch die letzten beiden Tage hier schön und ausführlich, fast konservativ diskutiert. Was vielleicht nicht das Schlechteste ist, weil es unser Erbe ist, mit dem wir agieren.

Ich möchte noch einmal auf Wolfgang Sonne eingehen. Diese Schichtungen, die sind eigentlich ein riesiges Thema. Wir haben im Schnitt immer auf die Fassade, den Boden und das Gegenüber geschaut. Der Maßstab, wie breit die Straße ist, ist nicht zu unterschätzen. Wir müssen das Entwerfen im Schnitt wieder erlernen und für dieses Entwerfen im Schnitt gibt es auch gewisse Regelmaße. Das haben wir auch über zwei Tage erzählt bekommen. Also wie geht die Reihenfolge von Hauswand, Bürgersteig, Straße, Bürgersteig, Hauswand? Wie sind die Dimensionen?

Ich glaube, dass wir mit Regelwerken gut leben können. Da bin ich wieder bei meinem Lieblingsthema der Vermittlung. Wir müssen das irgendwie transportieren. Wir müssen das weitergeben. Wir sollten das an die Bürger weitergeben, die damit arbeiten können. Da glaube ich, da wäre eher die Frage: Wie schaffen wir das eigentlich? Wie können wir solche Unorte, die sich über einen langen Zeitraum entwickelt haben, über die wir gerade gesprochen haben, mit Interventionen zum Experimentierraum

gestalten? Ich weiß noch nicht, wie es geht. Vielleicht mit Aktionen, bei denen man über Projektionen arbeitet. Wo man zeigt, wie der historische Raum aussah, die Gemeinschaft dazu einlädt und aufzeigt, wie es in Zukunft aussehen könnte. Das wäre so ein Medium, dass man einfach als Nachtaktion umsetzt. Das wäre ein großer Punkt der Vermittlung, mit dem wir agieren könnten. Also ich glaube, wir Fachleute wissen das alle.

Ettinger-Brinckmann Ich denke, wir sollten unsere Mitmenschen nicht unterschätzen. Selbst wenn sie vielleicht keine Worte dafür haben, können sie schon intuitiv wahrnehmen, ob ein Straßen- oder Stadtraum gut oder nicht gut ist.

Du hast das Wort konservativ aufgegriffen. Das ist richtig. Wir sehen ja, dass Vielfalt entsteht, wenn jedes Haus und jeder Eingang etwas anders gestaltet ist. Das begreift, glaube ich jeder, dass das ein ganz wichtiges Element für die Stadtgestalt ist. Bezüglich dieser möchte ich Wolfgang Sonne unterstützen: Wenn wir mit offenen Augen durch unsere Städte gehen, dann sehen wir so viele ungenutzte Grundstücke und Baulücken, die den Stadtraum inkomplett machen. Da müssen wir zusehen, dass wieder geschlossene Straßenräume entstehen.

Die Stadtstraßen werden ja auch dadurch definiert, dass sie von einer Randbebauung begleitet und gefasst werden. Die Innenwände des öffentlichen Raums sind die Außenwände der Häuser und die gilt es entsprechend zu qualifizieren bzw. zu reparieren. Das ist, glaube ich, vor allem im Zusammenhang mit dem Klimaschutz eine große Aufgabe. Wir müssen versuchen, keine weiteren Neuflächen zu versiegeln. Bauen im Bestand muss auch im städtebaulichen Sinne gesehen werden. Die Möglichkeiten, die da sind, sollten wirklich ausgeschöpft werden. Zum Thema Fassade habe ich noch ein Punkt: Da spielt natürlich auch eine Rolle, dass wir unsere Wohngewohnheiten geändert haben. Früher hat man die

Jörg Biesler, Gesche Grabenhorst, Wolfgang Sonne, Barbara Ettinger-Brinckmann, Cornelia Zuschke

öffentlicheren Räume der Wohnung unabhängig von der Himmelsrichtung zum öffentlichen Raum ausgerichtet. Den Wohnraum hat man mit einem Balkon, mit einem Erker oder einer Loggia zum öffentlichen Raum ausgerichtet, sodass man mit einer Zwischenzone Teil der Öffentlichkeit war. Heute orientieren wir uns an der Himmelsrichtung oder schotten uns ab, wenn die Straße stark befahren ist. Dann lassen wir zu dieser Seite nur Treppenräume, Bad, WC und vielleicht noch die Küche zu. Das gibt natürlich auch weniger Gestaltungsspielräume für die Fassaden. Auch das ist ein wichtiges Thema, bei dem die individuellen Interessen mit öffentlichen Interessen in Konkurrenz geraten.

Biesler Ich möchte ganz gerne noch einmal drüber reden, was in kurzen Abständen passieren kann. Bis sich die Architektur ändert, weil die Straße

schöner geworden ist, das kann wahrscheinlich ein bisschen dauern. Da wird sicher nicht ständig alles neu gebaut. Da muss man noch ein bisschen abwarten, was für einen Einfluss das dann hat.

Der Verkehr auf der Straße wird wahrscheinlich zwangsläufig, weil es anders gar nicht geht und weil der Klimawandel uns das auch nahelegt, anders werden. Deswegen brauchen wir mehr Grün in der Straße und weniger Versiegelung. Ich glaube, das ist alles Konsens. Wir werden das nicht schaffen ohne die Menschen, die in den Häusern wohnen. Die müssen wir irgendwie aktivieren. Die machen das wahrscheinlich nicht von sich aus.

Frau Grabenhorst hat gerade gesagt, dass man die Menschen ermächtigen muss, in ihrer Straße selber was zu tun und wenn es nur darum geht, das Grün zu pflegen, was im Sommer sonst vertrocknen würde. Im Augenblick ist es eher so, dass man denkt: Wenn ich da jetzt was hinstelle und das kippt um und es verletzt sich jemand, dann wird das haftungsmäßig schwierig. Selbst wenn man so eine Idee hätte, wie kriegt man das hin? Braucht man da Quartiersmanager*innen? Sorgen die Städte dafür oder wer macht das?

Zuschke Wir haben in Düsseldorf für das Thema Quartiere ein schönes Programm, das heißt »Zukunft Quartiere« und mittels dieses Programms haben wir in den Quartieren identifiziert, was Gemeinschaftsgefühl, was Bewusstsein, sich weiterentwickeln zu wollen, die Welt zu verbessern, erzeugt. In diesem Programm wurden auch Werkzeuge für Quartiersmanagement und Beteiligung für Veränderung identifiziert, festgelegt und gefördert. Es sind an dem Programmbeispiel Wien angedockt auch Workshops durchgeführt worden, bei denen wir Architekt*innen, Stadtplaner*innen bis hin zu Energieberater*innen in Quartiere geschickt und analysiert haben, was dort an »Guerillabegrünung« und Verschönerungen sowie positive Veränderungen möglich ist. Wie kriegen wir euch Menschen und Institutionen zusammen, damit ihr das eben nicht nur an eurem Haus praktiziert, sondern auch im Innenhof, der über zwei, drei Häuserseiten geht. Dort, wo vorher ein Parkplatz war, den vorher keiner genutzt hat, entsteht vielleicht ein Hochbeet oder eine Wiese, ein Baum, ein Park.

Biesler Ich habe kürzlich ein Start-up gesehen, das Netze herstellt und die dann beranken lässt. Das wäre dann für schlechte Fassaden vielleicht erst einmal eine Übergangslösung.

Zuschke Da gibt es wieder ein Problem mit dem regelhaften Brandschutz. Es braucht für solche Lösungen Einzelnachweise. Wir haben viele Vorschriften, die wir berücksichtigen müssen. Aber es gibt in diesem Projekt finanzierte Fachberater*innen und

wir setzen in den Leit-Quartieren des Programms eben auch fachlich kundige Kümmerer*innen ein, die helfen, Hürden zu überwinden. Ich glaube, das hilft schon, Lösungen wirklich aus fachkundigem Munde zu hören und dann vielleicht gemeinsam zur Behörde zu gehen und Widerstände zu überwinden, auf die man als ganz normaler Mensch in einem Quartier gar nicht alleine kommt, geschweige denn sie als Hürde nimmt.

Aus der Initiative verschiedener Aktiver und Fachleute hat sich zudem ein Zukunftsforum bei der Rheinischen Post entwickelt. Wir haben den Leitfaden so formuliert: Widerstände überwindet man als erstes im Kopf. Wie sähe die Corneliusstraße, eine der am stärksten befahrenen Straßen im Süden Düsseldorfs aus, wenn sie grüner wäre? So gab es neben der Vision verschiedene Planungen, die Architekt*innen freiwillig und ohne Entlohnung erstellt haben, um den Menschen zu zeigen, wie schön ihre Straßen und Quartiere sind und sein könnten. Am Anfang waren es nur wir Leute, die miteinander diskutierten. Jetzt haben wir Eigentümerinnen und Eigentümer mit an Bord, die sich im Forum zusammengetan haben. Jetzt gibt es eine Klimawerkstatt. Bald wird es einen Bauwagen geben. Irgendwann dynamisiert sich das selbst. Man muss einfach mal loslegen. Es fängt mit Reden und mit guten Beispielen an und auf einmal macht es eben auch Lust und stärkt in so einem Quartier vielleicht auch das Gemeinschaftsgefühl, wenn man zusammen träumt und handelt. Damit entwickelt sich auch ein ästhetisches Gefühl für den Ort und den Wert des Raumes, ob es jetzt Innen- oder eben auch der Außenraum ist. Dann verteidigt man den vielleicht auch in einer anderen Form als nur im Sinne des Besitzstandes von Transit den Raum der Straße vor der Haustür als Lebensort.

Biesler Abschließend möchte ich noch mal zu Ihnen nach Hause gehen. Keine Sorge, nicht in die Wohnung oder ins Haus, sondern nur davor.

Wenn Sie morgens die Tür öffnen und auf die Straße gucken, was würden Sie als erstes verändern wollen in Ihrer Straße, wenn Sie es bestimmen könnten, Frau Zuschke?

Zuschke Ich überlege gerade, was ich mit unserem Wendehammer vor meiner Wohnung machen würde. Aber der ist eigentlich ein guter Wendehammer, weil wir abends alle da zusammen stehen und reden und ein großer Baum uns behütet.

Biesler Und Sie parken da?

Zuschke Nein, nur manchmal, wenn ich ganz spät heimkomme, stelle ich mich oben hin. Aber meistens fahre ich runter in die Garage oder manchmal fahre mit dem Fahrrad. Ich würde vielleicht das Gitter bei uns vor dem Vorgarten etwas niedriger machen und würde es ein bisschen mehr bewachsen lassen, sodass es schöner wird und nicht nur so ein »Billigpflege-Grün« ist. Aber ansonsten finde ich das alles dort ganz gut. Unsere Straße ist menschlich. Da spielen Kinder und wir fahren auch ganz langsam und grüßen einander dabei.

Biesler Schön! Und wenn sie sagen: »Wir stehen da zusammen«, dann meinen Sie damit, dass sie da rumstehen und plaudern?

Zuschke Ja, wir stehen da und plaudern. Das Schöne ist, wenn ich dann nach Hause komme, dann schaut auch mal jemand aus dem Fenster und grüßt und das finde ich immer total schön, das ist Heimkommen.

Biesler Das klingt paradiesisch. Frau Ettinger-Brinckmann, wie ist das bei Ihnen?

Ettinger-Brinckmann Ich war noch nie bei Frau Zuschke, aber ich könnte das jetzt wiederholen. Ich habe offenbar die gleiche Lebenssituation. Ich würde an meinem Wendehammer auch nichts ändern, weil es ein wunderbarer Ort ist für die Kinder, die

mit Kreide ihre Hinkelkästchen aufmalen und dort spielen. Die Straße, in der ich wohne, ist kurz und ist eigentlich eher eine Spielstraße und da funktioniert *Shared Space*.

Biesler Ich glaube, es ist kein Zufall, dass hier auf dem Podium nur Leute sitzen, die nicht an einer Durchgangsstraße wohnen. Aber es kann ja auch mal schön sein und wir wollen das Schöne ja für möglichst viele Menschen erreichen. Herr Sonne, ist Ihre Straße auch schön?

Sonne Meine Straße oder unsere Straße ist auch schön und ich bin glücklich, dass ich nicht an einem Wendehammer wohne. Ich wohne nämlich an einer normalen städtischen Quartiersstraße, die durchgeht. Da gibt es auch Durchgangsverkehr. Es ist nicht viel, aber die Straße ist eben nicht verkehrsberuhigt.

Wie soll man sagen: Wendehämmer sind immer am Ende von Sackgassen, und Sackgassen gehören eigentlich nicht in ein städtisches Wegenetz. Denn eigentlich ist das städtische Wegenetz so vernetzt, dass ich mich möglichst vielfältig bewegen kann. In unserer Straße parken auch Autos. Man kann aber genug anderes machen. Es gibt eine Reihe von Vorgärten. Auf der anderen Seite gibt es eine Kneipe. Nebenan gibt es immer noch ein paar Geschäfte. Es waren vor zehn Jahren mehr, als es heute sind. Trotzdem ist es relativ ruhig und wir haben einen grünen Hof. Es sind einfache 1950er Jahre-Fassaden. Aber es sind Stadtfassaden. Ein bisschen Schmuck ist auch da. Also es ist ein Beispiel, dass die Lage gar nicht so schlecht ist.

Wir haben hier auch eine wunderbare Ausstellung, die Sie als Zuhörer auch auf unserer Website anschauen können. Maximilian Meisse hat Stadtstraßen aus 15 europäischen Städten fotografiert. Das sind ganz normale Straßen, nichts extravagant Großes, keine superkleinen Gassen. Es sind ganz

Jörg Biesler, Gesche Grabenhorst, Wolfgang Sonne, Barbara Ettinger-Brinckmann, Cornelia Zuschke

normale Straßen, in denen Verschiedenes passiert. Man sieht, wie schön Stadtstraßen einfach sind. Darauf können wir aufbauen.

Biesler Da müssen nur die Autos raus. Da sind wir wieder bei dem Thema. Frau Grabenhorst, was denken Sie, wenn Sie die Tür morgens aufmachen?

Grabenhorst Ja, ich muss mich jetzt den Damen anschließen. Ich wohne in einer Stichstraße, einer Spielstraße für Alte, für Junge, für Kinder und für Hunde. Was ich machen würde, ist vielleicht zur Gemeinschaft aufzurufen. Ich würde dazu einladen, dass wir uns draußen zusammen an eine lange Tafel setzen und ich ein bisschen darüber erzähle, was wir hier zwei Tage gehört haben. Das wäre mein Einsatz und ich freue mich darauf.

Biesler Ja, das führt dann auch zu einer interessanten Nachbarschaft und zu Begegnungen. Das ist ja auch etwas, was auf der Straße möglich ist, wenn nicht nur Transitverkehr, »Parkraumsuchverkehr« oder was ähnliches stattfindet.

Vielen Dank Ihnen hier für die Teilnahme am WDR 3 Forum. »Lebensraum Straße«, so hieß das WDR 3 Forum heute von der Düsseldorfer Konferenz des Deutschen Instituts für Stadtbaukunst. Barbara Ettinger-Brinckmann, Cornelia Zuschke, Gesche Grabenhorst und Wolfgang Sonne Ihnen vielen Dank für die Teilnahme.

Ettinger-Brinckmann Wir danken und sagen auf Wiederhören.

Ausstellung

STADTSTRASSEN

Maximilian Meisse

LANDAUER STRASSE

Berlin

KRAMGASSE

Bern

RUE THÉODULE RIBOT

Paris

PASSEIG DE GRÀCIA

Barcelona

RUA DE CEDOFEITA

Porto

CLANRICARDE GARDENS

London

CORSO DEL RINASCIMENTO

Rom

VIA ASSAROTTI

Genua

ORTELIUSSTRAAT

Amsterdam

VIA ZAMBONI

Bologna

CRUSIUSSTRASSE

Berlin

BODELSCHWINGHSTRASSE

Kassel

GOETHESTRASSE

Herne

SCHENKENDORFSTRASSE

Berlin

MENGSTRASSE

Lübeck

Studentischer Förderpreis Stadtbaukunst 2023

»Das städtische Haus«

wa wettbewerbe aktuell
Die Fachzeitschrift für Architekturwettbewerbe

DEUTSCHES
INSTITUT FÜR
STADT
BAU
KUNST

STUDENTISCHER FÖRDERPREIS STADTBAUKUNST

>> DAS STÄDTISCHE HAUS

DEUTSCHES
INSTITUT FÜR
STADT
BAU
KUNST

wa

Wettbewerbsaufgabe

„Das städtische Haus" ist das Thema des studentischen Förderpreises Stadtbaukunst, den das Deutsche Institut für Stadtbaukunst gemeinsam mit wa wettbewerbe aktuell auslobt.

Gesucht werden Projekte, die sich in besonderer Weise mit ihrem städtischen Umfeld auseinandersetzen. Der regionale Bezug zum Ort ist dabei von besonderer Bedeutung.

Die einzureichenden Projekte sollen sowohl hinsichtlich ihrer Nutzung und Gebäudetypologie, als auch in ihrer Gestalt und Fassadentypologie als bereichernder Stadtbaustein wahrgenommen werden. Den Charakteristika der vitalen Stadt: Nutzungsdurchmischung sowie Trennung von Privatem und Öffentlichem soll in besonderer Weise Rechnung getragen sein.

Finanzielle Unterstützer & Förderer

Deutsche
Akademie für
Städtebau und
Landesplanung e. V.

GEMEINSCHAFT ZUR FÖRDERUNG
REGIONALER BAUKULTUR e.V.

Studentischer Förderpreis Stadtbaukunst 2023
»Das städtische Haus«

Jury mit Preisträgerinnen und Preisträgern

JURY

Prof. Christoph Mäckler (Vors.)
Deutsches Institut für Stadtbaukunst

Thomas Hoffmann-Kuhnt
Herausgeber wa wettbewerbe aktuell

Prof. Dr. Wolfgang Sonne
Deutsches Institut für Stadtbaukunst

Udo Freiherr von Frydag
OLFRY Ziegelwerke

Johann Dieckmann
Gemeinschaft zur Förderung regionaler Baukultur

Prof. Dr. (Univ. Florenz) Elisabeth Merk
DASL Deutsche Akademie für Städtebau und
Landschaftsplanung e.V.

Prof. Dr. Dr. Martina Oldengott
DASL Landesgruppe NRW

Prof. Andreas Hild
TU München

David Fritz
Preisträger vom Vorjahr

Judith Jaeger
Chefredakteurin wa wettbewerbe aktuell

Frank Paul Fietz
Deutsches Institut für Stadtbaukunst

»Das städtische Haus« war das Thema des fünften studentischen Förderpreises Stadtbaukunst, den das Deutsche Institut für Stadtbaukunst gemeinsam mit *wa wettbewerbe aktuell* ausgelobt hat. Gesucht wurden Projekte, die sich in besonderer Weise mit ihrem städtischen Umfeld auseinandersetzen. Der regionale Bezug zum Ort war dabei von besonderer Bedeutung. Die einzureichenden Projekte sollten sowohl hinsichtlich ihrer Nutzung und Gebäudetypologie, als auch in ihrer Gestalt und Fassadentypologie als bereichernder Stadtbaustein wahrgenommen werden. Den Charakteristika der vitalen Stadt: Nutzungsdurchmischung sowie Trennung von Privatem und Öffentlichem soll in besonderer Weise Rechnung getragen sein.

Teilnahmeberechtigt waren Studierende aller Entwurfs- und Städtebaulehrstühle deutschsprachiger Hochschulen, die eine betreute Semester- oder Abschlussarbeit im Sommersemester 2022 oder Wintersemester 2022/23 verfasst haben. Die Arbeiten mussten von den betreuenden Lehrstühlen nominiert werden.

Das Deutsche Institut für Stadtbaukunst gratuliert den ausgezeichneten Preisträgerinnen und Preisträgern des sechsten Studentischen Förderpreis 2023 ganz herzlich. Zum Wettbewerb wurden 71 Arbeiten eingereicht.

GEMEINSCHAFT ZUR FÖRDERUNG
REGIONALER BAUKULTUR e.V.

Deutsche
Akademie für
Städtebau und
Landesplanung e. V.

PREISTRÄGER

Entwurfsverfasser: **Philipp Kaspar Steves**

Hochschule: **RWTH Aachen University**
Lehr- und Forschungsgebiet Raumgestaltung
Prof. Uwe Schröder
Prof. Hartwig Schneider
Abschlussarbeit Master/Diplom

Das Weiterbauen der Reutersiedlung in Bonn gelingt in dieser zukunftsweisenden Arbeit, welche sich damit beschäftigt, nicht mehr zeitgemäßen Wohnraum an den heutigen Standard anzupassen. Ohne die vorhandene Siedlungsstruktur zu verändern und unter Rücksichtnahme auf die gegebene Grundrissphilosophie wurden die Größen der Wohneinheiten korrigiert, sodass sie den heutigen Anforderungen gerecht werden können. Dabei gelingt es durch eine Flügelbildung an der Gebäuderückseite, die Fronfassaden des zu schützenden Bestandes zu erhalten. Die Trennung von privatem und öffentlichem Raum wird durch eine Einfriedung der Gartengrundstücke spürbar. Die Arbeit befasst sich mit vielfältigen Typologien und überzeugt durch angemessene Analyse und ein sauberes Durcharbeiten einer Bauaufgabe der heutigen Zeit.

[1] Schwarzplan

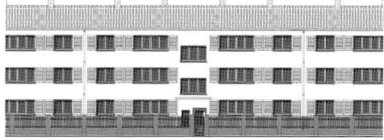

[2] Straßenansicht

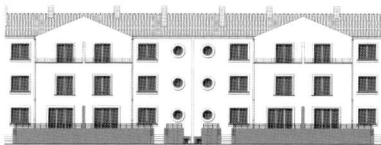

[3] Gartenansicht

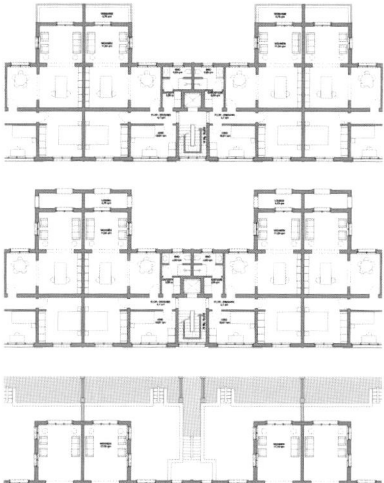

[4] Grundrisse EG, 1. OG und 2. OG

[5] Schnitt

[6] Lageplan

[7] Modell Stadthaus Typ D

[8] Gartenhaus und Giebelansicht

299

PREISTRÄGER

Entwurfsverfasser: **Christine Anschütz, Jakob Ohlenmacher,**
                        Nemo Akkermann und Marius Moser

Hochschule: **Technische Universität München**
                        Städtebau und Wohnungswesen
                        Prof. Stephen Bates und Prof. Bruno Krucker
                        Betreute Semesterarbeit

Wie kann ein *Dauerhaftes Stadthaus* aussehen, ist die Frage, mit der sich die Verfasserinnen und Verfasser, im Zuge des Umbaus und der Erweiterung des Kontorhauses am Münchner Schlachthof, auseinandersetzen. Hierbei wird der Typus Kontorhaus strukturell weiterentwickelt und in eine Holzkonstruktion übersetzt, die fortan in direkter Anbindung an den massiven Bestandsbau bestehen soll. Der Entwurf ist dabei in der Lage sich flexibel verschiedensten Nutzungen zu stellen. In der städtebaulichen Lücke gelingt es, Stadt wiederherzustellen, während die Herausforderung, mit den Baustoffen der heutigen Zeit, neben einem historischen Kontorhaus zu bestehen, erfolgreich gelöst wird. Mit einer Fassade aus Holzpanelen wird auf die Bestandsfassade geantwortet, wodurch der Neubau eine eigene Identität erhält, die der heutigen Zeit angemessen ist. Den Verfasserinnen und Verfassern ist es mit dieser Arbeit gelungen, städtisch zu denken und funktional Stadt zu rekonstruieren.

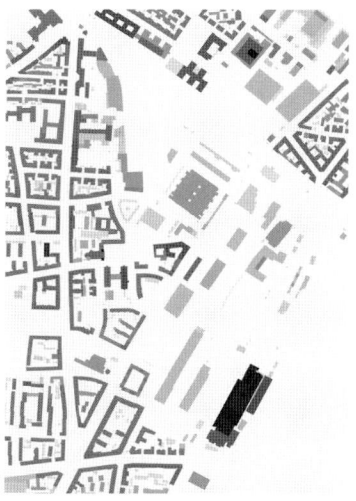

[1] Schwarzplan

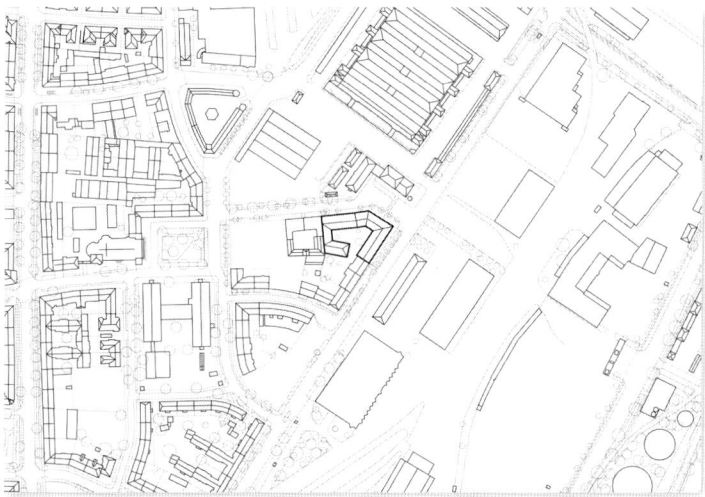

[2] Lageplan

[3] Gebäude im Umgebungsmodell

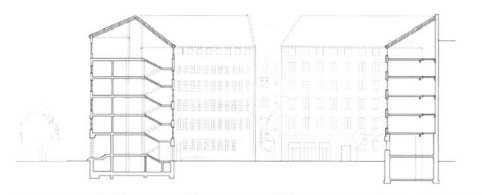

[4] Schnitt durch das Bestandsgebäude mit neuem Dachstuhl sowie Hof und Neubau.

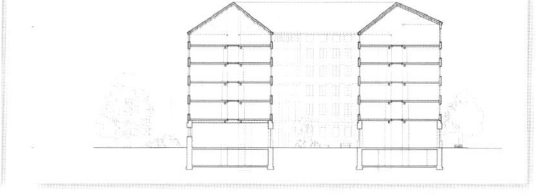

[5] Schnitt durch den Neubau sowie die ebenerdige Ergeschosszone

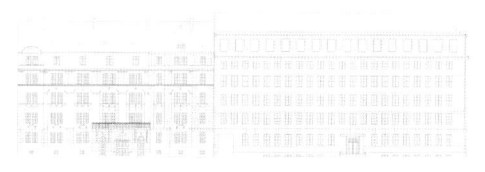

[6] Ostansicht. Das neue Dachgeschoss schließt die bestehende repräsentative Fassade des Kontorhauses ab

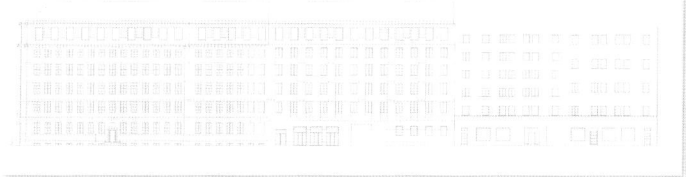

[7] Nordansicht. Die bestehende Baulücke wird gefüllt. Das neue Dach zieht sich über Neu und Alt. Die Fassade aus Holzpaneelen nimmt die Gliederung des Kontorhauses auf.

PREISTRÄGER

Entwurfsverfasser: **Leo Schapiro**
Hochschule: **Fachhochschule Potsdam**
Entwurf und Konstruktion
Prof. Jan Kleihues
Betreute Semesterarbeit

Mit der Herausforderung eines tiefen Grundstücks einer Kriegslücke, in zweiter Reihe des Berliner Savigny-platz, setzt sich diese Arbeit sensibel auseinander. Statt das hinterlassene Loch zu reparieren und dabei Bausubstanz der Nachkriegszeit als abgängig zu betrachten, werden die umgeben Strukturen behutsam aufgegriffen und ruhig fortgesetzt. Es entsteht eine Sonderlösung in einer Sondersituation, die sich, trotz monumentaler Gestaltung, nicht wichtiger nimmt als der Platz dem es zugewandt ist. Der Verfasser schafft, durch die Ausarbeitung des Außenraums, eine klare Trennung zwischen Straßenraum und Grundstück und es gelingt ihm, städtebaulich strategisch ein architektonisch überzeugendes Bauwerk aus einer schwierigen Situation zu kreieren.

[1] Schwarzplan

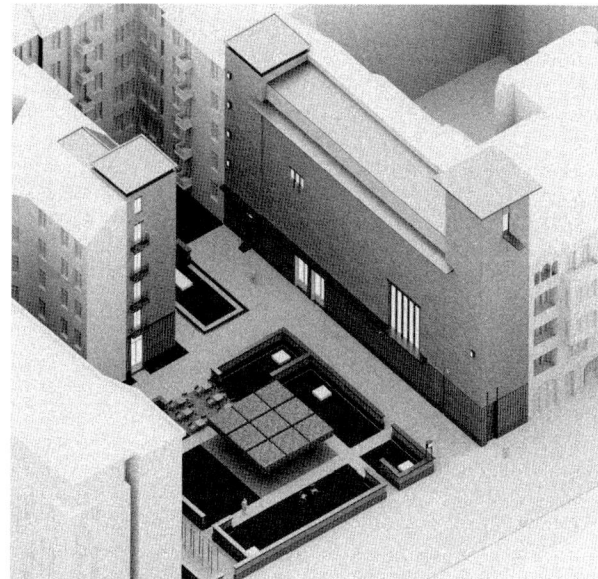

[2] Axonometrie

[3] Perspektive vom Savignyplatz

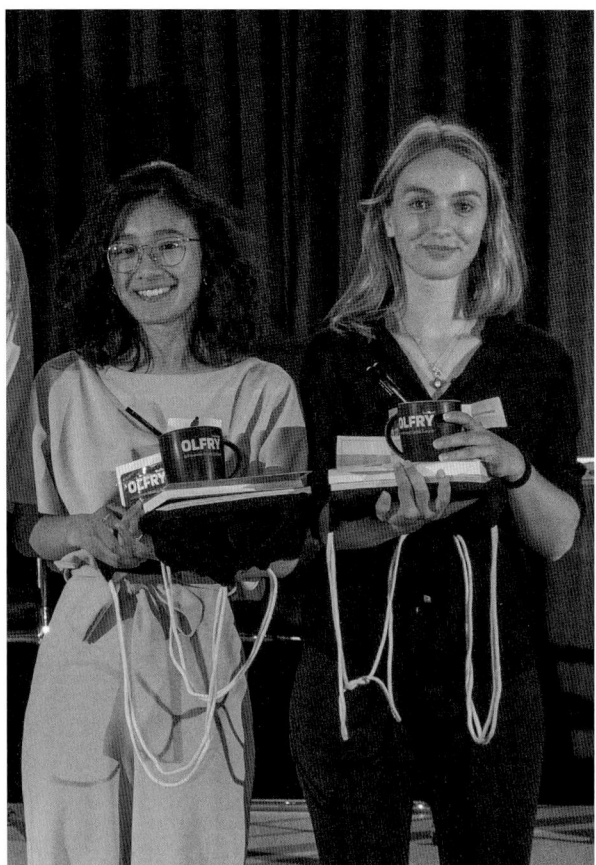
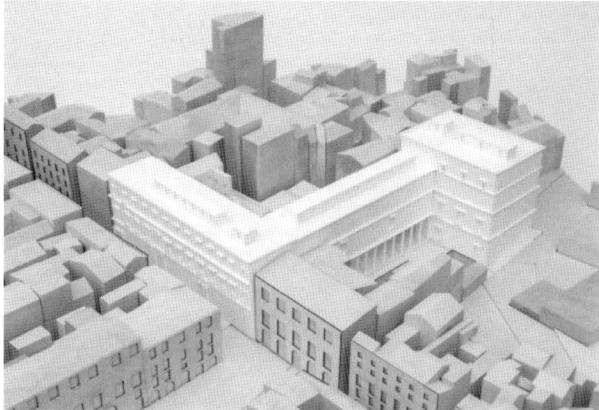

ANERKENNUNG

Entwurfsverfasserinnen: **Luxin Yu und Wencke Deitermann**
Hochschule: **Universität Stuttgart**
        Institut für öffentliche Bauten und Entwerfen
        Prof. Alexander Schwarz
        Betreute Semesterarbeit

Die Aufgabe des Umbauens statt des Neubauens ist heute eine sehr relevante Herausforderung, welcher sich dieser Entwurf gelungen stellt. Im Zuge einer energetischen Sanierung der alten Feuerwache 4 in München, wird die Substanz erhalten und ein Konzept thermischer Schichten in die Fassade integriert, welches es ermöglicht, sich an die bevorstehenden Klimaspitzen anzupassen. In Folge dieses Konzeptes entsteht eine neue Fassade, die sich aus eben dieser Schichtstruktur entwickelt und dabei den Charakter des Bestandes nicht wegwischt, sondern weiterhin ablesbar macht. Die Nutzung wird im Zuge des Entwurfs in eine Werkstatt mit darüberliegenden Wohnungen überführt. Das hier entwickelte Konzept für neues Bauen wird von den Verfassern architektonisch gut durchgeplant umgesetzt. Es entsteht ein normales Stadthaus, welches sich erfolgreich mit der Problematik der Zeit auseinandersetzt.

ANERKENNUNG

Entwurfsverfasser: **Jakob Hügues und Nael Weber**
Hochschule: **Technische Universität München**
    Lehrstuhl für Städtische Architektur
    Prof. Dietrich Fink
    Betreute Semesterarbeit

In einer Auseinandersetzung mit den Ruinen des Palazzo Geraci in der Stadt Palermo auf Sizilien, entsteht ein Naturhistorisches Museum, welches sensibel gedacht in die Stadtstruktur eingefügt wird. In der Hauptfassade werden die zerstörten Fassadenteile rücksichtsvoll ergänzt und der Zugang zu der, die Museumsräumlichkeiten beinhaltenden, Blockstruktur geschaffen. Dort beginnt die gelungene Durchwegung durch Block und Ruine zum nördlichen Museumsneubau, welcher die Platzsituation der Piazza del Gran Cancelliere überzeugend löst. Im Lageplan gut sichtbar ist die klare Verbindung der Gebäudeteile und das gekonnte Einsetzen der Volumina in den bestehenden, engen Kontext der Stadt.

Anhang

Impressionen

»Interdisziplinarität ist der Schlüssel, nicht die Fachdisziplin.«

Boris Schade-Bünsow

Rheingoldsaal

»Die Stadtstraße ist ein öffentlicher Raum, der ganz wesentlich durch die Fassaden der Stadthäuser gebildet wird.«

Wolfgang Sonne

Christoph Mäckler, Wolfgang Sonne

Christoph Sattler, Dirk Baackmann, Christoph Mäckler, Frank Paul Fietz, Jürgen Odszuck, Barbara Ettinger-Brinckmann, Lydia Haack

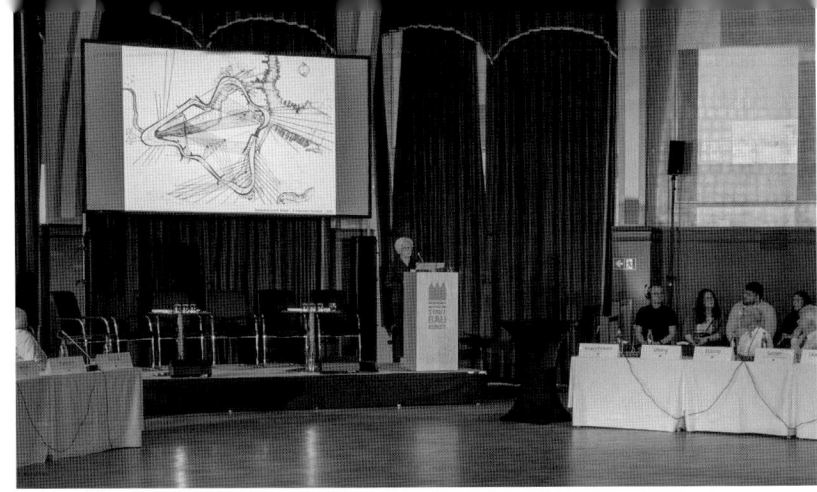

Vortrag Sophie Wolfrum

Vortrag Christoph Mäckler

»*Das Erdgeschoss braucht nicht zwingend Läden; alles was Arbeit und Gewerbe ist, trägt zur Belebung der Straße bei, auch wenn es im Hinterhof oder im Rückgebäude untergebracht ist.*«

Christoph Mäckler

Reiner Nagel, Christoph Mäckler, Wolfgang Sonne, Sophie Wolfrum, Tim von Winning

Sophie Wolfrum, Tim von Winning, Stefan Szuggat, Andrea Schwarz, Daniel F. Ulrich

»Die Markierung von Stadtstraßen ist eine Kunst, die erlernt und zur Meisterreife gebracht werden muss.«

Jürgen Odszuck

Wolfgang Sonne, Ernst Uhing, Christoph Mäckler

Stand Deppe

Stand Bamberger Natursteinwerk Hermann Graser

Büchertisch

Stand Bamberger Natursteinwerk Hermann Graser

»Bei der Gestaltung von Stadtstraßen
muss die Stadtplanung die Federführung bekommen.«

Christoph Mäckler

Ausstellung mit Fotos von Maximilian Meisse

Joachim Schaer, Max Mihm

Johannes Kister, Matthias Lerm

»Der Bund könnte einfach beschließen,
dass alle Straßen in den Quartieren Fahrradstraßen sind.«

Jörn Walter

Franz Pesch, Wolfgang Sonne, Sebastian Schlecht, Ulrike Berendson

Judith Jaeger, Nina Graser

Ernst Uhing, Barbara Ettinger-Brinckmann

Reiner Nagel, Konrad Rothfuchs

Udo Freiherr von Frydag, Martina Oldengott

Franz Pesch, Jörn Düwel

Konrad Rothfuchs, Anne Luise Müller

Barbara Ettinger-Brinckmann, Christoph Mäckler, Konrad Rothfuchs

Georg Ebbing, Christoph Sattler

»Überall, wo wir den Städtebau über andere Ziele
als den Verkehr diskutieren, haben wir Erfolge.«

Helmut Holzapfel

Julius Mihm, Thimo Weitemeier

Barbara Ettinger-Brinckmann, Cornelia Zuschke, Reiner Nagel

Wouter Suselbeek, Simone Boldrin

Pause am Rhein

»Der Klimawandel und die Mobilitätswende sind eine Gestaltungschance für die Straßen, die wir wahrnehmen müssen.«

Jörn Walter

Ulrike Berendson, Wolfgang Sonne, Bernd Rubelt, Franca Düttmann, Alicia Demare

Cornelia Zuschke, Christoph Mäckler

Franz Pesch, Eckart Kröck

»Es wäre doch eine Aufgabe unserer Profession, anders-geartete Stadteingänge als Kreisverkehre zu bauen, um eine der Stadt angemessene Geschwindigkeit zu erreichen.«

Jörn Walter

Ludger Brands, Sophie Wolfrum

Tim von Winning, Jörn Walter, Christoph Mäckler, Heiner Farwick

*»Der Straßenraum wird durch
Zuständigkeiten zerrissen:
Der Stadtplaner darf nicht auf die
Straße und der Verkehrsplaner
will gar nicht über seine Grenzen
hinausdenken.«*

Helmut Holzapfel

Helmut Holzapfel, Udo Freiherr von Frydag, Konrad Rothfuchs, Boris Schade-Bünsow

Christoph Mäckler, Wolfgang Sonne

Christoph Ingenhoven, Christoph Mäckler

»*Das, was wir bereits als falsch erkannt haben,
sollte nicht mehr repetiert werden.*«

Christoph Ingenhoven

Heiner Farwick, Stephan Keller – Oberbürgermeister der Stadt Düsseldorf,
Christoph Mäckler

Abendeinladung von Christoph Ingenhoven in die Sammlung Philara von Gil Bronner

Hilmar von Lojewski, Jörn Düwel

Tobias Nöfer, Maximilian Meisse

323

Kurzbiografien

Dirk Baackmann ist Architekt und stellvertretender Leiter des Stadtplanungsamtes Düsseldorf. Er leitet seit 2004 die Abteilung der verbindlichen Bauleitplanung für die Innenstadt und hat im Rahmen dieser Tätigkeit die unterschiedlichsten Beteiligungsprozesse der Stadt und privater Bauvorhaben mitgestaltet.

Jörg Biesler ist Experte für Kunst und Architektur. Er studierte Kunstgeschichte, Geschichte, Philosophie und Theater-, Film- und Fernsehwissenschaft und promovierte zu heutiger Sichtweise auf die Architektur. Unter anderem ist er als Moderator im SWR, WDR und Deutschlandfunk tätig.

Ulrich Brinkmann ist seit 2000 Redakteur der *Bauwelt*. Nach einem Architekturstudium an der TU Dortmund arbeitete er zunächst im Architekturbüro Max Dudler in Berlin. 2015 wurde er Villa-Serpentara-Stipendiat der Akademie der Künste Berlin in Olevano Roman, 2022 abermals in Olevano Casa-Baldi-Stipendiat der Deutschen Akademie Rom. 2022 erschien sein Buch *Vorsicht auf dem Wendehammer! Die Straße als Element des Städtebaus*.

Jörn Düwel ist Architekturhistoriker und leitet den Lehrstuhl Geschichte und Theorie der Architektur an der HafenCity Universität Hamburg. Er studierte Kunstgeschichte und Germanistik an der Universität Greifswald. Seine Dissertation 1994 wurde mit dem Promotionspreis der Universität Greifswald ausgezeichnet.

Georg Ebbing ist Architekt im Architekturbüro EBBING und Professor am Lehrstuhl Gebäudelehre und Entwerfen der Hochschule Rhein Main in Wiesbaden. Zwischen 2002 und 2008 war er wissenschaftlicher Angestellter (Lehre) am Lehrstuhl für Entwerfen und Städtebau bei Prof. Mäckler an der TU Dortmund. Von 2008 bis 2010 war er wissenschaftlicher Angestellter des Deutschen Institutes für Stadtbaukunst.

Barbara Ettinger-Brinckmann ist als freiberufliche Architektin tätig. Sie ist Gesellschafterin der ANP Architektur- und Planungsgesellschaft in Kassel und war von 2004 bis 2014 Präsidentin der Architekten- und Stadtplanerkammer Hessen. 2013 bis 2021 war sie Präsidentin der Bundesarchitektenkammer und ist weiterhin stellvertretende Vorsitzende des Stiftungsrats der Bundesstiftung Baukultur. Von 2017 bis 2021 war sie Mitglied des Präsidiums der DGNB. Sie ist Mitglied der Wissenschaftlichen Kommission der Deutschen Stiftung Denkmalschutz und seit 2021 Mitglied des Vorstandes des Deutschen Instituts für Stadtbaukunst.

Frank Paul Fietz ist Architekt und Finanzvorstand des Deutschen Instituts für Stadtbaukunst. Nach seinem Architekturstudium in Kaiserslautern und Dortmund arbeitete er einige Jahre in verschiedenen Architekturbüros, bevor er 2005 zusammen mit Prof. Bernd Echtermeyer das Büro echtermeyer. fietz_architekten in Dortmund gründete. Nebenbei arbeitete er von 2008 bis 2019 als wissenschaftlicher Mitarbeiter am Lehrstuhl Städtebau an der TU Dortmund und ist seit 2019 im Vorstand des BDA Dortmund Hamm Unna und des Deutschen Instituts für Stadtbaukunst tätig.

Tanja Flemmig ist Leiterin des Stadtplanungsamtes der Stadt Regensburg. Sie hat an der TU Darmstadt und der ETH Zürich Architektur und Städtebau studiert. 2002 übernahm sie bis 2013 die Leitung der Geschäftsstelle des Gestaltungsbeirates und die Sachgebietsleitung für den Bereich Werbung und Sondernutzung beim Bauordnungsamt Regensburg. Seit 2013 war sie neben ihrer Position als stellvertretende Amtsleiterin des Bauordnungsamtes für die Abteilung Bauordnung zuständig und leitet seit 2021 das Stadtplanungsamt Regensburg.

Udo Freiherr von Frydag ist Geschäftsführer der Olfry-Ziegelwerke. Nach seinem Studium der Politikwissenschaft, Neuer Geschichte und Literatur trat er 2010 in das Unternehmen seiner Familie ein und übernahm 2015 die Geschäftsführung von seinem Vater, Georg Wilhelm Freiherr von Frydag. Er ist seit mehreren Jahren im Deutschen Institut für Stadtbaukunst als Jurymitglied des studentischen Förderpreises engagiert, den sein Unternehmen als Partner unterstützt.

Gesche Grabenhorst ist Gründungspartnerin und in der Geschäftsleitung des Architekturbüros ahrens & grabenhorst in Berlin. Sie studierte Architektur an der Technischen Universität München und der Hochschule für Bildende Künste in Braunschweig. 2010 erhielt sie den Niedersächsischen Staatspreis für Architektur. Außerdem ist sie als Preisrichterin bei diversen Wettbewerben, sowie Gastkritikerin und Fachreferentin tätig.

Hermann Graser ist seit 2009 gemeinsam mit seinem Bruder Geschäftsführer und Gesellschafter des mittelständischen Unternehmens Bamberger Natursteinwerk, welches sich seit der Firmengründung 1965 kontinuierlich zu einem führenden Unternehmen der Natursteinbranche entwickelt hat. Seit 2020 ist Hermann Graser Präsident des Europäischen Verbandes der Natursteinwirtschaft EUROROC und seit 2020 Präsident des Deutschen Natursteinwerk-Verbands DNV sowie seit 2022 Präsident des Zentralverbands der Deutschen Naturwerksteinwirtschaft.

Lydia Haack ist Architektin und Stadtplanerin und seit Juni 2021 Präsidentin der Architektenkammer Bayern. Ihr Studium absolvierte sie in München sowie London. Sie ist Professorin an der Hochschule für Technik, Wirtschaft und Gestaltung in Konstanz. Zusammen mit John Höpfner führt sie das Architekturbüro Haack und Höpfner Architekten in München.

Joanna Hagen ist Architektin und Bausenatorin der Stadt Lübeck. Zuvor war sie Fachbereichsleiterin, kommissarische Amtsleiterin beim Amt für Bundesbau in Kiel und Fachgruppenleiterin beim Staatlichen Baumanagement Niedersachsen in Lüneburg.

Thomas Hoffmann-Kuhnt ist Herausgeber der Zeitschrift *Wettbewerbe aktuell* und Gründer des gleichnamigen Verlages.

Helmut Holzapfel ist Stadtplaner, Bauingenieur und Verkehrswissenschaftler. Seit 2015 leitet er das Zentrum für Mobilitätskultur der Stadt Kassel. Seine Schwerpunkte liegen in der integrierten Verkehrsplanung und der Mobilitätsentwicklung. Er war Professor am Institut für Verkehrswesen der Universität Kassel und Leiter des Fachgebietes Integrierte Verkehrsplanung/Mobilitätsentwicklung sowie Mitglied des Instituts für urbane Entwicklungen und des Kompetenzzentrums für Klimaschutz und Klimaanpassung. Von 2005 bis 2007 war er Dekan des Fachbereiches Architektur, Stadtplanung und Landschaftsplanung der Universität Kassel.

Christoph Ingenhoven ist Architektur und Inhaber des Büros ingenhoven associates. Der in Aachen und Düsseldorf ausgebildete Architekt gründete 1985 sein Büro, das sich unter anderem für ressourcenschonendes Bauen einsetzt. Er ist außerdem Gründungsmitglied der Deutschen Gesellschaft für Nachhaltiges Bauen (DGNB) sowie der Bundesstiftung Baukultur.

Matthias Lerm ist Architekt und Stadtplaner. Er leitet seit Oktober 2023 das Amt für Stadtplanung und Mobilität der Stadt Dresden und zuvor das Stadtplanungsamt der Stadt Magdeburg. Von 1986 bis 1991 absolvierte er sein Architekturstudium mit dem Schwerpunkt Städtebau an der Technischen Universität Dresden. Ab 1996 war er in der Verwaltung der Landeshauptstadt Dresden verantwortlicher Planer für die Neugestaltung der Dresdner Innenstadt und ab 2004 Koordinator für das UNESCO-Welterbe Dresdner Elbtal. Seit 2003 gehört er der Arbeitsgruppe Kommunale Denkmalpflege des Deutschen Städtetags an und ist Mitglied des Deutschen Werkbunds Sachsen e.V.

Hilmar von Lojewski ist seit 2012 Beigeordneter für Stadtentwicklung, Bauen, Wohnen und Verkehr beim Deutschen Städtetag. Er studierte von 1982 bis 1988 Raumplanung an der Technischen Universität Dortmund sowie City- und Regional Planning an der METU Ankara. Er arbeitete für zwei Jahre in Kathmandu als Planer für ein Projekt der Deutschen Gesellschaft für Technische Zusammenarbeit. Von 2007 bis 2010 arbeitete er als Leiter des »Program for Sustainable Urban Development« in Syrien.

Frithjof Look ist Stadtplaner und Baubeamter. Seit 2022 ist er Stadtbaurat der Stadt Göttingen im Dezernat für Planen, Bauen und Umwelt. Von 2006 bis 2012 studierte er Stadtplanung an der HafenCity Universität Hamburg. Nach seinem Studium arbeitete er in de Unteren Bauaufsichtsbehörde beim Landkreis Harburg und bei der Behörde für Stadtentwicklung und Wohnen in Hamburg. Von 2020 bis 2022 war er Stadtbaurat bzw. Vorstand der Technischen Verwaltung Mittelstadt Melle.

Christoph Mäckler ist Direktor des Deutschen Instituts für Stadtbaukunst, das er im April 2008 gründete. Er studierte Architektur in Darmstadt und Aachen. Von 1990 bis 1997 war er Gastprofessor in Neapel, Braunschweig und Hannover und ist Mitglied der Internationalen Bauakademie Berlin. Von 1998 bis 2018 war er Professor für Städtebau an der TU Dortmund und arbeitet als selbstständiger Architekt in Frankfurt am Main.

Julius Mihm ist seit 2009 Bürgermeister und Baudezernent der Stadt Schwäbisch Gmünd. In Stuttgart und Hannover studierte er Architektur und Stadtplanung. Anschließend arbeitete er mehrere Jahre in verschiedenen Architekturbüros. Von 1996 bis 2001 war er Stadtbaumeister in Mengen (Oberschwaben) und danach bis 2009 bei der Stadt Ludwigsburg als Fachbereichsleiter Stadtplanung und Vermessung tätig.

Reiner Nagel ist seit 2013 Vorstandsvorsitzender der Bundesstiftung Baukultur in Potsdam. Er ist Mitglied der Deutschen Akademie für Städtebau und Landesplanung und des Bundes Deutscher Architekten, außerdem Mitglied im Kuratorium Nationale Stadtentwicklungspolitik und Lehrbeauftragter an der TU Berlin im Bereich Urban Design. Er arbeitete ab 1986 zunächst in verschiedenen Funktionen auf Bezirks- und Senatsebene für die Stadt Hamburg, ab 1998 in der Geschäftsleitung der HafenCity Hamburg GmbH. Außerdem war er Abteilungsleiter in der Senatsverwaltung für Stadtentwicklung Berlin für die Bereiche Stadtentwicklung, Stadt- und Freiraumplanung.

Jürgen Odszuck ist der Erste Bürgermeister der Stadt Heidelberg und leitet dort das Dezernat für Stadtentwicklung und Bauen. Er studierte Architektur an der TU München und absolvierte sein Referendariat in der Obersten Baubehörde im Bayerischen Staatsministerium. Anschließend arbeitete er an verschiedenen Stadtentwicklungsprojekten und übernahm 2010 bis 2016 das Dezernat Stadtplanung, Umwelt und Liegenschaften in der Stadt Kronberg im Taunus, bevor er das Amt in Heidelberg übernahm. Er ist Mitglied im wissenschaftlichen Beirat des Deutschen Instituts für Stadtbaukunst.

Martina Oldengott ist Vorsitzende der Landesgruppe Nordrhein-Westfalen der Deutschen Akademie für Städtebau und Landesplanung. Sie studierte Landschaftsarchitektur und Kunstgeschichte in Berlin. Von 1990 bis 2005 war sie in der Hamburger Senatsverwaltung tätig. Seit 2005 ist sie in der Emschergenossenschaft, Stabsstelle Emscher-Zukunft, in Essen zuständig für strategische und raumwirksame Planungen im Emschertal. Seit 1988 lehrte sie an zahlreichen Hochschulen, u.a. an der TU Dortmund, der Universität Turin (Biella) und an der Universität Pecs. Sie ist in der Projektleitung der IGA Metropole Ruhr 2027 gGmbH tätig.

Konrad Rothfuchs gehört seit 1987 der Geschäftsleitung der ARGUS Stadt und Verkehr an. Er studierte Bauingenieurwesen an der Fachhochschule Hildesheim-Holzminden und Städtebau und Stadtplanung an der TU Hamburg Harburg. Er hat seit dem Wintersemester 2017/18 einen Lehrauftrag an der Hafencity Universität Hamburg.

Bernd Rubelt ist Beigeordneter für Stadtentwicklung, Bauen, Wirtschaft und Umwelt der Stadt Potsdam. Nach dem Studium mit der Studienrichtung Städtebau und Regionalplanung und einem umweltwissenschaftlichen Fernstudium, studierte er im Master Real Estate Management.

Boris Schade-Bünsow ist seit 2011 Chefredakteur der Architekturzeitschift *Bauwelt* in Berlin. Nach seinem Maschinenbau- und BWL-Studium begann er seine journalistische Tätigkeit beim *Westfalen-Blatt* und anschließend bei den Bertelsmann Fachzeitschriften. Von 1993 bis 2001 war er Redakteur und Chefradakteur der *TAB*. Seit 2001 war er Verlagsleiter der Bauverlag BV GmbH Gütersloh und verantwortlich für das inhaltliche Programm des Verlags.

Sebastian Schlecht ist Architekt und Urbanist und Gründer der Initiative lala.ruhr. Er leitete bis 2023 den Bereich Grüne Städte und Regionen bei Baukultur Nordrhein-Westfalen. 2022 veranstaltete er mit lala.ruhr die erste Biennale der urbanen Landschaft im Ruhrgebiet, nachdem er bei der Stadt Essen für das Projektmanagement der Grünen Hauptstadt Europas 2017 verantwortlich war. Außerdem lehrt er an verschiedenen Hochschulen und engagiert sich bei Jugend Architektur Stadt e.V.

Andrea Schwarz ist seit 2020 Bürgermeisterin der Stadt Ludwigsburg und Dezernentin für Planen, Bauen und Liegenschaften. Sie studierte von 1995 bis 2001 Architektur und Stadtplanung an der Universität Stuttgart und arbeitet seit über 20 Jahre als Stadtentwicklerin in verschiedenen Städten. Von 1999 bis 2010 war sie Regionalrätin in der Region Stuttgart und planungspolitische Sprecherin der SPD-Fraktion. Außerdem ist sie Mitglied im Beirat der DGNB.

Wolfgang Sonne leitet seit 2007 den Lehrstuhl für Geschichte und Theorie der Architektur an der TU Dortmund. Er ist stellvertretender Direktor des Deutschen Instituts für Stadtbaukunst, das er 2008 mitbegründete, und wissenschaftlicher Leiter des Baukunstarchivs NRW. In München, Paris und Berlin studierte er Kunstgeschichte und Archäologie. Er lehrte an der ETH Zürich, der Universität Wien, der Harvard University und der University of Strathclyde in Glasgow.

Gero Suhner ist Architekt und seit 2023 wissenschaftlicher Referent am Institut für Stadtbaukunst. Nach seinem Studium der Architektur in London, Darmstadt und Weimar war er wissenschaftlicher Referent für Städtebau und Wohnungswesen München der DASL.

Stefan Szuggat ist Beigeordneter der Stadt Dortmund für Umwelt, Planen und Wohnen. Zuvor war er 12 Jahre lang Leiter des Amtes für Stadtplanung und Mobilität in Dresden. Von 1988 bis 1994 studierte er Raumplanung an der Technischen Universität Dortmund und hat sich im 2. Staatsexamen auf die Fachrichtung Städtebau fokussiert.

Ernst Uhing ist seit November 2013 Präsident der Architektenkammer Nordrhein-Westfalen. 1982 absolvierte er sein Architekturstudium an der Fachhochschule Hagen und setzte sich seitdem für die berufspolitischen Belange des Berufsstandes ein. Seit 2000 ist er Technischer Geschäftsleiter der Hagener Gemeinnützigen Wohnungsgesellschaft mbH, seit 2010 ist er Vorstandsmitglied der Bundesarchitektenkammer e.V. und seit 2017 Vizepräsident seines Berufsverbandes Bund Deutscher Baumeister, Architekten und Ingenieure e.V.

Daniel F. Ulrich ist Architekt und Stadtplaner. Seit 2014 leitet er das Referat für Planen und Bauen der Stadt Nürnberg. An der Universität Gesamthochschule Kassel absolvierte er ein Studium der Architektur, sowie der Stadt- und Landschaftsplanung. Von 2003 bis 2012 war er Lehrbeauftragter an der Technischen Hochschule Nürnberg. 2018 wurde er für den deutschen Städtetag ins Präsidium des DIN berufen.

Thomas Vielhaber leitet seit November 2020 als Stadtbaurat das Dezernat für Stadtentwicklung und Bauen der Stadt Hannover. Er absolvierte sein Studium von 1981 bis 1988 an der Technischen Universität Dortmund an der Fakultät für Raumplanung. Er ist Mitglied in den Aufsichtsräten der hanova WOHNEN GmbH und der hanova GEWERBE GmbH. Außerdem Mitglied der Deutschen Akademie für Städtebau und Landesplanung, im Ausschuss für Bau und Verkehr des Deutschen Städtetages, sowie in der AG Denkmalpflege, Stadtentwicklung, Umwelt des Deutschen Nationalkomitees für Denkmalschutz.

Jörn Walter war von 1999 bis 2017 Oberbaudirektor der Freien und Hansestadt Hamburg. Nach seinem Studium der Raumplanung war er Städtebaureferendar in Düsseldorf und leitete anschließend die Stadtplanungsämter in Maintal und Dresden. Er lehrte in Wien und Dresden, ist Mitglied der Akademie der Künste Berlin-Brandenburg, wo er von 2018 bis 2021 stellvertretender Direktor der Sektion Baukunst war, und engagiert sich bei der Fachkommission Stadtplanung beim Deutschen Städtetag. Er ist Mitglied im wissenschaftlichen Beirat des Deutschen Instituts für Stadtbaukunst.

Thimo Weitemeier ist seit 2014 Stadtbaurat der Stadt Nordhorn und für den Fachbereich Stadtentwicklung, Bau und Umwelt verantwortlich. Er studierte Architektur und Städtebau an der TU Dortmund. Nach dem Berufseinstieg beim Architektur- und Stadtplanungsbüro Farwick + Grote in den Jahren 2000 bis 2007 leitete er zunächst das Hochbauamt der Stadt Nordhorn, bevor er 2011 als Stadtbaurat zur Stadt Haren (Ems) wechselte.

Barbara Welzel leitet den Lehrstuhl für Kunstgeschichte der Technischen Universität Dortmund. Sie studierte Kunstgeschichte, Philosophie und Musikwissenschaften in Bochum und Berlin. Zwischen 1986 und 1990 übte sie freie museumspädagogische Tätigkeiten an der Gemäldegalerie, Skulpturensammlung und am Kupferstichkabinett in Berlin aus. Sie ist Mitglied in der AG »Denkmalvermittlung« des Deutschen Nationalkomitees für Denkmalschutz und Projektleitung von »Route Mittelalter Ruhr«. Außerdem betreut sie zahlreiche Bildungsprojekte als experimentelle Räume für Forschung und Lehre.

Tim von Winning ist seit Mitte 2015 Baubürgermeister der Stadt Ulm. Er studierte Architektur und Städtebau. Nach einer zweijährigen Tätigkeit in einem Architekturbüro in Stuttgart arbeitete er vier Jahre lang als Sachgebietsleiter im Baudezernat der Stadt Ulm, zwei Jahre als Leiter der Stadtplanung in Erlangen und acht Jahre als Chef des Stadtplanungsamtes in Tübingen.

Sophie Wolfrum ist Stadt- und Regionalplanerin sowie emeritierte Professorin. Nach Ihrem Studium der Raumplanung an der TU Dortmund folgte ein Referendariat für Städtebau in Hessen. Sie arbeitete zunächst als Stadtplanerin in Verwaltungen in Dar es Salaam und Sindelfingen und gründete 1989 zusammen mit Prof. Alban Janson das Büro Janson+Wolfrum für Architektur und Stadtplanung. Nach einer Gastprofessur an der GH Kassel war sie von 2003 bis 2018 Inhaberin des Lehrstuhls für Städtebau und Regionalplanung an der Fakultät Architektur der Technischen Universität München.

Brigitta Ziegenbein leitet seit 2021 das Stadtplanungsamt in Leipzig. Zuvor hatte sie die Leitung der Abteilung Stadtplanung, Fachbereich Planen der Stadt Halle (Saale) inne. Nach ihrem Studium an der TU Dresden und der EAPLD Paris hat sie sowohl als Architektin als auch als Stadtplanerin gearbeitet und an der Bauhaus-Universität Weimar promoviert. Darauf folgte ein Referendariat in der Fachrichtung Architektur mit Schwerpunkt Städtebau, Raumordnung und Landesplanung in Baden-Württemberg sowie leitende Stellen in den Stadtplanungsämtern der Städte Bretten und Fellbach.

Cornelia Zuschke wurde 2016 zur Beigeordneten für Planen, Bauen, Mobilität und Grundstückswesen (Bezeichnung seit 2021: Planen, Bauen, Wohnen und Grundstückswesen) in Düsseldorf gewählt. Zuvor war sie Baudezernentin in Fulda. Sie studierte Architektur in Weimar und absolvierte danach ein Aufbaustudium zur Architektin im Denkmalschutz und zur Mediatorin. Anschließend war sie Sachgebietsleiterin der Unteren Denkmalschutzbehörde und des Stadtplanungs- und Verkehrsamtes in Fulda.

Fotografien
Porträts der Referent*innen und alle weiteren Bilder der
Veranstaltung: Detlef Podehl

Sonstige Abbildungen (nach Seitenzahlen)
Maximilian Meisse: 19; Wikimedia Commons: 21;
Vogtlandmuseum Plauen, Kurt Geipel – Bahnhofstr. in Plauen,
1938: 24 o; virtualphoto auf iStockphoto.com: 24 u;
Dguendel via Wikimedia Commons: 25 o li; Christina Hanck/
Alamy Stock Foto: 25 1. m li; Stadt Reutlingen: 25 2. m li;
Dierk Himstedt: 25 u li; Stadt Frankfurt am Main: 25 o re;
Christian Modla: 25 1. m re; Nout Gons auf Pexels.com:
25 2. m re; pabst_ell auf iStockphoto.com: 25 u re; Frankfurter
Allgemeine Zeitung (Foto: Frank Röth) (bearbeitet): 31 o li;
Archiv Deutsches Institut für Stadtbaukunst: 31–41; Sophie
Wolfrum: 44-45; Cramers Kunstanstalt Dortmund: 48 li;
VEB Bild und Heimat, Reichenbach i. V. (Foto: Schlegel): 48
re; Krüger: 49 li; Felix Setecki, Berlin: 49 re; ARGUS Stadt
und Verkehr: 54–55, 58–59; WES LandschaftsArchitektur:
56–57; Schueler-Design via pixabay.com: 61; Team Manfred
Kerler, München: 62; LAND Germany GmbH, Gina
Barcelona Architects, JSWD Architekten GmbH & Co. KG:
63 o; 652234 via pixabay.com: 63 u li; Catella/WPV, RKW+:
63 u re; Bruun & Möllers GmbH & Co.KG – Garten- und
Landschaftsarchitektur: 64; Landeshauptstadt Düsseldorf, Amt
für Verkehrsmanagement/Gestaltung des öffentlichen Raumes,
Peter Müller: 65 o li, o re; Landeshauptstadt Düsseldorf,
Stadtplanungsamt, Nicola Westermann: 65 u; Stadt Heidelberg,
Stadtarchiv: 67; Stadt Heidelberg, Stadtplanungsamt: 68;
Karoline Becker AHKB Architektur Atelier, Heidelberg: 69;
Stadt Heidelberg: 70; Stadt Heidelberg, Vermessungsamt: 71 li;
Studio Vulkan Landschaftsarchitektur AG (Zürich): 71 re;
Architekten- und Ingenieurverein zu Berlin, Berlin und seine
Bauten, Berlin: Ernst & Sohn, 1896, farbige Beilage: 75;
Ergebnisse des Wettbewerbs Groß-Berlin, Berlin: Ernst
Wasmuth, 1911, Tafel (Ausschnitt).: 76; Ebd., S. 61.: 78;
Cornelius Gurlitt, Handbuch des Städtebaues, Berlin: Der
Zirkel, 1920, S. 13.: 80; Ebd., S. 26.: 81; Ebd., S. 127.: 82; Ebd.,
S. 283.: 85; Ludwig Hilberseimer, Großstadtarchitektur,
Stuttgart: Julius Hoffmann, 1926, S. 12 und S. 14.: 86; Hans
Ludwig Sierks, Grundriss der sicheren reichen ruhigen Stadt,
Dresden: Kaden, 1929, Abb. 70.: 90; Gustav Leo, »Großstadt
und Citybildung«, in: Freie Deutsche Akademie für Städtebau,
Großstadt und Citybildung, Berlin: Pontos, 1927, S. 16.: 97;
Deutsche Bauzeitung, Nr. 1/2 1926, S. 1: 98; Le Corbusier,
Städtebau, Berlin: Deutsche Verlags-Anstalt, 1929, S. 206.: 99;
Ebd., S. 244: 101; Martin Wagner, Städtebauliche Probleme
in amerikanischen Städten und ihre Rückwirkung auf dem
deutschen Städtebau, Berlin: Deutsche Bauzeitung, S. 13, 15,
18.: 103; Marcel Breuer, »Verkehrsarchitektur«, in: Das neue
Berlin, Heft 7 1929, S. 138: 106; Landeshauptstadt Dresden,
Staatsbetrieb Geobasisinformation und Vermessung Sachsen:
109, 110 o; Rehwaldt Landschaftsarchitekten: 110 u, 111 re,
112–113; Landeshauptstadt Dresden, Amt für Stadtplanung und
Mobilität: 111 li; Stadt Ulm: 116–117, 118 u, 119; Achim Bunz:
118 o; Club L 94 / terra.nova: 120; Bildarchiv Landeshauptstadt
Hannover: 124-126; Maximilian Meisse: 153, 157;

Bamberger Natursteinwerk Hermann Graser GmbH: 160,
162 o li, 162 o re, 163; DNV - zukunft.naturstein: 161;
A.G.W. Barthel: 162 u; Gero Suhner: 168-170; Studio Suhner
Urbanism: 171; Ulf Böttcher: 174 li, Adam Sevens: 174 re;
Landeshauptstadt Potsdam/StadtLabor: 175 o; StadtLabor:
175 u; Machleidt/sinai/SHP; Visualisierung: M. Grobe/Werk
3 Architekturvisualisierungen: 176; Loomn Architektur-
kommunikation: 177; Daniel F. Ulrich: 180, 182–183;
Stadt Nürnberg: 181; acatech 2022 nach Wegener/Fuerst 2004:
188; acatech 2022: 189; historische Postkarte: 194; Hilmer
Sattler Architekten Ahlers Albrecht Gesellschaft von Architekten
mbH: 195; Burkhard Walther, Stuttgart: 196 o+u li;
I. Hertfelder; 196 o+u re; Simon, Hans, Das Herz unserer Städte.
Band IV. Handzeichnungen alemannischer Stadtzentren
des Mittelalters, Hrsg.: Deutsche Akademie für Städtebau
und Landesplanung, Essen 1975: 197 o; Jochen Köber Freier
Garten- und Landschaftsarchitekt: 197 u; Stadt Göttingen;
Touristinformation: 200 o; Stadt Göttingen; Fachdienst Tiefbau
und Bauverwaltung: 200 m+u; Lad+ Landschaftsarchitektur
Diekmann: 201; a|w|sobott: 204 o; ARGE Architekturbüro Jan
Lindschulte und Beike + Herrmann Architekten für die Stadt
Nordhorn: 204 u; Stadt Nordhorn: 205 o+m li, 205 u re, 206;
Kreis- und Kommunalarchiv Landkreis Grafschaft Bentheim:
205 u li; Nino SEG: 205 m re; Allegra Höltge: 211, 212 o, 213;
Andreas Zeising: 212 u; Anna Helm: 214 o; Lisa Goltzsche: 214 u;
Lukas Höhler: 215; Günther Moewes: Weder Hütten noch
Paläste; Architektur und Ökologie in der Arbeitsgesellschaft;
Basel 1995: 218; Hartmann, Tobias; Landeshauptstadt
Magdeburg, Stadtplanungsamt: 219–220, 221 u; Stadt Jena,
Dezernat Stadtentwicklung und Umwelt: Schriften zur
Stadtentwicklung Nr. 11 – Neues Wohnen in Jena-Zwätzen –
Klimawandelgerechter Pilotstadtteil Am Oelste; Jena 2017,
S. 21: 221 o; Hansestadt Lübeck Fachbereich Planen und Bauen
Bereich Stadtplanung und Bauordnung Abteilung Altstadt/
Welterbe/Stadtplanung: 224–227; Stadt Regensburg: 230–231,
232 re, 233; Stadt Regensburg, Stadtplanungsamt: 232 li;
© www.pkfotografie.com, Philipp Kirschner/Grassimuseum:
242 li; © Deutsches Dokumentationszentrum für
Kunstgeschichte Bildarchiv Foto Marburg: 242 re; Stadt Leipzig,
Stadtplanungsamt: 243–245; Stadt Ludwigsburg: 247, 250–251;
Tourismus und Events Ludwigsburg: 248, 249 u re, Mann
Landschaftsarchitektur, Fulda: 249 o+u li; Maximilian Meisse:
279–293; Christof Rose: 311

Anmerkung
Wir haben uns bemüht, sämtliche Rechteinhaber*innen
ausfindig zu machen. Sollte es in Einzelfällen nicht
gelungen sein, Rechteinhaber*innen zu benachrichtigen, so
bitten wir diese, uns darüber in Kenntnis zu setzen.

Danksagungen

Schirmherrschaft

Präsident des Deutschen Städtetages Markus Lewe,
Oberbürgermeister von Münster

Kooperationspartner

Baukultur NRW
Gesellschaft der Freunde der TU Dortmund e.V.
Technische Universität Dortmund

Medienpartner

Förderer und Sponsoren

Architektenkammer Nordrhein-Westfalen
Architekten- und Stadtplanerkammer Hessen
Bamberger Natursteinwerk H. Graser GmbH
Baukultur NRW
Deppe Backstein Keramik GmbH
Gesellschaft der Freunde der TU Dortmund e.V.
Stadt Düsseldorf
Technische Universität Dortmund
VELUX Deutschland GmbH

Organisation der Konferenz

Ulrike Berendson, Christoph Mäckler,
Stephan Schaefer, Wolfgang Sonne,
Alicia Demare, Franca Düttmann,
Christine Kvito, Marianne Kaiser

**Wir bedanken uns herzlich für die Spenden
zur Finanzierung der Publikation bei**

Joanna Hagen
       Stadt Lübeck
Matthias Lerm
       Stadt Magdeburg
Frithjof Look
       Stadt Göttingen
Daniel F. Ulrich
       Stadt Nürnberg
Thimo Weitemeier
       Stadt Nordhorn
Tim von Winning
       Stadt Ulm

Bamberger Natursteinwerk Hermann Graser

Das Bamberger Natursteinwerk Hermann Graser ist ein mittelständisches Familienunternehmen, das sich seit der Firmengründung 1965 kontinuierlich zu einem führenden Unternehmen der Natursteinbranche entwickelt hat. Die Schwerpunkte des Unternehmens liegen im Fassadenbau mit Naturstein sowie in der Restaurierung und Rekonstruktion Historischer Baudenkmäler. Abgerundet wird das Portfolio mit der Herstellung von Naturwerksteinen für öffentliche Plätze und Garten- und Landschaftsgestaltung. Dabei reicht das Leistungsspektrum der Firma vom Abbau der Rohblöcke in den mehr als 20 eigenen Steinbrüchen, eigenen Planungs- und Konstruktionsbüros, der Produktion im eigenen Werk bis hin zur Bauleistung mit eigenem Personal vor Ort. Die besondere Stärke des Unternehmens ist die Verknüpfung der traditionellen Steinmetztechniken mit innovativen Produktionsverfahren wie der automatisierten Bearbeitung von Naturstein mit Industrierobotern.

Architektenkammer Nordrhein-Westfalen

architekten- und stadtplanerkammer hessen

GdF Gesellschaft der Freunde
der Technischen Universität Dortmund e.V.

tu technische universität dortmund

BACKSTEIN - KERAMIK

»Wir prägen Stadtbilder«: Deppe produziert Backsteine, maßgefertigte Formsteine und Riemchen für ästhetische Fassaden. Mit mehr als 130 Jahren Erfahrung bieten wir optimale Lösungen für Architekten in vielen Farben, Oberflächen und Formaten.

Herausgeber
Christoph Mäckler und Wolfgang Sonne
Deutsches Institut für Stadtbaukunst

**Konferenz zur Schönheit und
Lebensfähigkeit der Stadt**
Band 13
Die Stadtstraße

Redaktion:
 Jytte Zwilling

Mitarbeit, Transkriptionen:
 Alicia Demare
 Franca Düttmann
 Marianne Kaiser
 Christine Kvitko
 Edgar Rudolf Müller

Gestaltung, Satz, Lithografie, Korrektorat:
 Anke Tiggemann

Gedruckt in der Europäischen Union.

Die Deutsche Nationalbibliothek verzeichnet diese
Publikation in der Deutschen Nationalbibliografie;
detaillierte bibliografische Daten sind im Internet
über http://dnb.d-nb.de abrufbar.

jovis Verlag
Genthiner Straße 13
10785 Berlin

www.jovis.de

jovis-Bücher sind weltweit im ausgewählten Buch-
handel erhältlich. Informationen zu unserem internationalen Vertrieb erhalten Sie in Ihrer Buchhand-
lung oder unter www.jovis.de.

ISBN 978-3-98612-085-6